18 LD 6/22

DE L'AUTORITÉ
DES
DEUX PUISSANCES.
TOME PREMIER.

DE L'AUTORITÉ
DES
DEUX PUISSANCES.

TOME PREMIER.

Maxima quidem in hominibus sunt dona Dei a supernâ collata Clementiâ, Sacerdotium & Imperium : & illud quidem divinis ministrans ; hoc autem humanis præsidens ac diligentiam exhibens : ex uno eodemque principio utraque procedentia, humanam exornant vitam. Novel. VI. *Quomodò oport. Episcopos.* In princ.

A STRASBOURG, & se vend A LIEGE,

Chez LEMARIÉ, Libraire, dessous la Tour, à la Couronne d'Or.

===

M. DCC. LXXXI.
Avec Approbation & Permission.

PLAN GÉNÉRAL

DE

L'OUVRAGE.

L'Amour de la liberté devient le germe des plus hautes vertus, lorsqu'il est dirigé par les loix ; il est trop naturel à l'homme pour qu'on pût parvenir à l'étouffer ; & ce seroit un mal d'y réussir. L'esprit de la servitude n'a jamais fait que des esclaves, ni produit que des vices. La Religion de J. C., lors-même qu'elle nous rend les serviteurs de tous, par les devoirs de la charité & de l'obéissance, nous met au dessus de tout par la pureté de ses motifs ; c'est pourquoi S. Paul appélle l'Évangile une loi de liberté. Mais la liberté peut dégénérer en licence ; & alors elle devient la source des plus grands malheurs : les liens de la société se relâchent & se brisent ; les trônes s'ébranlent, & souvent se renversent ; la Religion périt ; tout se confond. Les peuples qui s'étoient d'abord laissé séduire par l'appas d'une liberté apparente, se précipitent bientôt dans tous les désordres de l'anarchie, & finissent enfin par établir sur les débris du trône & de l'autel, le despotisme odieux de ceux qui se disoient les vengeurs de la liberté publique.

Les hommes sont les mêmes dans tous les

tems, c'est-à-dire toujours les jouets de leurs passions, & de ceux qui savent les flatter. On a vu dans tous les tems de ces prétendus zélateurs, tendre des pieges à la crédulité des peuples, & les peuples se laisser entraîner à de faux systêmes d'indépendance, dont leurs propres malheurs ne les ont pas encore désabusés. Le moyen de les garantir de la séduction, c'est d'imprimer, s'il est possible dans leurs cœurs, les loix augustes qui ont placé les souverains au-dessus d'eux ; c'est d'apprendre aux citoyens à respecter dans elles, les volontés d'une Providence bienfaisante qui, pourvoyant à tous leurs besoins, a prévenu les désordres & la confusion de l'anarchie, en leur donnant des maîtres, pour les gouverner, les défendre & les protéger, soit dans l'ordre civil, soit dans l'ordre de la Religion ; c'est d'étouffer tout germe de division entre les deux Puissances, en marquant les bornes qui les séparent, & en les conservant ainsi dans la possession de leurs droits respectifs ; c'est d'éclairer l'obéissance des peuples, en leur montrant les objets sur lesquels chacune d'elles a droit de leur commander, & de leur faire chérir un pouvoir qui n'a été institué que pour leur bonheur ; c'est enfin de faire respecter aux souverains mêmes l'autorité suprême que Dieu a mise entre leurs mains, & de leur rappeller qu'étant les ministres de sa providence, ils doivent être aussi les images vivantes de sa bonté & de sa sagesse. Tel est le but que je me suis proposé dans cet ouvrage.

DE L'OUVRAGE.

Plusieurs auteurs, aux lumieres desquels je me ferai toujours un devoir de rendre hommage, avoient écrit avant moi sur le même sujet; mais ils ne l'avoient fait ni dans le même ordre, ni avec la même étendue. La plupart n'avoient traité de la souveraineté qu'en partie, & il étoit à propos d'en réunir tous les droits dans un corps de doctrine, pour montrer la liaison qu'ils ont entre eux & avec les premiers principes d'une saine politique, toujours fondée sur la loi de Dieu & le salut public. La compétence des deux Puissances n'a été approfondie que sur certains points; & les subtilités qu'on a inventées depuis, tendoient à confondre de nouveau leurs jurisdictions. Il étoit donc nécessaire de répandre un plus grand jour sur les bornes qui les distinguoient, & d'écarter les nuages qu'on avoit élevés sur leurs pouvoirs respectifs. Quelquefois on s'est borné pour prouver les droits de la jurisdiction, à accumuler de part & d'autre des faits qui auroient prouvés précisément les deux contradictoires. On a allégué des loix qui pouvoient ne contenir que de simples privileges, & qui par-là-même étoient insuffisantes pour fixer les limites des deux gouvernemens. C'étoit accabler le lecteur, d'une érudition fastidieuse, au lieu de l'instruire. Les Évêques ont exercé autrefois par concession du Prince, une jurisdiction temporelle qu'ils n'ont plus. Le magistrat exerce souvent, du consentement au moins tacite de l'Église, une jurisdiction qui, de sa nature, ne peut être du ressort des tribunaux séculiers. Ce n'étoit donc pas précisément sur les faits qu'il falloit établir les droits primitifs & inaliénables des deux Puissances.

Mon dessein est ici de faire connoître la nature, la source & l'étendue de la souveraineté, & de montrer les limites que Dieu a prescrites à l'un & à l'autre gouvernement; je traiterai ces objets, non pas en me bornant aux dispositions des loix humaines, mais en remontant aux principes de la loi naturelle, à la Révélation, & à l'institution des deux Puissances; je m'appuyerai sur la tradition, sur la doctrine du Clergé de France, sur la déclaration de l'assemblée de 1682. Je rappellerai ensuite le témoignage des loix civiles & des loix ecclésiastiques, également avouées du Prince & de l'Église, sur les objets de leur compétence respective, en y joignant l'autorité des auteurs les moins suspects. Je divise mon ouvrage en quatre parties.

La première traite de la souveraineté en général. J'y fais voir les droits du souverain, les loix qui doivent l'éclairer dans l'exercice de son pouvoir, & diriger les sujets sur les devoirs de l'obéissance. Ce sont-là comme les premiers principes qui servent de base à tout le reste de l'ouvrage.

La seconde Partie a pour objet la puissance temporelle, l'étendue & l'indépendance de sa jurisdiction, la nature des divers genres de gouvernemens, les inconvéniens & les avantages qui en résultent. J'y considere sur-tout le gouvernement monarchique, & en particulier la monarchie françoise.

Delà je passe à la puissance spirituelle, qui fait le sujet de la troisieme Partie. Je fais voir qu'elle est aussi indépendante dans son ressort, que la puissance temporelle : j'examine en qui elle réside, quelles sont les matieres de sa compétence, & les pouvoirs essenciellement annexés à sa mission, soit par rapport à l'enseignement, soit par rapport à la discipline. Je montre en même-tems qu'étant fondée sur des principes qui lui sont communs avec la puissance temporelle, on ne peut renverser celle-là, sans détruire celle-ci.

Dans la quatrieme Partie, je considere le rapport que les deux Puissances ont entre elles, l'obligation & l'intérêt qu'elles ont de se protéger, les principaux objets & la nature de cette protection.

Chaque Partie, qui est terminée par une conclusion relative à ce qui en fait l'objet, se divise en plusieurs chapitres. Les chapitres sont subdivisés en paragraphes, quelquefois les paragraphes sont encore subdivisés en plusieurs articles. Je substitue, dans la premiere Partie, le terme de maxime à celui de paragraphe, comme plus convenable aux propositions énoncées dans les titres, parce qu'elles portent toutes un caractere d'évidence.

Les points de doctrine y sont traités avec plus ou moins d'étendue, selon qu'ils ont été plus ou moins contestés. Par cette raison, la premiere Partie est très-courte, & la troisieme devoit être au contraire la plus longue. Comme ces divers points de doctrine, ont la plupart une étroite liaison avec les vérités fondamentales, je suis souvent obligé de rappeller les mêmes principes. Si cette répétition qui semble inévitable dans de pareils ouvrages, pour jetter plus de lumiere sur des objets aussi importans, paroît un défaut, elle mérite au moins ici quelque indulgence.

Le corps de l'ouvrage est précédé d'une introduction, où j'expose aux yeux du lecteur le tableau des erreurs que je combats, la chaîne des vérités que j'enseigne, & la nécessité de les faire connoître.

A chaque paragraphe, après avoir prouvé ma these, je réponds aux principales objections, & je place à la suite, les vérités qui se déduisent naturellement de la these prouvée.

N'ayant en vue que de faire connoître les principes certains qui établissent les droits primitifs & inaliénables des deux Puissances, & de montrer les conséquences qui suivent évidemment de ces principes, j'ai évité de traiter les questions problématiques, & d'entrer dans un trop grand détail, qui auroit rendu d'ailleurs l'ouvrage trop volumineux, & peut-être moins intéressant.

Mais en défendant les droits de la souveraine Puissance, je ne devois point passer sous silence les obligations qu'elle impose à ceux qui l'exercent. Comme l'amour & le respect dont je suis pénétré à leur égard, & mon zele pour le maintien de leur autorité, sont dirigés par l'amour de l'ordre & du bien public, auquel leur autorité se rapporte ; j'ai cru qu'en m'appliquant à faire rendre hommage à leur souveraineté, il devoit m'être permis de parler de leurs devoirs. D'ailleurs on serviroit mal les Princes si on ne les représentoit jamais qu'avec cet appareil du commandement, qui les fait redouter, & qui trouve par-là-même, dans le cœur de l'homme, une répugnance naturelle à la soumission; il faut les montrer encore avec cette sollicitude paternelle qui, pourvoyant aux besoins de tous, doit faire chérir aux peuples la main qui les gouverne. Ce ne sont point les droits de l'homme que je défends, ce sont les droits de la Divinité-même, dont les souverains portent l'image; ce sont les droits des citoyens, dont ils doivent être les protecteurs. Le Maître des Rois a donné des loix aux Princes comme à leurs sujets: les uns & les autres leur doivent un égal hommage; & tout soupçon d'adulation affoibliroit la force de la vérité dans la bouche de ses défenseurs.

Lorsque je réfute des erreurs malheureusement trop connues, j'observe ordinairement de supprimer les noms des écrivains qui les ont enseignées, lorsqu'ils sont encore vivans, à moins qu'ils ne se soient fait connoître eux-mêmes par des systêmes particuliers. Il est des erreurs qu'on doit imputer aux préjugés du tems & des circonstances, plutôt qu'à un aveuglement volontaire: elles sont plus excusables. J'aurois voulu en tendant la main à ceux qui sont tombés, leur épargner jusqu'à la honte de leur chûte. Ce n'est qu'avec l'esprit de la Religion qu'on doit défendre ses droits: elle ne sauroit avouer un zéle qui ne feroit point felon la charité. Si je me fuis permis quelquefois des touches un peu fortes, ce n'a été qu'autant que l'exigeoit l'intérêt de ma caufe qui eft celle des Rois, celle de l'Églife, celle de mes concitoyens, de la vérité, de la juftice, celle de Dieu même. Il falloit fonder la profondeur de la plaie qu'on avoit faite à la Religion & à l'État, pour faire fentir la néceffité du remede, & pour rendre les peuples plus avifés contre les fophifmes de l'erreur & les furprifes de la féduction.

CHAPITRE PRÉLIMINAIRE.

LA vérité eft toujours d'accord avec elle-même, avec la juftice, la Religion & le bien public : l'erreur a tous les caracteres oppofés. Par cette raifon je me fuis principalement appliqué à montrer dans le cours de ce traité la connexité que les maximes du gouvernement, foit civil, foit eccléfiaftique, ont entre elles & avec la Religion & l'ordre public. Cependant étant obligé de traiter chaque point avec quelque étendue, il étoit plus difficile de faifir les différens rapports de tout l'enfemble, qui forment la preuve la plus fenfible & la plus complette du corps de doctrine renfermé dans cet ouvrage. Pour y remédier, j'ai mis d'abord ici fous les yeux du lecteur, le double tableau des erreurs que je combats, & des maximes que j'enseigne, pour faire voir du premier coup d'œil, d'un côté les progrès & les suites funestes de l'erreur, & de l'autre, l'unité & la liaison des vérités qui leur sont opposées.

Mais quelque ménagement qu'on apporte dans la défense de la vérité, on ne peut manquer de déplaire à ceux qui craignent de la voir ; & lors-même qu'ils n'osent ouvertement la contredire, ils tâchent au moins de lui fermer la bouche, en décourageant ou en calomniant le zele de ses défenseurs. J'ai cru devoir ajouter à ces deux tableaux quelques réflexions sur l'obligation que l'amour de la Religion & du bien public nous impose de faire connoître la vérité. Trois articles feront le sujet de ce chapitre préliminaire.

ARTICLE PREMIER.

Tableau des erreurs réfutées dans cet ouvrage.

LE zele du bien public & la réforme des abus, ont toujours servi de prétexte à ceux qui ont attaqué l'autorité ; l'esprit d'indépendance & l'amour de la domination, sont toujours le véritable motif de leur révolte : la censure de l'administration publique, & des personnes chargées du gouvernement, en est ordinairement le moyen ; & le malheur des peuples, l'affoiblissement, quelquefois même la ruine entiere du gouvernement, en sont les funestes suites.

La justice, dit-on, est la premiere loi. Le Prince ne peut rien contre elle : dès qu'il la viole, je suis dispensé d'obéir ; c'est un despote, s'il veut m'asservir : j'ai donc le droit d'examiner si ses ordres sont justes avant de m'y conformer.

Mais si ses ordres sont sujets à l'examen particulier, comme on le prétend, il n'y a plus de gouvernement, parce qu'il n'y a plus de subordination. L'autorité pourra forcer la main, & jamais diriger la conscience. Le citoyen, contraint d'obéir, se croira en droit de se révolter, lorsqu'il désapprouvera les ordres qui lui seront adressés ; & il ne manquera presque jamais de le faire, lorsqu'il s'y croira intéressé, & qu'il espérera de se soustraire à la punition.

Le souverain peut abuser de sa puissance pour prodiguer le sang de ses sujets par des guerres injustes, pour les vexer par des impositions exorbitantes, pour dissiper les trésors publics par des profusions indiscretes ; il peut accorder à la faveur, les dignités & les récompenses dues au mérite ; il peut faire servir à ses haines personnelles le glaive que la Divinité n'a déposé entre ses mains, que pour venger les droits de la justice : & delà on conclud qu'il est nécessaire de lui opposer une autre puissance capable de contrebalancer la sienne, pour en empêcher les abus.

Mais cette puissance qu'on voudroit lui opposer, pourra aussi abuser : il faudra donc instituer un nouveau tribunal, & ce dernier tribunal n'étant pas plus infaillible, il n'y aura plus de souverain qui prononce en dernier ressort : la propre conscience sera le tribunal suprême où chaque particulier appellera des ordres supérieurs ; & alors plus de subordination.

On soutient que le bien public étant l'objet de tout gouvernement, le peuple est seul propriétaire de la souveraineté ; que les Princes ne sont que ses représentans ; qu'il a droit de leur demander compte de leur administration, de les réformer, de les destituer ; & que les actes de leur jurisdiction ne sont stables, qu'en vertu de son consentement au moins présumé.

Delà, comme il y a toujours des sujets mécontens du gouvernement actuel, & d'autres qui croient gagner en changeant de maître ; comme il y a toujours des abus réels ou apparens ; toutes les fois que des hommes factieux & puissants seront assez adroits pour inspirer de la haine contre le souverain & contre son administration, ils ne manqueront jamais de raisons ou de prétextes pour exciter des révoltes. Le cri de la rebellion sera regardé comme la réclamation générale du peuple : & l'autorité se trouvant ainsi anéantie, le peuple dont on aura invoqué le nom, sera exposé à toutes les crises des révolutions les plus affreuses.

Ensuite de ce prétendu pouvoir de propriété

attribué au corps de la nation, l'État monarchique, n'est plus aux yeux de ces faux politiques, qu'un gouvernement despotique, qui, en concentrant toute la puissance dans la personne du Prince, dépouille les sujets d'un droit de propriété inaliénable, qu'ils ont sur la souveraineté, & qui, en les livrant à la volonté arbitraire d'un seul, leur ôte, jusqu'à l'espoir de briser leurs chaînes.

L'expérience n'a que trop appris combien de pareils systêmes étoient capables d'altérer, dans le cœur des François, l'amour & le respect qu'ils ont naturellement pour leurs Princes. On a vu dans des tems malheureux, le royaume se diviser par l'affoiblissement de l'autorité, & le peuple écrasé par le contre-coup des horribles secousses qui ébranloient le trône. Sans parler de la triste situation du gouvernement, & de la malheureuse condition des sujets, sous la domination des Maires du palais & des grands vassaux; la France conserve encore les traces sanglantes des guerres civiles que la rebellion des Protestans y avoient allumées : on se souvient encore des désordres de la Ligue & de la Fronde. Partout les sujets furent opprimés, dès que le Prince n'eut plus assez de pouvoir pour les protéger.

Par une suite naturelle du même systême de propriété, on a voulu insinuer que les États-Généraux qui formoient le tribunal de la nation, en avoient aussi tous les pouvoirs. On a soutenu que ce tribunal devoit toujours subsister au moins, dans quelque corps particulier de l'État, comme étant le représentant du peuple : c'étoit élever par-là une puissance rivale à côté du trône, diviser le gouvernement & renverser la monarchie.

Aux atteintes portées à la souveraineté des Rois, s'est jointe l'usurpation des droits les plus sacrés de l'Église.

Plusieurs ont enseigné que l'Église n'avoit qu'un pouvoir de direction. Ils ont dit que le droit de commandement qu'on lui attribuoit, étoit une domination odieuse, incompatible avec l'humilité prescrite par l'Évangile. C'étoit-là briser d'un seul coup les liens de la subordination, qui unissoient tous les membres de l'Église avec leurs chefs, & détruire le gouvernement ecclésiastique.

Les Anglicans ont reconnu la nécessité d'une jurisdiction en matiere spirituelle pour maintenir ce gouvernement ; mais ils ont prétendu que cette jurisdiction étoit inséparable de la puissance civile. D'après ce système, tous les Princes, quoique hérétiques, quoique mahométans, quoique barbares, fussent-ils impies ou athées, auront le droit de gouverner les Églises particulieres qui sont dans leurs États ; puisque les droits de la couronne sont indépendans de la religion du souverain.

Les Richéristes, partant de ce principe, que la propriété de la souveraine Puissance appartient au peuple, ont enseigné que la Puissance spirituelle résidoit aussi dans le corps des fideles, quant à la propriété ; que les premiers pasteurs n'en avoient que l'exercice & que les actes de leur jurisdiction, pouvoient être infirmés par la réclamation de leur troupeau. Mais dès-lors il faudra supposer que le corps des fideles peut faire schisme avec le corps épiscopal. Dès lors, comme les suffrages de tous les membres de l'Église ne peuvent se compter ; toutes les fois qu'une multitude d'hérétiques s'elevera hautement contre les décrets qui les flétrissent, toutes les fois qu'ils exciteront des séditions & des troubles, on prétendra que c'est l'univers entier qui réclame contre le jugement des Évêques.

Tiers & Travers ont attribué indistinctement la jurisdiction spirituelle aux Évêques & aux Prêtres. Mais par-là on introduisoit le schisme dans les dioceses ; par-là on détruisoit l'autorité, en faisant disparoître la subordination.

La primauté du S. Siege étoit trop incontestable pour qu'on osât la désavouer ; mais on a prétendu qu'elle n'étoit que d'institution humaine ; ou bien on a voulu la réduire, à une primauté d'honneur & de direction, & non de jurisdiction. C'étoit-là encore briser les liens de l'unité, en dépouillant le chef de l'Église, de l'autorité qui lui étoit nécessaire pour la gouverner.

Nous avons dit que les Anglicans attribuoient au Prince la jurisdiction en matiere spirituelle. Cette doctrine ayant été proscrite par l'Église, on a fait au moins semblant de la condamner pour paroître catholique ; mais on y est revenu par un détour, en changeant la signification des termes. Les Anglicans comme les Catholiques avoient entendu, par *matiere spirituelle*, tout ce qui se rapportoit directement à la Religion. De nouveaux écrivains ont prétendu qu'on devoit entendre par le mot de *spirituel* ce qui étoit seulement intérieur ; par ce moyen tout ce qui regardoit le gouvernement extérieur de l'Église, l'enseignement de la doctrine, l'administration des sacremens, les fonctions sacerdotales, la suspension de ces fonctions, l'interdiction des choses saintes, le culte divin, l'ordination des clercs, la mission canonique, les réglemens de discipline, enfin tout ce qui pouvoit être l'objet du gouvernement de l'Église, tout ce qui pouvoit être matiere de jurisdiction, tout ce que les Anglicans avoient appellé *matiere spirituelle*, devoit être réputé matiere temporelle ou matiere mixte, & comme tel, être soumis à la puissance séculiere. Ils ont ajouté que tout ce qui pouvoit intéresser la société civile, étoit de la compétence du magistrat politique. Delà par une conséquence nécessaire, comme tous les objets de la Religion influent sur les mœurs & sur l'ordre public, tous ces objets devoient être aussi du ressort du magistrat. Jamais les Anglicans n'avoient donné plus d'étendue à la jurisdiction de leurs souverains sur le gouvernement de l'Église.

Les Protestans avoient encore enseigné que l'Église étant faillible dans la doctrine, ses décisions dogmatiques ne pouvoient être la regle de notre croyance ; mais que chacun devoit suivre son inspiration particuliere sur l'interprétation des livres saints, & régler sa foi sur cette prétendue inspiration. Dès-lors chacun dirigé par son jugement particulier, a pris des voies différentes. Bientôt une multitude de sectes s'est élevée dans la Prétendue-Réforme; & il n'a plus été possible de les ramener à l'unité, parce qu'il n'y a plus eu parmi elles d'autorité vivante pour leur servir de guide. Les Anglicans ont aussi prétendu que les définitions dogmatiques ne recevoient leur validité que de l'autorité du Prince; & delà encore autant de professions de Foi différentes qu'il y a eu des États protestans.

Les hérétiques qui leur ont succédé, marchant fidèlement sur leurs traces, mais couvrant toujours leur marche, ont enseigné la même doctrine, en parlant un langage différent: ils ont avoué que l'Église étoit infaillible; mais que les jugemens du corps épiscopal ne l'étoient qu'autant qu'ils étoient avoués du corps des fideles; qu'autant que les Évêques consultoient les Églises de leurs dioceses, qu'ils se comportoient en juges, au lieu de se borner à une simple adhésion; qu'autant qu'ils ne se déterminoient ni par préjugés ni par passion, ni par des intérêts particuliers; c'est-à-dire que, dans le fait, aucun jugement ne pouvoit plus former une regle de foi, puisqu'il n'y en auroit jamais aucun qui eut évidemment toutes ces qualités requises pour l'infaillibilité.

D'autres ont soutenu que ce privilege de l'infaillibilité n'appartenoit qu'à l'Église assemblée dans les Conciles œcuméniques, non à l'Église l'Église difperfée. Mais s'il eft permis de reftraindre aux Conciles œcuméniques les promeffes de J. C., l'Église n'aura plus de moyens fuffifants pour arrêter les progrès de l'erreur, lorfqu'elle ne pourra point s'affembler. S'il eft permis de reftraindre ces promeffes par des conditions arbitraires, on aura toujours le moyen de les éluder.

Ils ont dit encore que les décrets dogmatiques ne pouvoient être infaillibles, qu'autant qu'ils qualifioient en particulier chacune des propofitions condamnées, non lorfqu'ils les profcrivoient avec des qualifications refpectives. Mais les promeffes de l'affiftance divine ayant été faites indiftinctement à l'Église, toutes les fois qu'elle enfeigneroit, elles doivent regarder tous les décrets de l'Église concernant l'enfeignement; donc fi l'Église peut fe tromper dans ceux-ci, malgré les promeffes de J. C., elle pourra fe tromper auffi fur les autres.

Autre détour. On accorde à l'Église l'infaillibilité fur le dogme, mais non fur le fens des propofitions condamnées. Par ce moyen les hérétiques auront toujours un prétexte pour enfeigner la doctrine renfermée dans les propofitions, ou dans les ouvrages condamnés, en foutenant que ces propofitions, ou ces ouvrages ont été profcrits dans un fens différent de celui qu'ils renferment.

On a dit de plus que l'unanimité des Évêques étoit néceffaire pour former un jugement irréfragable : mais fi cela eft, les héréfies feront à l'abri de l'anathême, dès qu'elles auront quelques Évêques dans leur parti.

On n'a ofé attribuer au Prince le pouvoir de porter des jugemens fur la doctrine ; mais on lui a réfervé le droit de déterminer la nature des décrets de l'Églife, & de fixer le degré de foumiffion qui leur eft dû, le droit d'en empêcher la publication, le droit de les déclarer nuls, comme manquant des conditions requifes pour former un jugement légitime, ou pour faire regle de foi. Par-là le Prince fera toujours libre d'affranchir les hérétiques de l'autorité qui les condamne.

Les Anglicans ont enfeigné que les réglemens de difcipline étoient du reffort du magiftrat politique. Nos nouveaux Docteurs partagent ce pouvoir entre le magiftrat & l'Églife ; mais avec cette différence, que le fouverain n'a pas befoin du confentement de l'Églife, pour faire des loix de difcipline, & que l'Églife a befoin de l'autorifation du magiftrat pour donner la fanction à fes loix. Ses réglemens ne feront donc plus par eux-mêmes, que de fimples projets. Les Proteftans ne refuferont pas certainement aux premiers pafteurs une faculté auffi limitée, qui n'eft pas même incompatible avec la qualité de fimples fujets.

On confent encore à ce que les Évêques aient le pouvoir de lier par des cenfures, ou de délier. On n'auroit pu leur contefter ce pouvoir, fans encourir les anathêmes du Concile de Trente. Mais fi le Prince ne peut employer perfonnellement le glaive fpirituel, on veut qu'il puisse en régler l'exercice ; qu'il puisse forcer ou empêcher les Évêques d'excommunier ou d'absoudre. S'il ne peut délier directement des censures, on veut qu'il puisse les rendre nulles en les déclarant abusives.

Selon le système anglican, toute la jurisdiction spirituelle réside dans la personne du Prince. Suivant les canonistes que je combats, l'Évêque a bien un tribunal, mais il ne peut, sans le consentement du Prince, faire aucun acte extérieur de jurisdiction, en matiere contentieuse, parce qu'il n'a point de territoire. Les Anglicans conviendront encore sans peine d'une pareille jurisdiction, puisqu'elle ne donne aucun pouvoir, que dépendamment de la mission du Prince.

Conséquemment à leurs principes, les mêmes canonistes prétendent que les Évêques ne peuvent exercer personnellement la jurisdiction contentieuse, à moins qu'ils ne s'y soient maintenus par l'usage ; parce qu'en effet, si cette jurisdiction est dépendante du Prince, la jurisprudence des cours souveraines peut y mettre les restrictions qu'elles jugent convenables. Mais cette jurisdiction étant aussi essencielle dans le fond, au caractere épiscopal, que les fonctions de la jurisdiction volontaire : si on peut empêcher les Évêques d'exercer personnellement celle-là ; on pourra les empêcher aussi d'exercer personnellement celle-ci.

Le Roi seul donne mission en Angleterre pour l'administration des choses saintes. On n'a osé soutenir une doctrine aussi odieuse en France ;

mais quelques auteurs attribuent au magistrat politique, le droit de faire rendre compte aux Evêques de l'usage qu'ils font de leur pouvoir à cet égard ; le droit de les obliger à accorder ou à refuser la mission canonique, selon qu'il le juge convenable ; le droit de suppléer à leur refus, en déléguant lui-même pour donner cette mission. Voilà donc encore le Pontife subordonné comme en Angleterre à la volonté du magistrat, dans les fonctions les plus sacrées du saint Ministere.

Pour pallier ce que la jurisdiction spirituelle avoit de révoltant entre les mains d'une femme, la Reine Élisabeth avoit déclaré que cette jurisdiction se réduisoit au droit de réformer les abus. On a seulement supprimé en France le terme de *jurisdiction* ; mais on a soutenu que le magistrat politique avoit le droit de connoître de tous les abus qui se commettoient dans le gouvernement ecclésiastique & de les réformer. Ainsi comme il n'y a aucune fonction sacerdotale dont on ne puisse abuser, il n'y aura aussi comme en Angleterre aucune fonction sacerdotale, qui ne soit de la compétence des tribunaux séculiers.

Une nouvelle subtilité, que les Anglicans eux-mêmes eussent méprisée comme une absurdité, est venue à l'appui de cette prétention. On a distingué le pétitoire du possessoire, c'est-à-dire, le droit qu'on avoit à une chose spirituelle, du droit qu'on avoit à la possession ou à la maintenue de cette chose ; & on a dit 1°. Que la maintenue dans la possession ayant besoin de la force coactive, ne pouvoit compéter qu'au magistrat. 2°. Que dans les contestations qui intervenoient en matiere spirituelle, on devoit commencer par introduire l'instance au possessoire. 3°. Que le possessoire étant jugé, on ne pouvoit plus être reçu à se pourvoir pardevant le juge d'Église, pour le pétitoire; parce que dans le fait, il se réduisoit à la même question. Par-là, les tribunaux séculiers se sont trouvés saisis tout-à-coup de toutes les causes concernant le spirituel, non pour juger à qui le droit appartient, car tous conviennent qu'en pareil cas il y auroit entreprise sur la jurisdiction épiscopale ; mais, ce qui opere précisément le même effet, pour juger à qui appartient la possession.

Afin d'accréditer cette absurdité, on a exposé les abus que les Évêques avoient commis & ceux qu'ils pourroient encore commettre dans le gouvernement ecclésiastique ; & on a inféré delà, qu'il devoit y avoir au-dessus de la puissance épiscopale, une autorité capable de la réformer. C'est-à-dire qu'on a fait valoir pour dépouiller l'Église de ses droits, les mêmes raisons qu'on a fait valoir dans tous les tems, pour détrôner les Princes.

C'est ainsi qu'en anéantissant la puissance spirituelle, on ôte aux premiers pasteurs le pouvoir que J. C. leur a donné; pouvoir qui est annexé à leur caractere ; & sans lequel il ne leur seroit pas possible de remplir la mission qu'ils ont reçue pour gouverner l'Église. En effet, que l'hérésie s'introduise dans le bercail, l'Église aura beau la proscrire, on supposera que les juges se sont déterminés par préjugé ou par passion; & on en inférera que leur décret manquant des conditions requises, n'exige point une soumission intérieure de la part des fideles : le Prince seul pourra le rendre inutile en prohibant la publication du décret, ou en déclarant qu'il n'a point les caracteres de regle de Foi. Que l'Église s'occupe des moyens de réformer la discipline ecclésiastique; ses réglemens seront sans force lorsqu'ils ne paroîtront point avec le sceau du Prince. Qu'elle entreprenne de punir les scandales; ses anathêmes seront sans effet, si le magistrat les déclare abusifs. Qu'elle prononce sur les contestations qui concernent l'observance des loix canoniques; le magistrat pourra annuller les décrets, en prononçant qu'il y a abus. Qu'elle donne mission pour exercer le saint Ministere; le magistrat pourra en défendre l'exercice. Comment l'Église pourra-t elle alors instruire, corriger, statuer sur les matieres de religion, réformer, gouverner le troupeau que J. C. lui a confié, sur-tout dans les États où le gouvernement est infecté par l'hérésie ou par le schisme? car le magistrat politique doit y avoir le même pouvoir, puisqu'il doit y jouir de tous les droits de la souveraineté.

Cependant tandis que les Novateurs veulent ainsi asservir l'épiscopat, tandis qu'ils attaquent la puissance de J. C. par des principes qui sapent les fondemens du trône, ils invoquent le nom de la paix; ils se disent les enfans de l'Église, & les zélateurs des droits du souverain & de la Religion.

Ce n'est pas assez d'asservir l'Eglise, ils veulent encore la rendre odieuse, & ils la représentent comme une société étrangere à l'Etat, capable d'en troubler l'harmonie, & contre laquelle on doit se prémunir. Ils calomnient ses ministres, comme des hommes ambitieux, qui aspirent à la domination, & qu'il faut humilier. Ils regardent ses domaines comme des biens devenus inutiles aux citoyens, & dont il faut la dépouiller; ses prérogatives comme des droits usurpés, ou comme des concessions onéreuses au gouvernement, & qu'il faut supprimer. Et ces zélateurs qui invitent le souverain à dépouiller l'Église de ses domaines & des pouvoirs de l'apostolat, c'est-à-dire à exercer le despotisme les plus odieux, sont ces mêmes hommes, qui sous prétexte de défendre les propriétés des citoyens, ne craignent pas d'accuser de despotisme, le pouvoir que le souverain exerce dans l'ordre civil.

Mais voudroient-ils donc que le souverain renonçat à la qualité de protecteur de l'Église? Point du tout: ils lui conservent ce glorieux privilege, mais ils en font un titre pour l'autoriser à dominer sur l'Église même, non pour la secourir. Le protecteur, dit-on, doit connoître de l'administration qu'il protege, pour ne pas blesser les droits de la justice: il doit défendre ses sujets des vexations que les Évêques peuvent commettre, dans l'exercice de leurs fonctions. Delà, comme il n'y a aucun objet dans l'ordre de la Religion que le Prince ne doive protéger, il n'y en aura aussi aucun dont il n'ait droit de connoître. Delà, comme tous les chrétiens de ses États sont ses sujets, il n'y en aura aussi aucun qui ne puisse appeller du tribunal des Évêques à son tribunal, en matiere spirituelle, quand même le Prince seroit lui-même idolâtre & barbare. Car la protection qui est un devoir de justice, de la part du souverain, est aussi un attribut essenciel de la souveraineté. A quels excès ne conduiront pas ces faux principes ? Voici ceux que leur oppose la Religion.

ARTICLE II.

Analyse du corps de doctrine qui fait le sujet de cet ouvrage.

Premiere Partie. De la souveraineté en général. Chapitre I. De l'autorité du souverain. L'homme est essenciellement dépendant de son Auteur, non-seulement en ce qu'il n'existe que par sa puissance, comme les autres êtres ; mais encore en ce qu'étant créature raisonnable, il ne peut ni connoître sans être éclairé de sa lumiere, ni agir sans être mû par l'amour du bien, & que dans ces deux facultés de son ame, qui constituent la dignité de sa nature, il est encore essenciellement subordonné à son Créateur, comme Vérité Éternelle & comme Bien-Suprême.

Maxime I. L'homme qui vit en société,

doit être encore nécessairement soumis à une autorité vivante, qui réunisse les peuples sous l'obéissance, & qui ait le droit de commandement, pour maintenir la justice, & pour faire concourir tous les membres au bien général.

Max. II. Le citoyen ne doit donc point chercher son bonheur ni sa liberté dans l'exemption des devoirs ni dans l'indépendance absolue, mais dans un état qui, en lui laissant la faculté de faire ce qui est honnête & utile, l'empêche pourtant de faire le mal, & l'oblige conjointement avec ses concitoyens à travailler au bien général de la société.

Max. III. Mais si la souveraineté est nécessaire à l'ordre public, elle doit être d'institution divine, quant à sa nature, quoiqu'elle ne le soit pas quant à la forme du gouvernement ni quant au choix du souverain.

Max. IV. Cet ordre n'étant institué que pour le bien du peuple, les souverains ne sont aussi établis que pour le bonheur de leurs sujets.

Max. V. Ils leur doivent la justice, comme ceux-ci leur doivent l'obéissance.

Max. VI. Il ne peut y avoir ni souverain légitime, ni véritable gouvernement sans Religion, puisque la loi primitive, qui a institué la souveraineté, & qui en a réglé les droits & les obligations, étant antérieure à toute loi humaine, ne peut avoir sa source que dans l'ordre du Créateur.

Max. VII. Comme pour assurer l'obéissance des sujets, il faut qu'ils distinguent certaines ment celui qui a droit de leur commander ; le souverain doit être connu à des caracteres manifestes, indépendants de ses qualités personnelles, & de toute autre condition qui rendroit son autorité douteuse.

Max. VIII. Dieu ayant institué le souverain pour le bonheur des peuples, doit lui avoir donné tous les pouvoirs nécessaires pour les gouverner.

Max. IX. Parmi ces pouvoirs, le principal consiste dans le droit de statuer en dernier ressort, sur tout ce qui concerne le bien de la société ; autrement il n'y auroit plus rien de fixe dans le gouvernement.

Max. X. Personne ne peut donc réformer l'administration du souverain, que le souverain lui-même ; puisqu'il n'y a point de juge au-dessus de lui.

Max. XI. Il y a donc cette ressemblance entre le souverain & le despote, que l'un & l'autre ne connoissent point d'autorité vivante supérieure, capable de les réformer ou de les contraindre : mais il y a cette différence, que le premier reconnoît la loi au-dessus de lui ; & que l'autre met sa volonté à la place de la loi-même.

Max. XII. Le souverain ayant le dernier ressort, il répugne qu'il y ait deux souverains dans un même gouvernement ; parce qu'ils ne pourroient statuer chacun en particulier sur ce qui regarde l'administration publique, avec une autorité absolue & indépendante. Cette maxime a son application, même à l'égard des gouvernemens aristocratiques & républicains, parce que dans ces gouvernemens, la souveraineté ne réside toute entiere que dans les corps & non dans aucun des membres en particulier.

Max. XIII. Le souverain ayant reçu tous les pouvoirs nécessaires pour gouverner la société, il doit avoir le droit de les exercer sur tous les membres qui la composent, pour les maintenir dans l'ordre, & par conséquent il doit avoir le droit de les punir, lorsqu'ils le troublent.

Chapitre II. Des loix. Quoique le Prince n'ait point de supérieur, nous avons dit cependant que la loi étoit au-dessus de lui. Il est donc nécessaire, après avoir fait connoître l'autorité du souverain, de faire connoître la nature des loix qui doivent le diriger.

On distingue deux sortes de loix, la loi éternelle, qui est dictée par la raison, & la loi positive qui a été donnée aux hommes par l'autorité d'un législateur. La loi positive se subdivise en loi divine, c'est celle qui a été donnée par Dieu-même, & en loi humaine, qui reçoit sa sanction de l'autorité des hommes. La loi humaine se subdivise encore en loi civile & en loi ecclésiastique; celle-là émane du Prince & celle-ci de l'Eglise.

Max. I. L'autorité, la justice & la publication ou divulgation de la loi sont nécessaires de droit naturel à sa validité, ou à son complément. L'autorité est nécessaire à la validité de la loi, parce que la loi exige l'obéissance, & que l'obéissance suppose dans le législateur, le droit du commandement. La justice est né-

PLAN GÉNÉRAL

cessaire à la validité de la loi, parce que le législateur ne peut déroger à la loi naturelle, qui est la regle immuable de la justice. La publication ou divulgation de la loi est nécessaire à son complément, parce que la loi ne peut obliger, si elle n'est connue.

Max. II. Ni la clarté ni l'acceptation de la loi ne sont point nécessaires à sa validité. L'obscurité de la loi ne dispense point de l'obéissance sur les points qui sont clairs ; car il n'y a point de loi totalement obscure. Quant aux points où on ne peut distinguer la volonté du législateur, la loi n'est point invalide, puisqu'elle exige qu'on soit dans la disposition de s'y conformer ; mais on n'est pas tenu d'obéir tant qu'on ignore la volonté du législateur. D'autre part, la loi obligeant tous les sujets, elle doit par-là-même, exister dans toute sa force indépendamment de son acceptation.

Max. III. Il y a une subordination nécessaire entre les différentes especes de loix. La loi naturelle, fondée sur les principes de la raison éternelle, qui est Dieu-même, & qui est immuable comme lui, sert de regle à sa volonté. Car la loi divine peut bien varier, mais elle ne peut jamais être contraire à la droite raison. Les loix humaines, soit civiles, soit ecclésiastiques, sont subordonnées aux deux premieres ; parce que la volonté de l'homme doit être toujours soumise à celle de Dieu.

Max. IV. Toutes les loix ont donc une origine, une regle & une fin qui leur sont communes. Leur origine est dans Dieu, de qui elles émanent ou directement ou indirectement : leur regle est la justice ; leur fin est le bien public.

Max. V. Il est de la sagesse du souverain de consulter sur les loix qu'il se propose de faire, parce qu'il doit prendre les moyens convenables pour éclairer sa Religion ; mais il n'est pas obligé de se conformer à l'avis de son conseil, parce qu'il a lui seul le dernier ressort. (Ch. 1. max. 9.)

Max. VI. Le pouvoir législatif renferme le droit d'interpréter les loix, soit que cette interprétation fasse regle, soit qu'elle se borne à décider les contestations particulieres, parce qu'il n'y a que la Puissance qui donne la force aux loix, qui ait droit de les interpréter avec l'autorité du commandement. Par la même raison le législateur a le droit de les abolir, d'en dispenser ou de les modifier, puisqu'elles n'obligent qu'en vertu de sa volonté.

Chapitre III. Des regles qui concilient les devoirs de la subordination & les droits de la justice.
Il n'est jamais permis aux sujets de violer la loi naturelle ni la loi divine. Cependant ils doivent obéir aux ordres du souverain, & les ordres du souverain peuvent être contraires à ces loix. Quelle regle faut-il donc suivre pour concilier ce qu'on doit à Dieu avec l'obéissance qu'on doit aux hommes ? La voici :

Max. I. Je pose d'abord en maxime que l'abus que le souverain peut faire de son autorité, ne donne jamais aux sujets le droit d'examiner la justice de ses commandemens, pour régler sur leur jugement particulier l'obéisbéissance qu'ils lui doivent. 1°. Parce que le souverain a le dernier ressort. (Ch. 1. max. 9.) 2°. Parce que le souverain pouvant toujours abuser de son autorité, ses commandemens seroient toujours subordonnés au jugement des sujets qui se dispenseroient d'obéir, toutes les fois qu'ils désapprouveroient ses ordres : & dèslors plus de subordination ni de souveraineté.

Max. II. Le commandement du souverain doit être présumé juste dans la pratique ; parce que le devoir de l'obéissance suppose la justice ; mais quand il est évidemment injuste, l'évidence fait cesser la présomption.

Max. III. Si les ordres du souverain étoient manifestement contraires à la loi naturelle ou divine, elles feroient cesser à cet égard le devoir de l'obéissance. (Ch. 2. max. 3.) On doit obéir à Dieu plutôt qu'aux hommes.

Max. IV. L'injustice manifeste qui autorise la désobéissance des sujets, est très-rare dans la pratique ; parce qu'il faut connoître d'abord manifestement la loi violée, & de l'autre côté, l'opposition de cette loi avec les ordres du souverain, dans toutes les circonstances possibles que nous ignorons, & qui pourroient justifier ces ordres. Donner de l'extension aux cas qui dispensent d'obéir, ce seroit affoiblir l'autorité, en facilitant les prétextes de la rebellion.

Max. V. Lors même que l'injustice manifeste du commandement, autorise la désobéissance, elle ne justifie jamais la révolte. parce qu'elle ne dépouille jamais le souverain de sa puissance. La doctrine contraire seroit une source continuelle de guerres intestines ; elle fourniroit des prétextes pour détrôner les bons Princes, sans donner les moyens de secouer le joug des méchants.

Max. VI. L'obéissance à l'égard du souverain doit s'étendre à ceux qui le représentent dans les différentes parties de l'administration publique ; le souverain, en leur donnant le droit de commander, impose par-là aux sujets l'obligation de leur obéir : mais ceux-ci restent toujours dans la subordination envers le Prince, parce qu'ils restent toujours dans la classe des sujets. Leur institution même est un acte de souveraineté qu'il exerce sur eux.

Conclusion de la premiere Partie. L'homme jaloux de sa liberté, se prévient naturellement contre les droits des souverains qui semblent lui donner des chaînes. Cette disposition peut devenir funeste & aux peuples & aux Princes & à l'État. Il est essenciel de dissiper une prévention aussi injuste, en faisant sentir aux citoyens que l'autorité ne les assujettit que pour assurer leur repos, leur fortune, leur vie, leur liberté même, en faisant régner les loix ; qu'elle protege les sujets contre l'oppression, & qu'on ne peut la détruire, sans attenter au salut public.

Deuxieme Partie. De la puissance temporelle. Il y a deux genres de puissances, comme il y a deux sortes de gouvernemens parfaits : la puissance temporelle, qui préside à l'ordre civil, & la puissance spirituelle, qui préside à l'ordre de la Religion.

On appelle *gouvernement parfait*, celui qui n'étant subordonné à aucun autre gouvernement, doit renfermer tous les pouvoirs nécessaires au régime d'une société. On appelle *gouvernement imparfait*, celui qui n'ayant qu'une autorité bornée, sur certaines sociétés particulieres, qui font partie de la société générale, sont par-là dépendants du gouvernement général. Tel est le gouvernement de certains corps civils ou ecclésiastiques, par rapport à l'État ou à l'Église.

Chapitre premier. De l'indépendance de la puissance temporelle, des titres qui y donnent droit, des pouvoirs qui y sont annexés, & des obligations qui sont relatives à ces pouvoirs. §. *I.* La puissance temporelle ne dépend ni directement ni indirectement de la puissance spirituelle. J. C. a déclaré que son royaume n'étoit pas de ce monde. Il a recommandé l'obéissance même à l'égard des maîtres durs & fâcheux. L'Église l'a toujours observée, elle l'a toujours enseignée comme une loi inviolable. Les titres de l'apostolat sont la mission que J. C. a donnée à ses Apôtres : & cette mission s'est bornée à des fonctions spirituelles. L'autorité temporelle qui n'a point été nécessaire pour fonder l'Église, ne sauroit l'être aussi pour la conserver.

§. *II.* Les suffrages du peuple, le droit d'hérédité ou de conquête, & la prescription peuvent former autant de titres légitimes pour la souveraineté.

Dieu n'ayant rien déterminé sur le choix des souverains, ni sur la forme des gouvernemens,

mens., le peuple doit avoir eu originairement le droit de se choisir des maîtres, & de rendre la souveraineté héréditaire. Le droit de conquête est fondé sur le droit des gens : il est conforme à la loi naturelle, qui permet au souverain d'user de compensation, en réparation des torts qu'il a soufferts, & d'ôter à un peuple ennemi le moyen de lui nuire. La loi de la prescription quant aux droits à la souveraineté, est nécessaire au repos des peuples, auquel l'intérêt particulier doit toujours céder. Peu de Princes seroient assurés sur le trône, s'il étoit permis de discuter les titres primitifs de leur possession. Eh, à quelles affreuses révolutions ne seroient point exposés tous les États ! En vertu de cette même loi, un gouvernement auparavant républicain ou aristocratique ou mixte, peut devenir purement monarchique.

Tels sont les titres qui donnent droit à la souveraineté. Voici quels sont les pouvoirs du souverain, & les devoirs qui en sont inséparables.

§. *III.* La loi naturelle seule ne suffit pas au gouvernement de la société civile. Il y a une infinité d'objets sur lesquels elle ne s'explique pas distinctement, ou sur lesquels elle ne s'explique que d'une maniere très-vague. Il ne suffiroit point d'y suppléer par des volontés particulieres, qui rendroient l'ordre du gouvernement plus incertain & moins uniforme, & qui le rapprocheroient trop de l'arbitraire. Il faut donc y suppléer par des loix positives : mais ces loix ne peuvent émaner que du souverain qui seul a le droit de statuer en dernier ressort, (ci-dess. ch. 2. max. 1. & ch. 1. max. 9) & qui, par-là-même, a le droit d'interpréter ces loix, de les abolir, de les modifier ou d'en dispenser, (ci-dess. ch. 2. max. 6.) Son obligation est, non seulement de se proposer toujours la justice pour regle, dans la confection de ses loix & le bien public pour fin, mais de considérer les circonstances des tems, de balancer les avantages avec les inconvéniens qui résultent de ces loix : & lorsqu'elles sont publiées, il doit les faire observer avec exactitude, & n'en dispenser qu'avec discrétion.

§. IV. Comme l'amour du devoir & du bien public ne suffit pas au commun des hommes pour les engager à se conformer aux loix, il faut que le souverain puisse les y exciter par la considération des peines & des récompenses. Delà le pouvoir de punir & de récompenser ; pouvoir qui ne doit jamais servir les animosités ni les inclinations personnelles, mais se rapporter tout entier à l'utilité publique.

§. V. En maintenant l'ordre parmi les citoyens, il faut encore les défendre contre les ennemis du dehors. Delà le droit qu'ont les Princes de faire la guerre & la paix. Mais on ne doit avoir recours aux armes que comme à un remede violent, lorsqu'il est devenu nécessaire pour repousser la force ; jamais elles ne doivent servir à l'ambition. La guerre même a ses loix. On doit s'abstenir de faire du mal à ses ennemis, lorsqu'il n'en peut résulter aucun bien : on doit l'épargner lorsqu'il est désarmé, à moins qu'il n'ait mérité d'être puni : on doit terminer la guerre, lorsqu'on a suffisamment assuré les droits de la justice & le repos public : on doit enfin garder inviolablement les traités qu'on a jurés.

§. *VI.* Il est impossible de pourvoir aux besoins publics sans le secours des finances. Les citoyens doivent subvenir aux charges de l'État, à proportion de leurs facultés. Il faut donc imposer le tribut, en fixer le taux, déterminer la maniere de le percevoir. Or, ce droit ne peut compéter qu'à la puissance souveraine, qui réunit à l'autorité du gouvernement, la connoissance des nécessités de l'État, par l'inspection qu'elle a sur les différentes branches de l'administration publique. Mais les impositions ne doivent jamais excéder les facultés des sujets : la sagesse & la justice doivent toujours présider à l'exaction & à l'emploi des deniers publics.

§. *VII.* Les finances supposent le cours d'une monnoie qui seroit sujette à une infinité de fraudes, soit quant au poids, soit quant au titre, si le souverain n'intervenoit pour fixer l'un & l'autre, & pour déterminer la valeur des especes. L'empreinte qu'elles portent, est le sceau de l'autorité qui garantit la foi publique. Le droit de battre monnoie, oblige le Prince à faire fabriquer une quantité d'especes suffisante pour le commerce, & à mettre une sage proportion entre la valeur numérique & la valeur intrinseque

§. *VIII.* Le Prince ne pouvant remplir personnellement toutes les fonctions de l'administration publique, doit nécessairement avoir la faculté de les exercer par le ministere d'autrui ; & par conséquent le droit de créer des officiers, pour la partager avec lui, en leur communiquant une portion de son autorité. De la nomination de ces officiers dépend le maintien de l'ordre public. Le souverain ne sauroit donc apporter trop de discernement dans le choix, comme il ne sauroit punir ceux qui prévariquent, avec trop de sévérité.

§. *IX.* La souveraineté étant d'institution divine & nécessaire au gouvernement de la société, les pouvoirs qui y sont annexés, sont inaliénables. Le Prince ne sauroit y renoncer, sans se dépouiller de la souveraineté même.

Chapitre II. Des principes qui doivent régler l'usage de la souveraine Puissance. Outre ces différentes obligations qui sont relatives aux fonctions particulieres du gouvernement, le souverain a d'autres devoirs à remplir, relativement à l'administration générale. Je les réduis à quatre.

§. *I.* Il est tenu aux pactes qu'il a fait originairement, soit avec ses peuples sur la forme constitutive du gouvernement, soit avec les autres peuples qui se sont soumis à lui, soit avec les Princes, qui lui ont conféré la souveraineté sur leurs États. Ces pactes appartiennent au droit naturel, ils sont d'étroite justice, & ils **constituent les loix fondamentales** du gouvernement. Mais on ne peut regarder les loix comme conſtitutives, qu'autant qu'elles ſont établies ſur des titres exprès & authentiques, non ſur des généralités, qu'on pourroit reſtraindre ou étendre au beſoin, pour exciter les ſéditions.

§. *II.* Le Prince eſt encore tenu de reſpecter les propriétés. Il doit protéger le peuple, non le dépouiller. Cependant comme l'intérêt des particuliers eſt ſubordonné à l'intérêt commun, leurs poſſeſſions demeurent toujours ſous le ſouverain domaine du Prince qui peut en exiger une portion, pour contribuer aux charges publiques, & qui peut en dépouiller même totalement les poſſeſſeurs, lorſqu'ils ont mérité de les perdre.

§. *III.* Nous avons dit que la loi naturelle ne ſuffiſant pas au gouvernement de la ſociété, il falloit y ſuppléer par des loix poſitives, (ch. 1. §. 3 de cette 2me. part.) Le ſouverain doit gouverner ſes ſujets ſelon ces loix; il y eſt ſoumis par équité, & par la conformité que le chef de la nation, doit avoir avec les membres qui la compoſent, afin de conſerver l'harmonie du gouvernement. Mais il y eſt ſoumis de la maniere qui convient à l'éminence de ſa dignité; c'eſt-à-dire, 1º. Qu'il n'eſt point ſoumis à la peine de la loi, parce que cette peine ne peut être décernée que par un tribunal ſupérieur, & que le Prince n'en connoît point au-deſſus de lui. 2º. Que comme il peut diſpenſer ſes ſujets de ſes loix, pour des raiſons qui ſont laiſſées à ſa prudence, il peut user aussi de dispense pour lui-même, lorsqu'il le juge nécessaire.

§. *IV.* Nous avons dit aussi que le souverain ne pouvant remplir personnellement toutes les fonctions de l'administration publique, il étoit indispensable qu'il les exerçât par le ministere de ses officiers, (ch. 1. §. 8 de cette 2$^{me.}$ part.) Il faut donc qu'il y ait comme une puissance intermédiaire dans les différentes parties de l'administration publique, pour exécuter les volontés du Prince, pour examiner les objets de plus près & plus en détail, pour l'instruire des abus qui échapperoient à sa vigilance, pour lui exposer les besoins du peuple, dont la voix ne peut souvent parvenir jusqu'au trône que par leur organe. Il est donc nécessaire qu'ils puissent leur faire leurs représentations, avec une généreuse liberté, mais toujours avec le respect & la subordination qui conviennent à des sujets. Le Prince ayant le dernier ressort, (part. 1. ch. 1. m. 9) c'est à lui à juger, & à ses officiers à obéir lorsqu'il a prononcé.

Chapitre III. Comparaison des différens genres de gouvernement, relativement aux avantages & aux inconvéniens qui résultent de leur constitution. La même prévention qui fait d'abord envisager l'indépendance aux peuples, comme la condition la plus libre & la plus heureuse, leur fait regarder aussi les monarchies, comme les États les plus éloignés de la liberté, & par conséquent les plus onéreux. Il importe de dissiper ce préjugé. Pour en juger sainement, il faut apprécier la véritable liberté par l'utilité publique. Employons cette regle pour évaluer les différens genres de gouvernement.

§. I. Le gouvernement républicain a moins d'avantages que le gouvernement monarchique. Les délibérations sont plus réfléchies & plus secretes dans ce dernier gouvernement. Le concours au bien public est plus sûr & plus unanime, les forces plus actives & plus puissantes; parce qu'elles dépendent de la volonté d'un seul; l'intérêt général est mieux rempli, parce que l'intérêt de celui qui commande, n'est jamais distingué de l'intérêt de l'État. Au lieu que dans les républiques, l'avantage personnel des citoyens qui gouvernent, est souvent opposé au bien public.

§. II. Le gouvernement républicain est sujet à de plus grands abus, que le gouvernement monarchique.

Abus par rapport à la législation. Le peuple est moins capable de ces réflexions profondes, d'où naît la sagesse des loix : & jamais en effet, les loix n'ont été l'ouvrage de la multitude.

Abus par rapport au droit du glaive. Un Prince a rarement sujet de haïr; & s'il s'abandonnoit au ressentiment, ses coups ne porteroient pas au-delà de ceux qui entourent le trône. Dans les républiques les haines s'enflamment par le choc des parties; & les animosités de ceux qui dominent, doivent multiplier à proportion le nombre des victimes qui leur sont immolées.

Abus par rapport au droit de la guerre. Quand même le Monarque feroit servir les armes à son ambition, cette ambition auroit toujours pour but, l'agrandissement & les avantages de l'État. Dans les républiques ce sont souvent les intérêts particuliers des citoyens puissans, qui décident de la guerre, ou qui en traversent le succès.

Abus par rapport à l'administration des finances, à la distribution des emplois & des graces. Plus il y a de citoyens qui dominent, plus il y a de protégés; & plus il y a de protégés, plus aussi on doit naturellement accorder à la faveur: enfin plus les maîtres du peuple sont dépendans, plus ils sont portés à céder au crédit, ou par la crainte de s'attirer des ennemis, ou par le desir d'augmenter le nombre de leurs partisans. Le Monarque se trouve au-dessus de tous ces motifs, par la supériorité de sa puissance.

§. III. Le gouvernement républicain ne conserve à la multitude qu'un ombre de liberté. Le peuple ne peut gouverner que par ses représentans: dans le fait ce sont ceux qui dominent parmi leurs concitoyens qui décident des élections des représentans; & ceux-ci étant une fois élus, administrent avec un pouvoir absolu, auquel chaque particulier doit céder, comme sous un gouvernement monarchique.

§. IV. Le gouvernement aristocratique est moins avantageux que le gouvernement monarchique, à proportion qu'il y a moins d'unité dans la puissance qui agit, & moins de connexité entre l'intérêt public & l'intérêt de ceux qui commandent. Il y a aussi plus d'abus à craindre, à proportion qu'il y a plus de maîtres.

§. *V.* Par la même raison les gouvernemens mixtes sont les moins parfaits de tous. Car ils ont tous les inconvéniens que nous avons remarqués dans les républiques ; & ils renferment de plus un double principe de division. Division entre les intérêts des différens corps qui partagent l'autorité du gouvernement, & qui cherchent naturellement à s'agrandir au dépens les uns des autres & du bien public ; & division entre les intérêts des membres qui composent chaque corps particulier.

§. *VI.* Le gouvernement le plus parfait est le gouvernement monarchique, héréditaire & successif. 1°. Il est le plus parfait, en tant que monarchique, parce qu'il réunit le plus d'avantages & qu'il a le moins d'inconvéniens. 2°. Il est plus parfait en tant que successif, parce que le Prince regardant alors l'Empire comme le domaine de sa postérité, devient par-là plus intéressé à pourvoir à la prospérité de l'État, au bonheur de son peuple, & à l'affermissement de sa puissance.

§. *VII.* Sous quelque genre de gouvernement que le Créateur nous ait fait naître, nous ne devons jamais entreprendre d'en changer la constitution sous prétexte de l'améliorer; 1°. Parce qu'on ne peut, ni violer les loix constitutives de l'État, ni dépouiller les souverains du droit dont ils jouissent légitimement. 2°. Parce que s'il étoit permis de changer la forme du gouvernement, les États seroient exposés à des révolutions continuelles, & les peuples à tous les malheurs qu'elles entraînent, toutes les fois que des hommes factieux, sous prétexte de plus grand bien, formeroient des partis puissans, pour changer la constitution des gouvernemens.

Chapitre IV. De l'indépendance du Prince dans les gouvernemens monarchiques. Comme le gouvernement monarchique paroît le plus parfait de tous, il est à propos d'en faire connoître plus particuliérement la nature.

§. *I*. Le Monarque étant au-dessus de ses sujets, on ne pourroit sans attentat, élever un tribunal au-dessus de lui, pour lui faire rendre compte de son administration. Ce seroit violer les loix divine & naturelle qui nous commandent de lui obéir ; ce seroit violer les loix constitutives de la monarchie, qui mettent toute l'autorité entre les mains du Monarque.

§. *II*. Un pareil tribunal seroit encore destructif de l'ordre public. Car il n'y a point de loix dans les monarchies absolues sur l'institution d'un pareil tribunal ; il n'y a point d'autorité, point de force légitime pour l'assembler, & pour en exécuter les jugemens. Car la force légitime dans l'ordre civil, résulte du concours des membres dirigés, par l'autorité du commandement ; il ne sauroit donc y avoir de force légitime sans l'autorité, ni contre l'autorité du Monarque lui-même en qui réside & de qui émane toute la puissance civile.

Un pareil tribunal ne pourroit donc se former, ni faire exécuter ses jugemens, que par l'infraction des loix les plus sacrées & par le crime de la révolte. Bientôt toutes les constitutions des États, même des États républicains, s'écrouleroient, & il n'y auroit plus rien de stable, parce que dans tous les genres de gouvernement, même dans le gouvernement républicain, ceux qui exercent l'autorité, peuvent en abuser, au préjudice des citoyens, & se maintenir dans un pouvoir despotique, par le crédit & l'intrigue.

§. III. Le contrat primitif, bien entendu, n'a rien d'incompatible avec la souveraineté absolue du Prince. Le peuple a eu originairement la faculté de choisir ses chefs, & la forme de l'administration publique. Mais ayant une fois choisi la forme monarchique, & ayant remis par conséquent toute l'autorité entre les mains du Monarque, il a renoncé à la liberté de la reprendre, quand même le souverain en abuseroit.

David fuyant devant Saül, se fait suivre d'une troupe de gens armés; mais David étoit sacré Roi, & s'il ne lui étoit pas permis d'attaquer Saül, il lui étoit au moins permis de se défendre. Les Macchabées prennent les armes contre Antiochus, conjointement avec la nation Juive; mais les Juifs, quoique tributaires, n'étoient pas proprement sujets des Rois de Syrie. Ils s'étoient maintenus dans certains droits de souveraineté; principalement en ce qui concernoit l'exercice public de la Religion.

Chapitre. V. Donnons à présent un exemple du gouvernement monarchique. La monarchie françoise fixe ici tous mes regards; & je vais en examiner la constitution.

§. *I.* La France est un État purement monarchique & régi par la loi salique quant à la succession à la couronne. 1°. Que la France soit un État purement monarchique, nous en avons la preuve dans la disposition des ordonnances, dans la doctrine de tous les jurisconsultes françois, dans les aveux solemnels de tous les ordres du royaume, dans l'évidence des faits, puisque personne n'exerce de pouvoir en France qu'en vertu de la mission du souverain. Les mêmes autorités prouvent l'exécution de la loi salique, quant à la succession à la couronne. Cette loi portoit seulement en général que les seuls enfans mâles succéderoient à leurs peres. C'est par une induction tirée de cette disposition, que les femmes sont exclues du trône. La pratique constante sur cet article, depuis l'origine de la monarchie, est l'interprétation la plus authentique & la moins équivoque de la loi.

§. *II.* Les Rois de France ne dépendent, ni directement, ni indirectement quant au temporel, ni du Clergé, ni de la noblesse, ni du tiers-état, ni des états généraux. Cette proposition est une suite nécessaire de la précédente.

Les Rois de France sont 1°. indépendans du Clergé, puisque nous avons prouvé que la puissance temporelle étoit de sa nature, absolument indépendante de la puissance spirituelle, (ch. I. §. 1. de cette 2me. part.) 2°. Ils font indépendans de la nobleſſe. La création des Pairs qui compoſent la haute nobleſſe, leurs fonctions & leurs aveux ſont autant de témoignages de leur ſubordination. 3°. Les Princes doivent être à plus forte raiſon indépendans du tiers-état, qui n'a jamais eu de part au gouvernement, & qui forme le dernier ordre. 4°. Ils le ſont donc auſſi des états généraux qui ne ſont formés que des députés des trois ordres. L'hiſtoire de ces aſſemblées, & les hommages publics qu'elles ont rendus à la ſouveraineté de nos Rois, en ſont encore une des preuves les plus manifeſtes.

§. III. Les états généraux étant ſubordonnés au Prince, c'eſt une conſéquence néceſſaire, qu'ils ne puiſſent s'aſſembler que par ſon autorité. La convocation ſuppoſe une ſupériorité de puiſſance ſur les membres qui doivent compoſer l'aſſemblée; & cette ſupériorité ne peut appartenir qu'au Monarque.

Concluſion de la 2me. Partie. Quelque flatteur que ſoit le ſouverain pouvoir, ce n'eſt point par l'empire qu'ils exercent ſur les hommes que les Princes paroiſſent véritablement grands; mais par l'empire que les loix exercent ſur eux, lorſque aſſiſes avec eux, pour ainſi dire, ſur leur trône, elles déploient toute leur puiſſance pour le bonheur du peuple & pour celui du ſouverain lui-même, en faiſant régner l'ordre & la juſtice, en affermiſſant les baſes du gouvernement par la concorde des ſujets, & en donnant aux vertus personnelles du Prince, une élévation & une étendue de pouvoir proportionnés à l'éminence de sa dignité.

Troisieme Partie. De la puissance spirituelle. La puissance spirituelle étant immédiatement émanée de Dieu, comme la puissance civile, doit porter sur les mêmes principes qui constituent les droits de la souveraineté.

Chapitre I. De l'indépendance de la puissance spirituelle, & des personnes en qui elle réside.
§. I. L'Église a une puissance spirituelle dans l'ordre de la Religion, puissance distincte & indépendante de la puissance temporelle. On n'entend parler ici que d'une puissance de jurisdiction, & d'une jurisdiction extérieure, différente de celle que le Pontife exerce dans le tribunal de la pénitence.

La distinction des deux Puissances, & l'indépendance de la puissance spirituelle, sont appuyées 1°. sur la mission que J. C. a donnée à ses Apôtres, pour gouverner l'Église; mission à laquelle les Princes n'ont jamais eu de part, & qui venant immédiatement de Dieu, ainsi que la puissance civile, doit être indépendante comme elle. 2°. Elles sont appuyées sur les droits que l'Église a exercés dès sa naissance dans l'ordre de la Religion, & qu'elle n'a point perdus en recevant les Princes dans son sein. 3°. Sur la tradition des Peres, sur les loix civiles & canoniques, & sur la doctrine des jurisconsultes catholiques, qui tous ont regardé la distinction & l'indépendance des deux Puissances, comme une des maximes fondamentales de l'État. 4°. Sur l'unité qui est un des caracteres essenciels de l'Église, qui seroit incompatible avec la suprême puissance que chaque Prince exerceroit dans l'administration des choses spirituelles, puisqu'il en résulteroit autant d'églises indépendantes, qu'il y auroit de souverains.

Lors donc que J. C. défend aux Apôtres de dominer comme les Princes des gentils, il ne leur interdit que l'orgueil de la domination, non le pouvoir du commandement. Lorsqu'on dit que l'Église est étrangere sur la terre, on entend seulement qu'elle ne doit point y fixer ses desirs, qu'elle n'a aucun droit à la puissance temporelle, non qu'elle ne puisse y exercer aucun genre de jurisdiction.

Concluons delà 1°. que les droits de la puissance spirituelle sont inaliénables, comme ceux de la puissance civile, (part. 2. ch. 1. §. 9) puisque ces deux Puissances sont d'institution divine.

2°. Que les actes de jurisdiction que fait l'une d'entre elles hors de son ressort, ne peuvent être valides que par le consentement de l'autre.

3°. Qu'elles ne sont dépendantes l'une de l'autre, qu'à l'égard des privileges qu'elles se communiquent, parce que le privilege ne peut s'exercer qu'avec subordination envers le souverain qui l'a accordé.

4°. Que personne ne peut délier les sujets de l'obéissance qu'ils doivent au Prince & à l'Église, sur les matieres de leur jurisdiction, puisque personne ne peut déroger à la loi divine.

5°. Que les dispenses qu'ils accordent, ne peuvent s'étendre au-delà des objets de leur compétence.

6°. Qu'ils ne peuvent infliger que des peines relatives à la nature de leurs gouvernemens.

7°. Que dans un conflit de jurisdiction entre les deux Puissances, toutes les deux sont également juges. Mais si l'Église prononçoit par un jugement dogmatique, la question seroit décidée, parce que ses jugemens étant infaillibles, on ne pourroit soupçonner que l'intérêt personnel eût fait pencher entre ses mains la balance de la justice : au lieu que ce seroit exposer la Religion à une ruine totale, & autoriser la suprématie d'Angleterre, que de laisser au magistrat politique, le droit de fixer lui seul en dernier ressort les bornes de la compétence. Cependant par la confiance qu'inspire la piété de nos Rois, les Évêques se bornent à porter leurs plaintes aux pieds du trône, contre les entreprises faites sur leur autorité.

§. *II.* La puissance spirituelle n'appartient au peuple, ni quant à l'exercice, ni quant à la propriété. Non-seulement le peuple n'a aucun titre, mais encore tous les titres sont en faveur des Apôtres. J. C. leur donne les clefs du ciel, & commande l'obéissance aux fideles. Nulle trace dans l'histoire de ce prétendu droit de propriété. L'Église l'a même solemnellement proscrit ; & s'il existoit, le peuple pourroit réclamer contre l'autorité épiscopale, & faire schisme avec ses pasteurs.

Si les Pontifes font appellés ministres de l'Église, c'est qu'ils en ont la puissance ministérielle; c'est qu'ils sont institués pour le salut du peuple. Si quelquefois ils leur ont rendu compte de leur administration, c'est par une conduite de charité & d'humilité, non par un devoir de subordination. Si le peuple a eu la liberté de choisir ses pasteurs, ce n'est qu'en vertu des loix canoniques; & jamais les nouveaux pasteurs n'ont reçu leur mission que des Évêques. Si, dans certaines circonstances, on a vu de simples fideles s'élever contre les erreurs ou les désordres de leurs pasteurs, leur zele n'a jamais été applaudi de l'Église, que lorsque leurs plaintes ont été portées par devant le tribunal des Évêques.

§. *III.* La souveraine Puissance du gouvernement spirituel, réside de droit divin, dans le corps épiscopal, exclusivement aux prêtres. Les Évêques seuls sont les successeurs des Apôtres, à qui cette puissance a été donnée, & à qui elle est nécessaire, pour conserver l'unité dans leurs Églises. Les Peres ont toujours recommandé aux prêtres l'obéissance à l'égard des premiers pasteurs, comme une obligation de droit divin. Ceux-ci ont toujours joui d'une supériorité de jurisdiction dans le gouvernement ecclésiastique, soit quant à l'enseignement, soit quant à la discipline; ils ont été la source de la jurisdiction que les archiprêtres, les archidiacres, les officiaux &c. ont autrefois exercé & qu'ils exercent encore dans l'Église, mais toujours avec subordination à l'égard de la puissance épiscopale.

PLAN GÉNÉRAL

Comme Dieu a établi les souverains pour le bien de la société civile ; il a aussi institué les Évêques pour le salut de son peuple. J. C. en leur communiquant la mission qu'il avoit reçue de son Pere, a voulu qu'ils l'exerçassent avec le même esprit. S'il a prescrit l'obéissance & le respect aux ouailles, il a recommandé aussi la charité, la douceur & l'humilité aux pasteurs. C'est par ces vertus que l'autorité regne dans les cœurs, qu'elle resserre les liens de la concorde, & qu'elle forme de tout le corps des ministres comme une forteresse invincible, qui sans être jamais redoutable aux Rois de la terre, triomphera toujours de la puissance des enfers.

Chapitre II. De l'autorité du souverain Pontife. Le Pape ayant été institué chef de l'Église universelle, doit avoir reçu toute la puissance nécessaire pour la gouverner.

§. *I.* Cette primauté ne se borne donc pas à un simple privilege de prééminence ; elle renferme encore un droit de jurisdiction sur toutes les Églises particulieres, & ce droit est fondé sur la mission spéciale que J. C. a donnée à S. Pierre. Il a été confirmé par la pratique constante de tous les siecles, par la doctrine des Peres & des Conciles. Il a toujours été reconnu de tous les Catholiques, & sur-tout par l'Église gallicane ; & il suit nécessairement des aveux que Febronius est obligé de faire, pour ne pas se déclarer trop ouvertement contre la doctrine de l'Église.

Cependant le privilege de Pierre ne déroge

point à l'augufte qualité de chef qui appartient à J. C. d'une maniere infiniment plus éminente : Pierre n'exerce qu'un pouvoir miniftériel au nom & par l'autorité de J. C., & J. C. gouverne fon Églife par fa propre autorité. Il donne immédiatement à tous les membres, la lumiere & la vie, en vertu de fes mérites, comme homme, & en vertu de fa toute-puiffance, comme Dieu.

Le fouverain Pontife ayant été inftitué chef de l'Églife univerfelle, avec le droit de jurifdiction pour la gouverner; il fuit 1°. qu'il a, par fon inftitution, le droit d'adreffer fes refcrits à tous les Évêques du monde, & que tous les Évêques du monde ont le droit de s'adreffer à lui, en tout ce qui regarde le gouvernement eccléfiaftique, fans qu'il foit au pouvoir des hommes d'interrompre cette correfpondance.

2°. Qu'il a le droit de difpenfer de toutes les loix de difcipline, lorfqu'il le juge à propos pour le bien de la Religion, & qu'il a encore le pouvoir de convoquer les Conciles généraux.

3°. Que tous les pafteurs comme les peuples chrétiens lui doivent le refpect & l'obéiffance.

§. II. La jurifdiction du Pape eft encore fondée fur la néceffité d'un chef qui ait autorité pour maintenir l'unité de l'Églife. Febronius détruit cette unité, non-feulement en attaquant la jurifdiction du chef, mais encore par les maximes fchifmatiques qu'il avance à l'appui de fon erreur, par les moyens dangereux qu'il

PLAN GÉNÉRAL

suggere pour réformer le gouvernement eccléfiastique, & par les motifs spécieux qu'il allegue.

§. *III.* En détruisant l'unité Febronius renverse la constitution de l'Église, & par-là-même, la puissance épiscopale dont il semble vouloir défendre les droits; & il détruit tout gouvernement par un syftême d'indépendance qui fait disparoître la subordination.

§. *IV.* Les libertés des Églises nationales ont toujours servi de prétexte aux ennemis de l'Église pour se soustraire à son obéissance. Mais ces libertés bien entendues ne sauroient déroger aux droits du S. Siege ni de l'épiscopat: les libertés factices que Febronius voudroit établir, n'ont ni la légitimité qu'il leur suppose, ni les avantages qu'il leur attribue.

§. *V.* La supériorité du souverain Pontife sur les autres Églises, étant une suite de l'obligation qui lui a été imposée de confirmer ses freres dans la foi; l'étendue de sa puissance, devient la mesure de ses devoirs.

Après avoir prouvé l'indépendance de la puissance ecclésiastique, il est nécessaire de montrer la regle qui en détermine la compétence, & la voici:

Chapitre *III. De la compétence des deux Puissances.* §. *I.* Ce n'est point selon que les objets sont intérieurs ou extérieurs, ni selon l'influence indirecte qu'ils peuvent avoir sur l'un ou l'autre gouvernement, qu'on doit déterminer la nature des matieres spirituelles & temporelles, ni fixer la compétence des deux Puissances. Car tout le culte public de la Religion est extérieur, toutes les fonctions du sacerdoce, tous les objets qui sont le plus incontestablement dans l'ordre des choses spirituelles, tels que l'enseignement de la doctrine & les sacremens, sont extérieurs. De plus toute la Religion, sur-tout la confession auriculaire, la prédication de l'Évangile, l'ordination des Pontifes, intéressent la société civile. Tout seroit donc à ces deux titres dans l'ordre des choses temporelles, tout seroit de la compétence des tribunaux séculiers. D'un autre côté toute la puissance civile reflueroit entre les mains des Pontifes: car comme le bon ordre de l'administration temporelle, influe sur les mœurs des peuples, & sur le gouvernement ecclésiastique; comme l'obéissance & la justice regardent la conscience, l'Église auroit aussi par ces deux titres, l'inspection sur toute l'administration temporelle, & dès-lors les deux Puissances se trouveroient confondues. Il faut donc déterminer leur compétence, & la nature des matieres spirituelles & temporelles, par la relation immédiate que ces matieres ont avec la Religion, ou avec l'ordre politique. Ce n'est qu'en ce sens que les Peres & les Protestans eux-mêmes les ont entendues.

Les équivoques font ici toute la force de nos adversaires. L'Église, dit-on, est dans l'État, & non l'État dans l'Église. Oui, en ce sens qu'on commence d'appartenir à l'État comme citoyen, avant que d'appartenir à l'Église, comme chrétien. L'Église est un corps mystique, nous en convenons; mais elle est aussi un corps visible. Elle n'a qu'un gouvernement intérieur. J'explique le terme, ce gouvernement n'est qu'intérieur, en ce qu'il se renferme dans l'administration des choses saintes, relatives à la sanctification des peuples; mais non en ce sens qu'il exclue toute administration extérieure. Cette idée seroit incompatible avec la nature de tout gouvernement. Si le Prince reçoit l'Église dans ses États, comme étrangere sur la terre, l'accueil qu'il lui fait, n'est pas une simple faveur dont il l'honore; mais, une grace qu'il reçoit, & un devoir de justice qu'il remplit ; & il ne sauroit par aucun titre lui imposer des conditions relativement à l'ordre spirituel, parce qu'il n'a reçu aucun empire sur elle.

Delà il suit 1º. Que la Puissance spirituelle ne peut être réformée par le magistrat, sur les choses qui concernent la Religion.

2º. Que la nature des délits doit régler la compétence du tribunal, selon qu'il blesse le gouvernement civil ou ecclésiastique.

3º. Que les incidents sur de purs faits, suivent le sort du principal. La connoissance de ces faits, qui est nécessaire pour juger le fond, se décide par les principes de la saine raison, & ces principes sont pour ainsi dire le premier code, commun aux deux Puissances. Mais si les incidents consistent dans un point de droit, ou civil ou ecclésiastique, ils doivent être jugés par le tribunal, auquel le point de droit ressortit, parce qu'il est seul compétent sur cette matiere.

§. *II.* La doctrine est de la compétence de

l'Église, puisqu'elle se rapporte directement à la Religion. La mission que J. C. a donnée à ses Apôtres, pour enseigner & pour baptiser; la possession de l'Église depuis sa naissance, la disposition des loix civiles & canoniques, l'autorité des Peres & des Jurisconsultes, sont autant de preuves de cette vérité.

§. III. IV. Les mêmes raisons établissent encore la compétence de la Puissance spirituelle, par rapport à la discipline & aux sacremens; & par conséquent, par rapport au droit de faire des réglemens sur ces matieres, principalement sur les dispositions requises pour participer aux choses saintes.

§. V. Les assemblées qui se tiennent, soit pour le culte public, soit pour instruire & administrer les sacremens, soit pour conférer & statuer sur la doctrine & la discipline, sont par-là-même, dans l'ordre des matieres spirituelles. Les Évêques qui avoient exercé le droit de convoquer ces assemblées sous les Empereurs payens, ne peuvent l'avoir perdu sous les Princes chrétiens.

Distinguons cependant, par rapport aux Conciles, la convocation canonique, de la convocation de protection. La premiere suppose la jurisdiction dans le gouvernement ecclésiastique, pour juger des besoins spirituels qui requierent ces assemblées, & pour commander dans l'ordre de la Religion. Elle appartient à l'Eglise, & oblige par elle-même tous les membres convoqués à se rendre au lieu qui leur est indiqué. La seconde suppose seulement le vœu de l'Église, dont le Prince procure l'exécution. Elle compete au souverain ; mais elle n'oblige qu'autant qu'elle est jugée conforme à ce vœu.

§. *VI.* Les ordres religieux forment une matiere mixte, ressortissante aux deux tribunaux, selon la nature des objets. Ils ressortissent au tribunal de l'Église : 1º. Quant aux vœux qui sont un lien spirituel. 2º. Quant aux constitutions qui regardent les mœurs. 3º. Quant aux peines qui se renferment dans les bornes d'une correction fraternelle. Ils ressortissent au tribunal séculier en ce qui regarde les actes civils, les réglemens œconomiques, & les peines afflictives ou pécuniaires.

§. *VII.* Les bénéfices sont aussi des matieres mixtes, qui competent au juge d'Église, par rapport aux fonctions spirituelles, & au magistrat, par rapport au temporel. C'est à l'Église de créer les titres des bénéfices, d'en régler les pouvoirs, de les conférer, de faire des loix concernant les fonctions spirituelles, de dispenser de ces loix, de prononcer sur les contestations qui s'élevent sur tous ces objets ; & c'est au Prince d'y annexer le temporel, d'en donner la maintenue, & de connoître de tout ce qui y a rapport.

§. *VIII.* On doit aussi ranger les mariages dans la classe des matieres mixtes. Le contrat naturel qui sert de base au contrat civil & au contrat sacramentel, est susceptible de certaines conditions, que l'Église & le Prince peuvent prescrire, l'une pour constituer le contrat dans la forme du facrement, l'autre pour lui donner les effets civils. Si ces conditions portent peine de nullité, le défaut de ces conditions rend le contrat civil ou facramentel nul. Par la même raifon, tout ce qui regarde le temporel, eft de la jurifdiction féculiere ; & tout ce qui concerne le lien du facrement, eft de la jurifdiction eccléfiaftique.

§. IX. Les aumônes, les pélerinages & les fêtes font encore des matieres mixtes, avec cette feule différence que le fpirituel & le temporel font ici inféparables. Car l'aumône qui eft en elle-même une œuvre fpirituelle, eft auffi un acte civil, de fa nature, puifqu'elle confifte dans la donation d'un bien purement temporel. Les pélerinages qui ont pour objet le culte divin, intéreffent auffi directement l'ordre politique, à caufe de la tranfmigration des citoyens, & de la trop grande affluence que le concours peut caufer fur les lieux. Les fêtes font inftituées en l'honneur de Dieu & de fes Saints, & par-là-même, elles font dans l'ordre de la Religion ; mais la ceffation du travail, qui en eft une fuite, prive, pendant ces jours, la fociété, des fruits de l'induftrie, & elles intéreffent auffi par-là directement le gouvernement temporel. Les deux Puiffances doivent fe concilier fur ces objets ; &, dans le cas d'oppofition, il paroît en général, qu'il eft de la prudence, de faire céder les œuvres de furérogation au bien de la paix.

Quant aux féminaires, aux hôpitaux & aux

écoles publiques, le spirituel & le temporel sont au contraire totalement séparés. Ce qui regarde le spirituel, est du ressort des Évêques : ce qui a rapport au temporel, est de la compétence du Prince. Les Églises relevent du domaine du souverain ; mais la Puissance spirituelle a, de droit divin, l'usage d'un local nécessaire à l'exercice de la Religion.

§. X. Le gouvernement de l'Église ayant été confié à ses premiers pasteurs, ils ne sauroient se laisser dépouiller du pouvoir & de la liberté qu'ils ont reçus pour exercer leurs fonctions, sans se mettre dans l'impuissance de remplir les devoirs de leur ministere. Les biens temporels & les privileges qu'ils ont reçus, ne sont point nécessaires à leur gouvernement, la Foi n'en souffriroit aucune atteinte. L'Église n'a pas eu besoin de ces secours pour s'établir, & elle n'en auroit pas besoin pour se perpétuer ; mais elle ne peut exister qu'en conservant sa propre constitution, & sous le gouvernement de la puissance que J. C. a instituée. Toute autre puissance ne sauroit la gouverner, parce que n'ayant reçu aucune mission de J. C., elle n'a aucun droit sur l'obéissance des fideles, dans l'ordre de la Religion.

Des objets qui regardent la compétence de l'Église, passons aux fonctions de son ministere.

Chapitre IV. *De la puissance de l'Église par rapport à l'enseignement.* §. I. L'Église a seule le droit d'enseigner ; & ses décisions dogmatiques

DE L'OUVRAGE. lix
font infaillibles, foit qu'elles émanent de l'Église difperfée ou affemblée. C'eft aux Apôtres feuls que J. C. a donné miffion pour enfeigner, avec promeffe d'être avec eux tous les jours jufqu'à la confommation des fiecles, promeffe qui manqueroit fon effet, fi l'Église foit affemblée, foit difperfée, enfeignoit jamais l'erreur. L'infaillibilité de l'Églife eft encore fondée fur la néceffité d'une autorité vivante qui éclaire la Foi des Chrétiens, & qui ne peut appartenir qu'au corps épifcopal, à qui J. C. a confié le dépôt de l'enfeignement. L'Églife a toujours exigé en effet de la part de fes enfans, la foumiffion à fes décifions dogmatiques; elle a toujours mis les réfractaires au nombre des hérétiques, foit que fes décrets euffent été formés dans les Conciles œcuméniques, foit qu'ils fuffent d'abord émanés du S. Siege, & enfuite adoptés par les Évêques difperfés.

Concluons delà 1°. Que les décifions dogmatiques de l'Églife obligent tous les fideles, dès qu'elles leur font connues, indépendamment de toute autre autorité.

2°. Que les Princes, bien loin de donner la fanction à ces décrets, y font foumis comme le refte des fideles.

3°. Que l'appel de ces décrets eft nul & fchifmatique.

4°. Qu'on ne peut alléguer contre ces décrets, ni leur prétendue oppofition avec l'Écriture-Sainte & la Tradition, ni le défaut d'examen & de confultation de la part des Évêques, ni les prétendus motifs qui les ont déterminés, ni la fausseté des principes sur lesquels ils se sont appuyés. J. C. en promettant son assistance au corps épiscopal, a promis par-là-même d'empêcher que rien ne l'induisît jamais en erreur dans l'enseignement. Et si quelquefois l'Église a toléré la résistance aux décrets des Conciles généraux, ce n'a été que dans les cas où l'œcuménicité de ces Conciles n'étoit pas manifestement connue.

§. *II.* L'Église est infaillible dans les censures respectives des propositions qu'elle condamne. Car elle définit alors réellement ; elle enseigne non pas précisément quel degré de malice renferme chaque proposition en particulier, mais que toutes les propositions renferment une doctrine pernicieuse, susceptible de quelqu'une des qualifications énoncées dans la censure. L'Église a toujours regardé de pareils décrets, comme des jugemens irréformables, auxquels tous les fideles devoient une soumission intérieure. Mais ces jugemens méritent-ils la dénomination de regle de foi ? Question de mot, question superflue, sur laquelle on peut être divisé sans conséquence, dès qu'on convient du fond.

§. *III.* L'Église est infaillible sur les faits dogmatiques, c'est-à-dire, sur le vrai sens des propositions & des livres qu'elle condamne, ou des articles de foi qu'elle publie. Autrement elle pourroit condamner comme hérétiques, des propositions orthodoxes en elles-mêmes, ou proposer à notre croyance comme des articles de foi, ce qui seroit hérétique. Nous avouons cependant que l'infaillibilité sur ces faits n'est pas un point de foi. Mais lorsque pour enlever tout subterfuge à l'hérésie, ou par d'autres raisons de prudence, l'Église exige une adhésion intérieure sur le fait comme sur le droit; la loi forme alors une certitude sur l'un & sur l'autre; parce que l'Église ne peut ni être injuste lorsqu'elle commande, ni errer lorsqu'elle enseigne. Toute résistance seroit donc alors schismatique.

§. IV. L'unanimité absolue des Évêques n'est pas nécessaire à l'infaillibilité des décrets dogmatiques; l'unanimité morale suffit : 1°. Parce que l'infaillibilité n'a pas été promise à chaque Évêque en particulier, mais au corps épiscopal. 2°. Parce que l'opposition que les Évêques hérétiques ont formée contre les jugemens dogmatiques du corps épiscopal, ne les a jamais excusés d'hérésie. 3°. Parce que si le plus grand nombre des Évêques pouvoit se laisser entraîner à l'erreur, l'Église pourroit cesser d'être catholique. Inutilement voudroit-on nous objecter l'exemple du Concile de Rimini. Ce Concile ne fut jamais œcuménique, & sa profession de foi ne fut jamais erronée.

§. V. L'Église a seule le droit de déterminer quelle est la nature de ses décrets, & s'ils ont tous les caractères requis pour exiger une soumission intérieure. 1°. Parce que la doctrine est de la compétence de l'Église, (part. 3. ch. 2. §. 2.) 2°. Parce que c'est à la Puissance de qui émane le jugement d'en marquer le caractère. 3°. Parce que décider qu'un décret a ou n'a pas les qualités requifes pour former une regle de foi, c'eft décider que la doctrine qu'il enfeigne, eft ou n'eft pas de foi ; ce qui ne peut convenir qu'à la Puiffance fpirituelle. 4°. Parce que tranfporter ce droit aux Princes, ce feroit leur accorder le droit d'infirmer les conftitutions les plus authentiques, & autorifer les fujets qui vivent fous des Princes proteftans, à rejetter les décifions du Concile de Trente. 5°. Parce que les Peres, en invoquant la protection des fouverains en faveur des définitions de foi, ne leur ont jamais laiffé le droit de prononcer fur leur légitimité. Les Princes religieux ont même reconnu expreffément leur incompétence à ce fujet ; & ceux qui ont voulu s'en arroger le pouvoir, en ont été repris, comme d'une entreprife facrilege.

Il faut à la vérité que le Prince s'inftruife de la canonicité d'un décret avant que d'accorder fa protection ; mais c'eft des premiers pafteurs qu'il doit l'apprendre. L'avis des Théologiens & de quelques Évêques particuliers ne peut lui fervir de regle, qu'autant qu'ils font unis de communion & de doctrine avec les autres Évêques.

Il eft vrai encore qu'il n'eft pas de foi que tel décret ou tel concile foit canonique : ces faits ne peuvent être l'objet immédiat de la Révélation ; mais il eft de foi que les décrets de l'Églife font infaillibles en matiere de doctrine, & qu'ils font toujours fages en matiere de difcipline. Ainfi lorfque l'Églife s'eft expliquée d'une maniere manifefte, on ne peut, sans se rendre coupable de révolte, résister à ses décrets, soit qu'elle enseigne, soit qu'elle commande.

§. VI. L'Église a le droit de publier ses décrets dogmatiques, indépendamment de la Puissance temporelle. Ces décrets participent de la nature des loix, en ce qu'ils obligent les inférieurs: ils font partie de l'enseignement, puisqu'ils sont la preuve des vérités qui y sont consignées. Or, la législation & l'enseignement en matiere spirituelle, sont de la compétence de la Puissance épiscopale, qui étant souveraine dans son ressort, doit les exercer avec une pleine liberté, & une entiere indépendance.

Par la même raison, l'Église a droit de régler le tems & le lieu de la publication de ses décrets, aussi-bien que la maniere dont la publication doit se faire, puisqu'elle est souveraine dans la législation & dans l'enseignement ; & que la maniere de publier ces décrets, doit se régler sur les besoins spirituels du peuple, dont elle seule peut connoître. Si les mauvais chrétiens en prennent occasion d'exciter du trouble ; on doit l'imputer à la malice des rebelles, non à l'enseignement ; on doit punir les ennemis de la vérité, non lui fermer la bouche à elle-même. Pour gouverner le peuple & pour l'instruire, il faut bien lui faire connoître la loi qu'il doit suivre, la doctrine qu'il doit croire, & l'autorité qu'il doit respecter.

Cependant le Prince peut empêcher qu'on ajoute à ce qui fait la matiere des décrets, ou à leur publication, des clauses ou des folemnités qui feroient contraires aux droits de fa couronne, ou à l'ordre de la fociété civile.

§. *VII.* L'obligation des Évêques, relativement à l'enseignement, c'eft d'inftruire le peuple avec foin, fur-tout ceux qui, par leur condition ou par leur âge, ont le plus befoin d'inftruction ; c'eft d'inculquer principalement les vérités pratiques les plus importantes, de fe proportionner à la capacité de tous, de veiller fur le dépôt de la Foi, de faire annoncer la parole de Dieu avec la fimplicité & la dignité qui conviennent à la fainteté de leur miniftere ; & de purger, s'il eft poffible, les chaires chrétiennes, de cette fauffe éloquence qui, parée d'un luxe faftueux, ne fert qu'à flatter la vanité, à piquer la curiofité & non à toucher le cœur.

Chapitre V. Du pouvoir de l'Églife par rapport à la difcipline. Comme l'Églife a reçu miffion, non-feulement pour inftruire, mais encore pour gouverner ; elle a reçu auffi avec le droit d'enfeigner, tous les pouvoirs néceffaires au gouvernement eccléfiaftique ; pouvoir de légiflation, pouvoir de coaction, pouvoir de jurifdiction, pouvoir d'inftitution.

§. *I.* L'Églife a un pouvoir de légiflation pour faire des réglemens en matiere de difcipline, indépendant de la Puiffance temporelle. Nous avons vu qu'elle étoit indépendante dans fon reffort, (part. 3. ch. 1. §. 1) & que la difcipline étoit de fa compétence, (ib. ch. 2. §. 3) d'où il fuit qu'elle a un pouvoir indépendant pour faire des réglemens de difcipline. Nous avons vu encore que la puissance souveraine comprenoit tous les pouvoirs nécessaires au gouvernement, (part. 1. ch. 1. max. 8) & nous en avons inféré que la législation appartenoit nécessairement au Prince dans le gouvernement civil : (part. 2. ch. 1. §. 3) nous devons donc en inférer aussi qu'elle appartient à l'Église dans le gouvernement spirituel, & que l'Église doit l'exercer avec la même indépendance. Dès les premiers siècles, elle a fait des canons de discipline ; & ces canons ont toujours été regardés comme des loix inviolables, quoiqu'ils ne fussent point autorisés par la Puissance temporelle. Les Princes sont obligés d'obéir eux-mêmes aux commandemens de l'Église, qui ne sont que des loix de discipline. La doctrine des Docteurs catholiques & celle des Peres concourent à confirmer cette vérité.

Mais si l'Église a le pouvoir de faire des loix canoniques, indépendamment de l'autorité civile ; elle a aussi le même pouvoir pour les interpréter, pour les révoquer, pour en dispenser, &c., (part. 1. ch. 2. m. 6. — part. 2. ch. 1. §. 3) & ce pouvoir ne peut appartenir qu'à elle seule ; parce qu'il ne peut y avoir deux souverains dans la même société & dans le même genre de gouvernement. (Part. 1. ch. 1. m. 12.)

§. II. L'Église a seule le pouvoir de coaction pour décerner des peines spirituelles, même hors le Sacrement de pénitence. Car le droit de punir est essenciel à tout gouvernement parfait. (Part. 2. ch. 1. §. 4.) Il fait partie du pouvoir des clefs que J. C. a donné aux Apôtres. Il est avoué de tous les Théologiens & des Jurisconsultes. Les Évêques en ont joui dès la naissance de l'Église, & le Concile de Trente fait défense sous peine d'anathême, de gêner leur liberté dans l'exercice de ce pouvoir.

D'où il suit 1°. Que les Évêques sont indépendans du magistrat sur les censures qu'ils décernent.

2°. Qu'ils peuvent les décerner personnellement.

3°. Que le magistrat ne peut dispenser de les garder en les déclarant abusives ; car ce seroit les annuller par le fait.

4°. Qu'il ne peut les décerner ni en relever, ni par lui-même ni par délégation.

5°. Qu'il ne peut ni forcer l'Église à les décerner ou à les révoquer, ni l'empêcher d'en faire usage, hors le cas d'abus pour des objets qui seroient hors de la compétence de l'Église.

6°. Que tous les Chrétiens sont soumis à ces peines, même le magistrat, s'il envahissoit la jurisdiction ecclésiastique ; comme le juge d'Église seroit soumis aux peines civiles, s'il abusoit de son ministere pour usurper les droits du magistrat, ou pour exciter des troubles dans l'État. (Part. 1. ch. 1. m. 13.)

§. III. L'Église a seule, dans l'ordre spirituel, un pouvoir de jurisdiction proprement dite, & indépendant de la Puissance temporelle. Cette proposition est une suite évidente des précédentes. Car si l'Église est seule com-

DE L'OUVRAGE. lxvij
pétente fur les matieres fpirituelles; (part. 3. ch. 1. §. 2) fi elle a droit de décerner des peines canoniques, il faut néceffairement qu'elle ait le droit de juger & de faire toutes les procédures néceffaires, pour inftruire fa religion. Or, c'eft en cela que confifte proprement la jurifdiction extérieure. J. C. a défigné ce tribunal, en ordonnant de déférer les pécheurs incorrigibles à l'Églife. La pratique de tous les fiecles, la doctrine des Peres, & la difpofition des loix civiles & canoniques, tout dépofe en faveur de ce pouvoir.

Mais l'Églife étant indépendante dans l'exercice de la jurifdiction fpirituelle, il fuit qu'elle eft libre de prefcrire les formalités qu'elle juge convenables, par rapport à fon tribunal : & fi elle s'eft foumife là-deffus aux loix civiles du royaume, c'eft qu'elle en a reconnu la fageffe ; c'eft pour jouir de la protection du Prince, qui la refufe, lorfque les juges d'Églife s'écartent des regles de prudence qu'il a prefcrites dans l'ordre judiciaire.

Il fuit encore delà que les Évêques peuvent exercer par eux-mêmes la jurifdiction contentieufe, en matiere fpirituelle, puifqu'elle fait partie de la puiffance épifcopale.

Obfervons cependant qu'ils font fubordonnés au Prince, quant à cette portion de la jurifdiction civile qu'ils tiennent de lui ; que par conféquent ils ne peuvent l'exercer que conformément à fa volonté ; que même dans l'exercice de la jurifdiction fpirituelle, ils ne tiennent que de lui feul un certain appareil

e ij

extérieur & une force coactive qui sont toujours aussi dépendans de son autorité. (Part. 3. ch. 1. §. 1. conséq. 3.)

§. *IV*. L'Église a seule un pouvoir d'institution, pour donner la mission canonique, & qui est indépendant de la Puissance temporelle. Nous avons encore prouvé que l'institution des ministres publics étoit un attribut du gouvernement, & qu'elle appartenoit de sa nature à ceux qui exerçoient l'autorité suprême, (part. 1. ch. 1. m. 8. — part. 2. ch. 1. §. 8.) Personne ne peut partager ce pouvoir avec elle qu'en vertu d'une délégation de sa part, parce qu'il ne peut y avoir deux souverains, (part. 1. ch. 1. m. 12.) L'Église devant se perpétuer jusqu'à la fin des siecles, il est nécessaire que les pouvoirs du St. Ministere se perpétuent aussi ; & comme il n'y a que l'Église seule qui ait reçu ces pouvoirs pour les exercer avec une entiere indépendance, il n'y a aussi qu'elle seule, qui puisse le transmettre, & elle doit jouir à cet égard d'une pleine liberté. Les mêmes autorités, jointes à la pratique de tous les siecles, viennent encore ici à l'appui de cette maxime.

D'où je conclus 1°. Que le magistrat politique ne peut déléguer pour les fonctions spirituelles, ni en demander compte aux ministres de J. C.

2°. Que la puissance épiscopale peut modifier la mission canonique ; qu'elle peut la donner de la maniere qu'elle le juge convenable, c'est-à-dire, ou par de simples com-

DE L'OUVRAGE.

missions révocables, ou par des titres inamovibles ; qu'elle peut prescrire des regles pour l'exercer, créer des titres de bénéfice & les conférer, & que le concours du magistrat politique n'est nécessaire que pour le temporel qui y est annexé, & quant à la protection qu'il accorde pour l'exécution des loix ecclésiastiques.

3°. Qu'elle a droit de juger de la capacité de ceux qui lui sont présentés pour être pourvus de bénéfices, & d'examiner la validité des titres en vertu desquels ils les requierent ; car tout cela lui est nécessaire pour exercer son pouvoir avec discrétion : qu'elle a le droit de confirmer les élections, d'admettre les démissions, le droit d'interdire les fonctions sacrées, non-seulement en punition d'un délit, mais encore pour raison d'incapacité.

4°. Que les droits de patronage & de collation, dont jouissent les laïcs, par rapport à certains bénéfices, ne sont que des pures concessions, puisqu'il est de l'essence du souverain d'exercer son autorité avec une pleine indépendance. Les privilégiés sont donc soumis à cet égard à son autorité, (part. 3. ch. 1. §. 3) sans qu'on puisse alléguer que ces privileges sont d'étroite justice, ayant été acquis à titre onéreux ; d'ailleurs cette raison supposeroit qu'il est intervenu un pacte entre le fondateur du bénéfice & l'Église qui a accepté la fondation ; pacte réprouvé expressément par les canons, & qui, par-là-même, rendroit l'acquisition du droit de patronage simoniaque.

§. *V.* Les abus que la Puissance spirituelle peut commettre dans son gouvernement, ne sauroit donner aux magistrats le droit de prononcer sur les objets de son administration, ni de la réformer. Nous avons dit que cette Puissance étoit souveraine & indépendante, (part. 3. ch. 1. §. 1) que le souverain avoit le dernier ressort, (part. 1. ch. 1. m. 9) qu'il pouvoit seul, par conséquent se réformer lui-même, (ib. m. 10.) Nous avons dit que l'abus que le souverain pouvoit faire de son autorité, ne donnoit pas droit aux sujets d'examiner la justice de ses commandemens ; (part. 1. ch. 3. m. 1) à plus forte raison, cet abus prétendu ne leur donne-t-il pas le droit de le réformer. Or, le Prince est sujet de l'Eglise, dans l'ordre de la Religion, (part. 3. ch. 4. §. 2.) Il ne peut donc en réformer le gouvernement. Nous avons montré que la maxime contraire renverseroit le trône des Rois, & ruineroit la société civile en faisant disparoître la subordination. Les mêmes raisonnemens qu'on a dirigé contre la Puissance spirituelle, on les fera toujours valoir contre la Puissance séculiere : & il ne sera plus possible de se défendre des conséquences, quand une fois on aura admis les faux principes.

Que faut-il donc penser des appels comme d'abus interjettés des décrets de la puissance épiscopale ? Je réponds en les distinguant en quatre classes.

1°. Ces décrets portent-ils atteinte aux droits du Prince, ou en ce que l'Evêque exerce une fonction purement civile, ou en ce qu'il statue sur des objets purement temporels, ou en ce que dans l'exercice des fonctions ecclésiastiques, il y mêle des accessoires qui forment un délit civil? La légitimité de l'appel comme d'abus est incontestable. Il se réduit alors à l'appel comme d'incompétence, ou à une simple plainte.

2°. Allegue-t-on le défaut des formes juridiques ? Le magistrat peut encore connoître de ces formes, refuser le concours du bras séculier pour l'exécution des décrets, s'il juge qu'il y a abus; mais alors il doit renvoyer pour le fond par devant les tribunaux ecclésiastiques, & il doit déclarer en même-tems en quoi consiste l'abus, afin de les éclairer, & d'éviter que le défaut de formalité ne serve de prétexte pour empêcher l'exercice de leur jurisdiction, ou pour en infirmer les actes, par le fait.

3°. Est-il question de matieres purement civiles, mais sur lesquelles les Évêques exercent une jurisdiction de privilege ? comme ils font alors la fonction d'officiers du Prince; & qu'en cela ils lui sont subordonnés, (part. 3. ch. I. §. I. conséq. 3) leurs jugemens doivent naturellement ressortir à son tribunal ; & ces appels ne sont à proprement parler que des appels simples.

4°. Enfin l'appel est-il fondé sur l'injustice commise en matiere criminelle ? Il est évidemment nul, parce que, comme nous venons de le dire, la Puissance spirituelle a le dernier ressort sur les matieres de sa compétence.

Si l'injuſtice étoit manifeſte, alors la Puiſſance ſpirituelle ſeroit dans le même cas que la Puiſſance civile, lorſquelle viole manifeſtement les droits de la juſtice, & il faudroit en revenir à l'application des regles que nous avons poſées en parlant de la ſouveraineté en général, (part. 1. ch. 3.)

§. *VI.* Les obligations des Évêques par rapport à la diſcipline eccléſiaſtique, ſont d'en étudier l'eſprit dans les ſaintes Écritures & dans les canons de l'Égliſe, d'en faire la regle de leur conduite, d'engager ſon Clergé à cette étude ſainte, de l'y encourager par des récompenſes, de lui en procurer les moyens, d'applaudir aux ſuccès. Eh ! quel avantage n'en retireroient ils pas eux-mêmes, s'ils pouvoient parvenir à ſe former ainſi parmi leurs coopérateurs, un conſeil toujours à portée de les aſſiſter de ſes lumieres, & de les aider dans leur gouvernement. Mais ce qui doit principalement exciter leur attention, c'eſt le choix des miniſtres qu'ils élevent au ſacerdoce, & ſurtout de ceux auxquels ils confient le ſoin des ames, ou qu'ils aſſocient au gouvernement général de leurs dioceſes. Que le Clergé ſoit éclairé, ſaint, zélé, prudent ; & malgré toute la puiſſance des enfers, on verra revivre les plus beaux jours de l'Égliſe.

Concluſion de la 3me. Partie. Plus la Religion eſt ſainte, plus le miniſtere en eſt redoutable. Dieu demandera compte aux paſteurs, des ames qu'il leur aura confiées. Ils ne ſauroient être innocens de la perte de leurs ouailles, s'ils négligent de les fauver ; & leur miniftere ne fauroit fructifier, s'ils ne deviennent eux-mêmes par leurs vertus, les modeles de leurs troupeaux, s'ils ne font aimer par la douceur & la charité le miniftere qu'ils exercent, & la Religion dont ils font les miniftres. Comme *l'homme ennemi* ne manque jamais de s'oppofer à l'œuvre de Dieu ; ils ne fauroient remplir leurs devoirs s'ils n'avoient la force de fupporter les contradictions. La foi doit fe réfoudre à fouffrir, parce qu'elle aura toujours à combattre. Mais les ennemis les plus dangereux font ceux que le pafteur trouve au dedans de lui-même : s'il n'eft en garde contre fon amour propre, il fera toujours ingénieux à trouver des raifons pour concilier fes intérêts avec fa confcience : s'il ne fe défend des artifices de l'adulation, on l'induira en erreurs, en lui préfentant toujours les objets comme il voudroit les voir ; la jaloufie réuffira toujours à difcréditer auprès de lui, le vrai mérite qui eft toujours facile à opprimer, parce qu'il eft toujours modefte. Que la gloire de J. C. foit donc fon unique but, & l'efprit de J. C. fon unique regle. Ce n'eft que par la pureté d'intention qu'on peut fe raffurer devant Dieu, fur les fautes qui font inféparables de l'infirmité humaine, dans les fonctions du St. Miniftere.

Quatrieme Partie. De l'analogie des deux Puiffances. Après avoir pofé les maximes qui font communes aux deux Puiffances ; après avoir marqué les caracteres qui les diftinguent, les fonctions & les objets qui sont propres à chacune d'elles ; nous allons les rapprocher par la considération de l'analogie qu'elles ont entre elles, & des motifs qui doivent les unir.

Chapitre premier. De l'indivisibilité des principes sur lesquels les deux Puissances sont établies. §. I. Les deux Puissances sont si étroitement liées ensemble, par des principes communs, qu'on ne peut attaquer l'une d'entre elles, que par des coups qui tendent au renversement de l'autre. 1º. Ce qui fait leur titre commun, c'est la loi de Dieu. Or, si on ne respecte pas cette loi à l'égard de l'une, on ne la respectera pas davantage à l'égard de l'autre. 2º. Ce qui assure leur autorité, c'est la subordination : mais la révolte a toujours sa source dans l'esprit d'indépendance ; & l'esprit d'indépendance est également ennemi de toute subordination. 3º. Les moyens qu'on emploie pour justifier la rebellion, sont des systèmes destructifs de l'autorité-même : ils attaquent donc l'un & l'autre gouvernement ; & nous en avons la preuve dans les faits.

On a dit que tout ce qui étoit extérieur, tout ce qui intéressoit la société civile, tout ce qui étoit l'objet de la protection du Prince, étoit de sa compétence ; & par-là on a mis toute la jurisdiction spirituelle entre ses mains. Mais on dira aussi que tout ce qui touche l'intérieur de la conscience, tout ce qui intéresse la Religion, tout ce qui est sous la protection de l'Église, est soumis à sa jurisdiction des Évêques ; & par une suite nécessaire des mêmes principes, l'Église aura droit de connoître de tout ce qui regarde l'ordre civil.

On a dit qu'il ne devoit point y avoir deux Puissances indépendantes dans un État, quoiqu'en différens genres de gouvernement. Les Ultramontains avoient déja avancé ce paradoxe. Mais au lieu d'en inférer que la Puissance spirituelle devoit être subordonnée à la Puissance temporelle, ils en ont conclus qu'elle devoit au contraire lui commander, comme étant plus noble & plus importante par son objet.

On a soutenu que le magistrat ne pourroit être sujet aux censures de l'Église, dans l'exercice de ses fonctions, lors même qu'il en abuseroit pour l'opprimer. L'Évêque pourra donc aussi abuser du St. Ministere pour usurper les droits de la Couronne, & pour troubler l'ordre public, sans craindre d'être réprimé par le glaive du souverain.

On a allégué des faits pour prouver la jurisdiction des Princes sur le spirituel. Mais si les faits forment des preuves, on établira par la même voie, la jurisdiction de l'Église sur le temporel des Rois.

On a mis en maxime que la propriété de la puissance ecclésiastique appartenoit au peuple ; on a séparé dans la personne de l'Évêque, le pouvoir d'avec l'exercice de la jurisdiction ; on a voulu soumettre l'administration spirituelle au tribunal du magistrat, comme protecteur des Sts. Canons ; on a prétendu que le juge d'Église pouvant abuser, il falloit lui opposer une autre puissance capable de la réformer ; mais on a fait valoir les mêmes raisonnemens contre le Prince. On a soutenu que le peuple possédoit la souveraine puissance en propriété, & qu'il pouvoit juger le souverain ; on a soutenu que le droit du Prince se bornoit à la confection des loix, & que l'exécution en appartenoit à ses officiers : on a dit qu'il devoit y avoir dans les monarchies même, un tribunal pour conserver les loix fondamentales de l'État & les propriétés des citoyens avec le droit de s'opposer à la volonté du Monarque ; & que la jurisdiction d'un pareil tribunal étoit essencielle pour empêcher, par un équilibre d'autorité, que sa puissance souveraine ne dégénérât en despotisme.

§. *II*. Chacune des deux Puissances est tellement indivisible par sa propre constitution, qu'on ne peut les entamer sur un seul point que par des principes qui vont à les ruiner entièrement. Car elles portent toutes les deux également sur cette maxime, que le souverain a le pouvoir de régler, en dernier ressort, tout ce qui concerne le gouvernement. Or, s'il est permis de lui désobéir ou de la réformer sur un seul point, on pourra aussi lui désobéir ou la réformer sur toutes les autres parties de son administration.

§. *III*. La tolérance de la révolte, ou des systêmes qui introduisent l'indépendance, est diamétralement contraire à la constitution de l'un & l'autre gouvernement ; puisqu'elle y laisse subsister un germe de destruction, contraire à l'ordre que Dieu a établi, contraire à la subordination & à la justice. L'intolérance resserre donc les liens de la société, bien loin de les briser : au lieu de gêner les consciences, elle les empêche seulement de s'égarer ; au lieu de blesser la charité, elle affermit la concorde ; au lieu de violer la loi de J. C., elle en assure l'exécution, puisque cette loi nous ordonne de regarder comme des Publicains, ceux qui désobéissent à l'Église, & d'être soumis aux Puissances, comme ayant été instituées par la Providence ; enfin au lieu de préjudicier à la liberté publique, une pareille intolérance assure le salut & la liberté des peuples.

Delà l'obligation imposée aux pasteurs, de refuser à ceux qui sont manifestement coupables de révolte, les graces spirituelles qui exigent la pureté de conscience ; d'exclure du St. Ministere ceux qui en sont légitimement soupçonnés, & de s'opposer de tout leur pouvoir à l'hérésie & au schisme.

Distinguons cependant l'intolérance qui improuve la révolte, & dont l'obligation est fondée sur le droit divin & naturel, des peines canoniques qui ne sont que de droit ecclésiastique, & qui doivent être modérées par la prudence. Distinguons encore dans l'intolérance, la fermeté & le zele, de la dureté & de l'aigreur. Le véritable pasteur cherche à guérir les plaies, non à les irriter. Il supporte les injures personnelles, & ne parle que pour défendre la cause de Dieu.

Chapitre II. De la protection que se doivent les deux Puissances. §. *I.* Les deux Puissances étant fondées sur les mêmes principes, & ayant un intérêt commun à maintenir les peuples dans la fubordination, doivent fe protéger par devoir de Religion, puifqu'elles font inftituées pour faire obferver l'ordre que Dieu a établi ; & par la confidération de leur intérêt perfonnel, puifque l'efprit d'indépendance qui attaque l'une ou l'autre Puiffance, eft ennemi de toute autorité, & enfin par un motif de reconnoiffance, puifqu'elles jouiffent des avantages & des privileges refpectifs qu'elles fe communiquent. Mais quels font les principaux objets de cette protection ? Nous allons les parcourir.

§. *II*. Les deux Puiffances doivent fe protéger pour l'exécution de leurs loix & de leurs décrets refpectifs. Ces loix & ces décrets font la bafe & la regle de leurs gouvernemens ; ils doivent donc être le principal objet de leur protection. Les Peres de l'Églife ont réclamé, comme un devoir de juftice, le fecours des Princes chrétiens pour l'exécution des Sts. Canons ; & les Princes religieux ont regardé cette protection, comme une de leurs principales obligations. Il eft vrai que la force ne convertit pas, mais elle écarte les obftacles extérieurs qui s'oppofent à l'efficacité du St. Miniftere ; elle empêche les progrès de la féduction ; & fi c'eft une charité bien entendue de punir ceux qui donnent la mort au corps, pécheroit-on contre la charité en puniffant ceux qui perdent les ames & qui pervertiffent les mœurs ?

§. *III*. Les deux Puiffances doivent fe protéger, pour fe concilier réciproquement l'amour & le refpect de leurs fujets, dans la perfonne de leurs miniftres. Ces fentimens font le jufte tribut que la nature & la Religion ont impofé à tous les hommes envers ceux qui leur ont donné la vie, ou que la Providence a chargé de veiller au falut public, foit dans l'ordre civil, foit dans l'ordre fpirituel. Les loix divines & humaines réprouvent donc également les fatyres qui attaquent leur perfonne, ou qui calomnient leur adminiftration.

§. *IV*. Les deux Puiffances doivent fe protéger pour fe conferver réciproquement dans la poffeffion de leurs domaines. Le domaine du Prince eft le bien de l'État, deftiné aux befoins publics. Les poffeffions du Clergé font des biens confacrés au fervice divin & au foulagement des pauvres. Le peuple doit le tribut au fouverain; J. C. en fait un commandement exprès. Le peuple doit pourvoir auffi à l'honnête entretien des miniftres qui fe dévouent à fon falut. La loi de Dieu nous apprend que *l'ouvrier* évangélique *mérite récompenfe*. Il y a cependant cette différence entre les biens du Prince & ceux de l'Églife, que le premier les poffede en toute fouveraineté, au lieu que l'Églife ne poffede aucun bien temporel qui ne foit foumis au fouverain domaine du Prince. Mais fi les propriétés des citoyens doivent être refpectées, feroit-il permis de violer celles de l'Églife, parce que les clercs qui en jouiffent, ajoutent à la qualité de citoyens, celle des miniftres de la Religion?

Les deux Puiſſances doivent ſe protéger pour ſe maintenir réciproquement dans la jouiſſance des privileges qu'elles ſe ſont communiqués. Les prérogatives accordées à des corps, ſont dans la claſſe des loix, parce qu'elles ſont cenſées ſe rapporter au bien public. Elles ſont d'autant plus reſpectables qu'elles remontent à une origine plus ancienne, & que les corps privilégiés tiennent plus étroitement à la conſtitution du gouvernement. Elles doivent donc êtres conſervées autant qu'il eſt poſſible, ſur-tout à l'égard de ces corps anciens. Outre ces raiſons générales, les privileges que les deux Puiſſances ſe communiquent, ſont un juſte retour des graces qu'elles reçoivent ; elles ſont un témoignage réciproque de leur reconnoiſſance & de leur reſpect, & un garant de l'heureuſe concorde qui doit les unir.

Il n'y a donc qu'une fauſſe politique, qui puiſſe enviſager les privileges du Clergé comme des conceſſions odieuſes qu'il faut reſtraindre. Cette politique n'a été que trop ſuivie dans la pratique, ſoit quant aux exemptions, ſoit quant à cette portion de la juriſdiction civile, que les Évêques avoient reçue du Prince.

Chapitre III. De la nature de la protection que ſe doivent les deux Puiſſances. La protection ſe rapporte par ſa nature à l'avantage du protégé ; & on a voulu en faire un titre pour aſſervir l'Égliſe. Voyons donc quelle eſt la nature de cette protection, pour diſſiper les fauſſes inductions qu'on en tire.

§. *I.* La protection que ſe doivent les deux Puiſſances ne leur donne aucune juriſdiction
ſur

sur les matieres qui competent à la Puissance protégée. Car les deux Puissances étant souveraines, leurs droits sont inaliénables, (part. 2. ch. 1. §. 9.) Ne pouvant y avoir deux souverains dans le même genre de gouvernement, (part. 1. ch. 1. m. 12) la jurisdiction sur un gouvernement, ne peut appartenir qu'à celui qui y préside, non à la puissance qui le protege. Il s'ensuivroit de la maxime contraire, que les deux Puissances, en qualité de protectrices, auroient droit d'exercer un empire absolu sur leurs gouvernemens respectifs ; & alors la protection leur deviendroit préjudiciable en les assujettissant. Les Princes mêmes infideles, qui doivent la protection à l'Église, parce qu'ils sont obligés de protéger la justice & la société, recevroient par-là, un pouvoir de jurisdiction sur l'administration spirituelle des Églises qui sont dans leurs États.

Mais le souverain ne doit-il pas s'instruire avant que d'agir ? La qualité de protecteur ne le rend-elle pas juge de ses sujets, pour l'éclairer sur la protection qu'il leur accorde ? Ne l'oblige-t-elle pas à examiner la cause de ses alliés, avant d'embrasser leur querelle ?

Je réponds à cela en distinguant trois sortes de protections. 1º. Protection de jurisdiction, c'est celle que le Prince doit à ses sujets dans l'ordre civil. 2º. Protection sans jurisdiction & sans subordination, c'est celle que le souverain doit à ses alliés. Il doit examiner la justice de leur cause avant de se joindre à eux, parce que n'étant point subordonné à leur autorité, il n'est pas obligé de se soumettre à leur jugement; mais n'ayant point de jurisdiction sur eux, il ne peut aussi les assujettir à ses décisions. 3°. Protection avec subordination, c'est celle que se doivent les deux Puissances. L'Église doit protéger le souverain sur le temporel, & comme elle lui est subordonnée à cet égard, elle doit en le protégeant, non juger elle-même, mais se conformer au jugement du Prince dans l'ordre civil. Il faut dire la même chose de la protection du souverain par rapport à l'Église, sur les matieres qui concernent la Religion. Il s'instruit suffisamment de la justice des décrets de l'Église, par les décisions des Pasteurs, à laquelle il doit obéir lui-même & qui est toujours présumée juste dans la pratique, hors le cas d'évidence contraire, (part. 1. ch. 3. m. 2.)

§. *II.* La protection ne donne aucun droit de législation au protecteur sur les matieres qui competent à la Puissance protégée. 1°. Parce que le pouvoir législatif fait partie du pouvoir de jurisdiction, qui appartient à la Puissance protégée. (§. précéd.) 2°. Parce que les deux Puissances ont le droit de législation en pleine souveraineté, sur les matieres de leur ressort, & qu'il ne peut y avoir qu'un souverain dans chaque société parfaite, (part. 1. ch. 1. m. 13.) 3°. Parce que chacune des deux Puissances ne peut dispenser que des loix, concernant les matieres qui lui competent, or le droit de dispenser est un droit de la législation. (Part. 1. ch. 2. m. 6.) Chacune d'elles n'a donc aussi le droit de législation que sur les matieres de fa compétence. Lors donc que les Évêques follicitent l'autorifation de leurs réglemens, auprès de la puiffance civile, c'eft afin qu'elle y joigne la force coercitive pour l'exécution, non pour leur donner la fanction.

Le fouverain, il eft vrai, fait fouvent des loix de difcipline touchant le gouvernement eccléfiaftique ; j'en diftingue de quatre fortes. Les premieres viennent feulement à l'appui des réglemens des Évêques, & pour leur exécution, ainfi que nous venons de le dire. Les fecondes font follicitées par les Évêques & formées ainfi par le concours des deux Puiffances. Les troifiemes précedent les vœux de l'Églife ; mais elles font validées par fon adhéfion expreffe ou tacite, (part. 3. ch. 1. §. 1. concl. 3.) Les quatriemes font contraires à fes vœux ; & à raifon de fon oppofition, elles ne peuvent acquérir aucune force.

Concluons delà 1°. Que les protecteurs ne peuvent faire de nouvelles loix fur les matieres qui concernent la Puiffance protégée, que de fon confentement au moins préfumé ; qu'ils ne peuvent, ni interpréter, ni abroger, ni modifier celles qui font en vigueur, puifque ce droit n'appartient qu'à la Puiffance légiflative. (Part. 1. ch. 2. m. 6. — part. 2. ch. 6. §. 1.)

2°. Que les loix de l'Églife confervent toute leur force fur les confciences, lorfqu'elles en ordonnent l'exécution, quand même le Prince en refuferoit l'autorifation.

3°. Que les deux Puiffances font feules juges de la fageffe & de l'utilité de leurs propres loix, indépendamment de la Puissance protectrice ; (part. 1. ch. 2. m. 5) & que les Conciles œcuméniques, en qui réside le pouvoir législatif dans toute sa plénitude, peuvent après avoir examiné les raisons d'opposition, obliger les Églises particulieres à l'observance de ces loix, nonobstant l'usage contraire.

§. *III.* Quoique le protecteur n'ait aucune jurisdiction sur les matieres qui competent à la Puissance protégée, il exerce pourtant dans son propre ressort, une vraie jurisdiction sur les moyens de protection. Le Prince exerce sa jurisdiction, en employant le secours du bras séculier; l'Église l'exerce en instruisant, & faisant usage du glaive spirituel.

D'où il suit 1°. Que le magistrat protecteur ne peut réformer le juge d'Église en matiere spirituelle, ni à raison des contraventions aux saints Canons, dont il n'est point l'interprete, (§. précéd.) ni à raison des contraventions aux loix civiles, qui n'étant que protectrices, ne doivent s'interpréter, sur ces matieres, que conformément aux décrets de la Puissance ecclésiastique ; de même que le juge d'Église ne pourroit, en qualité de protecteur, réformer le magistrat sur les matieres civiles, sous prétexte de contravention aux loix du royaume, ou aux loix canoniques qui sont venues à l'appui des premieres.

Il suit 2°. Que dans le cas où les deux Puissances concourent à l'exécution d'une loi, en matiere spirituelle ou temporelle, c'est à la Puissance qui a jurisdiction à diriger la Puisfance protectrice ; mais que le choix & l'emploi des moyens de protection, ainsi que l'interprétation & l'exécution des loix faites à ce sujet, sont de la compétence de la Puissance qui protege, parce que ces moyens sont de son ressort.

Conclusion de la quatrieme Partie. Le magistrat est né sujet du Prince, & il est devenu enfant de l'Église ; il reçoit de l'un les avantages temporels, de l'autre les biens spirituels. Étant également redevable au Prince & à l'Église de son amour & de son obéissance, il doit être aussi également fidele à conserver l'autorité du souverain, dont il est le dépositaire, & les droits de l'Église, dont il est le protecteur. Son tribunal ne sauroit subsister si le trône étoit renversé ; & il anéantiroit lui-même la Puissance spirituelle, s'il vouloit l'enlever aux pasteurs, puisqu'elle ne peut l'exercer que par le ministere de ceux à qui J. C. l'a confiée. Rien de plus glorieux que ses fonctions, lorsque s'appliquant à faire régner les loix dans l'État, & à protéger celles de l'Église, il donne lui-même l'exemple de l'obéissance qu'il fait rendre à ses maîtres, & veille sous leurs ordres, au maintien de leurs droits respectifs.

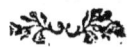

ARTICLE III.

De la nécessité de réfuter les erreurs qui attaquent l'un & l'autre gouvernement, & de développer à cet égard les principes de la saine doctrine.

LE tableau seul des erreurs que nous avons exposées, suffit pour faire sentir la nécessité de les réfuter & d'établir les vrais principes du gouvernement, soit dans l'ordre civil, soit dans l'ordre ecclésiastique. Ces erreurs ne sont pas du nombre des paradoxes qu'on peut négliger sans danger, ou que le mépris & le silence laissent tomber dans l'oubli. Elles attaquent directement le trône & l'autel ; elles fomentent la discorde entre l'Église & le Prince, entre le souverain & les sujets ; elles tendent à dépouiller les deux Puissances l'une par l'autre, à les asservir, à les anéantir également, à ôter par-là aux peuples toute ressource contre l'oppression, à inspirer le mépris, la haine & la révolte contre l'autorité légitime. Elles prennent leur source dans le système meurtrier d'une nation voisine, qui ne nous a que trop donné des preuves par ses tristes révolutions, de tous les malheurs que nous aurions à craindre, si leur doctrine pouvoit s'accréditer parmi nous par le silence des deux Puissances intéressées à la proscrire.

DE L'OUVRAGE. lxxxvij

A peine cette doctrine pernicieuse commença-t-elle à se répandre dans le royaume, que le Clergé alarmé des suites funestes qu'il prévoyoit, sentit la nécessité de s'y opposer, & conçut le dessein d'un ouvrage qui assurât les droits de sa jurisdiction (1). Le projet est resté sans exécution, & les suites qu'on redoutoit se sont réalisées (*a*). L'erreur renfermée d'abord comme dans son germe, s'est répandue furtivement; elle a levé ensuite la tête; & lorsqu'elle s'est crue suffisamment affermie, elle s'est développée par des systêmes effrayans, qui nous laissent entrevoir un terrible avenir, si on ne s'empresse de le prévenir. Répandue dans les ouvrages les plus récens, voilée d'une apparence de justice, elle empoisonne les sources mêmes (*b*) où l'on vient puiser la connoissance du droit public & des loix ecclésiastiques. Ses progrès successifs, deviennent toujours plus rapides; & en jugeant par le chemin qu'elle a fait de celui qui lui reste encore à faire, nous touchons bientôt au terme fatal où tout va être confondu. La plupart de ceux qui improuvent les excès où l'on est parvenu, ne sont pas encore entièrement désabusés des faux principes qui nous y ont conduit; parce qu'au lieu de remonter aux vérités primitives & fon-

---

(*a*) *Mala consuetudo quæ non minùs quàm pernitiosa corruptela vitanda est; nisi citiùs radicitùs evellatur, in privilegiorum jus ab improbis assumitur, & incipiunt prævaricationes; & variæ præsumptiones non celerrimè compressæ, pro legibus venerari, & privilegiorum modo perpetuò celebrari.* Nicol. 1. Dist. 8. Can. 3.

(*b*) Les Commentateurs des édits & déclarations.

f iv

damentales, sur la nature & les droits des deux Puissances, ils se bornent à l'autorité de certains auteurs qui les égarent : ils prennent pour des axiomes de jurisprudence, des fausses maximes, qui avoient révolté dès le commencement ; mais qui à force de se répéter, semblent avoir acquis la légitimité de la prescription. Par la même raison, ce qu'on regarde aujourd'hui comme un excès, ne paroîtra plus tel, lorsqu'on aura été plus loin ; car tant qu'on laissera subsister les faux principes, il sera impossible de se défendre des conséquences. Ce ne sont pas seulement certains articles de la Foi en particulier que l'on attaque, c'est, pour ainsi dire, la Foi dans sa totalité qu'on tend à détruire, en renversant la constitution de l'Église qui en est le fondement, en liant les mains aux premiers pasteurs, en anéantissant leur puissance, destinée à terrasser les ennemis de l'Église, & sans laquelle il sera toujours impossible de conserver l'unité de la foi, & l'unité du gouvernement ecclésiastique. Il y avoit plus loin des premieres atteintes portées à l'autorité épiscopale, au point où nous en sommes, qu'il n'y en a de ce point à un schisme consommé ; & si une fois on ébranle les fondemens de l'Église, le trône des Rois s'écroulera bientôt, avec cette seule différence, que l'Église héritiere des promesses de J. C., devant subsister jusqu'à la fin des siecles, se dédommagera ailleurs de ses pertes, & que Dieu n'a point promis la perpétuité aux royaumes de la terre. Les Princes sont donc ici encore plus intéressés que l'Église à la défense de la vérité.

Quand même nous pourrions espérer de voir les préjugés se dissiper entiérement, j'ose dire que l'erreur, en un sens, ne meurt jamais ; elle passe à la postérité avec les livres qui l'enseignent ; & dans des circonstances malheureuses, où le mécontentement des peuples & l'esprit de parti excitent des fermentations dans l'Église ou dans l'État, elle reparoît tout-à-coup, elle s'accrédite & cause les plus affreux incendies. Les hérétiques & les impies de nos jours, n'ont fait que ressusciter les anciennes erreurs, & répéter les sophismes que les docteurs de l'Église avoient réfutés dans les Philosophes payens & dans les hérétiques des premiers siecles. Nous les combattons aujourd'hui avec les mêmes armes que nos peres. Point de moyen plus sûr de terrasser le mensonge, que de le confondre par la lumiere de la vérité. C'est la voie que J. C. a principalement recommandée à ses Apôtres, en leur ordonnant d'instruire toutes les nations, & jamais cette obligation ne fut plus indispensable que dans un tems où l'erreur, non-seulement corrompt la Foi, mais encore attaque l'autorité, tente la fidélité des sujets, & les entraîne, presque sans qu'ils s'en apperçoivent, dans les plus profonds abymes. Il faut que la sentinelle avertisse, si elle ne veut être responsable du sang des peuples. Taire alors la vérité, c'est la trahir (*a*).

(*a*) *Sæpè rectores improvidi humanam amittere gratiam for-*

Mais ne seroit-ce pas une entreprise trop difficile de vouloir marquer les bornes qui séparent les deux Puissances. Oui, sans doute, elle seroit difficile, & même impossible, si on craignoit de toucher à des préjugés trop accrédités, parce qu'ils ne peuvent s'accorder avec la saine doctrine. La vérité qui est une, ne se conciliera jamais avec l'erreur. Mais en se mettant au-dessus des préventions, pour chercher les vrais principes dans les premieres notions de la Religion & de la loi naturelle; la distinction des deux Puissances se présentera d'elle-même. On les verra prendre naissance dans une origine commune, marcher toujours à côté l'une de l'autre, se soutenir réciproquement, s'allier ensemble, pour faire régner l'ordre & la Religion dans la société, sans jamais se confondre. Je crois en avoir déja donné la preuve dans l'analyse de cet ouvrage. Les royaumes catholiques qui nous environnent, nous en fournissent un exemple sensible : car ce ne sont pas ici de ces vérités spéculatives qu'on peut ignorer sans danger du salut : ce sont de ces vérités pratiques qui constituant le gouvernement ecclésiastique, doivent avoir été, & qui ont été en effet clairement connues, hautement enseignées, universellement suivies dès la naissance de l'Église.

---

midantes, loqui liberè recta pertimescunt, & juxta veritatis vocem, nequaquam jam gregis custodiæ, pastorum studio, sed mercenariorum vice, deserviunt; quia veniente lupo fugiunt, dum se sub silentio abscondunt.... Pastori enim recta timuisse dicere quid est aliud, quàm tacendo terga præbuisse. (IV Reg. XXII & XXIII.) Greg. de curâ pastorali 2, cap. 4.

J. C. en établiſſant ſon ſacré miniſtere au milieu d'elle, devoit lui en marquer diſtinctement les droits & la nature. Cette connoiſſance étoit néceſſaire aux paſteurs, afin qu'inſtruits de leurs pouvoirs, ils puſſent remplir leur miſſion : elle l'étoit aux ſimples fideles, afin qu'inſtruits de l'autorité que J. C. avoit donnée à leurs paſteurs, ils leur rendiſſent l'obéiſſance qu'ils leur devoient. On ſera même ſurpris de retrouver ſans remonter bien haut, dans les auteurs les moins favorables au Clergé, les aveux les plus ſolemnels en faveur des droits de l'épiſcopat. Mais quand même tous ces auteurs auroient combattu la vérité, faudroit-il abandonner ſa défenſe, parce que l'erreur auroit prévalu ? La grandeur du mal fut-elle jamais une raiſon pour rejetter le remede ? Plus l'erreur s'eſt accréditée, plus la fidélité des ſujets eſt expoſée à la ſéduction ; plus auſſi il eſt indiſpenſable de déſabuſer les peuples, pour aſſurer leur ſalut & l'ordre public, les droits du Prince & de l'Égliſe, & pour prévenir les troubles funeſtes qui réſultent toujours de la confuſion entre les deux Puiſſances ; plus il eſt néceſſaire d'inſtruire les fideles ſur ces vérités pratiques, qui doivent régler leur obéiſſance, en leur faiſant connoître les maîtres qui ont droit de leur commander, & les objets ſur leſquels ils leur doivent l'obéiſſance.

Craindroit-on les contradictions ? Mais de la part de qui ? De la part de ceux qui cherchent la vérité ? C'eſt les conſoler au contraire que de la leur montrer. Seroit-ce de la part de ceux qui ne veulent pas la voir ? Eh bien, il faut la leur montrer malgré eux. On ne sauroit leur plaire, qu'au dépens de la Religion. Vouloir forcer la vérité à se taire, dans la crainte d'irriter ses ennemis, ce seroit lui imposer un silence éternel. C'est en se rendant redoutables par leurs clameurs, qu'ils s'efforcent d'intimider ceux qu'ils ne peuvent séduire, & ne réunissent que trop souvent à ralentir le zele de ceux qui voudroient entreprendre sa défense.

Craindroit-on d'altérer la concorde entre le Prince & l'Église ? Mais craindre d'altérer la concorde entre les deux Puissances sacrées, qui ayant leur source dans celle de Dieu, ne doivent avoir, comme la sienne, d'autre fondement ni d'autre regle que la justice ; craindre d'altérer la concorde en présentant des vérités qu'elles ont enseignées elles-mêmes, qu'elles ont respectées, vérités qui établissent les droits de leur autorité, par l'autorité de Dieu-même, qui éclairent les peuples sur l'obéissance, qui leur en font un devoir de conscience, & qui ne sont autre chose que la doctrine que Jesus-Christ a enseignée à ses Apôtres, & que les Apôtres ont transmise à l'Église avec le dépôt de la foi ; seroit-ce là connoître la loi de Dieu ? seroit-ce bien connoître les droits du souverain ? Craindre d'altérer la concorde, en prévenant les dissentions que les ennemis de ces Puissances tâchent d'introduire parmi elles, pour ébranler en même-tems les fondemens du trône & de l'autel, & pour envahir les droits de l'une & de l'autre; craindre de dissiper les nuages qu'on a répandus sur les bornes des deux jurisdictions ; craindre de faire connoître le venin des erreurs qui, dans des tems orageux, peuvent devenir si funestes à la nation, ne seroit-ce pas insulter à la Religion de ses maîtres, comme s'ils avoient dessein de se prévaloir de l'ignorance des peuples, pour usurper leurs droits respectifs ? Ne seroit-ce pas insulter à leur autorité même, comme s'ils avoient besoin de l'ignorance ou de l'erreur pour affermir leur pouvoir ? Seroit-ce donner soi-même des garans bien sûrs de la fidélité qu'on sembleroit leur avoir vouée ? N'a-t-on pas vu en Angleterre les faux zélateurs de la liberté publique, après avoir prétexté les intérêts du souverain pour asservir l'épiscopat à sa volonté, tourner ensuite contre le souverain lui-même les systêmes d'indépendance, qu'ils avoient enseignés pour détruire la puissance de l'Église ? Eh ! qu'eussent dit nos peres, lorsqu'ils défendoient avec tant de courage l'indépendance de nos Rois contre les prétentions des Ultramontains, si pour ralentir, pour déprimer leur zele, on leur eut allégué l'amour de la concorde & de la paix ? Le seul moyen d'assurer la paix, eussent-ils répondu, c'est d'extirper l'erreur qui ne peut jamais être qu'un germe de division & de révolte : c'est de distinguer, & de faire respecter les droits des deux Puissances, de prévenir par-là les troubles que causeroient leurs entreprises respectives ; c'est d'affermir l'union & la paix sur des principes invariables qui garantissent le repos public, la liberté du St. Ministere, & l'autorité des souverains

Envisageroit-on l'asservissement de l'Église, comme un moyen d'empêcher les abus des Pontifes ? Regarderoit-on les contestations qui s'élevent sans cesse entre l'épiscopat & la magistrature, sur les bornes de leurs jurisdictions, comme une division utile, pour contrebalancer sans cesse le pouvoir de deux corps si respectables, pour les affoiblir, pour les maintenir par-là, dans une plus grande dépendance ; comme si le Prince devoit régner avec plus d'empire sur l'un & sur l'autre, en les assujettissant alternativement, selon qu'il conviendroit à ses intérêts ?

Ah ! laissons cette politique meurtriere à ces hommes de sang qui, nés pour le malheur de l'humanité, ne sont montés sur le trône que par le crime, & qui ne régnant que pour faire des esclaves, ont besoin d'asservir les différens ordres de l'État, pour se maintenir dans une domination usurpée en substituant la force & l'arbitraire à la sainteté des loix & à la sagesse d'une autorité légitime. Mais un souverain qui suffisamment élevé au-dessus de tous ses sujets par la puissance que Dieu lui a donnée, conserve toujours dans la supériorité de cette même puissance, les moyens de réprimer les abus de l'administration, & les tentatives qu'on pourroit faire sur les droits de sa couronne ; un souverain qui est pénétré de respect pour la loi du Maître des rois dont il est le ministre ; un souverain qui a les droits les plus légitimes sur l'obéissance de ses sujets, & qui regne déja dans leurs cœurs par l'amour, qu'a-t-il besoin de plus pour atteindre au plus haut degré de puissance & de gloire, que de protéger la justice, d'entretenir l'harmonie dans la société, de servir les vues de la Providence qui l'a placé sur le trône, & de faire respecter les droits d'une Religion qui est le plus ferme appui de la puissance qu'il exerce ? Non, non, la Majesté qui le caractérise, n'invoquera jamais à son secours que la vérité & la justice. Il sait que l'ignorance, semblable à certains remèdes palliatifs, peut bien produire des momens de calme; mais que le mal n'en éclate souvent que par des convulsions plus violentes. Tôt ou tard on tire des conséquences des faux principes, que les préjugés avoient, pour ainsi dire, naturalisés, & des conséquences qui confondent tout, qui exposent l'Église & l'État aux plus grands dangers. Lorsque l'usurpation de l'autorité épiscopale, ou de la puissance monarchique, est parvenue à un certain degré, on se trouve réduit alors à frapper les plus grands coups pour maintenir les droits de la Religion, ou du trône, ou à laisser périr l'Église & l'État.

Cependant si l'amour de la paix & de la concorde, ne permet jamais aux premiers pasteurs d'avouer une doctrine qui leur enleveroit leur jurisdiction, parce qu'elle seroit contraire à la vérité & à la justice; s'il ne leur permet point de renoncer à leurs droits, parce qu'ils ne sauroient changer l'ordre d'un gouvernement que Dieu a établi, ni se dépouiller d'un pouvoir qui leur est nécessaire pour remplir leur mission;

s'il ne leur permet point de garder le silence sur l'usurpation, parce que les droits de l'épiscopat tiennent aux vérités de la foi qu'ils doivent enseigner, & au salut des peuples qu'ils doivent instruire : ce même amour ne leur permet pas non plus de se livrer à l'impétuosité d'un zele aveugle ; & doit les engager toujours à ratifier, du moins, par un consentement tacite, les actes de jurisdiction que le magistrat exerce sur le gouvernement ecclésiastique, lorsqu'il concourt à leurs vues pour le bien de la Religion, & que ces actes ne tendent point à l'usurpation de leurs droits. Ce sera par de pareils ménagemens de charité & de sagesse, & non par une dissimulation toujours honteuse pour des ministres destinés à enseigner la vérité, & à la sceller, s'il le faut, de leur propre sang, que les deux Puissances resserreront les liens qui les unit, sans blesser l'ordre de la Providence qui les a instituées.

DE
L'AUTORITÉ
DES
DEUX PUISSANCES.

PREMIERE PARTIE.

DE LA SOUVERAINETÉ EN GÉNÉRAL.

LA souveraineté consiste dans le droit de régler en dernier ressort tout ce qui a rapport à la société, avec le pouvoir nécessaire de le faire exécuter. La Puissance en qui réside ce droit, s'appelle *souveraine*, soit qu'elle s'exerce par un seul, ou par plusieurs, qu'on regarde alors comme ne composant qu'un seul être moral.

On distingue la société parfaite, de la société im-

Tome I. Part. I. A

parfaite. La premiere n'est subordonnée à aucune autre société, & doit renfermer par conséquent tous les pouvoirs nécessaires à son administration, pour se conserver & pour se défendre. La seconde, étant renfermée dans un cercle plus étroit, n'a sur ses membres qu'une certaine portion d'autorité, dépendante de la société parfaite dont elle fait partie. De la premiere espece sont les Royaumes ou les Républiques, dans l'ordre civil; & l'Église, dans l'ordre de la Religion. De la seconde classe, sont les différens corps & communautés, soit civiles, soit ecclésiastiques, qui exercent sur leurs membres certains droits de correction & de police, subordonnés au gouvernement de l'état ou de l'Église. Il est évident, par la définition que nous venons de donner de la souveraineté, que le terme de *souverain* ne peut convenir qu'à ceux qui gouvernent une société parfaite.

A ces deux genres de société, correspondent deux genres de gouvernemens; l'un absolu, l'autre dépendant.

Comme tout gouvernement doit être juste, la souveraineté renferme un pouvoir absolu de la part du souverain, pour régler l'administration; & suppose en même-tems l'autorité des loix, suivant lesquelles il doit gouverner. Sans les loix, l'autorité seroit tyrannique; sans l'autorité, les loix deviendroient inutiles, parce que les loix ne pouvant forcer à l'obéissance, chacun pourroit les violer impunément. *Lex non habet vim coactivam, nisi ex principis potestate* (*a*). " Comme le magistrat est
" au-dessus du peuple, disoit un ancien, de même
" la loi est aussi au-dessus du magistrat; en sorte
" qu'on peut dire que le magistrat est la loi vivan-
" te, & que la loi est le magistrat muet : j'entends
" par le terme de *loi* cette puissance de gouverne-

(*a*) *Thom.* 1, 2, q. 98, art. 5, ad. 3.

» ment, fans laquelle ni les familles, ni les villes,
» ni les peuples, ni le genre-humain entier, ni l'or-
« dre de la nature, ni le monde même ne fauroient
» fubfifter (*a*)«.

Nous ne féparerons donc point ici ces trois objets qui conftituent l'effence de tous les genres de gouvernement; le peuple, le fouverain & la loi. Sans le peuple point d'état; fans le fouverain point de peuple; fans la loi point de gouvernement, point de fouverain légitime. Le peuple doit être foumis au fouverain, & ce fouverain doit l'être à la loi, qui n'eft autre chofe que la juftice développée relativement aux befoins & aux circonftances du bien public.

Mais fi la loi eft toujours équitable, le fouverain, qui en eft le miniftre, peut être injufte : cependant le citoyen eft foumis à l'une & à l'autre. Comment concilier ces deux obligations, dans le cas où la loi & le fouverain fembleroient être en oppofition?

Ces différens points de vue comprennent tout ce que nous avons à dire fur la fouveraineté en général : nous ferons voir, 1°. quelle eft l'autorité du fouverain ; 2°. quelles font les loix fur lefquelles porte le gouvernement ; 3°. quelles font les regles qui doivent diriger l'obéiffance, dans les cas où les ordres du fouverain paroîtroient contraire à la difpofition des loix.

(*a*) *Ut magiftratibus leges, ita populo præfunt magiftratus : verèque dici poteft, magiftratum effe loquentem legem ; legem autem, mutum magiftratum. Nihil porrò tam eft aptum ad jus conditionemque naturæ : quod cùm dico, legem à me dici, nihilque aliud intelligi volo quàm imperium, fine quo nec domus ulla, nec civitas, nec gens, nec hominum univerfum genus ftare, nec rerum natura, nec ipfe mundus poteft.* Cic. de leg. l. 3, p. 378, edit. Blaeu 1659.

CHAPITRE PREMIER.

De l'autorité du souverain.

Dieu seul est indépendant, parce qu'il n'existe que par lui, qu'il peut tout ce qu'il veut, & qu'il est à lui-même sa félicité, sa lumiere, & sa sagesse. Toutes les créatures sont nécessairement dépendantes de leur premier Principe, de qui elles ont reçu, & de qui elles reçoivent continuellement tout ce qu'elles sont. L'homme l'est encore d'une maniere plus spéciale, comme créature raisonnable. Dieu est la lumiere qui l'éclaire, la sagesse qui doit le diriger, le bien suprême qui doit le rendre heureux : & ce nouveau genre de dépendance, bien loin de le dégrader, naît de la dignité de sa nature, puisqu'il est le principe de toutes les opérations de son ame & de toutes ses vertus.

Inutilement voudroit-il donc affecter une liberté absolue. La vérité & la justice qui sont au-dessus de lui, le dominent, pour ainsi dire, malgré lui-même : elles l'éclairent, elles lui commandent : s'il peut leur désobéir, il ne peut se soustraire à leur puissance. S'il se révolte contre elles, elles susciteront ses remords contre lui-même ; ses passions deviendront ses tyrans ; & sa prétendue indépendance aboutira enfin à l'avilissement le plus honteux, & à la plus cruelle de toutes les servitudes.

Mais cette heureuse subordination où nous sommes à l'égard de Dieu, exige encore de nous que nous nous conformions à l'ordre que sa providence a établi dans la société, pour le bonheur du genre humain.

L'homme en effet seroit le plus malheureux de tous

les êtres vivans, s'il étoit abandonné à lui seul. L'inſtant de ſa naiſſance ſeroit bientôt ſuivi du moment de ſa mort, s'il ne trouvoit dans l'amour de ceux qui lui ont donné la vie, des ſoins aſſidus pour la lui conſerver. Sorti de l'enfance, preſſé par des beſoins continuels, portant dans lui-même le germe fatal de mille infirmités, luttant ſans ceſſe contre la faim, la ſoif, la rigueur des ſaiſons, contre la mort même, mais iſolé dans le monde, il ſeroit réduit à lui ſeul ; il ſeroit forcé à des travaux pénibles & continuels, afin de ſe procurer les ſecours néceſſaires à la vie ; obligé d'arroſer la terre de ſes ſueurs, de chercher un aſyle dans les antres pour ſe défendre contre la rigueur des ſaiſons, de combattre les bêtes féroces pour conſerver ſes jours, de leur faire la guerre pour diſputer avec elles les productions de la nature ; & ſuccombant enfin ſous le poids des infirmités, lorſque ſes forces uſées ne lui laiſſeroient plus de reſſource pour conſerver ſes triſtes jours, il ne ſembleroit n'avoir vécu que pour éprouver ſucceſſivement tous les maux de l'humanité, & pour mourir.

Sa condition ſeroit encore plus triſte dans l'ordre moral. Aſſailli par les paſſions, porté au mal, & importuné au-dedans de lui-même par une voix ſecrette qui contredit ſes penchans, tout occupé des beſoins de la vie, diſtrait par ſes travaux, naturellement entraîné dans l'erreur par l'illuſion des ſens & de ſon amour-propre, & ne pouvant conſulter que lui ſeul ; quel progrès pourroit-il faire dans les ſciences qui éclairent l'ame, qui l'élevent, qui l'agrandiſſent, qui lui inſpirent la force & le courage ? Et lorſqu'il ſe demanderoit à lui-même, s'il y a un Être ſuprême ? Quel eſt cet Être, de qui il tient ſon exiſtence ? Quel eſt l'hommage qu'il lui doit ? Ce qu'il ſe doit à lui-même & aux autres ? Que d'incertitudes, que de recherches ! Qu'il ſeroit à craindre que ſes ſens ne l'égaraſſent ; & que méconnoiſſant la dignité de ſa nature, au lieu de conſulter ſa raiſon, il ne prît conſeil que de ſes penchans !

Mais par un deſſein particulier de la Providence, les miſeres & les infirmités même de l'homme en lui faiſant ſentir ſes beſoins, lui en ont indiqué le remede. Obligé à chercher des ſecours auprès de ſes ſemblables, il a trouvé dans la ſociété des reſſources contre ſon indigence, des adouciſſemens dans ſes travaux & dans ſes peines, une force ſupérieure qui lui aſſervit les bêtes les plus féroces, qui plie les métaux & dompte les élémens même pour les faire ſervir à ſon uſage. Des connoiſſances réunies s'eſt formé un foyer de lumiere qui a donné naiſſance aux arts & aux ſciences, & qui en a accéléré les progrès. Il y a trouvé la tradition d'un culte public, & dans cette Religion, il a trouvé une autorité toujours ſubſiſtante pour le diriger, & des Pontifes appliqués à lui montrer ſes devoirs, & à lui faire pratiquer la juſtice, en lui faiſant connoître le Maître de l'univers, qu'il doit adorer.

Par une ſuite néceſſaire des deſſeins de cette même providence, Dieu a établi au milieu de la ſociété une double Puiſſance pour la gouverner, ſoit dans l'ordre civil, ſoit dans l'ordre de la Religion. Puiſſances ſacrées qui émanent immédiatement de la Divinité, & qui ſe rapportent également à ſa gloire & à notre bonheur, & qui jouiſſent chacune dans leurs reſſorts de tous les droits de la ſouveraineté, c'eſt-à-dire, de tous les pouvoirs néceſſaires au gouvernement. Mais quels ſont les principes qui doivent nous éclairer ſur la nature & les droits de cette ſouveraineté, qui forme le lien de la ſociété civile & de la ſociété eccléſiaſtique? Je les réduis à treize que je vais développer dans ce chapitre, & que voici:

1°. La Puiſſance ſouveraine eſt néceſſaire à la ſociété.

2°. La liberté d'une nation ne conſiſte pas dans la faculté de faire tout ce qu'on veut, mais dans une ſubordination qui ôte aux citoyens le pouvoir de nuire, & qui les mette dans la néceſſité de concourir au bien commun.

3°. La Puissance souveraine a été instituée de Dieu même.

4°. Le souverain a été institué pour le bien de la société, & non pas la société pour l'avantage du souverain.

5°. La souveraineté oblige le chef politique à la justice, & le peuple à l'obéissance.

6°. Il n'y a ni souveraineté ni gouvernement sans Religion.

7°. La puissance du souverain & les devoirs des sujets à son égard sont indépendans de ses qualités personnelles.

8°. La puissance du souverain renferme tous les pouvoirs nécessaires au gouvernement d'une société parfaite.

9°. C'est au souverain seul qu'appartient le jugement légal, en dernier ressort.

10°. Personne ne peut réformer le souverain que le souverain lui-même.

11°. Le pouvoir absolu qui constitue le souverain légitime, est différent du pouvoir absolu qu'exerce le despote.

12°. Il ne peut y avoir qu'un seul souverain dans chaque gouvernement parfait.

13°. Le souverain a une égale jurisdiction sur tous les membres de la société, avec le droit de leur commander, & de les punir.

DE L'AUTORITÉ

MAXIME PREMIERE.

La Puissance souveraine est nécessaire à la société (a).

L'Homme vivant en société, doit vivre nécessairement dans la dépendance. Il seroit malheureux, & véritablement esclave, si chacun vouloit y conserver sa liberté & ses droits primitifs, parce que chacun interprete absolu de la loi naturelle, deviendroit l'arbitre de ses devoirs; chacun seroit libre de les violer, parce qu'il n'y auroit point de supérieur capable de le réprimer. Les biens étant en commun, point de possession assurée, parce que tous voudroient posséder. Point de paix, point de sûreté, parce qu'il n'y auroit point de moyens de terminer les contestations, ni de digue à opposer à la violence. Toutes les passions exerceroient leur empire à proportion de leur puissance. Les biens, la liberté, l'honneur & la vie de chaque particulier seroient à la merci de tous. Le fort, en opprimant le foible, deviendroit, à son tour, la proie d'un autre plus fort que lui. La jalousie, la cupidité, l'orgueil, l'ambition, la vengeance armeroient les membres de la société entre eux. Elle se détruiroit enfin elle-même, parce qu'il n'y auroit point de frein capable de contenir les citoyens ; la seule diversité de vues, de goûts, d'intérêts, suffiroit pour semer la discorde parmi eux ; la confusion augmenteroit à proportion de leur nombre ; les forces & les volontés, en se divisant, ne pourroient plus concourir au bien public, parce

___

(a) On parle ici non d'une société momentanée, que pourroient former quelques individus pour l'exécution d'un projet particulier ; mais d'une société stable, & composée d'un assez grand nombre d'individus pour former un peuple.

qu'il n'y auroit point d'autorité capable de les assujettir. Les conventions mêmes ne seroient pas plus efficaces que les loix pour maintenir l'ordre & la justice, sans une force coactive revêtue de l'autorité pour les faire observer (a). Un Lévite insulte publiquement à sa nation & à la Divinité, en instituant un culte idolâtre ; la raison qu'en rend l'Écriture, *c'est qu'en ce tems-là, il n'y avoit point de Roi dans Israël, & que chacun faisoit ce qu'il trouvoit bon* (2).

Il falloit donc que pour former originairement une société, chacun se dépouillât d'une partie de sa liberté entre les mains d'un chef chargé de veiller à l'administration publique, & à la sûreté particuliere, contre l'injustice des concitoyens, & contre l'invasion des étrangers. Il falloit que chacun s'imposât l'obligation d'obéir, qu'il se mit dans l'impuissance de nuire, & dans la nécessité de concourir au bien public : il falloit enfin que chacun se soumit à la puissance d'un souverain, qui ayant en sa main toutes les volontés, & réunissant par-là toutes les forces, se trouvât au-dessus de tous, & fut ainsi en état de réprimer ceux qui attenteroient au repos public. Delà l'institution de la souveraineté. " C'est par la seule autorité du gou-
" vernement, dit Mr. Bossuet, que l'union est établie
" parmi les hommes.... lorsque chacun renonçant à
" sa volonté, la transporte & la réunit à celle du
" prince & du magistrat.... il affermit celle-ci au
" préjudice de la sienne. On y gagne ; car on trouve
" dans la personne de ce suprême magistrat, plus de
" force qu'on en a quitté pour l'autorité ; puisqu'on y
" trouve toute la force de la nation entière (b)".

Les mêmes raisons démontrent la nécessité d'une Puissance souveraine dans l'ordre de la Religion ; parce que l'Eglise étant une société visible, qui a ses constitutions particulieres, ses ministres, son ensei-

---

(*a*) V. Puffend. *de Jure Natur. & Gent.* L. 7, c. 1, & 2.
(*b*) Boss. Polit. Part. 1, liv. 1, art. 3.

gnement, elle se diſſoudroit d'elle-même, ſi elle n'étoit point unie extérieurement par les liens de la ſubordination, à une Puiſſance qui en regle le gouvernement.

MAXIME II.

La liberté d'une nation ne conſiſte point dans la faculté de faire tout ce qu'on veut, mais dans une ſubordination qui ôte aux citoyens le pouvoir de nuire, & qui les mette dans la néceſſité de concourir au bien commun.

Cette propoſition n'eſt qu'une conſéquence de la maxime précédente. Car il n'y a de vraie liberté que celle qui eſt conforme avec ce qu'on doit à Dieu, à la juſtice, à l'ordre public & à ſoi-même. Or rien ne ſeroit plus contraire à ces différens devoirs que la liberté de faire ce que l'on voudroit.

Cette liberté ſeroit contraire à ce que nous devons à Dieu qui exige le ſacrifice de nos penchans & de notre volonté, & dont la loi eſt notre ſageſſe & notre lumiere. Elle ſeroit contraire à ce que nous devons à la juſtice, puis qu'en ſuivant l'impulſion des paſſions, nous bleſſerions les droits d'autrui, toutes les fois qu'ils formeroient un obſtacle à notre volonté. La cupidité envahiroit les biens; l'ambition & l'orgueil attenteroient à ſa liberté. Elle ſeroit contraire à l'ordre public, parce qu'en briſant les liens de la ſubordination, elle feroit diſparoître l'autorité ſouveraine, &, avec elle, tous les moyens de pourvoir à la ſûreté publique, & au bien de chaque particulier : enfin cette liberté ſeroit contraire à ce que nous nous devons à nous-mêmes, puiſque la vertu & la félicité ne ſe trouvent que dans l'affujettiffement à la loi. En détruifant l'autorité qui eſt fondée fur les devoirs de la fubordination & de l'obéiſſance, nous ne ferions plus gouvernés par la loi, qui ne peut gouverner elle-même que par l'autorité ; & alors nous ferions replongés dans tous les malheurs de l'anarchie, & néceſſairement dominés par la force.

La vraie liberté tient donc un jufte milieu entre l'indépendance qui ne connoît point de frein, & la condition de l'efclave qui ne connoît que la feule volonté du defpote. C'eſt établir cette liberté, c'eſt la conferver, que de prefcrire aux citoyens, des regles de conduite pour affurer leur repos & leur liberté même : c'eſt ce que font les loix eccléfiaſtiques & les loix civiles dans l'ordre de la Religion, & dans l'ordre politique. *Obéir aux loix*, dit un Politique de nos jours, *ce n'eſt pas être efclave des loix, c'eſt être affranchi des paſſions (a).*

Delà cette autre conféquence, que le peuple le plus libre n'eſt pas celui dont le gouvernement gêne moins la volonté des citoyens ; mais celui dont la conſtitution eſt la plus propre à affurer le bonheur public, en faifant règner l'ordre & la juſtice parmi les fujets, en leur laiſſant d'ailleurs toute liberté qui ne bleſſe point cette ordre.

Aucune loi qui gêne plus nos penchants que la loi de J. C. ; mais, par là-même, il n'en eſt aucune qui nous rende plus véritablement libres, en nous affranchiſſant de l'empire des paſſions, qui eſt la plus cruelle de toutes les fervitudes.

(*a*) M. de Réal. Science du gouvernement. Tom. 1, Part. 1, ch. 2, fect. 4, n. 25, p. 348 ; & n. 23, p. 342.

MAXIME III.

La Puissance souveraine a été établie par Dieu même.

Dieu étant infiniment sage & infiniment juste, a voulu que les hommes vivant en société, vécussent selon la justice, & qu'ils fussent liés entre eux par une correspondance réciproque de secours, qui assurât le salut de tous. Or cet ordre ne peut subsister sans l'institution souveraine. Si cette institution ne vient point d'un ordre exprès de la part de Dieu, elle a du moins sa source dans le dessein général de sa providence qui, veillant aux besoins de l'homme, devoit établir dans l'ordre moral, comme dans l'ordre physique, des loix & une puissance nécessaire pour les conserver (*a*). La

---

(*a*) *Ut imperium effectu suo potiatur, requiri tum vires naturales queis subjectus, si forte quod injungitur detrahere præsumpserit, repræsentato aliquo malo, possit cogi : tum titulum, ex quo jure, aliis præstandum quid, aut omittendum queat injungi; cui in istis respondet obligatio ejusdem jussis obsequendi. Horum utrumque proximè ex pactis per quæ civitas coalescit, promanat.... Sed ut peculiarem efficaciam & sanctimoniam nanciscatur imperium, aliud principium, præter submissionem subjectorum, accedere oportet.... Extra dubium est sanam rationem satis dictasse, post multiplicatum genus humanum, decus, pacem atque incolumitatem ejusdem subsistere non potuisse, nisi constitutis civitatibus, quæ sine summo imperio intelligi nequeunt. Quo ipsæ etiam civitates & summum imperium à Deo, tanquam legis naturalis auctore, profecta censentur. Nam non ea tantùm à Deo sunt quæ ipse immediatè & citra ullum factum humanum interveniens, instituit : sed & quæ homines, ductu sanæ rationis, pro conditione temporum atque locorum, recepere ad implendam obligationem sibi à Deo injunctam... Ergo ut civitas sit civitas, finem que suum consequatur, institutus à Deo, à lege naturæ, ordo imperandi & parendi, in quo ex ipsa Dei voluntate & naturalis rationis dictamine*

foi nous apprend que *toute puissance vient de Dieu* (3); *que les Rois ne regnent que par lui* (4); *qu'ils sont les ministres de Dieu pour la punition des méchants* (5), *que nous devons leur être soumis, non par la crainte du châtiment, mais par un devoir de conscience* (a); *& que nous devons obéir aux Pontifes qu'il a préposés sur son Église* (6).

„ La nécessité d'un gouvernement sur les hommes,
„ que leur nature rend tous égaux, dit Domat, &
„ qui ne sont distingués les uns des autres, que par les
„ différences que Dieu met entre eux, par leurs condi-
„ tions & leurs professions, fait voir que c'est de son or-
„ dre que dépend le gouvernement; & que, comme il
„ n'y a que lui qui soit le Souverain naturel des hommes,
„ c'est aussi de lui que tiennent leur puissance & toute
„ leur autorité tous ceux qui gouvernent : & c'est Dieu
„ même qu'ils représentent dans leurs fonctions (*b*)„.

Ce ne seroit donc pas attribuer à l'autorité souveraine des princes une origine assez noble, ni lui donner des fondemens assez solides que de ne pas la faire remonter au-delà du contract social (*c*). Il est vrai que les besoins de l'humanité, ont déterminé les peuples à se réunir sous différentes formes de gouvernement; mais il n'est pas moins vrai que l'autorité des chefs qui gouvernent a sa source dans l'ordre de la Providence, & que la puissance qu'ils exercent, émane de celle de Dieu même. Dans l'ordre de la Religion, ce n'est plus en vertu des loix générales d'une providence qui veille à la conservation du genre-humain, mais c'est en vertu d'une mission expresse, que les pasteurs exer-

---

aliquid summum sit, ac à nemine dependens, neminis arbitrio subjectum, Deo uni ut subditum, ita secundum & vicarium, quæ est summa potestas civilis. Id tamen meri esse facti humani, an summam illam potestatem velint uni committere an pluribus, & quibus seorsim modis statum Reipublicæ describere instituant. Puff. de Jure Nat. & Gent. L. 7, c. 3, n. 1, & 2.
(*a*) V. la note ci-devant.
(*b*) Domat, Droit public. L. 1, tit. 1, sect. 1, n. 6.
(*c*) V. ci-après part. 2, ch. 4, §. 3.

cent leur autorité. Si le peuple a eu quelquefois part à leur élection, ce n'a jamais été du peuple qu'ils ont reçu leur puissance, ni en son nom, mais au nom de J. C., le premier & l'unique Pasteur, par nature, qu'ils l'ont exercée.

MAXIME IV.

Le souverain a été institué pour le bien de la société, & non pas la société pour l'avantage du souverain.

Nous venons de dire que la souveraine Puissance vient de Dieu, que la raison de son institution est fondée sur les besoins de la société; que le choix de la forme & des chefs politiques vient du peuple. Or ces trois considérations prouvent la fin pour laquelle la souveraine Puissance a été instituée.

1°. Il seroit contre la sagesse & la bonté de Dieu, que toute une nation se rapportât à l'avantage d'un seul ou d'un corps particulier; il le seroit que Dieu n'eut réuni tout un peuple, que comme une multitude d'esclaves, pour servir les maîtres qui leur commandent. Une telle fin répugneroit certainement, & à l'ordre de sa providence, & à la dignité de l'homme. La république n'est point à vous, disoit Séneque à Néron : c'est vous qui êtes à la république. *Adverte rempublicam non esse tuam, sed te reipublicæ.*

2°. L'institution de la souveraineté n'ayant pour objet que les besoins de la société, elle ne peut avoir aussi d'autre fin que le bonheur des peuples qui la composent; or le souverain ne peut avoir, en cette qualité, une autre fin que celle de la souveraineté même.

3°. Les peuples, en choisissant des chefs, & une certaine forme de gouvernement, n'ont eu que le bien public pour objet. En se donnant des maîtres, ils n'ont pas voulu se mettre au rang des esclaves ; en leur confiant le pouvoir suprême sur leur fortune, leur honneur, leur repos, & leur vie, ils n'ont pas prétendu l'abandonner à leurs caprices, mais se mettre sous leur protection ; ils ne se sont dépouillés d'une partie de leur liberté, que pour assurer leur bonheur. « Il est évident, » dit Wolf, que les hommes ne forment une société po- » litique, & ne se soumettent à ses loix, que pour leur » propre avantage & pour leur salut. L'autorité souve- » raine n'est donc établie que pour le bien commun » de tous les citoyens : & il seroit absurde de penser » qu'elle pût changer de nature, en passant dans les » mains d'un sénat ou d'un monarque (*a*) ». Or, ce que nous disons des princes temporels, doit s'appliquer à plus forte raison à ceux qui exercent la puissance spirituelle, & qui sont obligés s'il le faut, de donner leur vie pour leurs brebis (*b*).

Les peuples ne sont donc point entre les mains de l'une ni de l'autre Puissance, comme un bien qui leur appartient, & dont elles puissent disposer à leur gré, mais comme un dépôt sacré que Dieu leur a confié, & dont il leur demandera compte. L'Écriture donne à ceux qui gouvernent le nom de *Pasteurs*, pour leur faire sentir qu'ils en doivent remplir les fonctions. Les Payens mêmes ont donné ce nom à leurs princes. On peut en voir des exemples dans Homere. Leur pouvoir même ne les rend véritablement grands, qu'autant qu'ils deviennent, par la justice & la bienfaisance, les images de celui dont ils sont les ministres & les serviteurs mêmes ; car Dieu n'a pas dédaigné d'en prendre le titre, je dis les serviteurs de ceux dont ils sont les maîtres. Commander à ses semblables pour les asservir, c'est le fort des tyrans : leur commander pour les rendre

---

(*a*) Wolf. Du droit des gens. Tom. 1, l. 1, ch. 4, §. 39.
(*b*) *Bonus Pastor animam suam dat pro ovibus suis.* Joan. XI. 11.

heureux, c'est le privilege de ceux qui repréfentent la Divinité (7). Dieu feul regne dans le ciel; il vous a confié les royaumes de la terre, difoit S. Grégoire de Nazianze aux Empereurs; foyez donc comme des Dieux à l'égard de vos fujets. *Supera folius Dei funt, infera autem veftra : fubditis veftris Deos vos præbete (a).*

Le conquérant même, en devenant le maître des peuples qu'il fubjugue, contracte à leur égard les obligations des monarques. Il ne dépend ni de lui ni des nations vaincues d'y déroger, parce que, comme je l'ai déja dit, il n'eft pas au pouvoir des hommes d'établir un genre de gouvernement qui répugne au deffein de la Providence, & à l'ordre de la juftice, c'eft-à-dire, à cette inftitution primordiale, en vertu de laquelle, & felon laquelle feule, il eft permis aux princes de régner.

MAXIME V.

La fouveraineté oblige le chef politique à la juftice, & le peuple à l'obéiffance.

LA fouveraineté oblige le chef politique à la juftice. J'entends ici par juftice non pas précifément cette vertu particuliere qui fait rendre à chacun ce qui lui appartient, mais celle qui confifte à conferver l'ordre dans l'adminiftration publique, & qu'on appelle juftice diftributive.

Le chef politique eft redevable de cette vertu à la Divinité, qui, comme nous l'avons déja dit, ne l'a placé au-deffus des autres hommes, que pour être à leur égard l'inftrument de fa providence. Il en eft redevable à fon peuple, qui, dans l'origine, n'a choifi fes chefs que
pour

―――――――――――

(*a*) Greg. Naz. orat. 27, p. 471.

pour en être protégé (*a*). Il en eſt encore redevable à
lui-même : ſa puiſſance eſt fondée ſur la ſoumiſſion des ſujets. Jamais il ne trouvera plus de ſoumiſſion dans
eux, que lorſque l'amour ſe réunira au devoir, pour
rendre l'obéiſſance plus prompte & plus entiere. Or on
ne peut faire aimer le commandement que par la juſtice & la bienfaiſance qui font ſentir aux peuples que le
commandement ne tend qu'à leur bonheur. Que le ſouverain ſe ſerve au contraire du glaive pour opprimer,
l'injuſtice briſant le lien de l'amour, ne laiſſera plus
à l'obéiſſance que le motif du devoir & de la crainte,
&, en rendant le gouvernement odieux, il jettera dans
les cœurs des ſemences de révolte.

La ſouveraineté oblige les peuples à l'obéiſſance.
Mais, ſi la ſouveraine Puiſſance eſt ſacrée pour le
prince, elle ne l'eſt pas moins pour les ſujets. 1°. Le
même Maître qui l'a établie au-deſſus d'eux, leur a fait un
devoir de l'obéiſſance. J. C. en a fait un commandement exprès. L'Eſprit-Saint étend cette obligation à
l'égard de tous ceux qui partagent l'autorité, parce
que leur puiſſance dérive de la même ſource. *Subditi
eſtote omni humanæ creaturæ propter Deum, ſive Regi....
ſive Ducibus* (*b*).

2°. La même loi qui lie le ſouverain à ſes ſujets,
lie les ſujets envers leur ſouverain ; le droit du commandement emporte le devoir de la ſoumiſſion ; & comme
le premier, en prenant les rênes du gouvernement,
a contracté l'obligation de veiller à leur ſalut, de même
ceux-ci, en vivant ſous ſa protection, ſont obligés de
lui obéir (*c*).

3°. L'intérêt des peuples qui a établi la ſouveraineté, rend la ſubordination indiſpenſable. Le prince

___
(*a*) Voyez la maxime précédente.
(*b*) I. *Pet.* II. 13, 14. *Eph.* VI. 5, 6, 7.
(*c*) " Ceux qui ſont revêtus de l'autorité ſouveraine, s'enga-
" gent à veiller avec ſoin à l'utilité commune ; & les autres,
" en même-tems, lui promettent une fidelle obéiſſance. " Puff.
Devoirs de l'homme & du citoyen, trad. de Barbeyrac, l. 2,
ch. 6, §. 9.

n'aura plus le pouvoir de veiller à la sûreté publique, de réprimer les méchans, de rétablir l'ordre, de terminer les contestations des citoyens, de repousser les ennemis de l'état, s'il ne peut se faire obéir, puisque sa puissance ne consiste que dans le droit de faire concourir tous les membres d'un état à l'exécution de sa volonté. » Ainsi du moment qu'on entre dans une société, » on se dépouille de sa liberté naturelle, & on se soumet à » une autorité souveraine ou à un gouvernement qui » renferme le droit de vie & de mort sur les sujets, & » qui les oblige à faire bien des choses pour lesquel- » les ils ont de la répugnance, ou à ne pas faire ce » qu'ils souhaiteroient. » Ce sont les termes d'un savant politique (*a*).

» *Que l'autorité cesse*, dit Bossuet, *tout sera en confu-* » *sion, comme l'univers entier tomberoit à chaque instant* » *dans le néant, si la Puissance divine cessoit de le* » *soutenir.* Que la puissance soit affoiblie, ajoute le » Parlement de Paris, en citant ce texte, les forces » de l'état seront partagées, & le royaume intérieu- » rement agité, se détruira par lui-même.... Quels » hommages n'exige donc pas des peuples une autorité » qu'ils doivent regarder comme sacrée ! *Leur obéissance,* » suivant l'expression d'un de nos grands hommes, (le » même Bossuet) *est une espece de Religion due à la Ma-* » *jesté suprême.* C'est par cette obéissance que les sujets » deviennent membres vivans de l'état, que chacun » d'eux, recevant du chef, & communiquant aux au- » tres membres, des mouvemens dirigés par la sagesse » au bien général, devient lui-même le principe de la » conservation du chef, des autres membres & du » corps entier. Rompre cette heureuse correspon- » dance, c'est cesser d'être membre de l'état, ou plu- » tôt, s'en déclarer l'ennemi (*b*). » Ainsi parloit le Parlement de Paris, en 1753. On ne peut qu'applaudir à

(*a*) Puffend. Devoirs de l'homme & du citoyen, trad. de Barbeyrac. liv. 2, ch. 5, §. 4.
(*b*) Remontr. du Parlem. de Paris, du 9 Avril 1753, in-12; p. 5 & 6.

des maximes si lumineuses. Nous aurons souvent occasion de citer Bossuet dans le cours de cet ouvrage, & on n'oubliera pas que cet illustre Prélat est une autorité respectable pour la nation.

Les mêmes principes ont leur application au gouvernement ecclésiastique. Si J. C. a ordonné aux peuples d'écouter leurs pasteurs comme lui-même; il a aussi ordonné aux pasteurs d'avoir pour les peuples la sollicitude, & la charité dont il leur a donné le premier l'exemple, en versant son sang pour le salut de tous.

MAXIME VI.

Il n'y a ni souveraineté ni gouvernement sans Religion.

LA souveraineté & le gouvernement sont fondés sur les devoirs de l'obéissance, puisqu'ils ne peuvent exister sans elle. Or, il n'y a point de devoir d'obéissance où il n'y a point de loi, & il n'y a point de loi où il n'y a point de Religion, c'est-à-dire point de culte à l'égard d'un Être suprême qui veille sur le bien de l'humanité, & qui nous commande de respecter l'ordre public. Car l'obligation d'obéir aux loix civiles & à la volonté du prince, suppose cette loi primordiale d'ordre & de justice qui fait partie du culte que nous devons à la Divinité : hors de là, il n'y a plus que l'intérêt personnel qui serve de regle; il n'y a plus que la force qui domine : mais, ni l'intérêt ni la force n'établissent point le droit ni la justice. Le plus puissant même de tous les intérêts cesse, puisqu'il n'y a plus ni peine ni récompense après la mort. Et dès-lors, si un souverain se croit assez affermi sur le trône pour ne rien craindre; s'il trouve qu'il est plus conforme à son bonheur actuel de sacrifier le salut & le repos des sujets à son ambition & à ses caprices, il en deviendra le tyran ; point de loi qui le condamne, aucune qui le ramene à son devoir. Dès-lors si un sujet espere de s'assurer l'impunité à force de crimes, & de parvenir à un état de félicité qu'on appelle *fortune*, le voilà disposé à la trahison, à la révolte, à tous les forfaits ; plus de frein qui le retienne. Enfin, dès-lors plus de gouvernement légitime, parce qu'il n'y a plus de loi qui lie les consciences, & qui cimente le trône des Rois, par cette heureuse correspondance de justice & d'obéissance, de sollicitude & de respect, que la Religion a établie entre le monarque & les sujets.

Les Payens ont senti cette vérité (8). Quoique les ténebres de la superstition eussent obscurci les notions qu'ils avoient d'un premier Être ; ils reconnoissoient des Dieux qui veilloient sur le gouvernement des peuples, qui prescrivoient la justice aux Rois, la soumission aux sujets, qui punissoient le crime, & qui récompensoient la vertu. Ils regardoient l'honneur rendu à la Divinité comme la premiere loi. Leurs législateurs feignoient d'avoir reçu d'elle les loix qu'ils proposoient, parce qu'ils sentoient que ce n'étoit pas leur donner assez de consistance, que de ne pas les faire remonter au-delà de la volonté des hommes.

Cependant leur Religion informe ne répandoit encore que de foibles lueurs sur les maximes du gouvernement. Il n'y avoit que la Religion véritable qui put éclairer pleinement les hommes. Ce n'est que dans le sein du Christianisme que le souverain & le peuple puisent aujourd'hui ces vérités saintes qui assurent la puissance de l'un & le salut de l'autre, en apprenant aux Rois à aimer leurs sujets, & à leur commander comme à leurs enfans ; & aux sujets, à leur obéir comme aux ministres de la Divinité, & aux peres de la patrie.

Mais comme la Religion chrétienne ne porte des fruits de vie que dans l'Église romaine, ce n'est aussi que dans cette Église que les liens qu'elle a formés, conservent toute leur force. Qu'on s'éloigne de ce point central, la puissance du gouvernement s'affoiblira à proportion. Les hérétiques en s'élevant contre *les* maîtres que Dieu leur a donnés dans la foi, apprendront à défobéir à ceux qu'il a prépofés à la fociété civile (*a*). Le Déifte, en abandonnant la Révélation, s'accoutumera à raifonner fur-tout, à douter de tout, même des maximes qui forment la bafe du gouvernement, parce que l'efprit humain ne fera plus étayé par l'autorité. Enfin l'Athée qui ne connoît plus de Dieu, ne connoîtra plus auffi de loi ni de maître. Prefque point d'impie qui, en attaquant la Divinité, comme un être fantaftique, que la fuperftition a formé, ne repréfente les Rois comme des idoles, que la fervitude & l'adulation ont placées fur le trône. Nous en avons un exemple frappant dans un Écrivain de nos jours (9).

En un mot, il n'y a point de fociété, s'il n'y a point de puiffance légitime qui ait le droit de commandement. Il n'y a point de puiffance légitime, s'il n'y a point de loi antérieure aux loix humaines, qui nous oblige d'obéir au fouverain. Or, quelle eft cette loi ? Elle ne peut être que la raifon éternelle qui eft Dieu, & dans laquelle font renfermé tous les principes d'ordre & de juftice. Loi qui fuppofe l'hommage que nous devons à la Divinité, & par conféquent un culte, une Religion, un miniftere public pour l'enfeigner & la faire pratiquer ; par conféquent, auffi une autorité vivante & infaillible pour en régler le culte, pour en perpétuer les dogmes, pour éclairer la foi des peuples, & pour les diriger dans la pratique de leurs devoirs.

(*a*) On développera cette vérité à la 4me. partie, ch. 1, §. 1.

MAXIME VII.

La puissance du souverain, & l'obligation des sujets à son égard, sont indépendantes de ses qualités personnelles.

L'Autorité doit être stable, marquée à des signes manifestes, & indépendante de l'opinion des hommes, afin de diriger sûrement l'obéissance des sujets, & d'être au-dessus des prétextes qu'on ne manqueroit pas d'alléguer pour secouer le joug de la subordination, & pour tenter la fidélité des peuples. Or, rien de plus inconstant, rien de plus incertain, rien de plus exposé à la prévention des hommes, que l'autorité, si elle étoit dépendante des qualités personnelles du souverain, sur-tout, si on la faisoit dépendre des vertus qu'on peut perdre & recouvrer successivement, sur lesquelles on peut toujours élever des doutes, contre lesquelles les esprits inquiets ne manqueroient pas de trouver au moins des prétextes, & dont il seroit impossible de déterminer la mesure. Ce principe, d'ailleurs si évident, est constaté par la pratique de tous les siecles & de tous les peuples. Jamais, dans les contestations qui s'élevent entre les particuliers, on ne s'est avisé de faire dépendre le droit des citoyens de la discussion de leurs qualités personnelles : on sent que ce seroit précipiter la société entiere dans la confusion de l'arbitraire. Que seroit-ce, s'il s'agissoit de l'autorité du gouvernement qui embrasse tout l'ordre public ? C'est donc le commandement de Dieu, & non les vertus de l'homme, qu'on doit considérer dans les Rois & dans les Pontifes. J. C. ordonne aux Juifs de faire ce que leur disent les Scribes & les Pharisiens, parce qu'ils sont assis sur la chair de Moïse, mais sans imiter leurs œuvres (*a*). Dieu or-

---

(*a*) *Matth.* XXIII, 2, 3.

donne aux enfans de Juda de se soumettre à Nabuchodonosor, & c'étoit un prince payen & superbe. Les Prophetes qui vivoient sous des Rois impies & méchants, n'ont jamais manqué à l'obéissance & au respect envers eux, pas même lorsqu'ils les ont repris de leurs désordres. J. C. nous apprend, que le pouvoir de vie & de mort qu'exerçoit Pilate, lui avoit été donné du ciel. S. Paul recommandoit d'obéir aux Puissances, parce qu'elles venoient de Dieu (*a*). Cependant c'étoit Néron, c'est-à-dire le plus méchant de tous les hommes, qui étoit alors sur le trône (*b*). Cet Apôtre l'excuse d'avoir manqué de respect au Grand-Prêtre, sur ce qu'il ne le connoissoit pas; car il est écrit dit-il: *Tu ne maudiras pas le prince de ton peuple* (*c*). S. Pierre veut qu'on obéisse aux maîtres même durs & fâcheux: *Etiam dyscolis* (*d*). Les premiers chrétiens obéissoient aux Empereurs payens qui les persécutoient (10); & l'Église a frappé d'anathême ceux qui enseignoient qu'on perdoit le droit de commander, en perdant la grace habituelle (*e*).

„ Vous m'objectez, disoit un Docteur de l'Église, au Donatiste Pétilien, parlant de cette espece de sainteté qui caractérise l'autorité des Rois, „ vous m'ob-
„ jectez que celui qui n'est pas innocent, ne peut
„ avoir la sainteté. Je vous le demande si Saül n'avoit
„ pas la sainteté de son sacrement & l'onction royale, qui
„ inspiroit de la vénération à David à son égard ? Car
„ c'est à cause de cette onction sainte & sacrée qu'il l'a
„ honoré durant sa vie, & qu'il a vengé sa mort. Son
„ cœur se troubla quand il coupa la robe de ce Roi
„ injuste. Vous voyez donc que Saül, qui n'avoit pas

───────────────

(*a*) *Rom.* XIII, 1, 2, 3.
(*b*) L'Épitre aux Romains fut écrite suivant la commune opinion, la 58me. année de J. C., & par conséquent sous Néron.
(*c*) *Nesciebam fratres quia princeps est sacerdotum. Scriptum est enim: Principem populi tui non maledicas.* Act. XXIII, 5.
(*d*) *I. Petr.* II, 18.
(*e*) Wiclef, prop. 17. Jean Hus, prop. 19.

„ l'innocence, ne laiſſoit pas d'avoir la ſainteté, non
„ la ſainteté de la vie, mais la ſainteté du ſacrement
„ divin qui eſt ſaint, même dans les hommes mé-
„ chants (*a*). „

MAXIME VIII.

La puiſſance du ſouverain renferme tous les pouvoirs néceſſaires au gouvernement d'une ſociété parfaite.

LEs beſoins de la ſociété qui rendent la ſouveraineté néceſſaire, exigent que les ſouverains ſoient munis de tous les pouvoirs indiſpenſables pour le gouvernement. Les mêmes raiſons de Providence, qui fondent l'autorité des ſouverains, établiſſent donc auſſi ces pouvoirs, ſoit dans l'ordre civil, ſoit dans l'ordre eccléſiaſtique. Il eſt de la ſageſſe de Dieu de proportionner l'étendue de leur puiſſance à l'objet de leur inſtitution. Il ne peut vouloir la fin ſans procurer les moyens. „ Tous les pouvoirs néceſſaires pour main-
„ tenir l'ordre de la ſociété & l'harmonie des diverſes
„ parties du corps politique, ſont dans la main du ſou-
„ verain, dit M. de Réal, & doivent néceſſairement
„ y être (*b*). „

Par la même raiſon ces pouvoirs ſont inſéparables de la ſouveraineté, puiſqu'ils ſont de ſon eſſence, qu'ils ſont fondés ſur le droit naturel & divin ; car, quoique la ſouveraineté puiſſe être modifiée dans ce qu'elle a d'accidentel, par rapport à la forme du gouvernement ; quoiqu'elle puiſſe paſſer ſucceſſivement dans la perſonne de pluſieurs ou d'un ſeul, à moins que la

---

(*a*) *Aug*. l. 2, *contra Petilian*. p. 148.
(*b*) Science du gouv. tom. 4, ch. 2, ſect. 1, n. 9.

forme n'en foit déterminée par la révélation, comme dans le gouvernement eccléfiaftique, elle ne peut exifter nulle part qu'avec fes attributs effenciels : le monarque ne peut s'en départir, fans renoncer à fa qualité de fouverain, & l'Églife ne le peut point du tout, parce qu'elle ne peut changer l'ordre que J. C. a établi. Le peuple ne s'auroit s'arroger les droits du prince fans ufurper une portion de la fouveraineté, ni les fimples fideles exercer les fonctions de l'épifcopat, fans renverfer le gouvernement eccléfiaftique.

MAXIME IX.

C'eft au fouverain feul qu'appartient le jugement légal en dernier reffort.

J'Appelle *jugement légal* celui qui, étant émané de l'autorité, a droit fur notre obéiffance, & je le diftingue en cela du jugement doctrinal, qui n'eft qu'une fimple décifion de la part de ceux qui n'ont aucun caractere pour commander.

Or, il eft évident que ce n'eft qu'au fouverain, en qui réfide l'autorité, & à qui nous devons l'obéiffance, qu'appartient un pareil jugement ; car un tel jugement renferme en même-tems une décifion & un commandement, &, par là-même, il exige notre foumiffion, indépendamment de la confiance que nous avons dans l'équité & dans les lumieres de ceux qui commandent. *Ce n'eft pas la fcience qui décide*, dit l'Hiftorien du Droit canonique : *c'eft l'autorité & la jurifdiction. La fcience dirige & conduit ; mais l'autorité tranche* (a). Maxime importante, que nous aurons plus d'une fois occafion de rappeller.

___

(a) Hift. du Droit can. in-4to. ch. 37, p. 192.

J'ajoute que le souverain a seul le dernier ressort, c'est-à-dire, le droit de statuer, par un jugement suprême & sans appel, sur tout ce qui regarde l'administration publique, & de réformer ceux qui exercent une portion de sa puissance. Le seul exposé de la proposition en démontre la vérité. Car le dernier ressort doit nécessairement résider quelque part dans le gouvernement, autrement il n'y auroit jamais rien de fixe. Or le dernier ressort est incompatible avec la qualité de sujet qui est subordonné : il ne peut donc résider que dans le prince qui a seul le droit de commander à tous. M. de Réal définit la souveraineté temporelle, " un droit absolu de gouverner selon ses lumieres, une " société civile, de telle maniere que ce qu'on ordonne " & ce qu'on entreprend, n'ait besoin de l'approbation " de personne, & ne puisse être corrigé, cassé, an- " nullé, ni même contredit par aucune puissance su- " périeure ou égale dans l'état (*a*) ". M. Le Bret enseigne que " comme il n'y a que Dieu qui puisse réparer " les manquemens & remédier aux désordres qui arri- " vent dans les causes secondes, dont il se sert pour " le gouvernement de cet univers ; il n'y a aussi que le " Roi qui représente en terre, cette majesté divine, " qui ait le droit de corriger les fautes des officiers " & des magistrats qu'il a commis à sa place : ce droit " souverain, ajoute-t-il, étoit appellé par les anciens " *extremum judicium* ou dernier ressort (*b*). "

J. C. exprime en deux mots les pouvoirs de l'Eglise pour statuer sur les matieres de Religion, en nous disant que *celui qui n'écoute point l'Église, doit être regardé comme un payen & un publicain* (*c*).

───────────────

(*a*) Science du gouv. tom. 4, ch. 2, sect. 1, n. 1, p. 104.
(*b*) Le Bret de la souveraineté, l. 4, ch. 2.
(*c*) *Matth.* XVIII, 17.

MAXIME X.

Personne sur la terre ne peut réformer le souverain que le souverain lui-même.

CEtte vérité est démontrée par la maxime précédente ; car le souverain, soit dans l'ordre civil, soit dans l'ordre ecclésiastique, ne peut être réformé que par une autorité supérieure à la sienne, ou par lui-même. Or, il n'y a point d'autorité supérieure à la sienne, puisqu'il a le dernier ressort, & que dans les différentes parties de l'administration publique, les jugemens de ses officiers sont subordonnés à son jugement & à sa volonté. Il n'y a donc que lui seul qui puisse réformer sa propre administration. Il impliqueroit contradiction, que le souverain, qui a le droit de commandement, fut soumis à ses sujets qui doivent obéir. Le droit de commandement & le devoir de la subordination sont incompatibles.

„ Il faut tenir pour maxime, dit le Bret, que bien
„ que le prince souverain outre-passe la juste me-
„ sure de sa puissance, il n'est pas permis pour cela de
„ lui résister. C'est le conseil que donne S. Pierre.
„ *Regem honorificate. Servi subditi estote in omni timore*
„ *Dominis, non tantum bonis & modestis, sed etiam*
„ *dyscolis. Hæc est enim gratia, si propter Dei cons-*
„ *cientiam sustinet quis tristitias, patiens injustè* (a).
„ En effet, si la résistance est permise à l'égard du
„ prince, elle doit l'être à l'égard du magistrat, à

_____

(a) „ Honorez le Roi. Serviteurs soyez soumis à vos maî-
„ tres avec toute sorte de respect, non-seulement à ceux qui
„ sont bons & doux, mais encore à ceux qui sont durs & fâ-
„ cheux. Car ce qui est agréable à Dieu, est que dans la vue de
„ lui plaire, nous endurions les maux qu'on nous fait souffrir
„ injustement „. *I. Petr.* II, 17, 18, 19.

„ l'égard du particulier. D'où vient que Tertulien di-
„ foit en fon Apologie : *Unde Caffii, Nigri & Albini ?*
„ *Undè qui inter duas lauros obfident Cæfarem &c ?*...
„ *De Romanis, ni fallor, non de Chriftianis* (*a*).

„ Plufieurs difent que pour le regard de fimples fu-
„ jets, il ne leur eft pas permis de faire aucune ré-
„ fiftance aux volontés de leurs princes, bien qu'ils
„ exercent toutes fortes de violences en leurs gou-
„ vernemens ; mais quant aux principaux officiers &
„ magiftrats, qu'ils peuvent légitimement s'oppofer aux
„ commandemens du Roi, lorfqu'ils les reconnoiffent
„ injuftes : ce qui eft entiérement abfurde. Car tous
„ les officiers, bien qu'ils foient relevés en dignité,
„ ne tiennent leur puiffance que du Roi, & font
„ auffi-bien fes naturels fujets, que tous les autres
„ du peuple ; S. Paul ayant dit en termes généraux :
„ *Omnis anima fublimioribus poteftatibus fubdita fit.*
„ Davantage, ce feroit renverfer tout l'ordre de la
„ monarchie, s'il étoit permis aux officiers de réfifter
„ aux ordonnances du prince, de fe rendre fes égaux,
„ voire même, fes fupérieurs. Ce feroit aller contre
„ le précepte de l'Apôtre, qui nous enjoint expreffé-
„ ment d'obéir au prince, *tanquam præcellenti*, c'eft-
„ à-dire fans aucune exception, fi ce n'eft pour les
„ chofes qui contreviennent directement au comman-
„ dement de Dieu. Toutefois les princes ne doivent
„ abufer de leur autorité (*b*)."

„ Sans la puiffance abfolue, dit Boffuet, le prince
„ ne peut ni faire le bien ni réprimer le mal. Il faut
„ que fa puiffance foit telle que perfonne ne puiffe ef-
„ pérer de lui échapper. D'où cet Auteur conclud,
„ que le prince peut bien fe redreffer lui-même ;
„ mais que, contre fon autorité, il ne peut y avoir de
„ remede que fon autorité même (*c*)."

(*a*) „ Qui a donné naiffance aux factions de Caffius, de Ni-
„ ger & d'Albinus ?... Qui eft-ce qui affiege Céfar entre les deux
„ lauriers ? Sont-ce des Chrétiens ? non, mais des Romains ".

(*b*) Le Bret de la fouveraineté, l. 4, ch. 3.

(*c*) Polit. l. 4, art. 1, prop. 1.

Si le souverain abuse, il nuit, il est vrai, à la société; mais d'un autre côté, s'il est permis aux inférieurs de réformer les supérieurs, il n'y a plus de subordination. Les officiers qui entreprendront de juger leurs maîtres, feront réformés à leur tour par les particuliers, qui prétendront, avec raison, avoir le même droit sur eux. Par conséquent plus d'autorité, plus de gouvernement.

Il faut donc opter, entre les désordres de l'Anarchie, & la tolérance des abus du pouvoir suprême. Dans le premier cas je vois tous les maux réunis sur la tête des peuples, par la ruine de l'autorité. Ces maux font permanens, parce que l'Anarchie qui les produit, forme un état stable : ils sont sans remede, parce que l'autorité, qui pourroit seule y remédier, est détruite. Les abus au contraire du gouvernement n'infectent qu'une partie de l'administration; l'ordre regne dans le reste. Ils ne sont qu'accidentels, provenants non de la constitution de l'état, mais des dispositions particulieres du prince qui peut changer, & qui doit un jour cesser de vivre. Ils ont un remede, sinon toujours efficace, du moins toujours puissant, dans la loi de Dieu qui est au-dessus du prince; dans la voix de sa conscience, qui lui reproche ses vexations, qui le rappelle sans cesse à l'humanité & à la justice (a);

(a) *Si monarcha aut senatus malas leges ferat, malè jus dicat, ineptos magistratus constituat, injusta bella moveat, actus utique publicos exercet... De publico delicto rei non sunt subditi... Quæ autem incommoda in cives immerentes ex hujusmodi delictis publicis redundant, inter illa mala sunt referenda, quibus humana conditio in hâc mortalitate obnoxia est, quæque adeò, ut sterilitas, aut nimii imbres, & cœtera naturæ mala, toleranda sunt; quamquam ad istæ incommoda præcavenda, non exiguam habere efficaciam deprehenduntur leges fundamentales, bona disciplina & cumprimis Religio. Ex adverso autem consequens est quidquid vel singuli cives, vel multi, vel etiam omnes excluso Rege, aut citra vel contra ejus auctoritatem & jussum voluerint aut egerint.... id haud quanquam pro voluntate aut actione civitatis esse habendum, sed pro voluntate & actione privatâ.* Puff. de Jure Nat. & Gent. l. 7, c. 2, n. 14.

enfin dans les craintes & les amertumes que cause une domination injuste à celui qui l'exerce. Car un tel souverain, au milieu même d'un peuple d'esclaves dont il est la terreur ou l'idole, sentira qu'il ne peut être véritablement Roi qu'en commandant à des sujets; ni trouver sa gloire & sa félicité, qu'en régnant pour le bonheur des peuples, & en jouissant, par un juste retour, du légitime tribut de leur amour & de leur reconnoissance.

L'obéissance que le peuple doit à ceux que Dieu a préposés à son gouvernement, soit civil, soit ecclésiastique, seroit donc incompatible avec le droit qu'il s'arrogeroit de décider après eux.

MAXIME XI.

Le pouvoir absolu qui constitue le souverain légitime, est différent du pouvoir absolu qu'exerce le despote.

LE pouvoir souverain est celui qui comprend toute l'autorité nécessaire pour régler en dernier ressort l'administration d'une société parfaite. Nous venons de voir qu'une pareille autorité étoit nécessaire à tous les genres de gouvernement (*a*); or, ce pouvoir est absolu en ce sens qu'il est indépendant des hommes (*b*). Mais comme la souveraineté qui vient de Dieu, se rapporte toute entiere au bien des peuples (*c*); elle est de sa nature subordonnée aux loix.

Le pouvoir despotique au contraire, est celui qui, dans l'administration publique, n'a que la volonté du despote pour regle, & son intérêt personnel pour

---

(*a*) V. ci-devant max. 8 & 9.
(*b*) V. ci-devant max. 10.
(*c*) V. ci-devant max. 4.

derniere fin. Autorité injuſte, réprouvée par toutes les loix, & qui ne fait que des eſclaves, mais qu'on confond trop facilement avec le pouvoir abſolu.

Le ſouverain & le deſpote ont donc cela de commun, qu'ils exercent l'un & l'autre un pouvoir abſolu ; mais le ſouverain differe du deſpote, en ce que le premier reconnoît la loi au-deſſus de lui ; & que le ſecond n'en reconnoît point.

» C'eſt autre choſe, dit Boſſuet, que le gouver-
» nement ſoit abſolu, autre choſe qu'il ſoit arbitraire.
» Il eſt abſolu par rapport à la contrainte, n'y ayant
» aucune puiſſance capable de forcer le ſouverain qui,
» en ce ſens, eſt indépendant de toute autorité hu-
» maine. Mais il ne s'enſuit pas que le gouvernement
» ſoit arbitraire (ou deſpotique), parce qu'outre que
» tout eſt ſoumis au jugement de Dieu, il y a des
» loix dans l'empire contre leſquelles tout ce qui ſe
» fait, eſt nul de droit, & qu'il y a toujours ouver-
» ture à revenir contre (*a*). » M. de Réal répete la même maxime preſque dans les mêmes termes (12).

La maxime eſt trop évidente pour avoir beſoin de plus longues preuves. Nous nous contenterons d'y ajouter deux obſervations importantes.

La premiere, c'eſt qu'un gouvernement deſpotique par ſa conſtitution, peut devenir par le fait, un gouvernement juſte, ſi le ſouverain gouverne avec ſageſſe ; & que d'un autre côté un gouvernement juſte par ſa conſtitution, peut devenir par le fait, un gouvernement deſpotique, ſi le ſouverain qui gouverne, au lieu de ſe propoſer le bien public pour regle, fait ſervir ſon autorité à ſes paſſions, à ſon intérêt perſonnel ou à ſes caprices.

La ſeconde obſervation, c'eſt qu'il y a très peu de gouvernemens abſolument deſpotiques, c'eſt à-dire, très-peu de gouvernemens où la volonté des princes ſoit reconnue comme l'unique loi. Dans les contrées même les plus barbares, où les ſouverains diſpoſent

---

(*a*) Boſſuet, Polit. l. 8, art. 2, prop. 1.

arbitrairement de la vie, de la fortune & de la liberté de leurs sujets, il y a peu de nations assez stupides, pour regarder une pareille domination comme un droit de la souveraineté.

Il est vrai que les gouvernemens de ces peuples approchent du despotisme, en ce qu'il n'y ayant point ou que fort peu de loix positives, le pouvoir du souverain se trouve moins circonscrit, & par conséquent plus sujet à l'arbitraire. Delà vient qu'on confond ordinairement de pareils gouvernemens, quoique monarchiques, mais très-imparfaits, avec les gouvernemens despotiques.

Expliquons encore le mot d'*arbitraire*. Aucun gouvernement ne doit être absolument arbitraire; & tous le sont pourtant à certains égards. Aucun ne doit être absolument arbitraire, parce que toute administration doit être réglée par les loix : tous sont arbitraires à certains égards, en ce que dans l'application des loix, ou dans les cas que les loix n'ont point prévu, c'est le souverain qui décide, & son jugement est communément la loi pratique dans l'administration publique; avec cette différence que l'arbitraire dans le despote, n'a point d'autre regle que sa volonté; au lieu que dans le souverain légitime, il doit toujours être dirigé par les loix primitives. Il faut donc encore distinguer dans le terme d'*arbitraire* ce qui se confond avec le despotisme, d'avec ce qui appartient à la souveraineté.

MAXIME XII.

Il ne peut y avoir qu'un souverain dans chaque gouvernement parfait.

Cette proposition n'est encore qu'une conséquence nécessaire de la notion que nous avons donnée de

DES DEUX PUISSANCES.

la souveraineté. En effet, la souveraineté renfermant tous les pouvoirs nécessaires à l'administration publique (*a*), avec le dernier ressort (*b*), il y auroit contradiction à supposer deux souverains dans le même genre de gouvernement. Car, ou l'un d'eux ne pourroit exercer sa puissance, que dépendamment de l'autre; & alors il seroit subordonné au second, puisqu'il n'auroit d'autorité que de son consentement, par conséquent il ne seroit plus souverain; ou le pouvoir seroit égal, &, dans ce cas, aucun d'eux n'auroit une autorité indépendante, parce que leur opposition feroit cesser le commandement, n'y ayant pas plus de raison d'obéir à l'un qu'à l'autre; ou plutôt, l'obéissance deviendroit arbitraire : aucun d'eux en particulier ne seroit donc souverain, puisque aucun ne posséderoit cette plénitude de pouvoir qui constitue la souveraineté.

Cette maxime a son application, même à l'égard des gouvernemens aristocratiques & républicains, parce que la plénitude de la souveraineté ne réside que dans le corps, & non dans chaque membre particulier qui le composent, & qui sont tous dépendans du corps.

 » Comme tous les membres du corps humain re-
 » çoivent le mouvement du cœur seul, dit M. de
 » Réal, & tout le corps, d'une ame seule; de mê-
 » me la république n'ayant qu'un corps, il ne faut
 » qu'un esprit pour la gouverner. *Unum est reipublicæ*
 » *corpus, atque unius animo regendum.* (*c*)... On
 » peut bien limiter la puissance de celui qu'on appelle
 » souverain, & qui ne l'est pas, en ce que sa puis-
 » sance est limitée; mais on ne sauroit limiter la sou-
 » veraineté sans la détruire. La Puissance souveraine
 » ne sauroit être restrainte; parce que, pour restrain-
 » dre une autorité, il faut être supérieur à l'auto-

(*a*) V. ci-devant max. 8.
(*b*) V. ci-devant max. 9.
(*c*) *Tacit. Ann.* l. 1.

„ rité qu'on reftreint. L'autorité qui connoît un fu-
„ périeur, n'eft pas une autorité fouveraine, au moins
„ à l'égard de ce fupérieur (*a*)... Toute fouveraineté
„ eft abfolue de fa nature... Ce n'eft pas que le
„ peuple, en la déférant, n'y puiffe mettre des tem-
„ péramens; mais, lorfqu'il le fait, il conferve lui-
„ même la fouveraineté fur tout ce qui forme l'objet
„ de la limitation (*b*). „

L'hiftoire nous fournit, il eft vrai, des exemples de plufieurs Empereurs qui ont regné conjointement; mais ordinairement l'un étoit fubordonné à l'autre, & n'avoit que le nom de fouverain avec le droit certain à l'empire, après la mort du premier. Tel étoit le cas où le prince régnant affocioit fon fils au gouvernement. Lorfque tous les deux avoient un égal pouvoir, aucun d'eux ne poffédoit la fouveraineté en entier, quoique, par leur déférence refpective, chacun parut régner en fouverain. Delà vient que, pour éviter les fuites funeftes qui pouvoient naître de la méfintelligence entre les chefs, ils partageoient ordinairement l'état entre eux.

Nous ne parlons pas ici des gouvernemens où chaque portion de l'adminiftration publique feroit exercée avec pleine indépendance, par des perfonnes, ou par des corps particuliers; comme fi l'un avoit feul le droit de faire la guerre ou la paix; l'autre, le droit de lever des impôts, & d'adminiftrer les finances; un troifieme, le droit de faire des loix, & d'exercer la juftice. Car alors la fouveraineté ne fe trouveroit que dans la réunion de tous ces pouvoirs, qui pris chacun en particulier, ne feroient qu'une portion du pouvoir fuprême. Nous obferverons feulement qu'un pareil gouvernement feroit très-défectueux, en ce qu'il ne pourroit fouvent agir qu'avec le concours de toutes ces puiffances partielles, d'autant plus difficiles à fe

---

(*a*) M. de Réal, Science du gouvern. tom. 4, ch. 2, fect. 1, n. 6, p. 112.
(*b*) Ib. n. 8, p. 117, 118.

réunir pour le bien commun, qu'étant plus partagées, elles feroient auffi plus fufceptibles de vues, de volontés & d'intérêts différens (*a*).

MAXIME XIII.

Le souverain a une égale jurifdiction fur tous les membres de la fociété, avec le droit de leur commander & de les punir.

JE dis premiérement que le fouverain a une égale jurifdiction fur tous les membres de la fociété ; car on ne peut devenir membre d'une fociété que par la fubordination aux mêmes loix du gouvernement, & par conféquent au même fouverain. Il n'y a que cette fubordination qui forme l'union des membres entre eux, & avec leur chef, d'où réfulte l'unité de la fociété & du gouvernement. Un fujet indépendant feroit donc un être monftrueux, puifqu'il ne pourroit être membre de l'Églife s'il ne lui étoit point foumis ; ni citoyen dans aucun genre de gouvernement, s'il n'étoit fubordonné à l'autorité qui gouverne. Car, quoique le citoyen dans une république participe à la fouveraineté, il eft pourtant fubordonné au corps de la nation, qui eft le feul fouverain ; & s'il n'étoit pas dépendant, il n'auroit plus de droit aux avantages du gouvernement, ni aux privileges de la nation, parce que ces avantages font produits par la mife que font pour ainfi dire tous les membres, par les obligations qu'ils contractent entre les mains du prince, & qu'un tel citoyen ne contractant aucune obligation envers la fociété, il feroit contre la juftice que la fociété fut obligée envers lui.

En fecond lieu, la fouveraineté renfermant tous les

_____

(*a*) V. ce que nous dirons ci-après part. 2, ch. 3.

pouvoirs nécessaires au gouvernement, comprend aussi le droit de commander à tous les sujets, pour les faire concourir au bien public; le droit de les juger, pour finir les contestations qui troubleroient le repos des familles; le droit de punir le tort qu'ils feroient à la société : autrement le souverain, soit civil, soit ecclésiastique, n'auroit plus les moyens de conserver l'harmonie & l'ordre dans l'état ou dans l'Église. Il doit donc avoir une égale jurisdiction sur tous les sujets pour leur commander & pour les punir.

D'où il suit 1º. que tous les corps particuliers de la société civile, sont subordonnés à l'autorité du prince (a), comme tous les corps particuliers de la société ecclésiastique, sont subordonnés à l'autorité de l'Église. 2º. Que tous les privileges qui paroîtroient contraires à ces maximes, ou seroient essenciellement nuls, puisqu'ils seroient contraires aux principes constitutifs du gouvernement, ou ils devroient au moins s'expliquer conformément à ces principes.

CHAPITRE II.

Des loix.

LA loi est une volonté permanente & générale du souverain pour diriger les mœurs du peuple vers le bien public.

(a) *Civibus duo præcipuè animadvertimus vincula peculiaria, per quorum unum, quidam ipsorum in peculiaria corpora, civitati tamen subordinata, coalescunt; per alterum à summis imperantibus, in partem aliquam regiminis publici adsciscuntur.... Circa omnia corpora legitima observandum, quidquid juris illa habeant, & quidquid potestatis in sua membra, id omne à summa potestate definiri, & nequaquam huic posse opponi aut prævalere. Aliàs enim si daretur corpus limitationi summi imperii civilis non obnoxium, daretur civitas in civitate.* Puff. de Jure Nat. & Gent. l. 7, c. 2.

DES DEUX PUISSANCES.

1°. Elle est *une volonté du souverain*; parce que n'y ayant que l'autorité qui soit en droit de commander, il n'y a aussi que le souverain, qui puisse nous imposer l'obligation d'obéir (13). En cela, la loi diffère du simple conseil qui se borne à éclairer, & qui n'impose point d'obligation par lui-même, mais seulement autant qu'il paroît juste & raisonnable; & cela en vertu de la loi naturelle qui nous oblige à nous conformer à l'ordre & à la justice. C'est la réflexion de Puffendorf (*a*).

2°. Elle est *permanente*; non en ce sens qu'elle est absolument immuable; cette qualité n'appartient qu'au droit naturel : la loi divine elle-même peut être abolie, puisque celle de Moïse a été abrogée; mais elle est permanente en ce sens, qu'elle forme une regle fixe, & que l'intention du législateur est qu'elle demeure invariable, tant que le changement des circonstances ne l'obligera pas à la révoquer (14). Ce caractere la distingue des ordres particuliers qui exigent à la vérité la même soumission, parce qu'ils procedent de la même

---

(*a*) *A consilio lex differt, quòd per illud, rationibus ex ipsâ re petitis, ad suscipiendum quid aut omittendum, adducere quis conatur illum, in quem, saltem quoad præsens negotium, potestatem non habet; sic ut obligatio nulla eî directè adferatur, sed in arbitrio ejus relinquatur, sequi velit consilium an minùs : etsi consilium obligationem præbere possit, quatenùs notitiam alicui imprimit, quæ obligationem parit aut auget. Sic medicus pro imperio nequit ægroto præscribere, quid ipsi adhibendum, quibus abstinendum : sed dum ostendit quid huic salutare sit, quid exitiabile, ægrotus illud amplecti, hoc fugere tenetur, non ex jure quod in ipsum medicus habet, sed ex lege naturæ, quæ unicuique curam vitæ & incolumitatis suæ imperat. Lex verò, licet & ipsa suis non debeat carere rationibus, hæ tamen propriè causæ non sunt, quare ipsi obsequium præstetur, sed potestas præcipientis, qui, ubi voluntatem suam significavit, obligationem subdito adfert omninò juxta præscriptum suum faciendi; etsi fors ipsi rationes præcepti aut ita liquidò non apareant... In genere lex commodissimè videtur definiri per decretum quo superior sibi subjectum obligat, ut ad istius præscriptum actiones suas componat.* Puff. de Jure Nat. & Gent. lib. 1, c. 6, n. 1 & 4.

puissance, mais qui ne sont que passagers, & seulement relatifs au cas présent énoncé.

3°. Elle est *générale*, en ce qu'elle s'adresse par elle-même à l'universalité des citoyens, ou de certaines classes particulieres, & qu'elle a son application à tous les cas compris dans l'étendue de la regle (15).

4°. Elle *dirige les mœurs vers le bien public*; c'est-à-dire, qu'elle ne se propose pas seulement l'avantage de certaines personnes privées, mais l'avantage général qui, étant la fin de tout gouvernement, doit être aussi toujours l'objet de la puissance qui gouverne. **Conditur utilitatis gratiâ lex** (*a*).

Les privileges qui sont une dérogation à la loi générale, semblent d'abord étrangers à la nature des loix; cependant ils peuvent s'y rapporter, en ce sens, que ces dérogations ne doivent être faites en faveur de quelques membres, ou de certains corps, qu'en vue du bien général, pour les inviter à servir l'état, ou pour les récompenser des services qu'ils lui ont rendus.

Après avoir pris une notion exacte de la loi, nous considérerons dans ce chapitre, 1°. quelles sont les qualités qui lui sont essencielles, telles que l'autorité, la justice & la publication.

2°. Les qualités qui ne sont qu'accidentelles, telles que la clarté de ces loix, & l'acceptation des sujets.

3°. La subordination qu'il y a entre les loix.

4°. Ce qu'elles ont de commun.

5°. L'obligation du législateur dans la confection des loix.

6°. L'étendue de son pouvoir pour les interpréter, les abolir, les modifier, pour en dispenser, & pour remettre les peines portées par ces loix.

_____

(*a*) *Plat. Dialog.* hippias ou *du beau.*

MAXIME PREMIERE.

L'autorité, la juſtice & la publication ſont néceſſaires de droit naturel à la validité ou au complément de la loi.

L*'Autorité eſt néceſſaire à la validité de la loi.* 1°. L'autorité eſt néceſſaire à la validité de la loi, puiſqu'elle n'oblige qu'en vertu du droit qu'a le légiſlateur ſur l'obéiſſance des ſujets ; & que ce droit n'eſt que dans l'autorité du ſouverain, dont la loi eſt la volonté permanente.

La juſtice eſt néceſſaire à la validité de la loi. 2°. La juſtice n'eſt pas moins eſſencielle, puiſque l'objet de la loi eſt de rectifier les mœurs ; que la juſtice eſt la premiere loi à laquelle on ne ſauroit déroger. Ainſi, comme l'injuſtice ne ſauroit faire regle, la volonté injuſte de la part du ſouverain, quelque ſolemnelle qu'on la ſuppoſe, ne ſauroit avoir force de loi.

La publication eſt néceſſaire à la validité de la loi. 3°. La publication eſt encore indiſpenſable de droit naturel. J'entends ici, par le terme de publication, la manifeſtation, ou la divulgation de la loi. Il faut que la loi, dit Juſtinien, ſoit connue, pour éviter ce qu'elle défend, & pour faire ce qu'elle ordonne ; or elle ne peut l'être que par la publication. *Leges ſacratiſſimæ intelligi ab omnibus debent, ut univerſi præſcripto earum manifeſtiùs intellecto, prohibita declinent & faciant præcepta* (a). Suivant S. Thomas, la loi n'oblige qu'autant que la promulgation l'a rendue publique. *Promulgatio ipſa neceſſaria eſt ad hoc quod lex habeat ſuam virtutem* (b). Domat écrit dans les mêmes principes (c), ainſi que Puffendorf (16).

(a) *L. leges & conſtit.* 9 *Cod. Lib.* 1, *tit.* 14.
(b) *Th.* 1, 2, q. 90, *art.* 4.
(c) Domat, Droit public, liv. prélim. tit. 1, ſect. 1, art. 9.

Il ne fuffit même pas que fa publication foit faite dans un lieu ; il faut laiffer un certain intervalle entre la publication & l'exécution, afin que la loi puiffe parvenir à la connoiffance de tous. Il eft certain du moins qu'elle ne peut obliger en confcience, ni foumettre les contrevenans à aucune peine s'ils n'ont pû la connoître. C'eft la difpofition du droit canonique fondé fur le droit naturel (17).

Cependant, comme cette manifeftation, renfermée dans les termes de droit naturel, ne détermine pas précifément le tems ni la maniere, & que toute incertitude à ce fujet, expoferoit les citoyens, & rendroit l'exécution arbitraire ; le fouverain ajoute à cette regle générale des difpofitions particulieres qui font de droit pofitif, pour fixer la maniere de la faire connoître; (c'eft ce qui conftitue la publication légale ou la publication proprement dite,) & le tems où elle commencera à obliger. Après le terme fixé, l'ignorance même invincible de la loi qui en excuferoit l'infraction devant Dieu, ne l'excuferoit pas dans l'ordre civil, au moins en ce qui regarde les droits temporels. L'ordre général de la fociété exige qu'il y ait un point fixe, manifeftement connu, & indépendant des connoiffances particulieres de chaque citoyen, où la loi commence à avoir fon exécution. Le dommage que fouffriroit alors le particulier, feroit un mal néceffaire au bien public.

Les loix Romaines, en réglant la forme de teftament, avoient fixé l'intervalle entre la publication & l'exécution, à deux mois, à compter du jour de l'infinuation (18). Pie IV s'eft conformé à cette regle, dans fa Bulle donnée en confirmation du Concile de Trente, lorfqu'il a déterminé le même intervalle de tems, après lequel les canons du Concile devoient avoir leur exécution. *Et jure etiam communi fancitum eft, ut conftitutiones novæ vim, non nifi poft certum tempus, obtineant.*

On voit par ces dernieres difpofitions qu'il n'eft pas néceffaire que la loi foit publiée dans toutes les parties d'un royaume pour obliger par-tout, ni même dans les endroits où elle avoit coutume de l'être, si le souverain déroge à l'usage, & si la promulgation faite en d'autres lieux, manifeste d'ailleurs assez la volonté du légiflateur.

Mais la forme particuliere de la publication étant de droit positif, & dépendant de la volonté du souverain, peut varier dans chaque royaume, ou dans les différentes provinces d'un même royaume, suivant la diversité des loix ou des usages. Elle peut même être changée ; sur-tout, si la premiere forme étoit devenue impraticable ou trop onéreuse. Selon le droit Romain, la promulgation de la loi se faisoit en l'inférant dans le Code (19). En Portugal, il suffit que le nouvel édit soit publié à la cour du prince, pour avoir son exécution sur les lieux, huit jours après, & trois mois après dans les provinces (*a*). La publication se fait à Rome par des affiches au champ de Flore, & aux autres lieux accoutumés. Elle se pratique aujourd'hui en France, par la lecture publique & par l'enrégistrement des nouvelles ordonnances aux Parlemens, aux cours supérieures & aux tribunaux qui ressortissent immédiatement à ces cours.

MAXIME II.

La clarté de la loi n'est pas essencielle à sa validité, non plus que l'acceptation de la part des sujets.

Une loi absolument inintelligible ne sauroit obliger, par la raison qu'on en ignoreroit la disposition. Elle seroit pourtant valide, en ce sens, que les sujets devroient

_____

(*a*) *Ordin. Lusit. lib.* 1, *tit.* 2, §. 10.

être dans l'intention de s'y conformer, lorsqu'ils en connoîtroient la signification. Mais comme une pareille loi n'a jamais existé, il seroit inutile de nous y arrêter.

La clarté de la loi n'est pas essencielle à sa validité. On dit donc qu'une loi manque de clarté, seulement lorsqu'elle est équivoque sur certains points, quelquefois même lorsqu'elle ne s'explique pas avec assez d'étendue sur d'autres. Or, il est évident que l'obscurité à cet égard ne sauroit infirmer la loi en elle-même, puisqu'elle ne sauroit dispenser les sujets de l'obéissance qu'ils doivent à la volonté du souverain, sur les points qui leur sont connus, & qui manifestent sa volonté : sauf de s'adresser à lui pour demander l'explication des endroits qui paroissent obscurs (*a*). D'où il suit que *la clarté de la loi n'est qu'une* qualité accidentelle qui lui donne seulement plus de perfection.

L'acceptation de la loi n'est pas nécessaire à sa validité. L'acceptation de la loi n'est pas plus nécessaire à sa validité. Car 1°. le souverain ayant toute l'autorité nécessaire pour régler le gouvernement (*b*), & ayant par conséquent toute la puissance législative, ne doit avoir besoin que de lui-même pour donner à sa volonté, la force de loi.

2°. Les sujets étant obligés à l'obéissance, ne peuvent former opposition à la volonté du souverain, encore moins rendre le commandement invalide. Si leur opposition invalidoit la loi, ils seroient tout-à-la-fois, & ils ne seroient pas coupables de désobéissance. Ils seroient coupables, par ce qu'ils résisteroient à la volonté connue du souverain légitime : ils ne le seroient pas, parce que leur résistance elle-même annulleroit la loi, qui manifeste la volonté du prince.

(*a*) *Si quid in legibus obscurum videatur, ejus declaratio petenda erit à legislatore, aut illis qui ad jus, secundum illas dicendum, publicè sunt constituti.* Puff. de Jure Nat. & Gent. l. 1, c. 6, n. 13.

(*b*) V. ci-devant ch. 1, max. 8.

3°. De l'aveu de tous les politiques, les peines portées par les édits ont leur exécution contre les infracteurs, d'abord après la promulgation. Ces édits ont donc toute leur validité indépendamment de l'acceptation des sujets. On nous alléguerait ici inutilement la maxime inférée dans Gratien : *Leges inftituuntur cùm promulgantur : firmantur cùm moribus utentium approbantur* (*a*). Cette maxime ne peut s'entendre que de la ftabilité que la loi acquiert par l'obfervance ; car on convient que le non ufage général & conftant abroge la loi, lorfque le fouverain fe tait. On ne parle ici que des loix humaines, parce que les autres loix ne font pas au pouvoir des hommes. *Lex accipit ex moribus firmitatem ftabilitatis, non firmitatem auctoritatis.* C'eft l'interprétation des Jurifconfultes.

MAXIME III.

Il y a une fubordination entre les différentes efpeces de loix, à raifon de leur nature.

ON diftingue trois fortes de loix, la loi naturelle, qui n'eft autre chofe que la raifon elle-même, en tant qu'elle nous inftruit de nos devoirs ; la loi divine, fondée fur la Révélation, & la loi humaine qui eft établie par les hommes. Or, 1°. il eft certain que la loi humaine eft fubordonnée aux loix divine & naturelle, puifque la volonté de l'homme doit être foumife à celle de Dieu. Les légiflateurs-mêmes ne tiennent leur autorité que de ces loix primitives (*b*).
„ Comme on ne doit pas obéir au préteur contre la vo-
„ lonté du prince, dit S. Auguftin, on ne peut à plus

(*a*) C. *cum iftis dift.* 5.
(*b*) V. ci-devant ch. 1, max. 6.

„ forte raison obéir au prince contre la volonté de
„ Dieu (*a*).

2°. Quoique la loi naturelle & la loi divine procedent immédiatement de la même source, cependant celle-ci est subordonnée à la premiere qui est immuable, ensorte que Dieu lui-même ne peut la changer ; qu'elle est même la regle des commandemens particuliers qu'il nous fait, & qu'enfin l'obéissance que nous devons à la loi divine, est fondée sur l'obligation que nous impose la loi naturelle elle-même d'obéir à Dieu Lors donc que ces loix semblent être en opposition, les loix humaines doivent céder aux deux premieres, & la loi divine cesse elle-même, dans les cas particuliers où elle ne peut s'accorder avec la loi naturelle. J. C. reprend les Pharisiens de ce que, pour observer la loi du Sabbat, ils violent la loi naturelle de la charité (*b*).

Les loix humaines se divisent en loix ecclésiastiques & en loix civiles. Les premieres concernent directement le bien spirituel de l'Église, & émanent de la puissance spirituelle : les secondes se rapportent directement au gouvernement temporel, & elles ont leur source dans l'autorité du souverain. Quoique, dans l'ordre de la Providence, l'ordre temporel soit relatif à l'ordre spirituel, ces deux especes de loix sont pourtant indépendantes, par ce qu'elles ont chacune un empire séparé.

Les loix ecclésiastiques & les loix humaines, comprennent sous elles différentes classes de loix, qui gardent une certaine subordination les unes à l'égard des autres, ou à raison de l'autorité qui les crée, ou à raison de la fin à laquelle elles se rapportent. Ainsi, dans le gouvernement ecclésiastique, les statuts synodaux peuvent être réformés par les Conciles provinciaux, & les canons de ces Conciles peuvent être abolis par les Conciles œcuméniques. De même, dans

---

(*a*) *Aug. de verbo Domini. Serm.* 6, c. 8.
(*b*) *Matth.* XII, 12.

l'ordre civil, les arrêts de réglement qui ne font que provifoires, & qui émanent des cours de Parlement, doivent céder aux loix du prince, qui font fubordonnées elles-mêmes aux loix conftitutives des états, c'eft-à-dire à celles qui reglent la conftitution du gouvernement : mais les unes & les autres font fubordonnées aux loix primitives de la juftice, puifque les princes ne regnent que par elles. Dans l'un & l'autre gouvernement, les loix qui regardent le bien public, doivent prévaloir fur celles qui concernent l'intérêt particulier, parce que le plus grand bien eft toujours la fin de la loi.

On appelle *loix fondamentales des états*, celles auxquelles il n'eft pas au pouvoir des princes de déroger, telles que font les loix naturelle & divine, qui font invariables, & de plus les loix conftitutives que le prince ne peut changer qu'avec le confentement de la nation.

MAXIME IV.

Toutes les loix ont une origine, une regle & une fin qui leur font communes.

IL n'eft befoin que d'expliquer la propofition pour en démontrer la vérité.

Toutes les loix ont une origine commune. 1°. J'ai déja dit que la loi divine & la loi naturelle avoient dans Dieu une origine commune, & de plus, que l'autorité des loix humaines remontoit à celle de Dieu qui, en nous ordonnant d'obéir aux puiffances qu'il avoit inftituées, donnoit à leur volonté la force de loix (*a*). Elles ont donc une même origine.

Toutes les loix ont une regle commune. 2°. La raifon & la juftice qui forment la loi naturelle, & qui dirigent la volonté de Dieu, doivent auffi préfider à la

---

(*a*) V. ci-devant ch. 1, max. 6.

confection des loix humaines, qui ne font qu'une extenfion, ou une application de ces loix primitives; les premieres feroient nulles (*a*), fi elles étoient contraires à celles-ci (20). Les unes & les autres ont donc une regle commune dans la raifon éternelle.

Toutes les loix ont une fin commune. 3°. Toutes les loix, foit dans l'ordre fpirituel, foit dans l'ordre civil, fe rapportent au bien public, comme fin immédiate, & ultérieurement à Dieu, dont la gloire eft la fin derniere de tous fes ouvrages. Elles ont donc auffi une même fin.

MAXIME V.

Il eft de la fageffe du fouverain de confulter fur les loix qu'il fe propofe de faire; mais il n'eft pas obligé de fe conformer à l'avis de fon confeil.

LE *fouverain doit confulter fur les loix qu'il fe propofe de faire.* Comme il n'y a rien qui influe davantage fur le bien public que les loix, puifqu'elles épurent les mœurs, affermiffent l'autorité, reglent l'adminiftration, il n'y a rien auffi qui exige plus de lumieres & de fageffe, pour embraffer les différentes parties du gouvernement qui ont rapport à une loi; pour balancer les avantages avec les inconvéniens qui en réfultent; pour la comparer avec les mœurs actuelles du peuple & les circonftances des tems; pour la confidérer dans la pratique & dans toutes fes fuites. Il eft donc néceffaire que, dans la confection des loix, le fouverain ajoute à fes propres lumieres, l'avis d'un confeil éclairé, comme le moyen le plus naturel, d'y procéder avec circonfpection.

(*a*) V. la max. précéd.

„ Il est de la sagesse & du devoir des princes, les
„ mieux intentionnés & les plus habiles, dit Domat,
„ de prendre des avis & des conseils dans les affaires
„ qu'ils ont à régler, soit pour le bien de l'état, ou
„ pour rendre la justice aux particuliers : & comme,
„ d'une part, ils doivent s'instruire de la vérité des
„ faits qu'ils ne peuvent savoir par eux-mêmes, & qui
„ doivent venir à leur connoissance; de l'autre, il est
„ de leur intérêt & du bien public, qu'ils s'aident de
„ l'expérience & des lumieres des personnes capables
„ de leur donner de bons conseils (a). " Le plus éclairé
de tous les législateurs ne dédaigna pas de suivre l'avis
de Jethro, en s'associant soixante & dix vieillards pour
juger le peuple ; & Dieu approuva l'institution de
ce tribunal. Le plus sage des Rois consultoit les sages
de son royaume sur le gouvernement, & il avoit pour
maxime, *que c'étoit agir avec sagesse que d'agir avec
conseil* (21). Justinien, si célebre par ses loix, a cru
s'honorer lui-même en corrigeant, d'après l'avis de savans Jurisconsultes, les loix qu'il avoit déja publiées (22).
Les Évêques consultent leurs Clergés lorsqu'ils dressent
leurs statuts synodaux. Le souverain Pontife demande
l'avis du sacré College lorsqu'il donne ses décrets. Les
Conciles même œcuméniques prennent conseil des Docteurs lorsqu'ils font des canons.

*Le souverain n'est pas obligé de se conformer à l'avis
de son conseil.* J'ajoute cependant que le souverain n'est
pas obligé de se conformer à l'avis de son conseil;
1°. parce qu'ayant le dernier ressort (b), c'est à lui
à prononcer avec un plein pouvoir sur ce qui convient au bien public, & à fixer l'état des choses ; 2°.
parce qu'ayant l'autorité suprême, il est indépendant;
3°. parce que ses officiers lui étant subordonnés, ils
n'ont le droit ni de lui résister, ni d'arrêter l'exécution de sa volonté. C'est la doctrine de le Bret (23),
& celle de Justinien. *Quod principi placuit, legis vi-*

(a) Domat, Droit public, l. 1, tit. 3.
(b) V. le ch. précéd. max. 9.

gorem habet (*a*). *Tam conditor quàm interpres legum solus Imperator* (*b*).

MAXIME VI.

Le pouvoir législatif du souverain renferme non-seulement le droit de faire des loix, mais encore celui de les publier, de les interpréter, de les abolir, de les modifier, d'en dispenser, ou de remettre les peines portées par ces loix.

LE *pouvoir législatif comprend le droit de faire des loix & de les faire publier.* La proposition est évidente, après les principes que nous avons posés. Car 1°. les loix ne peuvent obliger qu'autant qu'elles sont connues par leur publicité, comme nous venons de le dire (*c*). Le souverain cesseroit donc de l'être; il n'auroit qu'un pouvoir subordonné & incomplet par rapport à la législation, s'il n'avoit le droit de faire publier ses loix.

Il comprend le droit d'interpréter les loix. 2°. Les loix ne peuvent prévoir tous les cas particuliers ; elles peuvent même laisser des doutes sur le sens qu'elles renferment. Il faut donc nécessairement une autorité vivante qui en détermine le sens & l'application. Les mêmes loix, quoique sages dans leur origine, peuvent devenir inutiles ou préjudiciables par le changement des circonstances ; le bien public exige donc qu'il y ait une autorité capable de les révoquer ou de les modifier (24) Il peut enfin arriver des cas particuliers

_____

(*a*) L. 1. ff. de constit. princip.
(*b*) L. ult. in fine Cod. de legib.
(*c*) V. la max. 1, de ce 2me. ch.

liers où l'exécution des loix utiles par elles-mêmes deviendroit nuisible, contre l'intention du législateur; il faut donc que la même autorité puisse en dispenser. Par la même raison, il faut qu'elle puisse remettre les peines portées par ces loix. Or, cette autorité ne peut compéter qu'à celui qui a le droit de commandement & le pouvoir de régler l'administration publique (*a*).

D'ailleurs point d'interprete qui puisse déterminer plus certainement le sens de la loi que le législateur lui-même. Il ne serviroit de rien d'opposer que le souverain qui interprete, n'est pas toujours le souverain qui a fait la loi, car le souverain ne meurt jamais; c'est en cette qualité que le souverain actuel succede au droit du premier législateur, & qu'en vertu de l'autorité qu'il exerce, il a le pouvoir de déterminer quel est l'objet de la loi, qui est toujours celui du bien public & de la justice : par cette raison, le législateur & l'interprete sont toujours censés le même. Rien de plus fortement inculqué par le droit romain (25), & par les ordonnances du royaume (26). Les officiers de justice n'interpretent la loi qu'en vertu de l'autorité du prince; encore le prince restreint-il ce droit à une interprétation qu'on appelle *juridique*, & qui se borne à l'application de la loi, dans les contestations qui sont portées devant leurs tribunaux, sans que leur jugement puisse former de regle générale. Ce n'est point par des exemples, mais par la loi, disoit Justinien, qu'il faut juger : & une sentence injuste ne doit jamais servir de regle (27). „ Parmi les „ droits du souverain, dit encore Domat, le premier „ est celui de l'administration de la justice... & cette „ administration renferme le droit de régler les diffi- „ cultés qui peuvent survenir dans l'interprétation des „ loix & des réglemens, lorsque ces difficultés, pas- „ sant les bornes du pouvoir des juges, obligent à „ recourir à l'autorité du législateur (*b*). „

(*a*) V. ci-devant ch. 1, max. 8.
(*b*) Domat, Droit public, l. 1, tit. 2, sect. 2, n. 3.

Il comprend le droit d'abolir les loix. 3°. S'il y-avoit une puissance législative, autre que celle du souverain, capable d'abolir les loix qu'il a instituées, elle lui seroit supérieure, & dès-lors le souverain cesseroit de l'être. " Il n'y a pas de doute, dit le Bret, que
" les Rois peuvent user de leur puissance, & changer
" les loix & les ordonnances anciennes de leurs états;
" ce qui ne s'entend pas seulement des loix généra-
" les ; mais aussi des loix municipales & des coutu-
" mes particulieres des provinces : car ils peuvent aussi
" les changer, quand la nécessité & la justice le de-
" sirent. C'est ce que dit le Jurisconsulte, en la loi
" Prætor ait, §. divus *ff.* de sepulchro viol. *Oportere*
" *imperalia statuta suam vim obtinere & in omni loco*
" *valere*... Il n'appartient aussi qu'aux princes d'ex-
" pliquer le sens des loix, & de leur donner telle in-
" terprétation qu'ils veulent (*a*), lorsqu'il arrive des
" différens sur la signification des termes (*b*). " Puffen-dorf ajoute qu'il ne seroit pas même au pouvoir du souverain, de se priver en portant une loi, du droit qu'il auroit de l'abroger (*c*).

Dira-t-on que les coutumes ont force de loi ; qu'elles sont les interpretes des édits, & qu'elles ont même la force de les abolir, indépendamment de la volonté du souverain : mais on sait d'abord que les décrets des tribunaux ne constituent point de regle générale (*d*) ; en second lieu, que si une suite d'arrêts éta-

---

(*a*) C'est-à-dire qu'ils trouvent juste ; car ce terme doit s'entendre d'une volonté de justice, non d'une volonté arbitraire.

(*b*) Le Bret, De la Souver. l. 1, ch. 9.

(*c*) *Leges positivæ ab illo qui tulit iterùm abrogari possunt, quia nemini ex aliis est jus quæsitum, cujus vi exigere is possit ut illæ leges perpetuò maneant.... Imò si vel maximè talis clausula sit addita, posterius decretum isti repugnans irritum forè, mutari nihilominùs poterit, modò per eam clausulam nemini sit jus quæsitum.... Ex eâdem ratione, quia vivo testatore ex testamento nemini adhuc jus est quæsitum, testamentum licet mutare etiam ubi talis clausula sit addita, ne posterius testamentum valeat.* Puff. de Jure Nat. & Gent. lib. 1, cap. 6. n. 6.

(*d*) V. la note n°. 27.

blit une jurisprudence, & si la coutume abolit la loi, ce n'est qu'en vertu d'une maxime autorisée par le souverain lui-même, en vue du bien public, puisque le prince peut réformer les coutumes les mieux établies. C'est donc alors le prince lui-même qui, dans le premier cas, cesse d'exiger l'exécution de sa loi. Delà ce principe consigné dans le droit, que la coutume n'a point de force par sa nature pour vaincre la loi (28).

Il comprend le droit de modifier les loix. 4°. La modification d'une loi n'en est qu'une restriction. Elle exige par conséquent la même puissance que pour l'abolir, puisque la restriction l'abolit en partie. Si les cours souveraines modifient les édits que le prince leur adresse, ce n'est que de son consentement, & par son autorité.

Il comprend le droit de dispenser des loix. 5°. La dispense suspend l'exécution de la loi. Elle differe de l'équité (*Epiikia.*) en ce que celle-ci ne déroge à la lettre de la loi que pour en suivre l'esprit, & qu'elle n'a pas besoin par conséquent de l'autorité du supérieur pour délier de l'obligation que la loi sembloit imposer, au lieu que celle-là est une indulgence qui déroge à la loi elle-même. Or, il n'y a que le législateur de qui émane la loi, qui ait droit d'en dispenser, puisqu'il n'y a que celui qui donne la force à la loi, qui ait droit d'en suspendre l'exécution. " Le " pouvoir de faire des loix, dit Domat, renferme celui " d'accorder des dispenses que les regles peuvent souf- " frir. Et c'est un des droits du souverain, de don- " ner des dispenses de cette nature (*a*). "

Enfin " s'il est au pouvoir du prince d'abolir en- " tiérement une loi, il peut, à plus forte raison, en " lever l'obligation à l'égard de quelques personnes, " ou de quelque fait particulier, la loi demeurant au " reste en son entier. " Ce sont les paroles de Grotius (*b*).

―――――――――――――――――――――

(*a*) Domat, Droit public, l. 1, tit. 2, sect. 2, n. 6.
(*b*) Grotius, *de Jure bell. & pacis*, l. 2. c. 20, n. 24, 27.

Il comprend le droit de remettre les peines portées par les loix. 6°. La rémiffion des peines portées par la loi étant une fufpenfion de la loi-même, quant à la punition, fuppofe la même autorité, & doit par conféquent appartenir auffi au fouverain. C'eft encore la doctrine de Domat (29).

La puiffance légiflative dans l'ordre de la Religion doit avoir les mêmes pouvoirs pour publier fes décrets, pour les interpréter, pour les abolir & les modifier, pour en difpenfer & pour remettre les peines fpirituelles portées par fes décrets.

CHAPITRE III.

Des regles qui fervent à diriger & à éclairer l'obéiffance des fujets envers leur fouverain.

Dieu auteur de l'ordre & de la juftice, doit préfider au gouvernement des fouverains. C'eft par lui qu'ils regnent, c'eft felon fa volonté qu'ils doivent régler leur adminiftration. Nous avons montré qu'il n'y auroit ni fouveraineté, ni commandement, fans cette loi primitive d'ordre & de juftice, qui a fa fource dans la raifon univerfelle (*a*). Ce feroit donc renverfer les principes du gouvernement, & détruire l'autorité même des princes, que de leur attribuer le droit de déroger à cette loi primordiale : ce feroit faper le fondement fur lequel le Maître des Rois a pofé leur empire : ce feroit mettre la volonté de l'homme au-deffus de celle de Dieu ; faire du fouverain un defpote, & du fujet un efclave. Les fouverains peuvent bien violer cette loi fainte qui doit dominer fur eux, comme fur le refte des hommes, mais ils ne peuvent

---

(*a*) Ch. 1, max. 6.

DES DEUX PUISSANCES.

se souſtraire à l'obligation qu'elle leur impoſe, ni ériger en droit, l'abus du pouvoir (*a*).

D'un autre côté, autoriſer les ſujets à juger de la juſtice de l'adminiſtration, pour en faire dépendre l'obéiſſance qu'ils doivent au ſouverain, ce ſeroit les autoriſer à réſiſter à ſes ordres, toutes les fois qu'il leur plairoit de les ſuppoſer injuſtes ; ce ſeroit anéantir la ſubordination, & faire ſervir le reſpect qu'on doit à la Divinité, de prétexte pour renverſer l'ordre public.

Prenons un milieu entre ces deux extrêmes, pour éclairer les citoyens, en conciliant ce qu'ils doivent au prince avec ce qu'ils doivent à Dieu, & diſons :

1°. Que l'abus que le ſouverain peut faire de ſon autorité, ne donne pas droit aux ſujets d'examiner la juſtice de ſes commandemens, pour régler le devoir de l'obéiſſance, ſur le jugement qu'ils en portent.

2°. Que le commandement du ſouverain doit être toujours préſumé juſte dans la pratique, à moins qu'il ne paroiſſe évidemment contraire à la juſtice.

3°. Que ſi les ordres du ſouverain étoient manifeſtement contraires à la loi divine ou naturelle ou conſtitutive, il ne ſeroit pas permis de leur obéir.

4°. Que l'injuſtice évidente, qui autoriſe la déſobéiſſance des ſujets, eſt très-rare.

5° Que lors même que l'injuſtice évidente autoriſe la déſobéiſſance, elle ne juſtifie jamais la révolte.

6°. Que les principes qui fondent l'autorité du ſouverain, établiſſent les devoirs de l'obéiſſance des peuples envers ſes officiers, & des officiers à l'égard du prince.

(*a*) V. ci-devant ch. 2, max. 3.

MAXIME PREMIERE.

L'abus que le souverain peut faire de son autorité, ne donne pas droit aux sujets d'examiner la justice de ses commandemens, pour régler le devoir de l'obéissance, sur le jugement qu'ils en portent.

LA souveraineté consiste dans le pouvoir de régler ce qui concerne la société, & de le faire exécuter (*a*). Or ce pouvoir seroit chimérique, si le jugement du souverain étoit soumis au jugement de ses sujets, qui auroient toujours la liberté de s'en dispenser, en prétextant l'injustice de la volonté du prince.

Le souverain a le jugement légal en dernier ressort (*b*). Donc les jugemens de ses sujets doivent être subordonnés au sien, en ce qui regarde l'administration civile.

Le souverain doit avoir tous les pouvoirs nécessaires au gouvernement parfait (*c*) ; or, il manqueroit certainement d'un pouvoir nécessaire pour gouverner, si l'exécution des ordres qu'il donne, dépendoit de l'examen qu'on en feroit. Il n'y auroit plus de centre de réunion pour faire concourir tous les citoyens au même but, parce que l'autorité seule, qui peut les réunir, seroit subordonnée au jugement des citoyens qui se diviseroient, en prenant chacun des voies différentes, ou des déterminations opposées suivant leurs opinions particulieres.

(*a*) V. ci-devant prem. part. au commencement.
(*b*) V. ci-devant ch. 1, max. 9.
(*c*) V. ci-devant ch. 1, max. 8.

DES DEUX PUISSANCES.

La souveraineté oblige le peuple à l'obéissance (*a*). Or l'obéissance disparoîtroit, si celui qui doit obéir, devenoit le juge de la justice du commandement qu'on lui fait.

La puissance absolue constitue le souverain (*b*). Or il n'y a plus de puissance absolue, si le devoir de l'obéissance dépend de l'opinion de celui qui doit obéir. « L'Empire, dit Watel, ne sauroit être transféré » avec cette clause vague, que le peuple obéira au » chef, lorsqu'il commandera bien ; mais qu'il pourra » lui désobéir, s'il gouverne mal (*c*). »

Que deviendroit en effet tout gouvernement, soit civil, soit ecclésiastique, si les sujets n'étoient obligés d'obéir à l'autorité qu'autant qu'ils approuveroient ses décrets & ses commandemens, c'est-à-dire, qu'autant qu'ils jugeroient à propos d'obéir ? Que deviendroit la magistrature, si on n'obéissoit aux arrêts qu'autant qu'on les croiroit justes ? Que deviendroit l'autorité d'un gouverneur de province, d'un général d'armée, si le soldat n'étoit tenu de leur obéir qu'autant qu'il approuveroit le commandement ? Que deviendroit enfin la société, si, dans les différentes classes des citoyens qui la composent, l'obéissance des inférieurs dépendoit de l'opinion qu'ils auroient de la justice des ordres supérieurs ? Or, l'autorité des officiers du prince ne peut pas être plus absolue que la puissance du prince même.

Domat, après avoir posé en maxime que « l'obéis-
» sance est nécessaire pour maintenir l'ordre & la paix
» qui doit former l'union du chef & des membres,
» qui composent le corps de l'état, « déclare en ces termes quelle est la nature de cette obéissance : « Elle
» fait, dit-il, un devoir à tous les sujets, & dans
» tous les états, d'obéir aux ordres du prince, sans
» qu'aucun ait la liberté de se rendre juge de l'or-

(*a*) V. ci-devant ch. 1, max. 5.
(*b*) V. ci-devant ch. 1, max. 11.
(*c*) Principes du Droit naturel de Wolf, par Watel, l. 8, ch. 1, §. 39.

» dre auquel il doit obéir ; car autrement chacun
» seroit maître, par le droit d'examiner ce qui seroit
» juste & ce qui ne le seroit point ; & cette liberté
» favoriseroit la sédition (a). »

» Un principe que les citoyens de tous les pays doi-
» vent avoir continuellement devant les yeux, dit M.
» de Réal, c'est que la force de la loi n'est pas for-
» mellement dans la justice, mais dans l'autorité du
» législateur, ou, pour m'expliquer en d'autres ter-
» mes, que l'obéissance à la loi, n'est pas attachée
» à la justice de ses dispositions, mais à l'autorité du
» législateur.... S'il en étoit autrement, les édits &
» les ordonnances du prince seroient confondus avec
» les avis des docteurs & les conseils des Jurisconsul-
» tes qui n'ont de force qu'autant que la raison leur
» en donne. Qu'y auroit-il de plus absurde ? Cha-
» que particulier auroit droit d'examiner les loix, &
» ne seroit tenu de les observer, qu'autant qu'il les
» auroit approuvées, ce qui seroit la plus étrange con-
» fusion du monde, & réduiroit la puissance politi-
» que à une pure chimere... S'il est permis à cha-
» cun, dit un ancien (b), d'examiner les raisons qu'on
» a de commander, dès-lors il n'y a plus d'obéissance,
» & l'obéissance manquant, le commandement tombe
» aussi. *Si ubi jubeantur, quærere singulis liceat,*
» *pereunte obsequio, etiam imperium intercidit* (c).»

Voudroit-on élever un tribunal pour examiner les
ordres du souverain, & déterminer, par son approbation, l'obéissance des sujets ? Mais ce tribunal devroit,
par là-même, prendre connoissance de toutes les parties
de l'administration, & des affaires les plus secretes du
gouvernement ; car c'est sur la combinaison de ces différentes parties, & des inconvéniens ou des avantages
qu'il doit en résulter, qu'une sage politique regle le

(a) Domat, part. 1, l. 1, sect. 2, n. 6.
(b) Tacit. hist. cap. 83.
(c) M. de Réal, Science du gouvern. tom. 4, ch. 2, sect. 1,
n. 6, p. 112.

commandement. Il devroit avoir une autorité supérieure ; il seroit donc souverain lui-même dans le gouvernement. Cependant, comme il ne seroit pas moins sujet à l'erreur & aux passions, il faudroit le juger lui-même à son tour, par la même raison que celui-ci voudroit juger le prince. Eh! où trouver des hommes qui soient à l'abri des foiblesses de l'humanité. Il n'y auroit donc plus d'autorité souveraine, parce qu'il n'y auroit plus de commandement qui ne fut soumis au jugement des inférieurs.

MAXIME II.

Le commandement du souverain doit être toujours présumé juste dans la pratique, à moins qu'il ne paroisse évidemment contraire à la justice.

Cette maxime est une suite de la précédente ; car, l'obéissance ne pouvant dépendre du jugement que porteroient les sujets des ordres supérieurs, elle doit être nécessairement déterminée par l'autorité du commandement. Mais cette autorité n'auroit pas droit sur notre obéissance, si elle n'étoit conforme à la justice, ou au moins, si elle n'étoit présumée juste. Donc elle doit être présumée telle dans la pratique, c'est-à-dire, dans l'obéissance que nous lui devons.

„ Quand le prince juge, il n'y a point d'autre jugement ; „ (telle est la maxime de Bossuet & celle de tous les peuples). „ C'est ce qui faisoit dire à l'Ecclé-
„ siastique : *Ne jugez pas contre le juge*, à plus forte
„ raison contre le souverain juge, qui est le Roi ; & la
„ raison qu'il en apporte, c'est qu'il *juge selon la justice* (a). Ce n'est pas qu'il y juge toujours, continue le

_____
(a) *Eccli.* VIII, 17.

» Prélat ; mais c'est qu'il est réputé y juger ; & que per-
» sonne n'a droit de juger ni de revenir après lui. Il
» faut donc obéir au prince comme à la justice, sans
» quoi il n'y a point d'ordre ni de fin dans les affai-
» res (*a*). Le prince, dit encore Wolf, ne peut gou-
» verner ni s'acquitter de ce que la nation attend de lui,
» s'il n'est pas obéi ponctuellement. Les sujets ne sont
» donc point en droit, dans les cas susceptibles de
» quelques doutes, de peser la sagesse ou la justice des
» commandemens souverains. Cet examen appartient
» aux princes. Les sujets doivent supposer, autant qu'il
» se peut, que tous les ordres sont justes & salutaires:
» lui seul est coupable du mal qui peut en résulter (*b*). »

Or, comme cette présomption est inséparable de l'o-
béissance, elle doit s'appliquer à tous les cas où paroît l'autorité du commandement, soit dans l'ordre civil,
soit dans l'ordre ecclésiastique, tant de la part du souverain que de la part de ses ministres, à moins que le
commandement de ceux-ci ne soit réformé par une
autorité supérieure, comme nous le dirons bientôt.

Mais la présomption cesse dans le cas de l'évidence
contraire.

MAXIME III.

*Si les ordres du souverain étoient manifestement
contraires à la loi divine ou naturelle, ou
constitutive, il ne seroit pas permis de leur
obéir, si on ne pouvoit le faire sans coopérer
à l'injustice du souverain.*

Nous avons montré que les loix humaines étoient
subordonnées aux loix naturelle & divine (*c*).

(*a*) Boss. Polit. l. 4, art. 1, prop. 2.
(*b*) Wolf, du Droit des gens, l. 1, ch. 4, §. 53.
(*c*) V. ci-devant ch. 2, max. 3.

DES DEUX PUISSANCES.

Il faut obéir à Dieu préférablement aux hommes (*a*). Or ce feroit lui défobéir, que de violer non-feulement la loi divine, mais encore la loi naturelle, qui a fa fource dans lui. Étant le Maître fouverain, fa volonté doit être la premiere loi. Les Rois de la terre ne commandant qu'en vertu du pouvoir qu'ils ont reçu de lui, ne peuvent rien commander de contraire à fa volonté fuprême.

Les premiers Chrétiens qui étoient les fujets les plus foumis de l'Empire, n'en réfiftoient pas avec moins de fermeté aux édits des Empereurs, lorfque ceux-ci vouloient les forcer à renoncer à la foi.

Sous la loi ancienne, même générofité de la part de Daniel, à l'égard de la défenfe qu'avoit faite Darius le Mede d'adreffer aucune priere à Dieu, pendant l'efpace de trente jours : même conftance de la part des enfans de Babylone, lorfque Nabuchodonofor voulut les forcer à adorer fa ftatue. L'obéiffance eut été alors un crime ; & Dieu juftifia la réfiftance de ces grands perfonnages par une protection miraculeufe. Les fages-femmes furent récompenfées pour avoir défobéi aux ordres cruels que Pharaon leur avoit donnés de faire périr les enfans mâles qui naîtroient des femmes juives (*b*).

On doit dire la même chofe des commandemens qui violeroient manifeftement les loix conftitutives de l'état, puifqu'ils renfermeroient une injuftice évidente, qui blefferoit par là-même les loix naturelle & divine, en ce que le prince violeroit les engagemens qu'il a pris en montant fur le trône, de conferver la conftitution & la forme de fon gouvernement.

Les premiers pafteurs n'ont pas un droit plus abfolu fur l'obéiffance des fideles ; car quoique le corps épifcopal foit infaillible, chacun d'eux en particulier eft fujet à erreur.

Wolf, que nous venons de citer, après avoir dit

(*a*) *Act.* V, 29.
(*b*) *Exod.* I, 20.

que les sujets ne sont point en droit d'examiner la justice des ordres qu'ils reçoivent, ajoute, *que l'obéissance ne doit pas être cependant absolument aveugle ; & qu'aucun engagement ne peut obliger, ni même autoriser un homme à violer la loi naturelle* (*a*).

J'ai dit qu'on ne devoit point obéir alors si on ne pouvoit le faire sans coopérer à l'injustice ; car dans le cas, par exemple, où le commandement tendroit seulement à dépouiller celui qui le reçoit, d'un droit auquel il auroit la liberté de renoncer, il est évident que celui-ci pourroit obéir sans blesser la justice, puisqu'il peut renoncer à son propre droit.

Mais comment accorder la maxime présente avec ce que nous avons déja dit, qu'il n'est pas permis de régler l'obéissance qu'on doit au souverain, sur le jugement qu'on porte de la justice de ses ordres (*b*) ? Par la notion que tous les hommes ont de l'obéissance. Car, tout le monde sait que cette vertu ne peut ni autoriser l'inférieur à commettre une injustice manifeste, ni compatir avec l'examen des ordres des supérieurs. Il n'est donc pas permis à l'inférieur de juger de la justice de ces ordres, lorsque ce jugement a besoin d'examen, c'est-à-dire, dans les cas douteux ; mais il est permis de décider lorsque le commandement présente une injustice évidente.

MAXIME IV.

L'injustice évidente, qui autorise la désobéissance des sujets, est très-rare.

L'Injustice évidente est celle qui force l'aveu de la conscience, & qui ne peut être excusée en aucune

---

(*a*) Wolf, Droit des gens, l. 1, ch. 4, §. 53.
(*b*) Max. 1 de ce chap.

maniere. *Quod nullâ tergiverfatione celari poteft.* Ce qui fuppofe la connoiffance précife & diftincte des loix violées, & l'oppofition manifefte de ces loix avec les ordres reçus. Les loix dont je parle ici, font la loi divine, & la loi naturelle pour le gouvernement civil & eccléfiaftique, & de plus, les loix conftitutives, dans la fociété civile. Je ne parle point des autres loix civiles, dont le prince peut fe difpenfer, lorfqu'il en a de juftes raifons, ainfi que nous le dirons dans la fuite (*a*). Les trois premieres efpeces de loix fe réduifent à des principes très-fimples & très-évidens; mais leurs conféquences ne le font pas également. Or il eft rare que la volonté du fouverain foit manifeftement contraire à ces premiers principes. Il l'eft qu'elle le foit aux conféquences qui dérivent évidemment de ces principes. Il eft très-difficile de connoître les raifons d'état qui naiffent de la combinaifon des différentes parties de l'adminiftration, & du concours des circonftances, & qui rendroient légitime un commandement qui, confidéré en lui-même, pourroit avoir une apparence d'injuftice; mais ces raifons ne peuvent être bien approfondies que par ceux qui font chargés de l'adminiftration générale. C'eft la réflexion de Juftinien. *Non omnium quæ à majoribus conftituta funt, ratio reddi poteft. Et ideo rationes eorum quæ conftituuntur inquiri non oportet; alioquin multa ex his quæ certa funt, fubvertuntur.* L. non omnium 20, l. & ideo 21, ff. tit. de legib.

Ainfi, prétendre que les ordres du prince ne font fondés fur aucune raifon de juftice, parce qu'on n'en connoîtroit aucune; alléguer vaguement l'infraction des loix fondamentales de l'état, ou fuppofer des loix conftitutives, fans titre certain pour juftifier fa défobéiffance, ce feroit ajouter l'infulte à la révolte.

Non-feulement l'injuftice manifefte de la part du gouvernement, eft très-rare de fa nature; mais elle doit encore néceffairement être fuppofée telle dans la pra-

---

(*a*) V. ci-après part. 2, ch. 2, §. 3.

tique, pour maintenir l'ordre du gouvernement. Car cet ordre dépend en partie de la fubordination, or fi on multiplie les cas d'injuſtice qui autoriſent la déſobéiſſance, on relâche à proportion les liens de la fubordination, on affoiblit la force du gouvernement, on fournit des prétextes à l'eſprit d'indépendance & de révolte, qui eſt la ſource des plus grands maux. Le plus grand des abus ſeroit donc de donner trop d'extenſion à la liberté de déſobéir, ſous prétexte de vouloir empêcher les abus.

MAXIME V.

Lors même que l'injuſtice évidente du commandement autoriſe la déſobéiſſance, elle ne juſtifie jamais la révolte.

Voici le droit du Roi qui régnera ſur vous, diſoit Samuel aux Juifs : *il prendra vos enfans & les emploiera à ſon ſervice. Il ſe ſaiſira de vos terres & de ce que vous aurez de meilleur, pour le donner à ſes ſerviteurs, &c* (*a*). " Eſt-ce qu'il aura le droit
" de faire tout cela licitement ? A Dieu ne plaiſe, ré-
" pond M. Boſſuet, car Dieu ne donne pas de tels
" pouvoirs; mais il aura droit de le faire impunément
" à l'égard de la juſtice humaine (*b*)... Les ſujets
" n'ont à oppoſer à la violence des princes, que des
" remontrances reſpectueuſes, ſans mutinerie & ſans
" murmure, & des prieres pour leur converſion (*c*). "
" L'état eſt en péril & le repos public n'a plus rien
" de ferme, s'il eſt permis de s'élever, pour quelque
" cauſe que ce ſoit, contre les princes. La ſainte onc-

(*a*) *I. Reg.* VIII, 11, 12, &c.
(*b*) Boſſ. Pol. l. 4, art. 1, prop. 3.
(*c*) Ib. l. 6, art. 2, prop. 6.

DES DEUX PUISSANCES. 63

» tion eſt ſur eux, & le haut miniſtere qu'ils exer-
» cent, les met à couvert de toute inſulte. David re-
» fuſe d'attenter ſur la vie de Saül. Il tremble pour
» avoir oſé couper le bord de ſa robe, quoique ce fut
» à bon deſſein. *Que j'oſe lever la main contre l'oint*
» *du Seigneur, à Dieu ne plaiſe. Et le cœur de Da-*
» *vid fut frappé, parce qu'il avoit coupé le bord de la*
» *robe de Saül* (*a*).... Roboam traite durement le
» peuple; mais la révolte de Jéroboam & des dix tri-
» bus qui le ſuivirent, quoique permiſe de Dieu en
» punition des péchés de Salomon, ne laiſſe pas d'être
» déteſtée dans toute l'Écriture, qui déclare (*b*) *qu'en*
» *ſe révoltant contre la maiſon de David, ils ſe ré-*
» *voltoient contre Dieu qui régnoit par elle* (*c*). » J. C.
veut qu'on obéiſſe aux Scribes & aux Phariſiens, parce
qu'ils ſont aſſis ſur la chaire de Moïſe : il défend ſeulement d'imiter leur exemple (*d*) ; & en renvoyant
aux prêtres les lépreux qu'il a guéris, il rend un témoignage public à l'autorité qu'ils ont reçue (*e*).

Nous avons obſervé que c'étoit ſous les Empereurs
payens les plus cruels, que les Apôtres recommandoient expreſſément la ſoumiſſion aux Puiſſances, parce
que leur autorité venoit de Dieu. Nous avons vu le
reſpect que les premiers Chrétiens rendoient aux princes idolâtres qui les perſécutoient, comme un hommage religieux qui ſe rapportoit à la Divinité-même.
Les droits du ſouverain étoient d'autant plus ſacrés
pour eux, qu'ils étoient les ſeuls adorateurs du Maître ſuprême, par qui les monarques regnent (30). » Nous
» pourrions mettre le feu dans la ville, diſoient-ils
« aux Payens, s'il nous étoit permis de rendre le mal
» pour le mal. Et quand nous voudrions agir en en-
» nemis déclarés, manquerions-nous de troupes & d'ar-
« mes ? Les Maures ou les Marcomans, & les Parthes

(*a*) I. Reg. XXIV, 6, 7.
(*b*) 2 Paral. XIII, 5, 6, 8.
(*c*) Boſſ. Pol. l. 6, art. 2, prop. 4.
(*d*) Matth. XXII, 2, 3.
(*e*) Matth. VIII, 4.

„ mêmes se trouveroient-ils en plus grand nombre que
„ nous qui remplissons toute la terre, vos villes, vos
„ isles, vos châteaux, vos assemblées, vos campa-
„ gnes, les tribus, les décuries, les palais, le sénat,
„ le barreau, les places publiques ? Nous ne vous
„ laissons que vos temples. A quelle guerre ne serions-
„ nous pas disposés, quand même nous serions en
„ nombre inégal au vôtre, nous qui endurons si cons-
„ tamment la mort, si notre doctrine ne nous pres-
„ crivoit de la souffrir, plutôt que de la donner ? mais
„ nous n'avons garde de rien entreprendre contre les
„ Empereurs. Ceux dont Dieu regle les mœurs, ne
„ doivent pas seulement épargner leurs souverains,
„ mais les hommes ; & ce qui n'est pas permis contre
„ aucun autre, l'est encore moins contre nos maî-
„ tres (a). „

L'Impératrice Justine mere, & tutrice de Valentinien II, veut obliger S. Ambroise à donner une basilique aux Ariens. Le S. Évêque désobéit, parce que la loi divine s'oppose à la volonté du souverain : mais il se renferme, suivant la remarque de Mr. Bossuet, *dans la modestie d'un sujet & d'un Évêque.*
„ Ne croyez pas, dit S. Ambroise, que vous ayiez
„ pouvoir d'ôter à Dieu ce qui est à lui. Je ne puis pas
„ vous donner l'Église que vous demandez ; mais si
„ vous la prenez, je ne dois pas résister (b). „ Et encore : „ Si l'Empereur veut avoir les biens de l'É-
„ glise il peut les prendre, personne ne s'y oppose :
„ qu'il nous les ôte, s'il veut : je ne les donne pas,
„ mais je ne les refuse pas (c). . . . Voilà, s'écrie
„ M. Bossuet, une résistance digne d'un chrétien &
„ d'un Évêque (d).„

On allegue le bien public, pour autoriser la révolte contre le souverain, dans le cas d'une administration

---

(a) *Tert. Apol.*
(b) *Ambr. l. 2, epist. 13.*
(c) *Amb. orat. de basilicis non tradendis.*
(d) *Boss. Pol. l. 6, art. 2, prop. 6.*

DES DEUX PUISSANCES. 65

niſtration injuſte. Mais l'ordre & le bien public ne proſcrivent-ils pas tout ſyſtême qui, ſans remédier aux abus, ſeroit une ſource éternelle de diviſions & de déſordres ? Or, tel eſt le ſyſtême de nos adverſaires. Car, ſous prétexte de venger le peuple des injuſtices qu'il ſouffre, l'ambition & le fanatiſme armeroient les ſujets contre leurs maîtres légitimes, pour établir leur propre domination ; & les rebelles mettroient le comble aux malheurs d'une nation dont ils ſe diroient les protecteurs. Voilà, en effet, ce qu'a toujours produit, & ce que doit néceſſairement produire la maxime, qu'il eſt permis de ſe révolter contre le ſouverain qui opprime. Nous aurons ailleurs occaſion d'approfondir cette vérité (*a*).

MAXIME VI.

Les principes qui fondent l'autorité du ſouverain, établiſſent les devoirs de l'obéiſſance des peuples envers ſes officiers, & de ceux-ci envers le prince.

1°. LE ſouverain, en revêtant ſes officiers de ſon pouvoir, impoſe, par là-même, à ſes ſujets l'obligation de leur obéir ; puiſque le droit de commandement qu'il leur donne, emporte le devoir de ſubordination envers eux, de la part des autres ſujets. Ce ſeroit donc violer l'autorité du ſouverain, ce ſeroit attaquer la conſtitution même du gouvernement politique, que de leur réſiſter. L'Eſprit-Saint recommande l'obéiſſance, non-ſeulement envers le prince, mais encore envers les chefs qui le repréſentent. *Sub-*

(*a*) V. part. 2, ch. 4, §. 1, 2.

diti eſtote… ſive Regi quaſi præcellenti, ſive Ducibus, tanquam ab eo miſſis (*a*).

2º. Cependant les officiers n'en ſont pas moins obligés d'obéir au ſouverain ; parce que n'ayant reçu de pouvoir & de ſupériorité que ſur leurs concitoyens, ils reſtent toujours dans la claſſe de ſujets, & par conſéquent toujours dans la ſubordination à ſon égard. ʺ Dans un état où il y a un chef, dit Watel, ʺ ceux qui gouvernent ſous lui, lui demeurent ſujets, ʺ & ne peuvent, dans aucun cas (*b*), ſe diſpenſer d'acʺ quieſcer à ſa volonté (*c*). ʺ

Les officiers du prince ſont encore obligés d'obéir, en vertu du ſerment de fidélité qu'ils ont fait, & à cauſe de l'exemple de l'obéiſſance qu'ils doivent, pour le maintien de l'autorité qu'ils exercent ; car leur pouvoir tombe néceſſairement, ſi la puiſſance de qui ils le tiennent, ne le ſoutient. Les mêmes raiſons, ou les mêmes prétextes de vexations & d'abus qu'ils employeroient pour s'autoriſer dans leur révolte contre lui, les ſujets les feroient valoir contre eux, pour ſe tirer de la dépendance ; & leur autorité, qui n'eſt que ſubalterne, feroit beaucoup plus aiſément abattue que la ſienne.

On doit dire la même choſe de la puiſſance eccléſiaſtique. Ceux qui ſont commis par les Évêques, ont droit ſur l'obéiſſance des fideles ; mais ils doivent obéir à leur tour à leurs Évêques ; & ceux-ci au ſouverain Pontife & aux Conciles.

―――――――――――――――――――

(*a*) *I. Petr.* II, 13, 14.
(*b*) Le cas d'injuſtice manifeſte eſt excepté de droit.
(*c*) Principes du Droit naturel de Wolf, par Watel, l. 8, ch. 4, §. 75.

MAXIME VII,

Servant de conclufion à la premiere Partie.

L'autorité du souverain eft le falut du peuple.

JE l'ai déja dit, il faut néceffairement donner un frein à l'homme, pour affurer fon bonheur. S'il eft livré à lui-même, il ne connoîtra bientôt plus d'autre loi que celle de fes penchans. Les paffions & l'intérêt perfonnel armeront les citoyens les uns contre les autres ; la cupidité, l'ambition, la vengeance, le defir de la domination, couvriront de crimes la face de la terre ; la fortune, l'honneur, le repos, la liberté, la vie des hommes, feront abandonnés au caprice de leurs femblables & à l'empire des paffions. Il n'y aura plus de moyen de fe défendre, ni contre fes concitoyens, ni contre les étrangers, que celui d'oppofer la force à la violence. La juftice fe tait, dès que la fubordination ceffe. Le plus fort domine ; les guerres inteftines, la confufion, la barbarie enfeveliffent les vertus, les arts & les fciences fous les débris de l'humanité, & retracent par-tout l'image de l'ancien cahos.

Le monde moral ne peut donc fe maintenir dans l'ordre que par l'autorité qui fait vivre les loix, qui anime tous les refforts du gouvernement, qui infpire les vertus, qui contient les paffions, ou qui les fait fervir au bien public. Par elle, chaque citoyen foumis au chef, prend, dans la fociété, la place qui lui convient ; il y conferve, par un jufte équilibre, entre une liberté & un affujettiffement raifonnables, tous les avantages de la fociété civile. Les ténebres fe diffipent ; les arts, les fciences & le commerce naiffent de cette heureufe harmonie ; l'activité

& l'induftrie, fource de l'abondance, affurées de recueillir les fruits de leurs travaux, verfent fur la nation leurs propres richeffes, & pourvoient aux befoins de tous, fous l'empire d'un gouvernement légitime. Tous les membres de la fociété, fe donnent pour ainfi dire la main : des extrêmités d'un état ils s'entraident, ils fe foutiennent mutuellement prefque fans s'en appercevoir : les plus foibles, l'indigent, l'orphelin, l'enfant même dans le berceau, trouvent toute la force publique entre les mains du prince, armée pour leur commune défenfe. La fouveraine Puiffance, qui environne le trône de fon éclat, donne des chaînes à la violence & à l'injuftice, veille fans ceffe au bonheur de tous ; & les loix qui les protegent, n'infpirent de la terreur qu'aux méchants qui voudroient s'en affranchir.

Mais, dans le corps politique comme dans le corps humain, on ne fent bien tout le prix d'une fanté parfaite, que par la privation. On s'habitue à jouir de ces avantages, plus touché fouvent des facrifices qu'elle exige pour la conferver, que de ce qu'il en coûteroit en la perdant ; & cette Puiffance bienfaictrice, qui fait la fûreté publique, paroît quelquefois un joug infupportable pour les uns, parce qu'elle les affujettit, & un objet de jaloufie pour les autres qui voudroient la partager. L'efprit d'indépendance & l'amour de la domination emploient le prétexte du bien public, pour la rendre odieufe & pour l'afservir, c'eft-à-dire, pour anéantir le gouvernement à qui elle fert de bafe, & pour plonger la fociété dans tous les défordres de l'anarchie. Car s'*il y a dans un État quelqu'autorité capable d'arrêter le cours de la puiffance publique & de l'embarraffer ; perfonne n'eft en fûreté*, dit M. Boffuet (b). Le fouverain n'eft plus libre de protéger la juftice, s'il n'eft pas affez fupérieur à fes fujets, pour être au-deffus de la crainte. Sedecias

---

(*a*) *Majeftas regis falutis tutela.* Quint-Curce.
(*b*) Pol. l. 4, art. 1, prop. 8.

abandonne Jérémie aux grands de son royaume, parce qu'*il ne peut leur rien refuser* (a). Évilmerodach n'a pas la force de défendre Daniel contre les instances des courtisans, parce qu'il se laisse intimider par leurs menaces (b). Pilate a la lâcheté de condamner J. C., parce qu'il craint les Juifs (c).

Puis donc que la puissance du prince est le salut de l'état, le véritable amour patriotique doit réunir tous les citoyens pour affermir son autorité, & concourir ainsi au bien général qui en est inséparable. " Il n'y
" a que les ennemis publics qui séparent ces deux in-
" térêts.... Rabsacès fait semblant d'avoir pitié du peu-
" ple, pour le soulever contre Ézéchias. Qu'*Ézéchias*
" *ne vous trompe pas, faites ce qui vous est utile & venez*
" *à moi.... chacun de vous mangera du fruit de sa vigne*
" *& de son figuier, & boira de l'eau de sa citerne. N'é-*
" *coutez donc pas Ézéchias qui vous trompe* (d). Flatter
" ainsi le peuple pour le séparer des intérêts de son
" Roi, c'est lui faire la plus cruelle de toutes les guer-
" res, & ajouter la sédition à ses autres maux. Que les
" peuples détestent donc tous les Rabsacès, & tous ceux
" qui font semblant de les aimer, lorsqu'ils attaquent
" leur Roi. On n'attaque jamais tant le corps, que lors-
" qu'on l'attaque dans la tête, quoiqu'on paroisse, pour
" un tems, flatter les autres parties (e). "

Nous n'aurions besoin que de notre propre histoire pour apprendre, que l'affoiblissement de la souveraineté, en minant par degrés les fondemens de la monarchie, a toujours été l'origine des calamités les plus affreuses. Lorsque les maires du palais, qui n'étoient d'abord que des officiers du prince, préposés au gouvernement de l'état, eurent acquis assez d'autorité pour balancer la puissance royale, la confusion s'introduisit dans l'inté-

---

(a) *Jérém*. XXXVIII, 5.
(b) *Dan*. XIV, 28, &c.
(c) *Joan*. XII, 12.
(d) *IV Reg*. XVIII, 27, &c.
(e) Boss. Pol. l. 6, art. 1, prop. 3.

rieur du royaume. Ces officiers, jouissant de tout le crédit, eurent bientôt tout le pouvoir ; ils interceptèrent la correspondance d'autorité & de soumission qui unissoit les citoyens à leur souverain. Le Monarque, n'ayant plus que le titre de Roi, n'eut plus la puissance nécessaire pour commander, parce qu'on lui désobéit impunément. Toutes les parties de l'administration se relâcherent ; la nation fut déchirée par des divisions intestines ; le royaume fut ouvert de tous côtés aux incursions de ses ennemis ; & l'état n'opposa plus qu'une foible résistance, parce que la souveraineté, qui en réunissoit les forces, se trouva presque anéantie.

Charlemagne, qui porta si loin la gloire du nom françois, ne put donner assez de consistance à son Empire, pour conserver son ancienne splendeur. Dès que ses successeurs eurent laissé affoiblir l'autorité, les grands du royaume se firent de leur crédit, & des bienfaits-même du prince, un titre pour secouer le joug de la dépendance. La domination des grands vassaux s'étendit à mesure qu'ils trouverent dans le chef moins de puissance pour les assujettir. Ceux-ci eurent des arrieres-vassaux qui prétendirent jouir des mêmes droits dans leur territoire. Bientôt le royaume se trouva partagé en une multitude de petits souverains qui devinrent autant de tyrans, & qui ne tinrent plus au Monarque que par un hommage lige. Les guerres civiles s'allumerent : le Roi, dans l'impuissance de secourir les citoyens, ne fut plus que le triste spectateur de leurs malheurs. Le peuple, gémissant dans la misere, sous la barbarie de ses nouveaux maîtres, se vit forcé de prodiguer son sang, pour servir leur ambition & leur haine, & pour resserrer les liens de son esclavage, en affermissant une domination qui les opprimoit. Presque chaque ville fut dans le sein du royaume, un état séparé, ou une nation ennemie. La discorde divisant les citoyens, il n'y eut plus de sûreté ni dans les villes, ni dans les champs, ni sur les chemins publics. Au milieu des horreurs d'une guerre intestine, qui portoit la désolation jusqu'au sein des familles, cette nation auparavant si florissante, alors nourrie dans le fang & le carnage, infenfible à la voix de l'humanité, ne fut plus occupée qu'à piller & à s'entre-détruire; & cependant il ne s'étoit point encore écoulé un fiecle depuis le beau regne de Charlemagne. L'ordre & la paix ne fe rétablirent que fous la 3me race, lorfque les fuccefleurs d'Hugues Capet, ayant commencé à reprendre par la réunion des grands fiefs à la couronne, la fupériorité de la puiffance qui leur étoit échappée, réduifirent les autres vaffaux à la condition de fujets. Le gouvernement, ayant alors repris fes forces, agit avec plus de vigueur, & fe fit refpecter, en établiffant la fubordination. Le glaive des loix réprima l'injuftice & la violence; tout rentra dans l'ordre, & le peuple fut libre lorfqu'il eut un Roi.

Si l'état a éprouvé des crifes femblables fous les regnes fuivans; s'il a été expofé aux mêmes malheurs; fi la monarchie s'eft vue, par les troubles domeftiques, fur le penchant de fa ruine, ce n'a jamais été que par le même vice qui avoit occafionné fa décadence, je veux dire par le défaut d'autorité de la part du Monarque. Telle fut la fituation du royaume pendant la régence de Charles, Dauphin de France, & la détention du Roi Jean, lorfque la faction du Roi de Navarre fouleva une partie des fujets contre l'héritier préfomptif de la couronne. Telle fut fa fituation fous Charles VI, & pendant la démence de ce prince, lorfque l'état fut partagé entre le fils du prince, & une Reine dénaturée qui commandoit fous le nom de fon époux. Les regnes de François II, de Charles IX, d'Henri III, d'Henri IV, de Louis XIII, furent agités par des guerres civiles, parce que l'héréfie ayant infpiré la révolte, le fouverain ne fut plus refpecté. La jaloufie & l'ambition, profitant de la minorité de Louis XIV pour brouiller l'état, partagerent la cour, & fouleverent les fujets contre l'adminiftration actuelle, par un zele apparent de réforme; parce que ceux qui tenoient les rênes du gouvernement, n'avoient pas affez d'autorité pour fe faire obéir. Or, ce qui s'eft paffé, fera l'hiftoire de tous les fiecles à venir. Toujours, &

par-tout, la divifion s'introduira, dès que les liens de la fubordination fe relâcheront ; le gouvernement fe détruira, lorfque l'état fera divifé ; le peuple fera abandonné à tous les malheurs de l'anarchie ; pillé, opprimé, affervi, immolé à l'ambition du plus fort, lorfqu'il n'y aura plus dans le fouverain affez de force pour le protéger ; & le defpotifme s'établira, au moment où la puiffance légitime fera anéantie. La révolte commence toujours par le cri de la liberté, & finit par la fervitude.

Le fchifme & l'héréfie caufent des maux encore plus grands dans l'Église. Elle ne peut périr, il eft vrai, parce qu'ayant reçu les promeffes de l'affiftance divine, fon gouvernement ne fauroit être anéanti ; mais les enfans que le fchifme & les héréfies lui arrachent, périffent ; & n'ayant plus de guides pour les conduire, errent comme des brebis fans pafteurs, fe divifent, fe précipitent dans les plus profonds abymes.

L'intérêt des peuples eft donc inféparable de l'autorité du prince & des pafteurs. L'abus qu'ils font de leur pouvoir n'eft qu'un mal paffager. La deftruction de leur pouvoir même feroit un mal permanent, & le plus grand de tous les maux ; parce qu'en ouvrant la porte à tous les abus, elle priveroit les citoyens & les fideles de l'unique moyen de les réprimer. Les peuples doivent donc être auffi jaloux du maintien de la fouveraine Puiffance, que ceux qui en font les dépofitaires, puifqu'elle n'exifte que pour eux ; ils doivent l'être principalement dans les tems orageux, où le fanatifme feme des alarmes pour infpirer fes fureurs. Obéir à l'Église en matiere fpirituelle, & aux Rois en ce qui concerne la fociété civile, voilà la voix de la Religion & de la patrie. Regle fimple & fûre, qui mettra toujours les cœurs droits à l'abri de l'enthoufiafme du faux patriotifme, mais regle que l'efprit d'indépendance n'a jamais connue, parce qu'il eft toujours ennemi de l'autorité.

Fin de la premiere Partie.

DE L'AUTORITÉ DES DEUX PUISSANCES.

SECONDE PARTIE.

DE LA PUISSANCE TEMPORELLE.

C'Eſt Dieu lui-même qui forma la premiere ſociété en uniſſant l'homme à la femme. *Il n'eſt pas bon*, dit-il, *que l'homme ſoit ſeul ; donnons-lui une aide ſemblable à lui* (a). De cette union naquit une poſtérité dont le premier homme fut le premier Roi. Ses deux enfans, Seth & Caïn devinrent les chefs de deux peuples que l'Écriture-ſainte déſigne *par les enfans de Dieu, & les enfans des hommes* (b). Ces deux peuples furent diſtingués encore par la différence des mœurs ; mais

---

(a) *Gen.* II, 18.   (b) *Gen.* VI, 1.

s'étant mêlés ensuite par des alliances, la corruption devint générale. Dieu les punit par le déluge à l'exception de Noé qui étoit juste, & de sa famille. Leur postérité repeupla la terre. Les trois enfans de Noé furent les tiges d'autant de nations, qui se sous-diviserent en plusieurs autres. Moïse nous apprend les différentes parties du monde qu'elles habiterent. Ces petits peuples étoient régis, selon une certaine forme de gouvernement qui, quoiqu'imparfaite, renfermoit pourtant, d'un côté le pouvoir de commander & de punir, & de l'autre, l'obligation d'obéir. Tels étoient entr'autres les Sidoniens, les Hétéens, les Jébuséens, les Amorrhéens, &c., descendans de Chanaan, & qui, par la raison de leur commune origine, étoient unis entr'eux. Le gouvernement monarchique ayant plus d'analogie à l'autorité des peres de famille qui avoit donné naissance à l'autorité des souverains, fut le plus ancien de tous; il paroît même que dans l'origine, les peuples ne connussent d'autre genre de gouvernement. Abraham, chef d'un petit peuple ambulant, avoit fait alliance avec des princes du pays de Chanaan. Ismaël, son premier né, eut douze enfans qui s'établirent en Arabie, & devinrent les chefs d'autant de tribus. Les douze enfans de Jacob donnerent leurs noms aux douze tribus d'Israël (*a*); ils exercerent de leur vivant le droit de vie & de mort sur leurs familles, comme on voit par le jugement que rendit Judas contre Thamar (*b*). On a lieu de croire que les autres peuples, dont l'histoire sainte ne marque pas l'origine, se formerent à-peu-près de la même maniere. La société fut donc le premier état des différentes familles qui peuplerent le monde; & la vie errante des sauvages fut un genre de vie postérieur, & qui doit son origine à un amour désordonné pour l'indépendance; ceux qui ne vouloient point reconnoître de maîtres, parce qu'ils

---

(*a*) Je ne crois pas avoir besoin de faire observer, que Jacob ayant, pour ainsi dire, adopté les deux enfans de Joseph, ils devinrent chefs de deux tribus.
(*b*) Gen. XXXVIII, 24.

vouloient vivre fans loix, fe féqueftrerent des fociétés déja formées, & s'enfoncerent dans les forêts.

C'eft même une erreur de croire que, dans le commencement, tous les biens fuffent communs. La terre étant alors prefque déferte, chacun fut libre, à la vérité, d'habiter où il voudroit, & de cultiver, pour fes befoins, la portion du terrein qui lui conviendroit; cependant l'habit que chacun s'étoit tiffu, les outils qu'il avoit fabriqués, la cabane qu'il avoit conftruite, les vergers qu'il avoit plantés, les troupeaux qu'il avoit raffemblés, lui appartenoient comme le fruit de fon induftrie. Abraham, Loth, Ifaac & Jacob menent paître par-tout leurs troupeaux; mais ils poffedent en propriété les puits qu'ils ont creufés. Ce fut-là le fujet des conteftations entre Abraham & Abimelech (*a*), entre Ifaac & les habitans de Gérare (*b*). Le premier acheta le champ & la caverne d'Éphron, pour y enfevelir Sara, moyennant quatre cens ficles d'argent (*c*).

Si nous confultons le cœur humain, nous verrons comment les penchants de la nature s'accordent avec les faits hiftoriques. Nous avons obfervé que les befoins de l'homme durent le porter naturellement à chercher l'appui de fes femblables, afin de s'entr'aider, & de fe défendre. Or, quel maître plus puiffant que celui de la néceffité? Quelles leçons plus efficaces que celles de l'intérêt perfonnel?

La différence des conditions & l'inégalité des biens furent une fuite naturelle du droit de propriété. On fait que les aînés des familles avoient ordinairement la plus grande part à la fucceffion de leurs peres, & que les enfans des concubines n'y avoient fouvent qu'une très-légere portion (*d*). De plus, la pareffe ou la prodigalité des uns, l'induftrie & la vigilance des autres, les alliances, la multiplicité des enfans, mille autres événements durent apporter encore

(*a*) *Gen.* XXI, 25, XXVI, 16, &c.
(*b*) *Ib.* XXVI, 20.
(*c*) *Ib.* XXIII, 16.
(*d*) *Gen.* XXVII & XXV, 6.

une différence notable dans la fortune des particuliers.

Nous ne défavouons pas, que les rapines & les violences n'aient caufé de plus grandes révolutions encore ; fur-tout dans ce commencement où les états étoient plus foibles & moins policés. Ceux qui paffoient leur vie à pourfuivre les bêtes féroces, devoient fe rendre auffi plus redoutables. L'Écriture-fainte nous apprend que Nembrod qui fut le premier prince puiffant fur la terre, étoit un vigoureux chaffeur (a). Vraifemblablement il fut un des premiers conquérants. Il n'eut dans la fuite que trop d'imitateurs ; les petits états furent envahis, & de leur réunion fe formerent les grands empires.

Mais telle qu'ait été l'origine de ces grands empires ; il eft démontré que, dans le droit, les poffeffions des particuliers, la formation des fociétés civiles, l'inftitution des gouvernemens & de la fouveraineté, qui en eft l'ame & le lien, non-feulement ne font point contraires au droit naturel, mais encore qu'elles font fondées fur les loix immuables de l'humanité & de la juftice, & fur l'ordre établi par la Providence.

Nous difons donc que, bien loin qu'il foit néceffaire de détruire les inftitutions fociales, pour faire revivre la juftice dans le monde, on ne peut maintenir la juftice qu'en les confervant : nous difons qu'on confond mal à propos le droit naturel qui eft immuable, avec le droit primitif qu'avoient les premiers hommes à leur liberté & à la communauté des biens ; droit qui étant fubordonné au bien général, devoit néceffairement être reftreint & modifié par les loix politiques, pour établir un certain ordre dans la fociété, en affurant l'autorité des fouverains & les propriétés des particuliers. Nous difons enfin que cet ordre, étant confacré par la Providence, lie les fujets & les princes, non-feulement par

---

(a) Gen. X, 8, 9, 10.

des motifs de crainte, mais principalement par un devoir de conscience.

Mais sans discuter davantage l'origine des sociétés civiles, posons les maximes qui doivent servir de base à leur institution & de regle à leur gouvernement.

Nous distinguons d'abord trois sortes de gouvernement dans l'ordre civil ; le gouvernement monarchique, qui met la souveraine Puissance entre les mains d'un seul ; l'aristocratique, qui la met entre les mains d'un certain nombre de nobles ; & le démocratique, qui la laisse entre les mains du peuple.

Du mélange de ces trois especes de gouvernement, se forment plusieurs autres gouvernemens mixtes, dont la constitution peut varier à l'infini, selon les différentes manieres dont le prince, les grands & le peuple participent à l'autorité suprême.

Pour connoître les droits de la puissance civile & les avantages qui en résultent, il suffiroit de faire l'application des maximes que nous avons établies ; mais les nuages qu'on y a répandus, exigent une discussion plus particuliere.

J'examinerai donc premiérement quelle est la supériorité de cette puissance, & quels sont les titres qui y donnent droit, pour faire connoître les pouvoirs & les obligations qu'elle renferme.

Secondement, quels sont les principes qui doivent régler l'usage de cette puissance, pour faire respecter les droits des sujets.

Troisiémement, je ferai voir quels sont les avantages & les inconvéniens respectifs des divers genres de gouvernement, pour dissiper les préjugés que répand l'amour de la liberté mal-entendue, contre le gouvernement monarchique.

Quatriémement, pour étouffer tout germe de révolte, je prouverai l'indépendance du Monarque, malgré l'abus du pouvoir.

Cinquiémement, je traiterai de la monarchie de la France en particulier, pour nous instruire de la constitution de l'état où nous vivons.

CHAPITRE PREMIER.

De l'indépendance de la puissance temporelle, par rapport à la puissance spirituelle; des titres qui établissent ses droits; de l'étendue de son pouvoir & de ses obligations.

Quoique la puissance temporelle soit moins noble que la puissance spirituelle; quoique, dans les desseins de la Providence, l'ordre civil doive se rapporter au bien de la Religion, il ne s'ensuit pas que le souverain soit subordonné à l'Église. Comme il ne tient immédiatement son pouvoir que de Dieu, ce n'est aussi qu'à Dieu seul qu'il en est comptable. Cette maxime fondamentale sera la premiere que nous établirons.

Les droits du souverain doivent être fondés sur des principes invariables, & sur des faits manifestes; pour ne point laisser d'incertitude au citoyen, ni de prétextes à la révolte.

Il est donc nécessaire de faire voir quels sont les titres qui donnent droit à la souveraineté.

Nous avons dit (*a*), que la puissance souveraine comprenoit tous les pouvoirs qui sont essenciels à l'ordre public. Nous ferons voir en détail quels sont ces pouvoirs par rapport au gouvernement temporel, & l'usage qu'on en doit faire.

Les citoyens doivent être régis suivant un ordre stable & connu. Il faut donc que le souverain puisse créer des loix.

Les loix feroient inefficaces, si le souverain n'avoit les moyens de les faire observer. Il faut donc que le souverain puisse punir & récompenser.

_____
(*a*) Prem. part. ch. 1, max. 8.

Il ne fuffit pas de maintenir l'ordre parmi les citoyens ; il eft encore néceffaire de défendre l'état contre les entreprifes des étrangers. Il faut donc que le fouverain ait le droit de faire la guerre & la paix.

Les finances font néceffaires pour fournir aux frais de la guerre & aux autres befoins publics : le fouverain doit donc avoir le droit d'impofer le tribut , & d'adminiftrer les deniers de l'état.

Afin que les fujets puiffent fournir aux dépenfes publiques, il faut pourvoir à la fûreté du commerce qui eft la fource des richeffes. Le fouverain le fait entr'autres en marquant à fon coin , les efpeces qui tiennent lieu de change , & en déterminant leur valeur.

Le fouverain , ne pouvant fuffire perfonnellement à tous les détails de l'adminiftration, doit y fuppléer par le miniftere de fes officiers. Il faut donc qu'il ait le droit de les inftituer (31).

Enfin tous ces pouvoirs étant effenciels au bien public , &., par cette raifon , inféparables de la fouveraineté, ils doivent être inaliénables de leur nature. Voilà ce qui fera le fujet des paragraphes fuivans.

§. I.

La puiffance temporelle ne dépend ni directement , ni indirectement de la puiffance fpirituelle.

JEfus-Chrift , en fondant fon Églife , a déclaré que fon royaume n'étoit pas de ce monde. Bien loin de changer l'ordre établi par la Providence dans le gouvernement politique , il a ordonné à fes Difciples de le refpecter, en leur difant de rendre à Céfar ce qui appartenoit à Céfar. Il étoit venu pour perfectionner la loi , & non pour l'abolir. Quoiqu'il eut été annoncé comme Roi, il a voulu, dès sa naissance, être inscrit dans le dénombrement des sujets de l'Empire. Nous avons vu ses Apôtres recommander expressément l'obéissance aux princes comme un devoir de conscience. Nous avons vu avec quelle force les Peres de l'Église ont enseigné cette doctrine dans leurs instructions & dans leurs apologies, comme un des devoirs les plus indispensables de la loi évangélique. Nous avons vu avec quelle Religion les premiers Chrétiens, les Pontifes romains, comme le reste des fideles, rendoient aux Empereurs payens, qui les persécutoient, la soumission & le respect que J. C. leur avoit prescrits. Rien de plus précis que la maniere avec laquelle les saints canons établissent la distinction & l'indépendance des deux Puissances (*a*). Ce seroit donc contredire l'Évangile & la Tradition, ce seroit sortir évidemment de l'esprit d'humilité qui est l'esprit du Christianisme, que d'attribuer au Vicaire de J. C. ni à l'Église, aucun genre de puissance sur le temporel des Rois.

Certains docteurs se sont efforcés d'éluder des autorités aussi précises, en répondant que le souverain Pontife n'avoit qu'une puissance indirecte sur le temporel des princes, c'est-à-dire, autant qu'elle devenoit nécessaire au gouvernement de l'Église : ils ont ajouté que le commandement d'être soumis aux princes mêmes qui persécutoient les Chrétiens, ne regardoit que ces premiers tems apostoliques, où l'Église, pour ainsi dire, dans son berceau, n'avoit pas encore acquis assez d'accroissement & de force pour contraindre les Empereurs à céder au pouvoir de ses Pontifes.

Mais les expressions de l'Évangile & des Peres étant absolues, pourroit-on admettre cette distinction sans rendre l'interprétation des livres saints arbitraire, & sans renverser ces grands principes de la morale chrétienne, que le royaume de J. C. n'est pas de ce monde, que le Fils de Dieu est venu pour accomplir la loi &

con-

(*a*) V. ci-après part. 3, ch. 1, §. 1.

conferver l'ordre, non pour les abolir ? Les motifs fur lefquels l'Évangile fonde les préceptes de l'obéiffance, motifs tirés de l'ordre de la Providence & de la volonté divine, ne fubfiftent-ils pas pour tous les tems, & à l'égard de tous les Chrétiens ? S. Paul n'exclut-il pas formellement cette confidération purement humaine, à laquelle on voudroit attribuer la foumiffion des premiers Chrétiens, lorfqu'il ordonne d'obéir, non par la terreur des peines, mais par un devoir de confcience ? Car fi les premiers pafteurs ne devoient céder que par la crainte de rendre leur condition plus fâcheufe ; c'étoit donc la crainte, plutôt que le devoir, qui les retenoit dans la fubordination. Ils auront eu, à la vérité, le mérite du martyre, en mourant pour la foi, mais non le mérite de la foumiffion. Telle eft la réfignation du plus foible qui cede à la force lorfqu'il ne peut réfifter. A quoi donc fe feroient réduites les proteftations de refpect & d'obéiffance que faifoient aux Empereurs les apologiftes du Chriftianifme, de la part de l'Églife entiere ; à dire : Nous vous refpectons comme les images de la Divinité, comme les miniftres de fa puiffance, & les premiers après Dieu, à qui feuls appartient tout empire (32) ; nous nous faifons gloire de vous obéir, nous prions pour la profpérité de vos jours ; parce que, trop foibles pour vous donner la loi, nous ne pouvons trouver notre falut que dans la foumiffion & la patience. Mais, lorfque nous ferons devenus affez puiffans pour dominer, il nous fera permis d'employer la force pour vous réprimer. Nous refpectons l'empire de la Divinité entre vos mains, mais jufqu'à ce que nous le reprenions fur vous, quand nous le croirons néceffaire à l'intérêt de la foi. De pareilles reftrictions jointes à des proteftations fi folemnelles & fi abfolues, euffent-elles été dignes de la fimplicité & de la fincérité des défenfeurs de la foi ? Auroient-elles pu être avouées de J. C. ? Le feroient-elles même des fages du Paganifme ? Lorfque J. C. recommandoit à fes Apôtres la douceur des brebis, ne leur difoit-il pas qu'il les envoyoit au milieu des loups ?

Mitto vos ficut oves in medio luporum. Or, la loi qui preſcrivoit la douceur aux Apôtres, en leur annonçant la perſécution, ne devoit-elle pas avoir ſon application à tous les tems où l'Égliſe ſeroit perſécutée ? Pourroit-on introduire une pareille diſtinction de tems, pour l'obligation des commandemens de Dieu, ſans inſulter la raiſon, & ſans anéantir la loi évangélique? Qu'on cite au moins un ſeul paſſage des anciens Peres qui favoriſe ces prétentions.

D'ailleurs, eſt-il bien vrai que les Chrétiens, dans le premier âge de l'Égliſe, aient été dans un état de foibleſſe qui ne leur permettoit point de s'élever contre le glaive qui les pourſuivoit ? Tertullien qui vivoit, dans ce tems-là, enſeignoit expreſſément tout le contraire. Nous rempliſſons, diſoit-il aux Empereurs, tous les ordres de l'état, votre ſénat, votre palais, vos armées; nous ne vous laiſſons que vos temples. Des hommes qui ont la force de mourir, manqueroient-ils de courage pour ſe défendre (33) ? Mais c'eſt cette même Religion, que vous perſécutez, qui nous interdit d'employer d'autres armes que celles de la patience & de la priere. Quel eſt le Chrétien qui ait été trouvé complice des conjurations de Niger & d'Albinus (34) ?

Preſque tout l'Empire romain étoit chrétien, lorſque Julien l'Apoſtat entreprit de relever l'idolâtrie (35). La perſécution qu'il fit ſouffrir à l'Égliſe étoit d'autant plus dangereuſe que, ſans verſer d'abord le ſang des Chrétiens, il employoit l'artifice pour ſurprendre leur foi, ou pour laſſer leur patience. Quel plus puiſſant motif d'uſer du prétendu droit que Dieu avoit mis entre les mains de ſes Pontifes, & de dépoſer le Prince apoſtat, pour aſſurer le repos de l'Égliſe ! Mais les Chrétiens ne s'écartent point de la voie qui leur a été tracée par leurs Peres. Ils diſtinguent l'obéiſſance qu'ils doivent à l'Empereur, lorſqu'il les conduit contre l'ennemi, de l'obéiſſance qu'ils ont vouée à Dieu, lorſque l'Empereur veut les forcer de renoncer à l'Evangile (36).

Conſtance, plus cruel que les Dioclétiens, entreprend de renverſer la foi de Nicée (37). Les Ariens, protégés par fa puiffance, portent la défolation dans tout le monde chrétien. Leur haine fe déploie principalement contre les plus illuftres défenfeurs de l'Eglife. Que fera-t-elle dans un danger auffi preffant? Elle fouffrira généreufement, elle fera des vœux pour le falut du Prince & pour la paix de fon royaume, également incapable de trahir fon miniftere par un lâche filence, ou de manquer au fouverain par une révolte criminelle. Vous nous alléguez que nous vous devons la foumiffion, difoit Lucifer de Cogliari à cet Empereur: *Non-feulement nous vous la devons à vous, mais encore à tous ceux qui font en dignité, & qui vous repréfentent, puifque l'Apôtre nous recommande d'obéir aux Princes & aux magiftrats* (38). S. Athanafe quoique perfécuté par Conftance, ne ceffe de prier pour le falut du Prince (39).

L'Impératrice Juftine veut forcer Ambroife à céder une bafilique aux Ariens. Le S. Prélat répond *qu'il ne le peut, mais qu'il ne lui eft pas permis de combattre; qu'il a des armes, mais au nom de J. C., en livrant fon propre corps. Car nous exerçons auffi, ajoute-t-il, une forte d'empire, mais cet empire eft celui du facerdoce qui eft la foibleffe même* (40). Le Tyran Maxime accourt à la tête d'une armée pour venger les violences que la princeffe exerce & contre l'Évêque de Milan, & contre les Catholiques (41). Les foldats déclarent à l'Impératrice qu'ils font prêts à fe joindre à Ambroife (42). Quelle circonftance plus favorable pour fe faire redouter du fouverain, & pour procurer la liberté aux Catholiques? Mais Ambroife ne connoît encore d'*autres armes que fa douleur* : il déclare que c'eft-là toute *la force du Pontife, qu'il ne peut ni ne doit réfifter autrement* (43).

Les Ariens abufent encore de la protection de plufieurs autres Princes, pour perfécuter les Catholiques; & les Catholiques montrent toujours la même fidélité. Théodoric, Roi d'Italie fait mourir deux illuftres fénateurs, Boece & Symmaque; il retient le Pape Jean dans les fers; le Pontife invoque-t-il les armes de l'Empereur Juſtin pour ſe défendre de l'oppreſſion ? Que de cruautés n'exercent pas Huneric & les autres Rois des Vandales en Afrique ! Mais qu'elles ſont les armes de l'Égliſe ? La patience & la priere. *Lorſque nous vous répondons hardiment ſur notre foi , ne nous accuſez pas de vous manquer de reſpect* , diſent les Évêques catholiques , par la bouche de S. Fulgence, en s'adreſſant au Roi Traſimond. Nous ſavons que vous êtes revêtu de la dignité royale , & que nous devons craindre Dieu & honorer les Rois , ſuivant ces paroles de l'Apôtre , *rendez à chacun ce que vous lui devez , craignez celui que vous devez craindre , honorez celui que vous devez honorer . . . . . craignez Dieu & honorez le Roi.* Nous rendons donc le reſpect & l'obéiſſance légitime à votre clémence que Dieu a élevée à la ſuprême dignité. Mais combien devons-nous craindre le Roi des Rois, le Roi éternel , le Seigneur des Seigneurs , qui nous ordonne d'honorer les Rois de la terre (44) ?

Objections tirées de l'Écriture-ſainte. On nous objecte l'invitation que faiſoit S. Paul aux Corinthiens , de choiſir parmi eux des juges pour décider les conteſtations qui s'élevoient. *Si vous devez juger le monde* , diſoit cet Apôtre , *ſerez-vous indignes de juger de moindres objets ? Établiſſez donc pour vos juges , ceux-mêmes qui ſont les derniers d'entre vous* (45). On nous dit que Jérémie a été appellé de Dieu ſur *les nations, pour arracher , détruire, perdre, diſſiper, édifier & planter* (46). Que les Chrétiens ſont appellés par l'Eſprit-Saint *la nation choiſie , & le ſacerdoce royal* (47) : mais ces textes n'ont beſoin que d'une courte explication.

Réponſe. 1°. S. Paul n'invite point les fideles à établir parmi eux un tribunal avec juriſdiction , mais ſeulement à ſe choiſir des arbitres de paix & de charité qui terminent leurs différens.

2°. Jérémie n'entreprit jamais de diſſiper les nations ni de détruire les royaumes. Jamais on ne lui en attribua le droit ; & ce n'étoit pas-là certainement l'objet de fa miffion. Il étoit feulement envoyé pour annoncer la ruine & le rétabliffement des Empires, & il étoit en cela le type du Méffie à venir, qui devoit triompher de toutes les puiffances de la terre, en ruinant l'empire du démon, & en édifiant fon Églife fur les débris des idoles. Tel eft l'interprétation des commentateurs fur ce paffage.

3°. C'eft en vertu de leur union avec J. C. que les Apôtres, les fimples fideles mêmes, font appellés la nation choifie & le facerdoce royal. Nos adverfaires oferoient-ils en faire une autre application? Oferoient-ils prétendre que les Chrétiens participent véritablement au pouvoir du facerdoce & de la royauté? C'eft donc relativement à l'efprit de l'Évangile & au facerdoce de J. C., qu'on doit interpréter les termes de l'Apôtre. J. C. eft véritablement Roi & Pontife par une puiffance toute fpirituelle, qui réunit effenciellement les fonctions du facerdoce avec celles de la royauté dans l'ordre furnaturel. C'eft en vertu de fon facerdoce qu'il exerce le pouvoir qu'il a reçu de fon pere, formant fur la terre l'Églife militante, par les mérites de fon fang, & régnant dans le ciel avec l'Églife triomphante, par la gloire de fon facrifice. Les Chrétiens entrent en participation de fon facerdoce & de fa royauté, comme membres de J. C., en ce qu'ils font eux-mêmes une portion de l'offrande qu'il préfente & qu'ils doivent préfenter avec lui à l'Éternel, & en ce qu'ils font deftinés en cette même qualité à régner avec lui dans le ciel.

Objections tirées des faits hiftoriques & de l'autorité des Peres. Les faits hiftoriques qu'on nous oppofe ne prouvent pas davantage. Grégoire II excommunie Léon Ifaurien qui favorifoit les Iconoclaftes; il empêche qu'on lui paye le tribut en Italie, & il fe fouftrait, avec les Romains, à fon obéiffance. Étienne II & Léon III transferent les États d'Italie aux Rois de France. Louis le Débonnaire eft dépofé dans un Concile. Foulque, archevêque de Rheims, menace Charles le Simple de l'abandonner & de fouftraire fes fujets à fon obéiffance, s'il ne défere à fes conſeils (48). Le Pape Zacharie place Pepin ſur le trône de France, & il en fait defcendre Childeric. Peu de tems après, les fucceſſeurs de Zacharie transferent l'Empire d'Occident à la maiſon Carlovingienne. Le 3e. Concile de Latran, tenu ſous Alexandre III (*a*), prive les Brabançons, les Arragonnois, les Navarrois &c., infectés de l'héréfie des Albigeois, du domaine qu'ils avoient ſur leurs vaſſaux, & enjoint aux fideles de prendre les armes contre eux. Le 4e. Concile de Latran, ſous Innocent III (*b*), décerne les mêmes peines contre les hérétiques obſtinés. Un autre Concile de Latran en 1219, dépoſe Raymond, comte de Toulouſe, comme fauteur des Albigeois. Innocent IV dépoſe Fréderic II dans le Concile de Lyon (*c*). Jules II, voulant punir Louis XII d'avoir adhéré au Concile de Piſe, ne ſe contente pas de l'excommunier dans le Concile de Latran (*d*), il tranfporte encore à la ville de Geneve les foires qui ſe tenoient à Lyon; & cet acte d'autorité eſt approuvé du Concile. Un décret de Martin V, approuvé du Concile de Conſtance, prive ceux qui favoriſeront les Huſſites, de tous leurs biens & dignités, mêmes royales. Les Peres de Bâle & de Trente décernent la même peine contre tous les Seigneurs, les Empereurs, les Rois, les Ducs ou les Princes, qui permetteront le duel; ils les déclarent déchus de tout domaine & de toute juriſdiction ſur leurs terres où ils l'auront permis, & ils privent en même-tems de tous leurs biens, les particuliers coupables de duel (*e*).

A ces faits nos adverſaires joignent l'autorité de S. Bernard (*f*) & de S. Thomas (*g*), qui attribuent à l'Égliſe le droit du glaive matériel, & le pouvoir de dépoſer les ſouverains. Reprenons ces objections.

Réponſe. 1°. Les Romains irrités de ce que Léon

(*a*) En 1179.
(*b*) En 1215.
(*c*) En 1245.
(*d*) En 1512.
(*e*) *Conc. Trid. ſeſſ.* 25, *cap.* 19.
(*f*) *Bern. confid.* l. 4, c. 3.
(*g*) *Tho.* 22, q. 12, *art.* 2, ad. 1.

Ifaurien avoit brifé les images, & des violences qu'il avoit exercés contre les Catholiques, fe révoltèrent contre lui, & lui refuferent le tribut (a). Les hiftoriens grecs accufent Grégoire II d'être l'auteur de cette révolte : mais on fait combien doit être fufpect le témoignage des Grecs, déja prévenus d'une fecrete averfion contre l'Églife romaine (49), & d'ailleurs trop éloignés pour être bien inftruits des véritables refforts qui excitoient ces grands mouvemens dans la capitale du monde chrétien. Une pareille entreprife de la part de Grégoire eut été contraire à fes propres principes, puifqu'il enfeignoit expreffément que, ni les Pontifes ne devroient point fe mêler des affaires de la République, ni l'Empereur de celles de l'Églife (50) : & , s'il s'étoit écarté de cette doctrine dans fa conduite, nous ne devrions point balancer à improuver ce qu'il auroit fait, pour fuivre ce qu'il auroit enfeigné ; mais l'hiftoire nous apprend au contraire, que le Pape vers ce même-tems, c'eft-à-dire vers l'année 729, fe joignit à l'Exarque de Ravennes, pour conferver l'Italie à l'Empereur, contre les entreprifes de Pétafius (b). Peu de tems auparavant, le même Pontife s'étoit fortement oppofé au deffein qu'avoit formé l'armée romaine, d'élire un autre Empereur à la place de Léon (c). Parmi les hiftoriens latins, Anaftafe & Landulfe ne font que copier Théophane, l'un des hiftoriens grecs dont nous venons de parler. Le diacre Paul ne parle, ni du refus du tribut, ni de la prétendue dépofition de l'Empereur. Enfin les faits poftérieurs prouvent que Léon ne fut jamais dépofé, ou que s'il le fut, les fucceffeurs du Pontife regarderent cette dépofition comme nulle ; car Grégoire III, fucceffeur immédiat de Grégoire II, adreffa fes lettres monitoriales aux Empereurs Léon & Conftantin Copronime fon fils, pour les exhorter à faire ceffer la perfécution

---

(a) En l'ann. 730, la 13e. ou 14e. du regne de Léon.
(b) Baron. annal. ann. 729, p. 94.
(c) Paul. diacon. lib. 6. de geftis Longob. c. 39, tom. 13. biblioth. PP. p. 198.

qu'ils avoient fufcitée contre les Catholiques (*a*). Les Evêques d'Italie leur préfenterent leur requête pour obtenir le rétabliffement des images (*b*). Le même Pape Grégoire III, écrivant à l'archevêque Boniface, date fa lettre de la 23e. année du regne de Léon, & de la 20e. de celui de Conftantin (*c*). Zacharie, fucceffeur de Grégoire III, ne fut pas plutôt élevé fur le S. Siege, qu'il s'appliqua à conferver l'Exarcat de Ravennes à ces Empereurs (*d*). Étienne II reconnut Conftantin Copronime pour fon fouverain (*e*), & l'Églife orientale, quoique unie de communion avec le S. Siege, ne ceffa jamais de reconnoître les Empereurs grecs pour fes maîtres légitimes.

Il eft vrai que Rome, ayant inutilement imploré le fecours de Conftantin Copronime contre les Lombards, invoqua la protection des François. Ce recours étoit de droit naturel. Grégoire III adreffa un décret à Charles Martel, par lequel les Princes romains, (*decreto Romanorum principum*) déclaroient qu'ils abandonnoient la domination de l'Empereur, pour fe mettre fous la protection des François. *Quod fefe populus Romanus relicta Imperatoris dominatione ad fuam defenfionem & invictam clementiam confugeret (f).* Étienne II, fuccceffeur immédiat de Grégoire III, eut recours à Pepin, fils de Charles Martel, & lui offrit le titre de Patrice, vraifemblablement par un décret pareil au premier. C'eft en cette qualité de Patrice que Pepin & Charlemagne fon fils, après avoir réprimé les Lombards, & mis fin à leur empire, commencerent à exercer dans Rome une certaine autorité dont ils fe fervirent heureufement pour calmer les troubles qui s'y étoient élevés. Cependant il paroît, par ce que nous avons déja dit, que les Empereurs confervoient encore un droit de fuzeraineté, &

(*a*) *Anaft. bibl. vita Greg. III*, tom. 6; *concil.* Labbe, p. 1463.
(*b*) *Ib.* p. 1464.
(*c*) *Ib.* p. 1465.
(*d*) *Baron.* tom. 9, *annal.*
743. p. 154.
(*e*) *Anaft. vita Steph.* 2, tom. 6, *concil.* Labbe, p. 1622.
(*f*) *Suppl. Baron.* c. 18, an. 740, p. 151.

DES DEUX PUISSANCES. 89

que les Romains n'avoient abandonné que la domination immédiate de leurs Princes. Mais Conſtantin Copronime étant mort, & l'Empire ayant été déféré à Irenée, le ſénat & le peuple romain, conjointement avec le ſouverain Pontife & les Évêques, ſe crurent en droit d'élire auſſi un Empereur ; ils choiſirent le Prince françois, à qui ils devoient leur ſalut (*a*), & qui, poſſédant déja la plus grande partie de l'Italie, étoit ſeul en état de les défendre (51). Mais je veux que les Romains ſe ſoient ſouſtraits totalement ſous Grégoire III à la domination des Empereurs d'Orient : je veux que l'élection du nouveau maître, dans le tems que leur Prince légitime étoit dans l'impuiſſance de les défendre contre les armes & la barbarie de leurs ennemis, ait été irréguliere ; il ſuffira d'obſerver, que cette élection ne fut point un acte de juriſdiction ſpirituelle de la part du Pape, mais un acte purement civil de la part du peuple romain, & que le ſouverain Pontife n'y eut la principale part, qu'à cauſe du rang qu'il tenoit dans l'ordre politique (*b*).

2°. Foulques de Rheims avoit ſauvé Charles le Simple, encore enfant, des mains de ſes ennemis ; il l'avoit élevé ; il lui avoit conſervé la couronne ; &, quoique ces ſervices ne diſpenſaſſent le prélat ni de la fidélité ni du reſpect qu'il lui devoit, ils pouvoient cependant faire excuſer de ſa part certaines expreſſions trop libres, inſpirées par le zele. C'étoit un pere qui menaçoit, & ſi l'on veut ſuppoſer que Foulques fut en effet dans la réſolution de ſe ſouſtraire à l'obéiſſance de Charles ; nous ne balançons pas à blâmer ſa conduite, & nos adverſaires ſeront forcés de l'abandonner comme nous, à moins qu'ils ne vouluſſent, par cet exemple, autoriſer les Pontifes à ſe révolter, & à faire révolter les ſujets contre leur ſouverain, toutes les fois qu'il négligeroit de ſuivre les avis d'un Évêque.

3°. La dépoſition de Childeric eſt étrangere à la queſtion. Toute l'autorité étoit de ſon tems, entre les mains

---

(*a*) En 801.
(*b*) Voyez là-deſſus la défenſe des quatre prop. du Clergé, par M. Boſſuet.

du Maire du palais. Elle étoit devenue héréditaire & indépendante, elle ne laiſſoit plus aux Rois qu'un vain fantôme de royauté. Les choſes étant dans cet état, les grands du royaume s'aſſemblent, & conſultent le Pape Zacharie pour ſavoir s'il eſt plus expédient d'accorder le titre de roi au Maire du palais, qui en a déja tout le pouvoir. Zacharie répond qu'on doit donner le nom à celui qui en a la réalité. En conſéquence de cette déciſion, Pepin prend les marques de la royauté & le titre de roi, & fait renfermer Childeric dans un monaſtere (a). Ce n'eſt ici qu'un ſimple avis ſur la queſtion propoſée, non un acte de juriſdiction de la part du Pape : les Seigneurs françois ſont les ſeuls qui dépoſent le Prince.

4°. Les 3ᵉ. & 4ᵉ. Conciles de Latran n'étoient pas compétens ſans doute pour décerner des peines temporelles, ni pour dépouiller les hérétiques de leurs biens ; mais les décrets de ces Conciles ſur ces matieres étoient autoriſés par le conſentement des Princes qui aſſiſtoient à ces Conciles, ou en perſonne, ou par leurs ambaſſadeurs.

5°. C'eſt encore en vertu du concours de la puiſſance temporelle que le Concile de Latran, en 1219, joignit aux cenſures eccléſiaſtiques contre Raymond, comte de Toulouſe, la privation des domaines qu'il poſſédoit. Philippe Auguſte, de qui relevoit le comté, avoit renvoyé au ſouverain Pontife, le jugement de ſon vaſſal : les ambaſſadeurs furent préſens à ce jugement, & le Prince le ratifia lui-même, par l'inveſtiture qu'il donna du comté de Touloufe, à Simon de Montfort (52).

6°. La dépoſition de Fréderic II eſt un fait perſonnel à Innocent IV. La ſentence ne fut prononcée qu'en ſon nom, & en préſence ſeulement du Concile, *præſente Concilio*, non avec l'approbation du Concile, *approbante Concilio*, comme il l'avoit fait pour les décrets où le Concile concouroit avec le Pape.

(a) *Geneal. Reg. Franc.* tom. 1, duch. p. 796.

D'ailleurs, il ne s'agiſſoit pas dans ce Concile du droit du Pontife ſur la couronne du Prince : ce point fut ſuppoſé, quoique mal à propos, mais jamais agité, jamais défini. Toute la queſtion ſe réduiſoit à ſavoir ſi l'Empereur étoit véritablement coupable des crimes dont on l'accuſoit : c'eſt là-deſſus qu'intervint le jugement.

Je dis plus, & j'ajoute que le point de droit formoit une queſtion purement civile. Car ſous le regne des Othons, non-ſeulement le Pape conféroit l'Empire comme ſouverain de Rome, au rapport de Baronius ; mais il donnoit encore aux Empereurs, le pouvoir de déſigner leurs ſucceſſeurs. Après les Othons, il donna à certains Princes d'Allemagne le droit d'élire les Rois des Teutons, qui étoient élevés enſuite à la dignité impériale : (*a*) & les Empereurs élus lui prêtoient ſerment de fidélité (*b*). Les Papes prétendirent en conſéquence que les Empereurs tenoient leur couronne du S. Siege, comme les électeurs le droit d'élection (*c*). Delà ſuivoit naturellement le droit de les juger & de les dépoſer. On voit par une lettre de Fréderic II, que c'étoit-là une des raiſons ſur leſquelles Innocent IV appuyoit ſes prétentions (53) ; & c'eſt ſans doute par ce même motif que, s'agiſſant d'un droit perſonnel au ſouverain Pontife, comme Prince temporel, il prononça ſeul la ſentence de dépoſition, ſans faire mention du conſentement du Concile, comme dans les décrets qui concernoient la Religion.

Ainſi quoique les Conciles généraux ne ſoient point infaillibles ſur les queſtions purement civiles, cependant Dieu n'a jamais permis qu'ils aient concouru à la dépoſition des ſouverains. Les Papes eux-mêmes dans les décrets où ils s'efforçoient d'établir leurs prétentions, n'ont jamais rien défini expreſſément là-deſſus. Boniface

---

(*a*) *Suppl. Baron.* l. 2, c. 40, *tom.* 10, *ann.* 964, p. 783, 784, *ann.* 996, p. 909.

(*b*) *Clement.* l. 9, tit. 9, *cap.* romani principes 1, *de jure jurando.*

(*c*) *Cap.* venerabilem *extra* de elect. *Suppl. Bar.* l. 1, c. 12, p. 383, l. 3, *cap.* 18, *ferm.* Arnulphi Lexovienſis in Concil. Turon. tom. 10, Col. 1415.

VIII termine sa bulle *unam sanctam* contre Philippe le Bel, par la maxime qu'aucun Catholique ne conteste, savoir, que tous les fideles doivent être soumis au souverain Pontife de nécessité de salut ; mais sans définir qu'on doive lui être soumis, même sur les matieres temporelles, *Porro subesse Romano Pontifici omnem humanam creaturam declaramus, dicimus, definimus, & pronuntiamus omninò esse de necessitate salutis* (*a*).

7°. La déposition de Louis le Débonnaire, imputée mal à propos au Clergé de France, ne fut le crime que de la cabale de quelques Seigneurs & de plusieurs Prélats, excités par Ebbon, archevêque de Rheims. Une partie des Évêques réclama contre cet excès; demeura attachée à Louis (*b*) ; & le Clergé de France en corps improuva la conduite des premiers, en déposant Ebbon, & en rétablissant Louis le Débonnaire (*c*).

8°. Henri IV même après avoir été déposé par Grégoire VII, fut toujours reconnu pour Empereur par un grand nombre d'Évêques allemans. Brunon, archevêque de Treves, quoique attaché à ce Prince, ne laissa pas d'être uni de communion avec le S. Siege. S'il en fut repris, ce fut pour avoir accepté l'investiture de la main du Prince, & pour avoir violé les canons en dédiant des Églises & en faisant des ordinations, avant d'avoir reçu le pallium ; mais jamais pour avoir gardé la fidélité qu'il devoit à son souverain ; & lorsque le Pape le réconcilia à l'Église, il n'exigea point de lui qu'il renonçât à l'obéissance qu'il avoit vouée au Prince (*d*). Enfin Fréderic I, ayant fait cesser le schisme, en reconnoissant Alexandre III pour Pape légitime, reçut seulement l'absolution de l'excommunication qu'il avoit encourue (*e*), sans avoir besoin d'ê-

---

(*a*) C. unam sanctam *extravag. de majorit & obedientiâ.*
(*b*) Fléuri., hist. l. 47, n. 38.
(*c*) *Theganus apud duch.* n. 44, p. 182.

(*d*) *Hist. Trevirens.* tom. 12, spicileg. p. 241, 242.
(*e*) *Concil. Venetens.* Baron. tom. 12, *ann.* 1177.

tre rétabli par le Pontife fur fon trône, pour continuer à exercer les droits de la fouveraineté.

9°. Nous défaprouvons la conduite de Jules II ; & nous ne comptons point le Concile de Latran, qu'il tint en 1512, au nombre des Conciles œcuméniques.

10°. Nous avouons que les canons des Conciles de Conftance (54), de Bâle (55), & de Trente (56) ; quant aux difpofitions qui concernent le temporel, paffent les bornes de leur jurifdiction. Mais c'eft une maxime généralement reconnue que de pareils décrets, de la part de l'une ou l'autre puiffance, reçoivent leur validité du confentement exprès ou tacite de la puiffance compétente. Écoutons là-deffus comment M. Boffuet développe cette grande maxime, qui doit nous fournir dans la fuite la folution de plufieurs objections qu'on tire auffi des faits contre la jurifdiction eccléfiaftique.

„ Affez fouvent, dit l'illuftre Prélat, les Rois & les
„ Princes, en partant pour la croifade, mettoient leurs
„ perfonnes & leurs biens fous la protection du Pape....
„ On trouve auffi des exemples des Princes qui fe fou-
„ mettoient au S. Siege, non-feulement dans les guer-
„ res des croifades, mais encore dans leurs guerres
„ particulieres, & qui demandoient aux Papes de
„ confirmer leurs traités de paix, & d'en faire exécu-
„ ter les conventions : en un mot, on fe fervoit en
„ mille manieres du nom & du refpect de la Religion,
„ pour fe mettre à couvert des attaques de fes en-
„ nemis. D'où il arrivoit fouvent que les plus impor-
„ tantes affaires fe traitoient à Rome, devant le Pape.

„ Cependant la puiffance fpirituelle profitoit de tou-
„ tes ces chofes, pour empiéter fur les droits des fou-
„ verains. Les Princes les plus pieux s'en appercevoient ;
„ mais ils ne croyoient pas devoir s'y oppofer.....
„ Ainfi, bien que l'Église faffe, ordonne & décide
„ beaucoup de chofes, fans que les Rois s'en plaignent,
„ on ne doit pas toujours en conclure qu'elle fait ufage
„ de fes droits véritables & primitifs ; mais qu'il faut
„ diftinguer exactement la puiffance que J. C. a don-
„ née à fon Église ; de celle qu'elle a acquife dans la

„ suite par l'autorité, le consentement & la permission
„ des Rois, qui même lui ont laissé faire bien des choses
„ en dissimulant & en se taisant ; quoiqu'ils s'apperçus-
„ sent fort bien qu'elle usurpoit les droits de la puissance
„ temporelle.

„ Il est arrivé, de la même maniere, à la puissance
„ temporelle, d'envahir les droits de la spirituelle. Dès
„ le sixieme siecle, du tems de S. Grégoire le grand,
„ les Empereurs vouloient qu'un Pape, élu canoni-
„ quement, ne put monter sur le S. Siege, sans avoir
„ auparavant obtenu d'eux la confirmation de son élec-
„ tion. L'histoire nous apprend encore que les Rois
„ de France, même ceux de la premiere race, & d'au-
„ tres Rois de diverses nations, s'attribuerent le droit
„ d'empêcher qu'on élût aucun Évêque, sans leur par-
„ ticipation & leurs ordres. Ces droits furent poussés
„ si loin, qu'il étoit comme de style aux Rois, de dire
„ à l'Évêque élu, *qu'ils lui enjoignoient de s'acquitter*
„ *des fonctions de la prédication, & qu'ils lui confioient*
„ *au nom de Dieu la dignité épiscopale* (a). Après
„ quoi, ils ordonnoient au Métropolitain & aux au-
„ tres Évêques de le consacrer. Enfin nous voyons
„ que depuis plusieurs siecles, les Rois, sous le nom de
„ droits de régale, ou d'autres noms, conferent avec
„ une pleine autorité, un grand nombre de canoni-
„ cats & de dignités ecclésiastiques, sans excepter les
„ bénéfices à charge d'ame. Nos adversaires ne diront
„ pas que les Rois font toutes ces choses en conséquence
„ des droits naturels & essenciels à la dignité royale ;
„ mais que l'Église leur a accordé ces privileges. Or,
„ comme on ne peut produire les titres de cette con-
„ cession, ils répondent qu'elle s'est faite par un con-
„ sentement tacite, & ils prouvent, par de bonnes
„ raisons, que cela doit être ainsi. Car, disent-ils,
„ pour peu qu'on fasse attention à la nature des cho-
„ ses, il est aisé de voir que l'Église seule peut con-

(a) *Marculfe, form.* l. 1, *cap.* 5, 6, 7, *bibliot. PP.* tom. 12, p. 771.

» férer les dignités ecclésiastiques. Concluons donc aussi
» que, quand l'Église donne ou ôte des seigneuries,
» & fait usage en quelques occasions de la puissance
» temporelle, elle n'agit en tout cela que du consente-
» ment, au moins tacite, de cette même puissance
» temporelle.

» On trouve dans les Novelles de Justinien, & dans
» les capitulaires de nos Rois, des défenses de faire
» telle & telle chose, sous peine d'être déposé du
» rang qu'on occupe dans le Clergé, d'excommunica-
» tion & d'être mis en pénitence. Or, quoiqu'il ne soit
» pas toujours marqué dans ces loix, que ces peines
» sont imposées par l'autorité des saints canons, nous
» n'en sommes pas moins assurés que cela est ainsi.

» Les Rois ont fait aussi, touchant les choses ec-
» clésiastiques, plusieurs ordonnances, telles qu'il seroit
» difficile d'en trouver de semblables dans les saints
» canons. Et néanmoins nous n'avons nulle peine à
» croire que ces ordonnances ont lieu par le consen-
» tement de l'Église.

» Donnons un exemple. Charles le Chauve ordonne
» dans un de ses capitulaires (a), que *quiconque en-
» freindra une loi qu'il publie, sera frappé d'anathê-
» me, & puni sévérement par le Comte*. Ces deux choses
» sont mises tout de suite, comme si elles émanoient
» de la même puissance; mais nous savons fort bien
» rappeller l'une & l'autre à la source d'où elles dé-
» rivent. De même aussi, lorsque les Pontifes mêlent
» dans un décret, les loix ecclésiastiques & civiles,
» nous devons discerner avec soin ce qu'ils prescrivent
» par l'autorité qui leur appartient en propre, de ce
» qu'ils ordonnent en empruntant les droits de la puis-
» sance temporelle.

» Car l'union étroite & la sainte société des deux
» Puissances demandoient qu'elles semblassent, en quel-
» que sorte, usurper les fonctions l'une de l'autre, par

(a) *Capit. tom.* 2, *part.* 94, *tit.* 24, *cap.* 10.

„ le droit qu'ont les amis de se servir du bien les uns
„ des autres, comme de leur propre bien. D'où il doit
„ arriver que ce que feroient ces deux Puissances, au-
„ roit son plein & entier effet, à cause de leur com-
„ mune société, par le consentement mutuel qu'elles
„ se donneroient l'une à l'autre, d'exercer leurs droits
„ & leur puissance réciproques.... Distinguons donc
„ (dans les décrets de l'Église) les fonctions des Pon-
„ tifes, de celles des Rois. L'union entre l'Empire &
„ le Sacerdoce est telle, que si l'une usurpe la puis-
„ sance de l'autre, cela se fait d'un consentement mu-
„ tuel, exprès ou tacite, sans que cette usurpation
„ puisse préjudicier en rien aux droits de l'une & de
„ l'autre Puissance.

„ Lucius III fait usage des droits de cette société
„ & de cette amitié mutuelle, lorsqu'il ordonne que
„ *les comtes, barons, recteurs & consuls des villes ou*
„ *autres lieux... seront privés de leurs dignités & in-*
„ *habiles à en posséder d'autres.... Si, étant requis*
„ *de défendre l'Église contre les hérétiques, ils négli-*
„ *gent de le faire* (a). Si toutes ces choses purement
„ temporelles sont au pouvoir de l'Église & des Papes,
„ par cela seul qu'elles sont utiles à l'Église ; le pré-
„ texte de l'utilité ne manquera jamais, & les Papes
„ pourront décider toutes sortes d'affaires temporelles,
„ sans consulter les princes, & même malgré eux ; ils
„ auront par conséquent seuls toute l'autorité souve-
„ raine... Il faut donc de toute nécessité que nos ad-
„ versaires conviennent avec nous de ce principe :
„ Que les décrets de l'Église, touchant les choses tem-
„ porelles, n'ont force de loi, qu'autant qu'ils ont été
„ faits du consentement exprès ou tacite des souve-
„ rains (b).„ Cette citation ne doit pas paroître ici
trop longue, à cause de son importance. M. le Merre
fait la même observation que M. Bossuet (57).

C'est

(a) *Cap.* ad abolendam *extra* de hæret.

(b) *Defens. decl. cleri. gall.* part. 1, *lib.* 4, *cap.* 5.

C'est en conséquence de cette maxime, que les Conciles de Constance, de Bâle & de Trente, sans prétendre envahir les droits des souverains, ont fait des décrets qui touchoient à leur temporel, mais qui ne devoient avoir de force, qu'en vertu du consentement des Princes. Par la même raison, les Rois de France, sans blesser le respect dû à ces Conciles, ont été en droit de refuser leur adhésion à ces décrets, qui sont restés en effet sans exécution dans le royaume en conséquence de ce refus.

11°. Les paroles de S. Bernard doivent s'expliquer conformément aux mêmes principes. » Pourquoi, dit ce
» pere à Eugene III, pourquoi vous servir de nouveau
» de l'épée que J. C. vous a ordonné de remettre dans
» son fourreau? Nier cependant qu'elle fut à vous,
» ce ne seroit pas faire assez d'attention à ces paroles
» du Seigneur : *Remettez votre épée dans son fourreau.*
» Elle est donc à vous, c'est-à-dire, pour être em-
» ployée selon votre volonté, quoi que ce ne soit point
» par vous-même. Les deux épées, la spirituelle & la
» matérielle, sont donc à l'Église ; celle-là doit être
» employée par l'Église elle-même : celle-ci selon les vo-
» lontés du Pontife & par l'ordre de l'Empereur (58). »

Nous avouons donc avec S Bernard que le glaive matériel doit être employé pour le bien de l'Église, puisque ce n'est que pour l'Église que les royaumes & le monde entier subsistent, & que le Prince doit concourir avec les Pontifes à l'exécution des desseins de Dieu sur la sanctification des hommes, en protégeant sa Religion, & en faisant exécuter les ordres de ses ministres ; mais ce glaive ne peut être tiré que par le commandement du Prince, *ad nutum sacerdotis & jussum Imperatoris*, tout comme le glaive spirituel doit seconder le gouvernement civil & faire exécuter les loix de l'État, sans cesser d'être entre les mains des Pontifes. C'est ainsi que, suivant Pierre Damien, la royauté & le sacerdoce doivent être si étroitement unis, ensorte que le *Roi se trouve entre les mains du Pontife, & le Pontife entre les mains du Roi* (59).

12°. Nous respectons l'autorité de S. Thomas ; mais nous ne balançons point ici à lui préférer le témoignage de l'ancienne tradition.

Objections tirées des raisons théologiques. On nous objecte encore 1°. que les premiers Pasteurs, ayant le droit de décerner des censures, peuvent priver les souverains par l'excommunication de tout commerce avec le reste des fideles, & les dépouiller ainsi indirectement du droit de commandement. 2°. Que l'Église, connoissant de la justice des œuvres, doit connoître aussi de la bonne ou mauvaise administration des Princes chrétiens. 3°. Que la sanctification des peuples, qui est la derniere fin de l'un & l'autre gouvernement, étant du ressort de la puissance spirituelle, c'est aussi à la puissance spirituelle à diriger le gouvernement temporel. 4°. Que le Pasteur doit, en qualité de protecteur, empêcher les souverains qui font partie de son troupeau, d'abuser de leur pouvoir, pour opprimer ses ouailles. 5°. Qu'établir deux Puissances indépendantes, c'est partager les peuples entre deux souverains, affoiblir l'autorité, risquer le repos public ; & que la puissance spirituelle étant la plus noble par sa nature, doit dominer sur la puissance temporelle.

Réponse. Nous répondons à cela 1°. que les peines décernées par l'Église se bornent au spirituel (60) ; que si elles privent le coupable d'une certaine société avec le reste des fideles, soit pour le ramener par une salutaire confusion, soit pour l'empêcher de pervertir les autres ; ce n'est qu'autant que cette séparation ne blesse point l'ordre public. D'où il résulte que ces peines ne peuvent dépouiller, ni directement, ni indirectement les citoyens de leurs avantages temporels, encore moins dissoudre les liens de la société civile, & priver le souverain du droit de commandement, en interceptant la correspondance que le droit public & la loi naturelle ont établie entre lui & ses sujets (*a*).

(*a*) V. ci-après part. 3, ch. 4, §. 2.

DES DEUX PUISSANCES. 99

2°. L'Église connoît de la juſtice des œuvres ; mais elle n'a pas le droit de demander compte au ſouverain des raiſons de ſon adminiſtration, dont il n'eſt reſponſable qu'à Dieu ſeul.

3°. Dieu, en inſtituant les deux Puiſſances, a donné à chacune d'elles, non tous les pouvoirs néceſſaires pour opérer infailliblement le bien, qui eſt l'objet de leur inſtitution, autrement il auroit mis le cœur de l'homme entre leurs mains ; mais il leur a donné ſeulement tous les pouvoirs dont ils avoient beſoin, pour gouverner, en maintenant l'ordre dans la ſociété, ſoit quant à l'adminiſtration ſpirituelle, ſoit quant à l'adminiſtration civile, ſans que les deux Puiſſances euſſent beſoin de rien entreprendre ſur leurs gouvernemens reſpectifs.

4°. Quoique l'Évêque & le Prince ſoient inſtitués pour la même fin, qui eſt la ſanctification des peuples, ce n'eſt pas la ſanctification des peuples, mais l'ordre civil, qui eſt la fin immédiate de l'adminiſtration du Prince. Or la fin immédiate du gouvernement civil & du gouvernement eccléſiaſtique étant diſtinctes, il ne répugne pas que leur puiſſance ſoit indépendante (61). Le magiſtrat & le militaire ſe rapportent en derniere analyſe au ſalut de l'État ; mais leurs fonctions ſont ſéparées & indépendantes, parce que l'objet immédiat de leur adminiſtration eſt différent. Le magiſtrat ſert l'État en le défendant par l'autorité des loix, contre les troubles intérieurs ; le militaire, en le défendant, par la force des armes, contre les ennemis du dehors.

5°. L'Église doit protéger le peuple contre l'oppreſſion des Princes injuſtes, oui ſans doute, & elle le protege en effet ; mais ſelon l'étendue du pouvoir qui eſt dans l'ordre de ſon gouvernement, c'eſt-à-dire, en inſpirant aux ſouverains l'amour des peuples, & le zele de la juſtice ; jamais en uſurpant leurs droits, jamais en s'érigeant en juge de leur adminiſtration, jamais en employant des armes étrangeres au pouvoir qu'elle a reçu.

6°. Eſt-il bien vrai que l'Égliſe & l'État ſeroient

G 2

mieux gouvernés, si le souverain réunissoit les deux Puissances ? Mais supposons-le pour un moment, s'ensuivroit-il que Dieu eut réuni en effet les deux Puissances, ou qu'il leur fut permis d'entreprendre sur leurs jurisdictions respectives ? Nous aurons ailleurs occasion de revenir sur tous ces points, & de les approfondir (*d*).

L'indépendance des Princes à l'égard de l'Église, quant au gouvernement civil, étant démontrée, il s'ensuit que le *Pape ne peut créer des dignités temporelles hors de ses États* (*b*), *ni légitimer des bâtards quant au temporel* (c), *ni restituer les laïcs, ni les clercs contre l'infamie, sinon aux fins d'être reçus aux ordres, offices & actes ecclésiastiques* (*d*), *ni remettre l'amande honorable* (*e*), *ni s'ingérer dans l'exécution des testamens* (*f*), *ni connoître des legs pies* (*g*), parce que toutes ces fonctions regardent directement l'ordre civil. Telles sont les maximes des libertés Gallicanes.

§. II.

Les suffrages du peuple, le droit d'hérédité ou de conquête, & la prescription sont autant de titres légitimes qui peuvent constituer le droit du souverain.

1°. L*es suffrages du peuple.* J'ai déjà dit que les hommes s'étant réunis en société, devoient être présidés par une autorité suprême ; que Dieu avoit institué cette autorité par une suite de la même Providence qui veille à l'ordre public, & au salut des peuples ; mais qu'il n'avoit rien déterminé, ni sur la forme du gou-

---

(*a*) V. ci-après part. 3, ch. 1, §. 1, & part. 4, ch. 1, §. 1.
(*b*) Lib. de l'Égl. Gall. art. 19.
(*c*) Ib. art. 21.
(*d*) Ib. art. 22.
(*e*) Ib. art. 23.
(*f*) Ib. art. 24.
(*g*) Ib. art. 25.

vernement, ni fur la perfonne qui devoit gouverner (*a*). Le choix devoit donc être fait originairement par cette fociété naiffante. Ce choix, en fixant la conftitution du gouvernement, donnoit auffi un droit inconteftable au fouverain. C'eft en vertu de ce titre primordial, que les Rois font préfumés exercer leur puiffance.

2°. *Le droit d'hérédité.* Le peuple ayant eu originairement la liberté de choifir fon fouverain, & d'établir une certaine forme de gouvernement, a pu, par la même raifon, rendre la fouveraineté héréditaire. Cette difpofition paroit même plus conforme à l'ordre naturel, felon lequel les enfans fuccedent aux domaines du pere. C'eft pourquoi bien que ni le peuple d'Ifraël, ni la loi divine n'euffent rien déterminé au fujet de la fucceffion au trône, les enfans de Saül prétendirent à la couronne de leur pere après fa mort, & les defcendans de David lui fuccéderent fans difficulté : Dieu ne le défaprouva point ; & le droit de fucceffion fut même unanimement reconnu, enforte que Jéroboam fut traité d'ufurpateur pour l'avoir violé.

3°. *Le droit de conquête.* N'y ayant point de puiffance fur la terre qui juge les fouverains, il n'y a que le fort des armes qui puiffe décider leurs querelles. Celui qui eft attaqué, peut donc foumettre l'agreffeur, & lui enlever une portion de fes Etats, pour fe dédommager des torts qu'il a foufferts, & pour fe mettre à l'abri de fes entreprifes. Cette loi, qui appartient au droit naturel, eft généralement avouée. Elle a fa fource dans les principes de la juftice, qui donne à chacun le droit à une légitime défenfe & à une jufte compenfation. Jacob *donne à Jofeph, par préciput fur fes freres, un héritage qu'il a enlevé des mains des Amorrhéens par fon épée & par fon arc* (*b*). Jephté répond aux Ammonites, qui demandent la reftitution de certaines places, qu'il les poffede à jufte titre, puif-

---

(*a*) V. ci-dev. part. I, ch. I, avant-prop. & maxim. 3, & au commencement de cette 2e. part.
(*b*) Gen. XXXXVIII 22.

que les Israélites les ont conquises sur les Amorrhéens dans une juste guerre (*a*).

Loke enseigne que „ le conquérant même dans une „ guerre juste, n'a aucun droit sur les gens d'un pays „ subjugué, qui ne se sont pas opposés à lui, ni sur „ la postérité de ceux-mêmes qui s'y sont opposés; il „ ajoute que ceux qui n'ont point pris les armes, & „ les enfans de ceux qui lui ont fait la guerre, doivent „ être exempts de toute sujettion à son égard; ensorte „ que si leur gouvernement est dissous, ils sont en droit „ de former un nouveau gouvernement, tel qu'ils le „ trouveront à propos (*b*). „

Il fonde ce système singulier, si contraire d'ailleurs au droit des gens, & à la pratique constante des nations, sur ce que le peuple demeurant toujours propriétaire de la souveraineté, ne peut en être privé lorsque le Prince, qu'il s'est donné pour maître, est dépossédé.

Nous répondrons à cela que dans une pure monarchie, ou dans une pure aristocratie, la souveraineté appartenant au Monarque ou aux nobles, n'est plus en la disposition des sujets; qu'elle doit passer par conséquent au conquérant comme un bien que les premiers ont mérité de perdre; & que dans un gouvernement mixte où le peuple partage l'autorité, & dans un gouvernement républicain, où il l'a toute entiere, il doit avoir part à la peine, comme il a eu part à la faute.

Le système de Loke seroit-il même praticable? Car les sujets conservant une inclination naturelle pour leur premier maître, ne manqueroient pas de se joindre à lui, s'ils devenoient libres; & par-là le Prince vaincu deviendroit aussi formidable qu'auparavant : ce qui seroit & contre la justice & contre le but d'une saine politique, qui se propose d'ôter à l'ennemi le moyen de nuire en diminuant ses forces, ou au moins de le contenir par la crainte de se voir dépouillé.

Nous convenons cependant que le conquérant ne

(*a*) *Jud.* XI, 20, 21, &c.   (*b*) Loke, Gouv. civ. ch. 15, n. 11.

faisant que succéder au droit de son ennemi, ne peut gouverner les sujets du Prince vaincu, que selon leur ancienne constitution, parce qu'il ne fait que succéder à ses droits, & que les sujets, étant innocens, ne peuvent être privés du droit qu'ils ont d'être régis, suivant la forme du gouvernement qu'ils ont instituée. Je parle ici des États conquis, qui étoient gouvernés auparavant par un Monarque, ou par les nobles. Dans les États républicains, le peuple perd tout le droit qu'il avoit à l'administration publique, & ne conserve que le droit de propriété.

4°. *Le droit de prescription.* Ce droit a été sagement établi dans l'ordre civil, afin de fixer l'état des citoyens, de pourvoir aux repos des familles, & de prévenir toute contestation sur d'anciens titres qui seroient sujets à une infinité de fraudes. En vertu de cette loi, une possession paisible pendant un laps de tems déterminé, forme un titre incontestable de propriété. Mais il est beaucoup plus important au bien public de prévenir les dissentions, les guerres intestines & interminables, qui s'allumeroient, ou dans le sein d'une nation, ou entre des peuples voisins, si, après une longue possession, il étoit encore permis de discuter les titres qui ont fondé originairement le pouvoir des souverains, ou déterminé l'étendue de leurs possessions, & si on pouvoit entreprendre de les déposséder, sous prétexte d'usurpation. Car point de Monarque alors, point de République qui pût posséder ses États en paix; point de peuple qui ne fût exposé à des troubles & à des révolutions continuelles sur de simples prétentions. » Puis-
» que l'usurpation étant suivie par après, d'une longue
» jouissance volontaire & paisible, dit Loyseau, donne
» lieu aux souverainetés, qui ne peuvent avoir aucun
» supérieur en ce monde, dont elles la puissent rece-
» voir; on ne doit révoquer en doute la souveraineté
» des Rois qui sont en possession ancienne d'en user (*a*).

(*a*) Loys. des Seigneur. l. 4. *de Jure bell. & pac.* l. 2, ch. ch. 2, §. 87. — Voy. Grot. 4, n. 9.

Le tems nécessaire pour ce genre de prescription n'étant point fixé par le droit des gens, il doit être déterminé par la même loi générale du bien public qui a établi la prescription elle-même, & qui est la regle commune des loix positives. Par cette raison le laps de tems doit être censé suffisant, lorsque les héritiers de l'usurpateur se trouvent si bien affermis par une possession paisible, qu'on ne pourroit entreprendre de les déposséder, sans faire le malheur des peuples. L'intérêt de la famille dépossédée n'est plus alors qu'un intérêt particulier, qui doit céder au bien général.

Il est vrai que suivant le droit civil, le temps de la prescription ne court qu'en faveur de celui qui ignore l'illégitimité de son titre, parce que ce droit n'ayant été institué que pour l'avantage des particuliers, ne doit point favoriser leur mauvaise foi; mais il n'en est pas de même de la prescription établie par le droit public, à l'égard des souverains, parce que cette prescription n'ayant pour but que l'intérêt des peuples & la tranquillité des Etats, ne doit aussi se considérer que relativement au bien public, & se diriger par des regles qui soient indépendantes des dispositions personnelles des souverains qui possedent.

Cette maxime est confirmée par la pratique constante de toutes les nations, qui ont toujours regardé comme leurs souverains légitimes, les paisibles possesseurs des Empires, quoique ces Empires eussent été originairement usurpés. Nonobstant l'injuste invasion de la Judée par Nabuchodonosor, les Juifs n'en étoient pas moins soumis aux Rois de Babylone, ainsi qu'à Cyrus & à ses successeurs. Les Romains avoient profité de la foiblesse des Juifs pour les assujettir, & ils avoient été asservis eux-mêmes par Auguste. Il ne s'étoit pas encore écoulé un siecle, lorsque Tibere & Néron gouvernoient en tyrans; cependant J. C. qui vivoit sous le premier, enseignoit que la puissance des Césars venoit de Dieu, & vouloit qu'on leur payât le tribut; les Apôtres qui vivoient encore sous le second, recommandoient expressément la soumission & le respect à leur égard. Ils avertiſſoient les fideles que réſiſter aux Princes, c'étoit réſiſter à l'ordre inſtitué de Dieu même. Les Chrétiens des premiers ſiecles, marchant ſur les traces de J. C. & des Apôtres, au lieu de chercher dans les titres primitifs des Empereurs qui les perſécutoient, des raiſons pour conteſter la légitimité de leur puiſſance, regardoient l'obéiſſance comme l'un de leurs devoirs les plus ſacrés. Ils ſe rangeoient ſous les drapeaux des Empereurs lorſqu'ils les menoient contre les ennemis de l'État: ils ne leur déſobéiſſoient que lorſqu'ils leur ordonnoient de ſacrifier aux idoles. Tertullien défioit les Payens de citer un ſeul chrétien qui eut été complice des conſpirations qui s'étoient formées contre les Céſars. Votre Empereur, leur diſoit-il, eſt encore plus le nôtre & à plus juſte titre, parce que nous reconnoiſſons nous ſeul le Maître ſouverain par l'ordre duquel regnent les maîtres du monde (a).

§. III.

Le ſouverain a le pouvoir de faire des loix. Quelles ſont ſes obligations à cet égard.

Droits du Prince. Il eſt néceſſaire qu'il y ait des loix poſitives dans une ſociété parfaite (b). Ces loix ſont les protectrices des Princes & des ſujets. En écartant l'arbitraire, elles dirigent les uns dans l'adminiſtration publique; elles preſcrivent aux autres des regles de conduite, déterminent leurs droits reſpectifs, & les avantages auxquels ils ont droit de prétendre. Mais s'il eſt néceſſaire qu'il y ait des loix poſitives, il faut auſſi qu'il y ait une puiſſance légiſlative, & cette puiſſance eſt d'autant plus eſſencielle, qu'elle embraſſe toutes les parties du gouvernement, puiſqu'il n'y en a aucune qui ne doive être régie par les loix. Or, le

---

(a) Tert. *Apolog.* (b) V. le ch. ſuivant, §. 5.

pouvoir législatif suppose le droit de commander, puisqu'il emporte de la part des sujets l'obligation d'obéir: il est donc inséparable de la souveraineté, à qui seul appartient le commandement. *Lex pertinet ad personam publicam quæ totiûs multitudinis curam habet* (*a*). Le Bret nous apprend que ce droit est un des attributs essenciels du souverain (62). Nous avons déja établi ailleurs cette vérité; & nous avons ajouté (*b*), que la puissance législative renfermoit encore le pouvoir d'interpréter les loix, de les abolir, de les modifier & d'en dispenser (63). Nous n'insisterons donc pas davantage sur cet article.

Obligations du Prince. Mais si le souverain a le pouvoir de faire des loix; c'est toujours conformément au droit naturel & divin, & aux maximes constitutives du gouvernement; c'est toujours relativement au bien public qui est la fin essencielle des loix (*c*). Celles qui s'écarteroient de cette regle, seroient radicalement nulles. La législation consiste dans l'exercice de la justice, non dans le droit de l'arbitraire.

Par la même raison, si le souverain a le droit d'interpréter les loix, il ne doit les interpréter que conformément aux regles de l'équité, & à l'esprit de ces loix. S'il a le pouvoir de les abolir, ce n'est que dans le cas où il y est forcé par les circonstances & pour l'intérêt de la société; car les loix doivent être stables, de leur nature. Les abolir hors de ce cas, c'est donc blesser l'ordre public, c'est ôter au gouvernement sa consistance. Les loix les plus anciennes doivent être les plus respectées, parce qu'elles ont ordinairement un rapport plus intime avec les mœurs du peuple & avec la constitution de l'État.

Modifier les loix, c'est les abolir en partie. Le Prince doit donc apporter à cet égard la même attention, & observer les mêmes regles.

(*a*) *Th.* 1, 2, q. 90, *art.* 3.　　(*c*) Part. 1, ch. 2, max. 1.
(*b*) Prem. part. ch. 2, max. 6.

Les dispenses qui temperent la rigueur de la loi, par rapport à certains cas qu'elle auroit exceptés, si elle les eut prévus, exigent une sage discrétion, pour concilier les principes d'équité avec les regles. La clémence doit être d'accord avec le bien public : l'observance trop rigoureuse des loix pourroit être une injustice ; mais les exemptions trop fréquentes affoibliroient certainement l'autorité des loix. Les infractions les font méprifer, lorsqu'elles demeurent impunies ; l'oppreffion & la violence les anéantiffent, lorsqu'elles prédominent. Or, l'autorité des loix faifant la principale force d'un État, le gouvernement doit nécessairement s'affoiblir & périr avec elles. " Les Rois, dit le Bret,
" ne peuvent donner à leurs peuples des témoignages
" plus certains de leur affection, qu'en fe rendant
" foigneux de deux chofes, la premiere, de faire
" exercer faintement la juftice, & d'empêcher que les
" magiftrats n'abufent de leur autorité, & de défen-
" dre les foibles, contre l'oppreffion des plus puif-
" fans (a). "

§. IV.

Le souverain a le pouvoir d'infliger des peines, & de diftribuer des récompenfes. Quelles font fes obligations à cet égard.

Droits du Prince. Si tous les hommes étoient juftes, la loi n'auroit befoin que de fe montrer pour régner. Mais, comme l'intérêt perfonnel eft le grand mobile de leurs actions, il faut néceffairement lier cet intérêt avec le bien public, en les invitant à l'obfervance des loix par l'efpoir des récompenfes, ou en les intimidant par la crainte des peines, & en leur faifant ainfi trouver leur propre avantage dans les

---

(a) Le Bret, de la Souverain. l. 1, ch. 1.

services qu'ils rendent à la société, ou leur infortune dans le tort qu'ils lui font. Il faut donc que le souverain, chargé de veiller au bien public, ait le pouvoir de punir & de récompenser (*a*).

« Tous les hommes, dit Domat, ne se portent pas à tous leurs devoirs : plusieurs, au contraire, se portent à des injustices. Il a donc été nécessaire, pour maintenir l'ordre de leur société, que les injustices & toutes les entreprises contre cet ordre, fussent réprimées ; ce qui ne se pouvoit que par un acte d'autorité donnée à quelques-uns au-dessus des autres, ce qui rendoit nécessaire l'usage du gouvernement (*b*). »

Et dans un autre endroit : « Comme il est de l'ordre général de la justice & de la bonne politique d'un État, que les services & autres mérites, qui peuvent contribuer au bien public, soient récompensés, ou par des titres d'honneur, ou par d'autres graces, qui, venant de la main du souverain, soient plus distinguées ; il a seul le droit de dispenser ces sortes de graces (*c*). »

Delà le droit d'ennoblir, de créer des ordres, d'y attacher des honneurs & des privileges, d'en conférer les titres, d'ériger les terres en fiefs, en marquisats, duchés &c., de gratifier les sujets par des pensions sur les deniers publics, d'accorder des immunités & d'autres prérogatives concernant la société civile.

Obligations du Prince. Il est de l'usage d'un pareil pouvoir qui met pour ainsi dire le sort des citoyens & de l'État, entre les mains du Prince que dépend l'observance des loix, le bonheur des peuples, & la gloire des souverains. Combien ce pouvoir doit-il être

---

(*a*) Je n'entends parler ici que des récompenses qui sont à la charge de la société, comme les récompenses pécuniaires, fournies par le trésor public, ou les récompenses qui concernent l'ordre civil, tels que sont les emplois publics & les dignités de l'Etat.

(*b*) Domat, Droit publ. l. 1, tit. 2, sect. 1, n. 4.

(*c*) Ib. sect. 2, n. 2.

facré entre les mains du Pere de la patrie ! s'il doit les punir à regret, il ne doit point enhardir au crime, par une compaſſion indiſcrete ; c'eſt aimer véritablement ſon peuple, que de réprimer les coupables, qui le vexent. Que les méchants voient toujours le glaive levé ſur leurs têtes, & il y aura moins de crimes. Que les grands ſcélérats n'eſperent point d'échapper aux regards de la juſtice, à l'abri d'une protection peu méritée, ou d'un pouvoir trop redoutable, & ils n'abuſeront plus, pour opprimer le citoyen, d'un crédit, dont ils ne devroient jouir que pour le bien de la ſociété ; ils ne ſeront pas tentés de multiplier leurs rapines & leurs violences, pour acheter la liberté de les commettre. La clémence eſt une cruauté, lorſque le pardon accordé aux coupables, fait le malheur des innocens : & la juſtice devient alors humanité (a). *Pardonnez vos propres injures, & vengez les torts publics* (64), diſoit Livie à Auguſte.

Dirigé par le même eſprit d'équité, le Prince écartera des honneurs & des charges publiques, la faveur & la brigue. Sans confondre les conditions, ſans enlever à la naiſſance les prérogatives ni le rang qui y ſont attachés, il laiſſera dans l'oubli ces hommes inquiets & inutiles, qui, n'ayant d'autres titres que celui de leurs ancêtres, ni d'autre élévation dans les ſentimens que l'enflure d'une fauſſe grandeur, ſe croiront en droit de repouſſer avec un fier dédain, tout ce qui ſe préſente devant eux, pour ſe frayer un chemin aux places les plus importantes. Il confiera la diſtribution des graces à des diſpenſateurs fideles qui, au lieu de les prodiguer à la faveur, ne verront que des yeux de la juſtice, n'agiront que par le zele du bien public, & iront chercher juſque dans l'obſcurité de la retraite, la vertu modeſte qui ſe cache. La jalouſie qui s'applique à décrier le mérite & à décourager les talens qu'elle redoute, intimidée par la crainte, n'oſera plus lever la voix, lorſqu'elle ſe verra éclairée de près & condamnée

_____

(a) *Senec. de Clem.* c. 20.

à l'opprobre : elle cessera de priver la société de ces hommes rares, destinés à faire la gloire des États, & le bonheur du genre humain. Tout autre titre que celui du mérite, devenant inutile à l'ambition, tous les citoyens seront également invités à servir la société par l'espoir des récompenses. Les heureux germes d'héroïsme & de génie, que la nature distribue dans tous les tems & dans toutes les conditions, & qui souvent sont malheureusement étouffés ou ralentis dès leur naissance par le mépris, l'indifférence ou la jalousie, se développeront par une noble émulation. On verra les arts, les sciences & les vertus vivifier toutes les conditions. L'âge des grands hommes a toujours été le siecle qui les a honorés. *Virtutes iisdem temporibus optimè æstimantur, quibus facillimè gignuntur* (a).

§. V.

Le souverain a le pouvoir de faire la guerre ou la paix. Quelles sont ses obligations à cet égard.

Droits du Prince. La loi naturelle donne aux peuples le droit d'opposer la force aux invasions des étrangers, puisque c'est le seul moyen de se défendre de la servitude, & de pourvoir à la sureté publique. L'Écriture-sainte autorise les guerres justes. Dieu y est appellé *le Dieu des armées*. L'ancien Testament fournit plusieurs exemples de grands capitaines, dont l'Esprit-Saint a loué la valeur. S. Jean-Baptiste, interrogé par les soldats sur ce qu'ils doivent faire, ne leur ordonne pas d'abandonner la profession des armes, mais seulement de s'abstenir des vexations (b). Dès le premier âge de l'Église, les Chrétiens se sont fait un devoir de combattre sous les drapeaux des Empereurs,

_____

(a) *Tacit. vit. agric.* p. 452.   (b) *Luc.* III, 14.

contre les ennemis de l'État. Or, la guerre ne peut se faire que par le concours des forces réunies, sous l'obéissance d'un chef, & les forces ne peuvent se réunir qu'en vertu de cette autorité suprême qui est chargée de veiller au bien public, & qui, par la même raison, doit avoir le droit de décider quand on doit faire la guerre ou la paix, le pouvoir de former des alliances pour une légitime défense, le pouvoir de lever des troupes, de les commander, de régler tout ce qui concerne les opérations militaires (65). *Judicabit nos Rex noster, & egredietur ante nos, & pugnabit bella nostra pro nobis* (a). Le Bret regarde avec raison ce pouvoir comme l'un des droits les plus essenciels de la souveraineté (66). Les loix romaines, les Docteurs de l'Église & les auteurs profanes s'accordent tous sur ce principe (67).

Obligations du Prince. Cependant l'humanité ne voit point sans frémir entre les mains des hommes, ce glaive terrible qui sert également à la barbarie de ceux qu'on appelle conquérans, & à la juste défence des souverains légitimes ; ce glaive qui ne peut réprimer les torts faits à une nation, qu'en frappant une infinité d'innocens, & qui ne protege les peuples qu'aux dépens de leur propre sang. La guerre a toujours été regardée avec raison, comme un remede violent qui met, pour ainsi dire, le corps politique dans un état de crise, pour lui redonner la santé. On ne doit donc y avoir recours que par la nécessité d'une juste défense.

S'il y a un instant où le souverain est obligé de peser ses droits & les intérêts de son peuple, avec la balance du sanctuaire, c'est sur-tout lorsqu'il s'agit de déployer cette puissance redoutable même aux Rois ; c'est lorsque, par deux mots tracés dans le silence du cabinet, il va décider du sort de plusieurs provinces, & peut-être des nations entieres ; porter le poignard dans le cœur d'une infinité de malheureux ; l'incendie,

(a) *I. Reg.* VIII, 20.

la défolation & la mort dans les plus belles contrées; faire revivre les plus affreufes horreurs & les plus grands crimes fur la terre, & détruire par la foudre, dans un court efpace de tems, l'ouvrage de plufieurs fiecles.

Si donc dans cet inftant fatal, il fe détermine à prendre les armes par des vues d'ambition ou de vengeance, par le defir de tenir un rang diftingué dans les faftes fanglants de l'hiftoire, de fecouer le joug d'une fujettion légitime, d'humilier des voifins trop puiffants, de profiter de leur fâcheufe pofition, pour leur donner des loix, pour les empêcher de fortifier leurs places ; s'il embraffe la caufe d'un allié, avant de s'être affuré de la juftice de fes prétentions ; dans cet inftant, quelque foit le fuccès de fes armes, il fe rend coupable d'avance, de tout le fang qui fera répandu, & de tous les crimes qui font les fuites inévitables de la guerre.

Un Roi de Ninive jure de fe venger des Syriens, parce qu'ils ont refufé de fubir fon joug ; il appelle une infulte faite à fa gloire, la généreufe réfolution qu'ils ont prife de conferver leur liberté. Un Prince forti de la Grece, entreprend de conquérir l'univers pour le faire retentir du bruit de fes victoires. Que les hommes éblouis de l'éclat des triomphes donnent à ces hommes célebres le nom de grand ; qu'ils confondent l'admiration qu'infpire la magnanimité du courage, avec l'éclat des grands fuccès ; que devenus les ennemis d'eux-mêmes, ils attachent par le délire le plus funefte l'idée de la gloire à la deftruction du genre humain, & qu'ils invitent ainfi les Conquérans à verfer leur propre fang, par le vil hommage qu'ils rendent à leurs fuccès ; les trophées de ces prétendus héros ne feront jamais aux yeux de la raifon que des honteux monumens de leur barbarie.

Le fouverain ne doit pas fe borner à examiner la juftice de fes prétentions, avant de les faire valoir par la force des armes, il doit encore, lors même que fa main eft armée de la foudre, confulter l'humanité & la juftice, foit envers les fiens, foit à l'égard de fes ennemis. Il doit pourvoir aux befoins de fes troupes ;

DES DEUX PUISSANCES.

troupes, épargner leur sang, & payer leur solde. » Si on ne le fait point, on les met dans une néces- » sité évidente de commettre les pillages, & les vio- » lences qu'on fait semblant de leur défendre. Les pu- » niroit-on pour avoir fait ce qu'on fait bien qu'ils ne » pouvoient s'empêcher de faire ? D'un autre côté ne » les puniroit-on point, lorsqu'ils commettent publique- » ment des brigandages contre les défenses qui leur sont » faites (a) ? »

Le Prince doit encore leur accorder les récompenses promises, distinguer la valeur & la capacité, maintenir la discipline, faire respecter les propriétés de ses peuples dans les provinces que ses armées traversent, protéger l'honneur, les biens & la vie des sujets du Prince agresseur, qui ne sont déja que trop malheureux d'avoir à expier par le fléau de la guerre, des injustices qu'ils n'ont pas commises. Il n'est permis de leur nuire que lorsqu'il doit en résulter un avantage pour le bien général. L'ennemi même a des droits sur la justice & sur l'humanité de son ennemi. Il n'est pas permis de lui ôter la vie lorsqu'il se soumet, s'il n'a d'ailleurs mérité de la perdre. On ne sauroit lire sans frémir cette cruelle maxime de Loke, que » dans » une juste guerre le pouvoir d'un conquérant sur les » vaincus, est entiérement despotique, & qu'il a le » droit de disposer absolument, de la vie de ceux qui » s'étant mis dans un état de guerre, ont perdu le » droit propre qu'ils avoient sur leurs personnes (b). »

Que le vainqueur punisse de mort les factieux qui ont abusé de la confiance du Prince, pour lui mettre les armes à la main ; qu'il punisse ceux qui ont violé le droit des gens dans la guerre ; la justice le permet ; nous osons même dire qu'elle l'exige, pour purger la terre de ces monstres cruels, ou pour les contenir du moins par la crainte. Mais le vaincu mériteroit-il de per-

---

(a) Fénel. Direct. pour la conscience d'un Roi. Direct. 24, p. 56, édit. 1775.

(b) Loke du Gouvern. civil, ch. 15, n. 6.

Tome I. Part. II.   H

dre la vie, mériteroit-il même d'être puni, s'il avoit été seulement trompé par un droit apparent ? Tous les jours n'éleve-t-on pas de bonne foi des contestations injustes, devant les tribunaux, sans être coupable d'injustice ? Eh! quel crime auroient encore commis cinquante mille combattans obligés par devoir, de marcher sous le drapeau de leur Général, sans qu'il leur fût permis d'examiner la justice de la cause, pour laquelle ils avoient pris les armes ?

Suppofons même qu'ils fuffent tous coupables. N'eftce pas une maxime généralement obfervée dans les Etats policés, & puifée dans le fentiment intime de l'équité, que la rigueur de la loi feroit une inhumanité, fi elle tomboit fur un trop grand nombre de coupables ?

Nous ne faurions adopter à plus forte raifon, le prétendu droit qui autorife les conquérans à livrer au carnage les villes prifes d'affaut, après la brêche faite. La loi naturelle réclamera fans ceffe contre cette prétention barbare, à qui on donne mal-à-propos le nom de loi. On loue avec raifon la vigoureufe réfiftance d'un Commandant qui, dans ces extrêmités, rappelle toute fa fermeté & tout fon courage, pour défendre la place qui lui a été confiée. Or ce qui mérite des éloges d'une part, feroit-il digne de punition de l'autre ? La juftice ne feroit-elle plus qu'une vertu verfatile, felon les intérêts particuliers ? La même action feroit-elle louable ou criminelle, felon qu'elle feroit heureufe ou malheureufe ?

La loi naturelle ne permet pas non plus d'employer des moyens iniques ou trop meurtriers : la trahifon des fujets & le poifon font des crimes, qu'il ne fera jamais permis de mettre en ufage, pas même dans les cas les plus urgents ; & on applaudira dans tous les fiecles, à la générofité de l'illuftre Général romain, à qui le médecin de Pirrhus offrit de faire périr ce Prince par le poifon, dans un tems où Pirrhus faifoit trembler Rome. Le Général rejetta avec une noble indignation la propofition du traître, & ne voulut point acheter par ce forfait, le falut même de la République.

Comme les succès ne justifient point les guerres injustes, ils ne sauroient non plus autoriser la continuation des guerres légitimes, par le seul desir d'étendre les bornes de l'empire. Refuser la paix lorsqu'on a suffisamment pourvu à la sûreté de l'État, & compensé, par des conquêtes, les dommages soufferts ; c'est aspirer à des triomphes iniques (*a*). La paix doit être l'unique fin de la guerre, comme la santé du malade est la fin des remedes ; & dès que la raison de la nécessité a cessé, on ne sauroit trop tôt mettre fin à un fléau si destructif de l'humanité.

Enfin la foi des traités doit être le garant inviolable de la sûreté & du repos des peuples. La Religion du serment est d'autant plus sacrée pour les maîtres du monde, qu'étant au-dessus du reste des hommes, ils n'ont que la sainteté des loix au-dessus d'eux. Quelle digue resteroit-il en effet à leur opposer, quand une fois ils se seroient soustraits à leur empire ? Si la bonne foi étoit perdue sur la terre, disoit un Monarque françois (*b*), elle devroit se retrouver dans le cœur des Rois.

Si le Prince s'est obligé, par des traités, à défendre ses alliés ; il doit prendre leur défense dans les causes justes. Je dis, dans les causes justes ; parce qu'il n'est point de pacte qui puisse l'autoriser à concourir à une injustice. Il doit encore procurer l'exécution

___

(*a*) « S'il est permis, dit Watel, d'enlever les choses qui appartiennent à l'ennemi, dans la vue de l'affoiblir, & quelquefois même de le punir ; il ne l'est pas moins, dans une guerre juste, de s'approprier ces choses-là, par une espece de compensation... Mais cette loi sacrée (de la nature) n'autorise l'acquisition faite par des justes armes, que dans les termes de la justice, c'est-à-dire, jusqu'au point d'une satisfaction complette... S'il a affaire à un ennemi perfide, inquiet & dangereux, il lui ôtera par forme de peine, quelques-unes de ses places, & les retiendra pour s'en faire une barriere. Rien de plus juste que d'affoiblir un ennemi qui s'est rendu suspect & formidable. La fin légitime de la peine est la sûreté pour l'avenir. » Watel du Droit des gens, l. 3, ch. 13, §. 193, 194.

(*b*) Le Roi Jean.

des traités qu'il a garantis (*a*) ; & il ne pourroit être dispensé, d'unir ses forces à celles de la partie léfée contre les infracteurs ; à moins que sa situation ne le mit dans l'impossibilité d'accomplir l'engagement qu'il a contracté ; car cette exception est toujours sous-entendue, comme étant dans l'ordre naturel de la justice. Il se doit à ses propres sujets, avant de se devoir à ses alliés. Ses obligations se bornent alors à suppléer, à ce qu'il ne peut, par les secours qui sont en sa disposition.

L'esclavage est une suite naturelle de la guerre. La liberté est au nombre des propriétés que l'homme peut aliéner, ou qu'il peut mériter de perdre, ou qu'on peut lui enlever, comme les autres biens, dans une guerre juste. Les soldats faits prisonniers ne sont point coupables, il est vrai ; mais ils font partie de l'armée ennemie, que le vainqueur est en droit d'affoiblir ou de dissoudre : or c'est ce qu'il fait en lui enlevant ses combattans. S'il les retenoit dans les liens, ils lui seroient à charge & leur condition deviendroit pire. Pour obvier à ces deux inconvéniens, il les disperse dans ses États en les mettant sous la domination des particuliers qui, profitant de leurs travaux, sont par-là intéressés à empêcher leur évasion. Cet usage est même un bien pour l'humanité parmi les peuples barbares qui seroient tentés de se débarrasser de leurs captifs en les faisant périr, & qui trouvent par-là au contraire, un avantage à leur conserver la vie. Aussi la Religion de J. C. ne réprouve-t-elle point l'état d'esclavage. Elle l'adoucit seulement en obligeant les Chrétiens à regarder leurs esclaves comme leurs frères : c'est même à ces sentimens de charité, qu'on doit l'abolition de la servitude en Europe. Aucune nation, avant J. C., n'avoit encore donné un pareil

---

(*a*) *Est & alius modus cavendæ securitati pacis, dum alii imprimis qui mediatores pacis intervenerunt, fidem suam interponunt, conventa utrimque servatum iri. Cui velut fidejussioni implicitum est fœdus circa ferendum auxilium illi qui contra pacta invaditur, adversus injuriæ auctorem.* Puff. *de Jure Nat. & Gent. lib.* 8, c. 8, §. 7.

exemple. Ce bienfait de l'humanité étoit réservé à la Religion de celui qui étoit venu racheter les hommes.

Mais quoique l'esclavage ne soit contraire ni à la loi naturelle, ni à la loi divine, ces loix ne sauroient permettre qu'on réduisît un peuple entier, ni tous les citoyens d'une ville en captivité. Il n'est aucune raison de justice qui puisse autoriser le conquérant à les enlever à leurs foyers, & à les dépouiller de leurs biens ; à moins qu'ils ne se soient rendus personnellement coupables. Fixés dans leurs pays par leurs possessions, ils sont par-là suffisamment attachés à leur nouveau maître qui s'assure de leur fidélité, par les garnisons qu'il met dans les places.

La justice & l'humanité réclament encore plus hautement contre l'horrible trafic que font certains peuples barbares, de la liberté de leurs enfans, & contre les guerres qui n'ont d'autre motif, que de faire des esclaves, pour les vendre ensuite, comme un butin fait sur l'ennemi.

§. VI.

Le souverain a le pouvoir de mettre des impôts, & de disposer des deniers publics. Quelles sont ses obligations à cet égard.

Droits du Prince. L'administration du gouvernement exige qu'il y ait des fonds nécessaires aux besoins communs, pour fortifier les places, soudoyer les troupes, récompenser les services, fournir aux appointemens de ceux qui se consacrent aux fonctions publiques, pourvoir aux commodités des citoyens, à la sûreté de leurs droits, à l'entretien & la dignité des Princes, & aux nécessités des malheureux qui, dénués de toute ressource, ont un droit naturel sur les secours de leurs concitoyens. Si ces contributions étoient libres, elles manqueroient absolument. Quand même il y auroit des citoyens assez généreux pour sacrifier une portion de leurs biens à l'intérêt public, ils formeroient le très-petit nombre ; ils supporteroient seuls les charges de l'État ; & jamais il n'y auroit de proportion entre les contributions volontaires & les nécessités publiques, qui ne peuvent être bien évaluées que de ceux qui gouvernent : jamais enfin on ne pourroit s'assurer d'un revenu suffisant, pour subvenir aux différents besoins de l'État.

Il doit donc y avoir une autorité pour imposer le tribut, pour en déterminer la forme & l'administration, pour fixer la portion que chaque citoyen doit porter, relativement à ses facultés. Or, cette autorité ne peut appartenir qu'à celui qui seul a droit de commander, & qui est chargé de veiller à l'ordre public ; à celui qui, embrassant toutes les parties du gouvernement, est censé connoître plus exactement les besoins de l'État ; la proportion qu'il convient de mettre entre ces besoins & les contributions des sujets, & de quelle maniere elles doivent être exigées pour être moins onéreuses aux citoyens. S'il y a des royaumes où le Prince ne peut rien statuer sur ces objets, que du consentement du peuple, c'est que le peuple y partage avec lui la souveraineté. L'ordonnance de Moulins défend expressément de faire de pareilles levées sans l'exprès commandement du Roi.

Il résulte de ces principes que le tribut est un droit de justice, de la part des sujets. Tous participants aux avantages de la société, tous doivent aussi concourir, suivant leurs facultés, à acquitter les charges publiques. C'est pour assurer leur repos, leurs propriétés, leur liberté, leur honneur & leur vie ; c'est pour leur procurer la protection & les secours qu'ils retirent de l'administration publique, que le Prince fortifie les places, qu'il entretient les troupes, qu'il institue des officiers chargés de veiller au gouvernement des provinces, & de rendre la justice ; qu'il protege le commerce, qu'il étend ses regards sur toutes les parties du monde connu, pour y préparer par-tout des ressources & un asyle à ses sujets, & pour être instruit des projets qu'on y pourroit former contre leurs intérêts. Les deniers publics destinés à tous ces objets, sont consacrés par là-même au bien des citoyens. Le Prince ne reçoit d'eux que pour leur donner ; c'est ainsi que, des vapeurs que le soleil éleve de dessus la surface de la terre, se forment ces pluies bienfaisantes qui lui donnent la fécondité & la vie. J. C. recommande expressément de rendre le tribut à César (*a*). Son Apôtre répete le même précepte. *Cui tributum, tributum ; cui vectigal, vectigal* (*b*).

Ce seroit donc blesser tout-à-la-fois l'obéissance qu'on doit à Dieu & au souverain, que de priver le fisc du tribut imposé ; ce seroit encore blesser le droit des particuliers, parce que les vuides que causent les fraudes, & les nouvelles dépenses qu'elles exigent pour se précautionner contre la mauvaise foi des contribuables, occasionnent une augmentation d'impôts qui est toujours à la charge du peuple. Ces fraudes, à ce sujet, étoient mises au rang des crimes par les loix romaines. *Fraudati vectigalis crimen* (*c*). Domat (68), Watel (69), & tous ceux qui ont traité du droit public, sont unanimes sur ce point.

Loke enseigne mal-à-propos que : « Si quelqu'un » prétendoit avoir le pouvoir d'imposer & de lever des » taxes, de sa propre autorité, & sans le consente- » ment du peuple ; il violeroit la loi fondamentale de » la propriété des choses, & détruiroit la fin du gou- » vernement. En effet, ajoute-t-il, comment me peut » appartenir en propre, ce qu'un autre a droit de me » prendre, lorsqu'il lui plaira (*d*) ? »

Ce raisonnement peche par le principe, en ce qu'il suppose que les propriétés des particuliers, leur appartiennent tellement en propre, qu'elles sont exemptes

---

(*a*) *Matth.* XXII, 21.
(*b*) *Rom.* XIII, 17.
(*c*) *L. 8. ff. de publ. & vectig.*
(*d*) Loke, du Gouvern. livi, ch. 12, n. 7.

de contribution. Il eſt démontré au contraire, ainſi que nous venons de le faire voir, & Loke en convient, comme tous les autres politiques, que le tribut eſt une dette de la part de tous les citoyens. Le Prince a donc droit de l'impoſer, d'en déterminer la quotité, & de l'exiger, ſans attendre le conſentement du peuple.

Il eſt vrai qu'il peut abuſer de ce droit. Mais il peut auſſi violer la juſtice, en faiſant périr cent mille hommes, dans une guerre injuſte. Lui conteſtera-t-on le droit de la faire, ſans le conſentement du peuple ? Le magiſtrat peut immoler l'innocent à ſes caprices & à ſes haines perſonnelles par le glaive des loix. Faudra-t-il encore faire intervenir le conſentement du peuple, pour valider les arrêts des tribunaux ? Les inconvéniens des abus ne ſauroient donc infirmer les droits d'une puiſſance légitime.

Obligations du Prince. Mais la même loi qui ſoumet le peuple au tribut, fait un devoir au ſouverain de ne l'impoſer que pour le bien de l'État, de ne le lever qu'avec diſcrétion, & de ne l'employer qu'avec ménagement.

L'utilité publique, qui donne droit au ſouverain, d'exiger le tribut, doit être ſa regle lorſqu'il l'impoſe; puiſque ce n'eſt qu'à ce titre que le peuple y eſt ſoumis. Lorſque les revenus de l'État ne ſuffiſent plus aux charges, ou que les circonſtances exigent de nouveaux ſecours, le bien public veut que le Prince examine auparavant, s'il ne pourroit y ſuppléer par une adminiſtration plus économique, ou par d'autres moyens : il veut que dans le cas où l'augmentation des impôts devient indiſpenſable, il la faſſe de la maniere la moins onéreuſe, ſur le ſuperflus & ſur le luxe, plutôt que ſur le néceſſaire, parce qu'elle porte alors principalement ſur ceux qui ont plus de moyens, & qu'elle s'acquitte avec plus de facilité. Il paroît plus raiſonnable d'impoſer ſur les denrées qu'on apporte de l'étranger, pourvu qu'elles ne ſoient point de premiere néceſſité, plutôt que ſur celles qu'on exporte du royaume, parce que les impoſitions ſont ſupportées alors en partie par l'étranger ; il semble encore qu'on devroit imposer plutôt sur les biens que sur l'industrie qu'on doit encourager. Comme il seroit impossible de taxer avec une juste proportion les profits provenans de l'industrie, on pourroit taxer les corps des arts & métiers, & ces corps pourroient répartir ensuite les taxes sur les particuliers, en les obligeant à tenir régistre de la vente de leurs ouvrages.

La justice demande encore que l'imposition soit proportionnée, autant qu'il est possible, aux facultés de chacun, jamais au-delà de son pouvoir; qu'elle soit partagée entre toutes les classes des citoyens, & qu'elle soit supprimée dès que le besoin qui l'a rendue nécessaire, viendra à cesser. C'est moins l'impôt en lui-même qui rebute le peuple, que l'inégalité des taxes, & la dissipation des deniers qui en proviennent.

La maniere de lever les deniers publics n'est pas un objet moins important au bonheur du peuple, ni moins digne de l'attention du souverain. La même raison d'équité & d'utilité publique demande qu'on ne force pas les pauvres à des taxes que leur indigence les met dans l'impossibilité de fournir. La loi ancienne en avoit fait une défense expresse (70). Cette sage disposition ne peut avoir été abolie par la loi de l'Évangile qui est une loi de charité. Elle s'est conservée dans les loix romaines (71), & dans les ordonnances de nos Rois (72). Le pasteur tond les brebis, & ne les tue pas. La fin des contributions est de protéger les peuples : elles ne doivent donc pas leur ôter les moyens de subsister. L'humanité & le bien de l'État se réunissent ici en leur faveur. Le Prince s'appauvrit, en ôtant à ses sujets les ressources de l'industrie qui peuvent les mettre en état de satisfaire aux taxes imposées. Les terres restent en friche, si on enleve aux pauvres de la campagne les instrumens du labour ; l'État se dépeuple par la mort des malheureux que la misere dévore, & par des transmigrations qui diminuent les forces de la nation, & qui accroissent celles de ses ennemis (73).

Par les mêmes motifs du bien public, la perception des impôts doit se faire de la maniere la moins difpendieufe. Quand une grande portion se confume en frais de recette ; quand une autre plus ample encore, fert à enrichir les exacteurs, ou ceux qui les protegent, & que les contributions se trouvent par-là confidérablement diminuées, avant qu'elles parviennent au tréfor public ; on se met dans la néceffité d'augmenter à proportion les charges du peuple. Son intérêt, celui du Prince & celui de l'État feroient donc qu'on fimplifiat les moyens de la perception pour en diminuer la dépenfe.

L'exaction doit enfuite être éclairée elle-même. Ceux qui font commis à la perception des droits royaux, jaloux de gagner la confiance de leurs fupérieurs, pour avancer leur propre fortune, font tentés de vexer les fujets, & d'employer les fubtilités de la chicane, afin d'accroître le produit de leur recette. Les particuliers opprimés, ou ne peuvent se défendre, ou aiment mieux fouffrir une légere injuftice, pour éviter des conteftations difpendieufes. Cependant ces vexations, quelquefois médiocres chacune en particulier, forment par leur multiplicité une augmentation confidérable. Mais, plus il eft facile de vexer les fujets, plus le pere du peuple doit s'armer de févérité pour les protéger.

L'exemption du tribut en faveur de quelques citoyens ou de certains corps, devient onéreufe aux autres qui fupportent la portion des exempts. Par cette raifon, le privilege ne doit être accordé qu'avec beaucoup de difcrétion, & en confidération du bien public ; enforte que, par une jufte compenfation, la fociété reçoive d'un côté, ce qu'elle perd de l'autre. Telles font les exemptions des domaines qui, étant deftinés aux befoins des pauvres, ou à l'entretien de ceux qui vaquent aux fonctions publiques, acquittent par là-même, une charge de l'État.

Enfin, fi l'équité & la modération doivent préfider à la perception des impôts, la fageffe & la fidélité doivent en diriger l'emploi. Les deniers publics étant confacrés au bien de la société, il n'est point permis d'en détourner la destination à d'autres objets. *Le bien des peuples ne doit être employé qu'à la vraie utilité des peuples* (*a*), dit Mr. de Fénelon. On entend par l'utilité du peuple, ce qui se rapporte à la dignité de l'Empire & du souverain, comme à l'avantage général des citoyens. La libéralité honore certainement les Princes, mais la prodigalité seroit un tort fait au peuple ; c'est de son bien, c'est de ses sueurs & de son sang, que se forment le trésor public. Combien doit-il être précieux ! Avec quelle réserve & quelle religion doit-on toucher à ce dépôt sacré ! L'économie est ici d'autant plus essencielle, qu'elle enrichit le souverain, qu'elle tend à diminuer les charges des sujets, qu'elle procure les moyens de satisfaire aux engagemens contractés, de pourvoir aux nécessités actuelles, & aux besoins à venir. Il est trop tard de songer aux ressources, quand il faut les employer.

„ Le devoir d'un ministre préposé aux finances, dit
„ le Bret, est une affection particuliere au service du
„ Prince, afin qu'il puisse dignement satisfaire à deux
„ principaux points de sa charge. Le premier est d'en-
„ tretenir soigneusement le crédit du Roi, d'accomplir
„ les promesses & de garder la foi qu'il a donnée à
„ ceux qui l'ont secouru de leurs moyens & de leur
„ bourse, durant la nécessité des affaires, & qui se sont
„ obligés pour son service ; & l'autre est de survenir
„ à point nommé, aux occasions pressantes de l'État (*b*).„

(*a*) Direct. pour la conscience d'un Roi. Direct. 16, p. 41, édit. 1775. (*b*) Le Bret, de la Souverain. l. 2, ch. 4.

§. VII.

Le souverain a le pouvoir de faire battre monnoie. Quelles sont ses obligations à cet égard.

Droits du Prince. La faculté de faire battre monnoie ne seroit tout au plus qu'un droit honorifique, absolument compatible avec la qualité de sujet, si elle se bornoit à la seule fabrication des especes. Mais elle renferme encore le droit d'en déterminer la valeur numérique, de fixer le titre des métaux qu'on emploie, & de prohiber le cours des autres especes : objets importans à la sûreté du commerce, & qui exigent l'autorité du souverain, pour décider, ordonner, & garantir les citoyens, du dol & de la fraude. C'est pourquoi tous les auteurs s'accordent à regarder le pouvoir de battre monnoie comme l'un des droits essenciels à la souveraineté, intimement lié avec le bien public. Telle est entr'autres la doctrine de Loyseau (74), de Puffendorf (75), de Watel (76). Écoutons sur-tout Domat sur cet article.

" La nécessité, dit-il, de faire le prix de toutes choses
" qui sont en commerce, & dont il faut faire l'estima-
" tion, soit pour des ventes, louages, ou pour toute
" autre sorte de commerces & divers besoins, a rendu
" nécessaire, dans le public, l'usage de la monnoie,
" c'est-à-dire, de quelque matiere qui ait un cours facile
" d'une main à l'autre, & qui tienne lieu de la valeur
" des choses, dont il faut acquitter l'estimation ; ce qui
" demande l'autorité du souverain pour le choix de cette
" matiere, & pour lui donner sa valeur précise, qui
" puisse faire en une ou plusieurs pieces, toutes sortes
" de valeur, depuis les plus basses jusques aux plus
" grandes. Ainsi le droit de faire le choix de cette ma-
" tiere, sa fabrication en monnoie, les réglemens qui
" en fixent le poids, le volume, la figure, la valeur,
" & qui y donnent le cours dans l'État, n'appartient

» qu'au souverain seul. Car il est le seul qui puisse
» obliger tous ses sujets à recevoir pour le prix des
» choses, la monnoie qu'il met en usage, & qu'il au-
» torise par sa figure, ou autre marque dont elle est
» empreinte. C'est ce droit qu'on appelle le droit de
» battre monnoie, qui renferme celui d'en augmenter
» ou d'en diminuer la valeur, de décrier l'ancienne,
» & d'en faire d'autre suivant la circonstance des tems.
» L'abondance ou la disette de cette matiere, les besoins
» de l'État & d'autres causes peuvent donner lieu à ces
» changemens (a). »

Nous voyons dans l'histoire de France, la confusion que causa au commencement de la troisieme race, la faculté que les vassaux avoient de faire battre monnoie, & d'en régler le taux. Il y avoit autant de monnoies différentes que de fiefs; autant de diversités par conséquent, par rapport à la valeur intrinseque, & autant de difficultés pour en déterminer le prix, & pour prévenir les fraudes (77).

Il importe donc à l'ordre public que le droit de faire battre monnoie, ne puisse s'exercer qu'en vertu de l'autorité du Prince: aucun sujet ne pourroit en jouir que par privilege, & avec dépendance comme l'observe Puffendorf (78). Ce droit devient lui-même un signe de la souveraineté, par l'empreinte du souverain. L'acceptation & l'usage que font les sujets des especes qui portent son image avec le sceau de son autorité, est une reconnoissance publique de leur sujétion. J. C. semble nous l'avoir indiqué, lorsque, interrogé s'il falloit payer le tribut, il répondit: Montrez-moi la piece de monnoie avec laquelle vous le payez. De qui est cette image & cette inscription? *Cujus imago hæc & superscriptio* ? De César. Eh bien, replique-t-il, rendez donc à César, ce qui est à César; & à Dieu, ce qui appartient à Dieu (b).

Obligations du Prince. Ensuite de cet engagement

(a) Droit publ. l. 1, tit. 2, sect. 2, n. 17.   (b) *Matth.* XXII, 20 & 21.

que contracte le peuple, le souverain contracte à son tour des obligations indispensables. S'il a seul le droit de faire battre monnoie, pour garantir la foi du commerce, & pour en procurer la facilité, il doit faire fabriquer une quantité d'especes suffisantes pour les besoins de la société ; il doit en régler le titre, de maniere que la valeur intrinseque ait une sage proportion avec la valeur numérique. Lorsque, forcé par la nécessité des circonstances, il viole cette proportion, soit en augmentant l'alliage ou le taux des especes ; une pareille disproportion est nécessairement une lésion faite à l'ordre public. Le Prince s'enrichit du double, en payant ses dettes, si le taux est augmenté du double, parce qu'il les acquitte avec la moitié moins. Les étrangers s'enrichissent aussi, en payant, & ne perdent rien par les remboursemens qu'on leur fait, parce que n'étant pas soumis à la loi du souverain, on ne peut les forcer à recevoir les especes que sur le pied de la valeur réelle. Ceux qui sont obligés à des rentes, se liberent avec la moitié moins. Les citoyens qui jouissent de ces rentes, se trouvent au contraire tout-à-coup réduits à la moitié de leurs revenus, parce que les denrées & les autres marchandises étant toujours en proportion avec la valeur réelle de l'argent, elles augmentent alors du double. Par-là non-seulement ceux-ci supportent seuls ce genre d'imposition, contre les regles de l'équité, qui doivent diriger la religion du souverain (*a*); mais encore ils enrichissent leurs concitoyens & les étrangers, de leurs propres dépouilles.

Le Prince doit donc se hâter alors de remédier au mal, autant qu'il est possible, dès qu'il le peut. L'excédent du prix proportionné à la valeur intrinseque des especes, est une dette dont l'État est redevable envers ceux qui ont été obligés de les recevoir. On ne pourroit manquer à s'acquitter de cette obligation sans affoiblir la confiance publique, & sans

---

(*a*) V. le 5me. §. de ce chap.

ruiner le crédit de l'État ; crédit qui, étant fa principale reſſource dans les néceſſités inopinées, ne ſauroit jamais être compenſé par le ſoulagement momentané que peut procurer l'augmentation des finances. Je dis qu'il doit y ſatisfaire, autant qu'il le peut, parce qu'il eſt impoſſible de procurer un entier dédommagement. Les citoyens qui ont reçu les premiers, les nouvelles eſpeces, ont été obligés de les faire circuler dans le commerce, ſouvent avec perte. Pluſieurs ont ſaiſi cette circonſtance pour acquitter leurs dettes particulieres, & la plupart de ceux à qui on devroit reſtituer, n'ont plus de titres pour demander leur dédommagement, tandis que d'autres, qui n'ont pas été léſés, profiteroient de la reſtitution.

Ce que nous diſons ici de l'augmentation diſproportionnée des eſpeces, doit s'appliquer à plus forte raiſon à d'autres ſignes purement arbitraires, auxquels la volonté ſeule des Princes auroit donné de la valeur.

§. VIII.

Le ſouverain a le pouvoir d'inſtituer des officiers pour les fonctions de l'adminiſtration publique. Quelles ſont ſes obligations à cet égard.

Droits du Prince. Nous avons dit que, le ſouverain ne pouvant exercer par lui-même les différentes fonctions du gouvernement, dans le détail de l'adminiſtration publique, la même autorité qui lui donnoit tout le pouvoir néceſſaire au maintien de l'ordre, lui donnoit conſéquemment le droit d'aſſocier ſes ſujets à cette adminiſtration, en leur communiquant une portion de ſon autorité, pour veiller, en ſon nom, au bien de la ſociété. " Comme le gouvernement ſouve- " rain regarde l'ordre univerſel de l'État & le bien " public, (ce ſont les paroles de Domat) & qu'il

» s'étend à tout ce qui doit composer cet ordre ; &
» former la police générale pour l'administration de la
» justice, pour les armes, pour les finances, &
» pour tout ce qui peut demander l'usage de l'auto-
» rité ; le souverain a le pouvoir de remplir les char-
» ges & les emplois nécessaires pour toutes ces dif-
» férentes parties de l'ordre, de personnes qui en exer-
» cent les fonctions ; de marquer à chacun les sien-
» nes, & leur donner la dignité, l'autorité & les
» autres caracteres propres, pour celles qui leur sont
» commises. Ce qui renferme le droit de créer les
» charges, dont l'usage peut être nécessaire pour le
» bien public, d'en régler les droits & les fonctions,
» & aussi le droit de supprimer celles qui peuvent
» être inutiles & à la charge de l'État (*a*). »

Tous les peuples ont connu ces emplois subalter-
nes : c'est toujours le souverain qui les a conférés, &
il est évident que ce droit ne peut appartenir qu'à
lui seul, puisque toute l'autorité résidant dans sa
personne, on ne peut l'exercer qu'en vertu de sa mission. Moïse s'associe soixante & dix vieillards pour
gouverner les Hébreux dans le désert. » Je ne puis
» terminer seul vos affaires, dit-il au peuple.... j'ai
» tiré de vos Tribus des gens sages, distingués, &
» je leur ai dit : Écoutez le peuple & prononcez ce
» qui sera juste entre le citoyen & l'étranger (*b*).
Dieu ratifie ces sages dispositions en communiquant à
ces nouveaux juges, une portion de l'esprit qu'il avoit
donné à Moïse (*c*). L'Écriture-Sainte fait mention des
différens officiers établis par les Rois de Juda, sous
David ; Joab avoit le commandement des armées ;
Bananias, la conduite des légions Cerethi & Phele-
thi ; Aduram étoit chargé des finances ; Josaphat des
régistres : Architophel étoit conseiller du Roi (*d*). Le

___

(*a*) Domat, du Droit public,
l. 1, tit. 2, sect. 2, n. 5.
(*b*) Deut. I, 12, 15, &c.
(*c*) Num. XI, 25.
(*d*) Reg. VIII, XX, 1 Paral.
ch. XVII.

Bret enseigne » qu'entre les marques de la souve-
» raineté parfaite & absolue, la plus noble & la plus
» importante à l'État, est celle de pouvoir instituer
» les officiers, & que c'est pour cette raison que les
» Princes souverains ont de tout tems chéri le droit
» de conférer les charges de leur Empire, que leurs
» sujets ont été ambitieux de posséder (*a*). » Wolf
ajoute cependant cette réflexion, que l'administration publique étant la fonction des Rois, *s'il leur est
permis de prendre des ministres pour se faire soulager,
il ne l'est pas de se reposer entièrement sur eux du
gouvernement* (*b*).

Obligations du Prince. Du choix de ses ministres
dépend la gloire du souverain. Un royaume sera toujours florissant, si toutes les parties de l'État, dirigées par des hommes habiles & sages, concourent
dans les armées, dans les finances, dans le commerce,
dans la magistrature, dans l'Église, parmi les citoyens,
& chez les étrangers, à lui donner un accroissement
d'activité & de force, à maintenir l'ordre & la justice, à faire fleurir les arts, à protéger le foible, à
exciter les talens, à entretenir l'abondance, & à faire
le bonheur de tous. Avec quel discernement le Prince
ne doit-il donc pas procéder à ce choix! L'histoire de
tous les siecles nous apprend que si les sujets ont quelquefois gémi dans l'oppression ou dans l'indigence,
s'ils ont été exposés aux ravages de la guerre, s'ils
ont été subjugués, si le souverain s'est vu forcé de
les abandonner, & de subir lui-même la loi de ses ennemis, ce n'a presque jamais été que par l'incapacité
ou l'infidélité de ceux qui étoient les dépositaires de
son autorité, ou qui avoient surpris sa confiance. Un
vaisseau livré à des pilotes mal-habiles, ne peut manquer de périr pendant l'orage. Du choix d'un seul
homme, dépend souvent le salut de tout un peuple.
C'est ici principalement que la faveur est meurtriere.

(*a*) Le Bret, de la Souver. l. 2, ch. 1.   (*b*) Wolf, Droit des gen. l. 1, ch. 4, §. 55.

La grace accordée alors à l'ambition, est un arrêt de mort contre une infinité de malheureux. " La bonté,
" l'amitié, la reconnoissance sont encore des vertus
" sur le trône, & plût-à-Dieu, ajoute l'Auteur déja
" cité, qu'elles y fussent toujours : mais un Roi sage
" ne se livre pas sans discernement, à leurs impressions.
" Il les chérit, il les cultive dans sa vie privée :
" dès qu'il agit au nom de l'État, il n'écoute que la
" justice & la saine politique. Eh pourquoi ? Parce-
" qu'il sait que l'Empire ne lui est confié que pour le
" bien de la société (a). " Les services mêmes ne sauroient être des titres suffisans pour prétendre aux emplois publics, si l'on n'a les qualités requises pour les exercer. La récompense doit s'accorder toujours avec l'intérêt du peuple. Mais si, ni la faveur ni les services ne sont pas des raisons pour appeler les sujets aux fonctions publiques, les richesses auroient-elles le droit d'en ouvrir l'entrée ?

Ce ne seroit pas assez d'élever le mérite aux emplois publics : le Prince doit faire encore respecter l'autorité entre les mains de ceux qu'il a honorés de sa confiance. Leur puissance est la sienne ; on ne peut s'y soustraire, sans insulter à la majesté de l'empire. En les protégeant, il doit veiller sur leur conduite : l'œil du maître excite le zele, & prévient les abus. Le pere de famille devient responsable des fautes de ses serviteurs, quand il a dû les prévoir, ou qu'il néglige de les réprimer. Que les sujets donc aient la liberté de porter leurs gémissemens aux pieds du trône ; & que les grands, lorsqu'ils oppriment, n'ajoutent pas la violence à l'injustice, pour étouffer jusques aux cris des malheureux. C'est dans ces occasions que la clémence envers un seul, deviendroit un acte de cruauté à l'égard de la nation entiere.

Mais pour se conserver dans la liberté de réformer ses officiers, le Prince doit les contenir dans la dépendance. Les derniers " Rois de France de la premiere

---

(a) Wolf, Droit des gens, l. 1, ch. 4, §. 39, trad. de Barbeyrac.

» race, dit Wolf, livrerent le gouvernement de l'auto-
» rité aux Maires du palais. Devenus ainsi vrais fantô-
» mes, ils perdirent.... les titres & les honneurs d'une
» dignité dont ils avoient abandonnés les fonctions (*a*).»

§. IX.

Les pouvoirs du souverain sont inséparables de la souveraineté même : & le souverain est obligé de les maintenir.

Nous avons dit que Dieu en créant les hommes pour vivre en société, avoit institué au milieu d'eux une puissance capable de gouverner ; & qu'il avoit donné à cette puissance toute l'autorité nécessaire pour maintenir l'ordre, la justice & la paix (*b*). Nous avons fait voir que tous les pouvoirs attribués au souverain, étoient essenciels à la souveraineté, même comme étant nécessaires au gouvernement de la société civile ; & qu'ils avoient par conséquent leur source dans l'institution divine, & dans les desseins de cette Providence bienfaisante qui veille au salut des peuples. Ils sont donc inséparables de leur nature, puisqu'on ne pourroit en supprimer aucun, sans attenter à l'ordre public.

Qu'on conteste en effet au souverain le droit de faire des loix, ou qu'il ne puisse prononcer en dernier ressort sur les contestations des particuliers, le gouvernement va retomber dans l'arbitraire ; les prétentions respectives des citoyens ne pourront plus se terminer que par la force. Qu'on enleve à cette puissance le glaive de la vengeance, & la distribution des graces: comme la multitude ne se détermine que par des intérêts per-

---

(*a*) Wolf, Droit des gens, l. 1. ch. 4, §. 55. Je cite de Wolf l'abrégé qu'en a fait Watel. C'est-là une observation que je fais ici une fois pour toutes.
(*b*) V. ci-devant part. 1, ch. 1, max. 1 & 8.

fonnels, il n'y aura plus de moyens de la faire concourir au bien public, n'étant plus ni retenue par la crainte, ni invitée par les récompenfes, & les crimes inonderont la terre, dès qu'ils feront impunis. Que cette même puiffance perde le droit de lever des troupes, de les commander, de déclarer la guerre, d'en régler les opérations; le royaume fera ouvert aux invafions des nations ennemies, parce qu'il n'y aura plus d'autorité pour affembler les armées, pour les diriger, pour faire obferver la fubordination & la difcipline. Il ne fera plus poffible de faire concourir les forces dans un plan d'attaque ou de défenfe, n'y ayant plus de centre de réunion dans l'autorité du commandement qui doit les mouvoir. S'il eft permis de refufer le tribut, les reffources de l'État feront bientôt taries, par le défaut des finances qui donnent du jeu & de l'activité aux refforts du gouvernement, & le corps politique périra par l'inaction. Il n'y aura plus de fûreté pour le commerce, s'il n'y a une puiffance fuprême pour le protéger. Enfin, fi le fouverain n'a le droit de déléguer, comme il ne peut agir de loin que foiblement, il n'aura plus le moyen de pourvoir fuffifamment aux befoins de fon peuple. S'il laiffe prendre à fes officiers un accroiffement de puiffance capable de réfifter à fes ordres, chacun d'eux, établiffant une efpece de fouveraineté dans fon reffort, pourra vexer impunément le peuple : le conflit de volontés entre tant de petits fouverains, allumera le feu de la difcorde & des guerres inteftines.

Tous les droits de la fouveraineté étant donc néceffaires au bien de la fociété, au maintien de l'ordre & de la juftice, font auffi immuables que les principes d'ordre & de juftice même, auffi inviolables que les droits de l'humanité, auffi anciens que le monde. Depuis la création de l'univers, par-tout où il y a eu des hommes vivans en fociété, & dans tous les genres de gouvernement, il a toujours exifté une autorité à laquelle tous les membres ont été fubordonnés, en tout ce qui concernoit l'ordre & l'intérêt public, & fans laquelle la fociété ne fauroit exifter. Que les révolutions des tems changent la conſtitution des États, qu'elles faſſent paſſer la ſouveraineté entre les mains du peuple, ou des nobles, ou d'un ſeul, elle réunira toujours tous ces pouvoirs, quelque part qu'elle exiſte. On ne peut ni en retrancher une portion, ſans renverſer l'ordre; ni les partager, ſans diviſer la ſouveraineté; ni les modifier dans une monarchie en attribuant au peuple une puiſſance capable de balancer celle du Prince, ſans détruire la conſtitution monarchique elle-même, en enlevant au Monarque cette plénitude de pouvoir qui le caractériſe.

Conſéquences. Mais par la même raiſon que les pouvoirs de la ſouveraineté tiennent à l'ordre public; par la même raiſon qu'ils ſont néceſſaires au gouvernement du peuple, le Prince eſt tenu de les conſerver (*a*); & il ne pourroit les abandonner ni les laiſſer affoiblir entre ſes mains, ſans manquer au devoir le plus eſſenciel de ſon adminiſtration, en ſe privant des moyens que la Providence a inſtitués, qu'elle lui a confiés, & qui lui ſont néceſſaires pour protéger ſes ſujets & pour faire régner l'ordre & la juſtice dans la ſociété. Toute puiſſance qu'il laiſſeroit élever à côté du trône, capable de contrebalancer la ſienne, le mettroit hors d'état de réprimer les vexations de ceux qui ſe feroient rendus aſſez redoutables pour s'aſſurer l'impunité. L'intérêt du ſouverain ſe trouve donc ici réuni avec l'intérêt du peuple. Tous les coups qui ébranlent les fondemens du trône, portent donc directement ſur la fortune, le repos & la ſûreté des citoyens; & ſi les citoyens ſe laiſſoient ſéduire par l'appas d'une fauſſe liberté ou d'une prétendue réforme, pour ſe ſoulever contre le Prince, ou s'ils regardoient avec une eſpece de neutralité, les complots formés contre ſa puiſſance, ils ſe rendroient coupables & envers le Prince & envers l'État & envers eux-mêmes; car étant impoſſible de ſe ſouſtraire à des pouvoirs qui ſont néceſſaires au gouvernement des peuples, ils ne ſauroient en dépouil-

---

(*a*) Rem. du Parl. de Paris, du 9 Avril 1753.

ler leurs légitimes maîtres, fans les faire paffer entre les mains des rebelles ; & ces nouveaux maîtres n'ayant aucun titre pour commander, emploieroient tous les crimes pour affermir leur propre domination ; fubftitueroient la force à l'autorité légitime, & accableroient ainfi fous le poids d'une puiffance arbitraire ces mêmes peuples, dont ils fe feroient d'abord dits les libérateurs.

CHAPITRE II.

Des principes qui doivent régler l'ufage de la fouveraine Puiffance.

LA juftice a toujours fervi de fondement à la fouveraine Puiffance. En même-tems qu'elle affujettit les Princes, elle affure leur autorité, foit par l'harmonie qu'elle conferve dans la fociété, foit par le droit qu'elle leur donne fur la confiance de leurs fujets. Comme ceux-ci ne peuvent être véritablement libres, qu'en vivant dans une fage fubordination ; ceux-là auffi ne peuvent régner véritablement, qu'en commandant avec fageffe. Les loix, protectrices des fujets & des fouverains, ne fauroient donc, ni nuire à la liberté des peuples, ni bleffer l'indépendance des Rois. Un pouvoir qui s'étendroit au-delà des loix, deviendroit defpotifme ; de même qu'une liberté qui ne feroit pas réglée par les loix, dégénéreroit en licence. Les fujets indépendans deviendroient efclaves fous une apparence de liberté, parce qu'ils feroient dominés par la force ; & le Prince defpote tomberoit à fon tour dans la fervitude, en voulant jouir d'une puiffance fans bornes ; parce que fon pouvoir n'étant plus étayé de la juftice, feroit plus expofé aux entreprifes de l'ambition & de la brigue. Point d'États où le fouverain foit moins assuré sur le trône, que ceux où le despotisme a établi son empire.

Mais quels sont les principes qui doivent régler le gouvernement du Prince ? C'est ce qu'il faut discuter dans ce chapitre.

Tout le monde convient que les loix divine & naturelle, étant supérieures à tous les hommes, aux Princes comme aux sujets, sont aussi les regles immuables de toute administration publique. Je les suppose donc inviolables, & je dis :

1°. Le souverain est tenu aux pactes qu'il a faits originairement avec ses peuples, & avec les Princes qui lui ont transféré le droit de souveraineté sur leurs provinces.

2°. Il doit respecter les propriétés, & il ne peut en dépouiller ses sujets que pour crime.

3°. Il doit gouverner par des loix positives, & observer par conséquent ses propres loix.

4°. Il doit y avoir, entre le souverain & le peuple, des officiers qui forment une puissance intermédiaire, qui soit chargée d'exécuter les ordres du souverain, & de lui représenter les droits & les besoins du peuple ; mais qui soit toujours dans la soumission & la dépendance qui conviennent à des sujets.

§. I.

Le souverain est tenu aux pactes qu'il a fait originairement avec ses peuples, & avec les Princes qui lui ont transféré le droit de souveraineté sur leurs provinces.

Point de dignité qui dispense de la justice. Plus le pouvoir des Rois est absolu, plus cette loi devient indispensable pour eux, puisqu'elle est la seule digue qui puisse s'opposer à l'abus du pouvoir. Or les pactes forment des engagemens d'une étroite justice. On doit garder la foi, disoient les anciens, même à l'égard des esclaves. Grotius & Puffendorf ne craignent pas d'assurer que le Prince est tenu d'accorder le pardon qu'il a promis en traitant avec des sujets rebelles (a). Sans cela en effet la voie de la médiation deviendroit impraticable, puisque les promesses & les fermens que le Prince leur feroit, seroient nulles & illusoires ; & il n'y auroit de sûreté pour les rebelles, que dans la ruine totale du souverain. La foi du serment & le bien général, qui doit être la regle de tout gouvernement, exigent donc qu'ils puissent se réconcilier avec le Prince, en s'assurant du pardon, & qu'on prévienne par-là tous les maux auxquels ils exposeroient la société par leur désespoir.

La justice soumet encore le souverain aux loix constitutives de l'État, qui sont censées avoir leur origine dans la premiere institution du gouvernement, c'est-à-dire, dans un tems, où le peuple, choisissant ses maîtres, régla avec eux la forme selon laquelle il seroit gouverné. C'est de ces loix primordiales, dit Bossuet (b), qu'*il est principalement écrit : Qu'en les violant, on ébranle tous les fondemens de la terre (c), après quoi il ne reste plus que la chûte des Empires.* Dans un autre endroit ce Prélat, après avoir mis en maxime que *la loi est sacrée & inviolable*, ajoute : " Pour entendre parfaitement la nature de la loi, il " faut remarquer que tous ceux qui en ont bien parlé, " l'ont regardée, dans son origine, comme un pacte & " un traité solemnel, par lequel les hommes conviennent " ensemble, par l'autorité des Princes, de ce qui est " nécessaire pour former leur société (d). " Tout ce qui se feroit de contraire, seroit donc nul de plein droit. Suivant Grotius, *les actes du Prince sont nuls quand ils passent les bornes du pouvoir qui lui a été originairement donné par le peuple (e).* C'est de la

---

(a) Grot. *de Jure bell. & pac.* l. 3, cap. 19, art. 6. —— Puffendorf, *de Jure Nat. & Gent.* l. 8, cap. 8, §. 2.
(b) Boss. Pol. l. 1, art. 4, pr. 8.
(c) Ps. LXXXI, 5.
(d) Pol. l. 1, art. 4, prop. 6.
(e) Grot. *de Jure bell. & pac.* l. 2, cap. 14, art. 2.

constitution, dit Wolf, *que les législateurs tiennent leur premier pouvoir : comment pourroient-ils la changer, sans détruire leur autorité* (*a*) ?

On peut mettre au rang de ces loix constitutives, celles qui sont établies par un usage non interrompu, dont l'origine se cache dans la nuit des tems, & qui par là-même, sont présumées remonter au pacte primitif qui a déterminé la nature du gouvernement.

Conséquences. Les conventions que font les provinces, en se soumettant à un souverain, forment entr'elles & lui un contrat primitif, pareil à celui qui régla originairement la constitution du gouvernement actuel.

Les capitulations des villes qui se rendent au vainqueur, sont de même nature, & imposent la même obligation. « Comme vous devez tenir parole à la garnison
» d'une ville prise, » disoit un illustre Prélat de France à son éleve, destiné par sa naissance à porter la couronne, » & que vous devez n'y faire aucune supercherie
» sur des termes ambigus : tout de même vous devez
» tenir parole au peuple de cette ville & de ses dépen-
» dances. Qu'importe à qui vous ayiez promis des con-
» ditions pour le peuple ? Que ce soit à lui ou à sa
» garnison, tout cela est égal. Ce qui est certain, c'est
» que vous avez promis des conditions pour ce peuple :
» c'est à vous à les garder inviolablement. Qui pourra se
» fier à vous, si vous y manquez ? Qu'y aura-t-il de sacré,
» si une promesse si solemnelle ne l'est pas ? C'est un
» contrat fait avec ces peuples pour les rendre vos su-
» jets : commencerez-vous par violer votre titre fon-
» damental ? Ils ne vous doivent obéissance que suivant
» ce contrat ; & si vous le violez, vous ne méritez plus
» qu'ils l'observent. (*b*). »

Un Prince, en transférant ses provinces ou ses villes à un autre Prince par échange, simple donation ou

---

(*a*) Wolf, Droit des gens, t. 1, l. 1. ch. 3, n. 34.

(*b*) Fénel. Direct. pour la conscience d'un Roi. Direct. 30, p. 77, édit. 1775.

autrement, peut aussi stipuler en leur faveur, des conditions qui deviennent d'étroite justice, puisqu'elles appartiennent à la loi naturelle, en vertu du contrat, & dont par conséquent le nouveau maître ne peut s'affranchir.

§. II.

Le souverain doit respecter les propriétés, & il ne peut en dépouiller ses sujets que pour crime.

Dieu n'a institué les souverains, que pour maintenir l'ordre & la justice dans la société ; & ils renverseroient l'un & l'autre, s'ils violoient les propriétés. Il les a institués pour le bonheur des peuples ; & ils en deviendroient alors les fléaux. Le peuple ne les a choisis que pour en être protégés ; & il seroit dépouillé de ses biens, par ceux-mêmes qui devoient en être les protecteurs. Le Prince seroit donc d'autant plus coupable, qu'il ajouteroit à l'injustice, l'abus de la confiance publique, en employant contre les citoyens, le glaive qu'ils ont remis entre ses mains pour leur propre défense. *La propriété des biens*, dit Bossuet, *est légitime & inviolable* (a). Achab & Jézabel même semblent la respecter. Ils n'osent ni contraindre Naboth à vendre sa vigne, ni la lui enlever à force ouverte ; mais ils ont recours à la calomnie pour couvrir leur usurpation, & ce n'est qu'après l'avoir fait condamner à mort, qu'ils se mettent en possession de son domaine. Cependant Dieu punit Achab & Jézabel, & pour avoir possédé la vigne de Naboth, & pour avoir fait périr l'innocent (b).

Propriétés des citoyens. Sous le terme de *propriétés* sont compris non seulement les possessions réelles, mais encore les droits des citoyens, la puissance qu'a le pere sur son fils, le maître sur son esclave, l'hypoteque qu'a

---

(a) Boss. Pol. l. 8, art. 2, pr. 2.   (b) *III. Reg.* XXI.

un créancier sur les biens de son débiteur, les acquisitions faites sur le domaine, les privileges ou emplois financés, les obligations contractées par le Prince envers les particuliers à titre onéreux. Ces obligations appartiennent à la justice commutative ; car *une promesse & un contrat qu'un Roi fait avec ses propres sujets, produisent une obligation vraie & précise en leur faveur, soit qu'il contracte comme Roi, ou comme particulier.* Ce sont les termes de Grotius (*a*).

Cependant le même auteur observe, qu'outre le domaine particulier, qui est propre au citoyen, il y a un domaine éminent qui appartient au Prince, & auquel toutes les propriétés sont subordonnées, comme les propriétaires le sont eux-mêmes au souverain. " Domaine qui n'est pas celui d'un maître sur son esclave, " mais celui d'un gouvernement civil & monarchique ; " car, dès qu'un citoyen acquiert une propriété, il est " de droit naturel qu'il n'en soit pas dépouillé sans " cause (*b*). "

Domaine souverain du Prince sur les propriétés. En vertu de ce domaine éminent, les possessions particulieres sont assujetties à la loi de l'utilité publique. Le Prince peut les employer au bien de l'État, lorsqu'il le juge nécessaire. Par cette raison, il peut abattre les forêts des particuliers pour la construction de ses vaisseaux, ou pour des ouvrages publics ; il peut prendre leurs terres pour y établir des fortifications, ou pour y pratiquer des chemins ; il peut supprimer leurs charges, réunir à sa couronne les domaines aliénés &c. ; mais, dans tous ces cas, il doit un dédommagement. Car si le bien de l'État exige alors que la propriété du citoyen cede à l'utilité publique, il n'exige pas qu'il soit privé du prix de ces propriétés. Cette perte seroit pour lui une surcharge de contribution qui blesseroit la justice.

C'est par la même raison du bien public, que les

(*a*) Grot. *de Jure bell. & pac. l. 2, cap. 14, art. 7.* (*b*) *Ib. l. 3, cap. 19, art. 7.*

possessions des particuliers deviennent contribuables, pour subvenir aux charges de l'État. » Puisque la puis-
» sance publique, dit Loyseau, s'étend aussi-bien sur
» les biens que sur les personnes, il s'ensuit que,
» comme elle peut commander aux personnes, aussi
» peut-elle user des biens de ses sujets. Mais comme
» le commandement des personnes ne les rend pas es-
» claves; aussi cet usage du bien ne les réduit pas en
» seigneurie privée du Prince, parce que la seigneurie
» privée est la parfaite propriété dont on peut user à
» discrétion. Mais l'usage de la seigneurie publique
» doit être réglé par la justice, & dirigé par la pro-
» pre utilité & nécessité du peuple, étant bien raison-
» nable que le Prince, à qui Dieu l'a baillé en garde,
» le puisse tirer du péril, à même sa bourse, malgré
» qu'il en ait, comme le malade qu'on médicamente
» contre sa volonté (a). »

Par la même raison de la subordination des propriétés particulieres au domaine du souverain, le sujet peut en être absolument dépouillé en punition d'un délit. Dieu, en remettant le droit de la vengeance entre les mains du souverain (b), l'a établi *son ministre pour punir celui qui fait le mal* (c). Nous avons montré que ce pouvoir étoit nécessaire à l'ordre du gouvernement, qu'il étoit fondé sur la loi naturelle, avoué de tous les peuples (d), & qu'il étoit commun à tous les genres de gouvernement. En vertu de cette loi primitive, chaque citoyen se trouve, avec tout ce qu'il possede, entre les mains des Princes, comme en garantie de sa fidélité; & puisqu'il peut être privé de la vie, lorsqu'il se rend coupable de crime, il peut à plus forte raison être privé de ses biens.

Grotius renferme tout ce que je viens de dire en ces peu de mots : » Le Roi peut, en deux façons,

---

(a) Loys. Seign. ch. 3, §. 47. (d) V. le ch. 1 de cette seconde
(b) I. Petr. II, 13. part. §. 4.
(c) Rom. XIII, 4.

„ ôter à ſes ſujets le droit qu'ils ont acquis. Il le peut,
„ ou en punition, ou en vertu de la propriété ſurémi-
„ nente, ou du domaine direct qu'il a ſur ce qui
„ leur appartient. Mais afin que cela ſe faſſe par ce
„ droit ſuréminent, il faut, en premier lieu, que le
„ bien public le demande ; & en ſecond lieu que, du
„ fond du public, ce particulier ſoit dédommagé, s'il
„ ſe peut, de la perte qu'il aura ſoufferte : & cette
„ maxime générale a encore ſon application aux droits
„ acquis, en vertu d'une promeſſe ou d'un con-
„ trat (*a*). „

§. III.

Le ſouverain doit gouverner par des loix poſitives, & obſerver par conſéquent ſes propres loix.

Comme l'homme ſeroit encore trop libre, s'il ne connoiſſoit d'autre loi que la loi naturelle ; parce que cette loi, n'étant bien évidente que dans les premiers principes, & dans leurs conſéquences immédiates, laiſſeroit les citoyens, ſur-tout le reſte, dans des incertitudes continuelles, funeſtes à la ſociété (*b*) ; de même le ſouverain ſeroit trop indépendant, & l'adminiſtration trop incertaine, ſi elle n'étoit régie par des loix poſitives, qui lui ſerviſſent comme de flambeau, pour éclairer ſon gouvernement. S'il eſt donc néceſſaire pour le bien public, de reſtraindre l'arbitraire par rapport aux citoyens, en fixant plus en détail ce qui regarde la juſtice & le droit de propriété; il eſt néceſſaire, à plus forte raiſon, de le reſtraindre par rapport au ſouverain, dont la volonté influe ſur le ſalut & le repos de tous, & qui n'a d'autre bar-

---

(*a*) Grot. *de Jure bell. & pac.*   (*b*) V. ci-dev. part. 2, ch. 1,
l. 2, *cap.* 14, *art.* 7.   §. 3.

riere que la loi elle-même, contre l'abus du pouvoir. Plus fa puiſſance eſt abſolue, plus il importe qu'elle ſoit étayée par des regles poſitives. Les loix en entourant pour ainſi dire la perſonne ſacrée du Prince, marquent tous ſes pas, lui preſcrivent une forme d'adminiſtration uniforme & bien réfléchie, le garantiſſent des erreurs & des contradictions attachées aux doutes & aux variations d'un gouvernement arbitraire : elles raſſurent en même-tems les ſujets ſur les craintes de l'abus, & ſur les incertitudes de leur condition, en leur apprenant la maniere dont ils doivent être gouvernés. *S'il n'y a dans l'État*, dit Monteſquieu, *que la volonté momentanée d'un ſeul ; rien ne peut être fixe, & par conſéquent aucune loi fondamentale* (*a*). Cette ſoumiſſion du Prince & du citoyen à la loi, leur laiſſe tout pouvoir pour le bien, & ne reſtraint leur liberté que pour les empêcher de s'égarer & de nuire. Ainſi, bien loin que l'aſſujettiſſement à ſes propres loix, bleſſe l'indépendance du ſouverain, elle ne fait que donner plus de majeſté & de force à ſon empire. Parmi les nations qui ne ſont régies que par le droit naturel, le ſouverain peut être juſte, & ſa puiſſance légitime ; mais le genre d'adminiſtration ſera toujours vicieux.

Ce n'eſt donc ni imperfection ni foibleſſe dans l'autorité ſuprême de ſe ſoumettre à la juſtice des loix. La néceſſité de bien faire & l'impuiſſance de faillir, ſont les premiers attributs de la perfection. C'eſt dans cette impuiſſance que les ſouverains qui ſont les images de Dieu, doivent principalement l'imiter. Le Prince eſt donc tenu d'obſerver les propres loix de ſon royaume. " Rien de plus digne de la majeſté du ſouverain, " diſoit un Empereur, que de reconnoître ſa dépen- " dance à l'égard des loix. C'eſt d'elles que nous te- " nons l'autorité : il eſt encore plus grand de leur " obéir, que de régner ; & nous déclarons ſolemnelle- " ment à nos ſujets que nous nous interdiſons à nous- " mêmes la liberté de les violer (79). " Les bons

---

(*a*) Eſprit des loix, tom. 1, l. 2, ch. 4.

Princes se sont toujours fait un devoir de s'y conformer ; & nos Rois ont toujours protesté qu'ils ne prétendoient régner que par elles.

S. Thomas enseigne la même doctrine (80). M. Bossuet, après avoir établi que le Prince a une puissance absolue & indépendante, fait observer qu'*il n'est pas pour cela affranchi des loix* (a).

Quand vous vous serez choisi un Roi, disoit Dieu à son peuple, *il ne lui sera pas permis de multiplier sans mesure ses chevaux & ses équipages.... Il aura toujours la loi en main.... afin qu'il apprenne à craindre Dieu, & à garder ses ordonnances* (b).

" Il faut remarquer, ajoute Bossuet, que cette loi
" ne comprenoit pas seulement la Religion, mais en-
" core la loi du royaume, à laquelle le Prince étoit
" soumis autant que les autres, ou plus que les autres,
" par la droiture de sa volonté... *Car la puissance*,
" dit St. Ambroise (c), *ne détruit pas les obligations*
" *de la justice : mais au contraire, c'est en observant*
" *ce que prescrit la justice, que la puissance s'exempte*
" *du crime : & le Roi n'est pas affranchi des loix ;*
" *mais s'il peche, il détruit les loix par son propre*
" *exemple. Celui qui juge les autres, peut-il éviter son*
" *propre jugement, & doit-il faire ce qu'il con-*
" *damne* (d) ? "

Le Chancelier Olivier disoit à Henri II que *la vraie & solide gloire des Rois, étoit de soumettre leur hauteur & majesté à la justice, à la rectitude, à l'observance de leurs propres ordonnances* (e). Domat s'exprime à-peu-près dans les mêmes termes. " Encore,
" dit-il, que la puissance du souverain semble le met-
" tre au-dessus des loix, personne n'ayant droit de
" lui faire rendre compte de sa conduite ; il doit ob-
" server celles qui peuvent le regarder : & il y est

(a) Pol. l. 4, art. 1, prop. 4.
(b) Deut. XVII, 16, &c.
(c) Ambr. l. 11, apol. David.
(d) Pol. l. 4, art. 1, prop. 4.
(e) Lit de justice tenu en 1549.
— V. la lettre du Parl. de Rouen au Roi, du 8 Février 1771, p. 4.

„ obligé, non-seulement pour donner l'exemple au*
„ sujets, & leur rendre leur devoir aimable; mais parce
„ qu'il n'est pas dispensé du lien, par cette puissance
„ de souverain, & qu'au contraire, ce rang l'oblige
„ même à préférer à ses intérêts particuliers, le bien
„ commun de l'État, & qu'il est de sa gloire de le re-
„ garder comme le sien propre (*a*). „

Mais le souverain peut-il se commander à lui-même ? Non; mais il peut se lier envers ses sujets, en vertu d'une loi primitive, qui forme la constitution de l'État & par laquelle il est soumis à gouverner selon les loix. Il peut se lier en vertu de cette loi naturelle qui veut que, pour le bien de la société, le chef & les membres soient dirigés par des regles communes. Ainsi, quoiqu'il soit libre de créer des loix, il ne peut, en les créant, se soustraire à leur pouvoir, en conséquence de l'ordre établi dans toute administration publique, à moins que, par des dispositions particulieres puisées dans la vue du bien public, il ne fasse des exceptions expresses, qui sont alors dans le cas des dispenses dont nous parlerons bientôt. „ Personne ne peut s'obliger soi-même, par forme
„ de loi, c'est-à-dire comme s'il étoit son propre su-
„ périeur, dit Grotius. Delà vient que le législateur
„ peut changer ses loix. Mais s'il ne peut s'obliger
„ directement, il le peut indirectement, comme faisant
„ partie de la communauté; car Dieu veut que les
„ parties se conforment à leur tout, ainsi que faisoit
„ Saül (*b*) au commencement de son regne (*c*). „

I$^{ere.}$ *modification de la thefe générale.* Ajoutons cependant deux modifications essencielles à cette regle générale, qui conservent au Prince tout le pouvoir & toute l'indépendance de la souveraineté. La premiere, qu'il ne peut être soumis aux peines portées par les loix; 1°. parce que les loix pénales ne peuvent s'exercer que par le souverain en qui seul réside la puissance exécutrice

des

(*a*) Domat, *Droit publ.* l. 1,   (*c*) Grot. *de Jure bell. & pac.*
tit. 2. sect. 3, n. 14.   *l.* 2, *cap.* 4, *n.* 12.
(*b*) *Reg.* XIV, 40.

des loix, 2º. parce qu'elles ne peuvent s'exercer que par un jugement légal, & que le souverain ne connoît point de tribunal au-dessus de lui (*a*).

Bossuet enseigne la même doctrine. » Les Rois, dit-
» il, sont soumis, comme les autres, à l'équité des
» loix, parce qu'ils doivent être justes ; & parce qu'ils
» doivent au peuple l'exemple de garder la justice. Mais
» ils ne sont pas soumis aux peines de la loi ; ou,
» comme parle la Théologie, ils sont soumis aux loix,
» non quant à la puissance coactive, mais quant à la
» puissance directive (*b*). » *Nous ne voulons révoquer en doute, ni disputer de votre puissance, ce seroit une espèce de sacrilege, & savons bien que vous êtes par dessus les loix, & que les loix & ordonnances ne peuvent vous contraindre.* Ainsi parloit en 1527 le Parlement de Paris à François I (*c*).

IIeme. modification. La seconde modification est que le Prince ayant le droit de dispenser les sujets de ses loix, dans le cas de nécessité ou d'utilité publique, il a aussi le droit de s'en dispenser lui-même ; car il ne peut être plus lié par ses propres loix, que ses sujets ; & s'il est essenciel à la législation, que le Prince soit muni de ce pouvoir à l'égard des citoyens, pour empêcher que la loi, toute sage qu'elle est par elle-même, ne devienne préjudiciable dans certaines circonstances ; à plus forte raison est-il nécessaire qu'il puisse en faire usage à l'égard de lui-même dans l'administration publique, & pour le bien général ; mais en respectant toujours les loix fondamentales de l'État, & en se conformant à l'esprit de la loi-même dont il se dispense.

Qu'un sujet, par exemple, leve ouvertement l'étendard de la révolte : le bien public exige qu'il soit réprimé & puni Cependant l'équité naturelle défend de punir avant d'être assuré du crime de l'accusé ; cette regle est inviolable : mais outre cette maxime générale, les loix civiles

---

(*a*) V. part. 1, ch. 1, max. 9, & le ch. 4 de cette 2eme. part.
(*b*) Boss. Pol. l. 4, art. 1, pr. 4.
(*c*) Regist. du Parl. Lit de justice du 24 Juillet 1527.

prescrivent aux tribunaux une certaine forme de procéder pour diriger, pour éclairer la religion du sage, & pour justifier la sagesse de ses jugemens auprès du souverain, à qui il est comptable de l'exercice de la justice. Mais supposons d'un côté, que le corps de délit soit manifeste, que les preuves de conviction soient évidentes & publiques, enfin que le vœu de la loi naturelle soit rempli. Supposons, d'un autre côté, que les lenteurs de la procédure, en retardant la punition, puissent donner le tems au coupable d'exciter des fermentations, d'animer ses complices, & de consommer sa révolte : qui doute que le Prince ne puisse alors dispenser des formes ordinaires le tribunal saisi de la cause, ou s'en dispenser lui-même ? A quel titre en effet le criminel réclameroit-il le secours des loix devenues inutiles à sa justification ? S. Thomas enseigne que le Prince, quoique lié par la loi, ne peut être soumis aux peines de la loi, qu'il peut la changer, ou s'en dispenser par la même autorité qu'il en dispense les autres (*a*). Wolf écrit dans les mêmes principes (*b*).

Au moyen de ces deux modifications, on peut concilier les différentes opinions des politiques, & les loix qui paroissent opposées, sur l'obligation des souverains, à l'égard de leurs propres édits. Les Rois sont soumis à l'observation de leurs ordonnances quant au for de la conscience ; mais non en ce sens qu'ils puissent être sujets à la peine, ni en ce sens qu'ils ne puissent les révoquer, ou s'en dispenser par des raisons légitimes dont ils sont les seuls juges (*c*).

Diroit-on que cette distinction exempteroit réellement le Prince de la loi, toutes les fois qu'il voudroit la violer, en supposant des motifs de dispense ? Mais qu'on fasse attention que ce seroit alors l'abus du pouvoir, & que l'abus qu'il peut faire de son autorité, ne peut être une raison pour la contester. Dès qu'il voudra abuser, ne pourra-t-il pas donner aux autres la liberté de violer la loi par des dispenses contraires à l'équité ? N'aura-t-il pas également la li-

---

(*a*) V. la note n. 80. (*c*) V. ci-devant part. 1, ch.
(*b*) V. la note n. 67. 2, max. 6.

berté d'éluder lui-même la loi par de fausses interprétations ? N'aura-t-il pas la liberté de s'en affranchir absolument en la révoquant ? Ne pourra-t-il pas enfreindre les droits les plus sacrés & les plus inviolables de la justice, toutes les fois qu'il n'en respectera point la sainteté ? N'ayant donc que sa conscience pour juge, on ne peut aussi opposer à l'abus, qu'il fait de son pouvoir, que la regle même qu'il viole (a).

§. IV.

Il doit y avoir, entre le souverain & le peuple, des officiers qui forment une puissance intermédiaire, chargée d'exécuter les ordres du souverain, & de lui représenter les droits & les besoins du peuple, mais en restant toujours dans la soumission & la dépendance qui conviennent à des sujets.

Liberté des représentations de la part des officiers du Prince. J'ai déja observé que le Prince ne pouvant suffire lui seul à toutes les fonctions du gouvernement, ni porter ses regards sur tous les détails de l'administration publique, il étoit indispensable qu'il y suppléat par des officiers préposés à l'exécution de ses volontés, avec une certaine portion de sa puissance (b). Or, ces officiers étant plus près des objets, plus à portée de les examiner, & de connoître le préjudice qui peut résulter de l'exécution des volontés du Prince, étant enfin mieux instruits des besoins du peuple, relativement à ces objets de leur administration, doivent avoir la liberté de faire à cet égard au souverain les représentations qu'ils croient nécessaires pour empêcher les surprises qui pourroient être faites à sa Religion.

_____

(a) V. ci-devant part. 1, ch. ?, max. 10.

(b) V. le §. 8, du ch. précédent.

Ce droit forme même un devoir indispensable de leur part, à cause de l'obligation que leur ministere leur impose de veiller au bien public. Les ordonnances royaux en chargent en particulier la conscience des magistrats au sujet des édits qui leur sont adressés. Elles leur enjoignent de communiquer au législateur leurs observations sur ces édits, ou sur les commandemens particuliers qui leur sont faits, & d'en suspendre l'exécution, lorsqu'ils les trouvent contraires à l'intérêt de l'État, jusques à ce qu'ils aient reçu là-dessus des ordres ultérieurs (*a*). Elles respectent même leur ministere, jusques à leur laisser la liberté de refuser leur concours à la publication des loix qu'ils croiroient injustes. (*b*). Nos Rois ont applaudi plus d'une fois à la généreuse liberté de leurs représentations. Les saints canons ont établi les mêmes regles par rapport au gouvernement ecclésiastique (*c*). Elles sont suivies dans tous les genres de gouvernement qui ne sont pas despotiques. Elles l'ont été sous les anciens. Les Satrapes de la Perse jouissoient du même droit sous leurs Monarques (*d*).

Il faut aussi par la même raison, que le Prince donné assez de considération à ses officiers, pour leur laisser la liberté de lui représenter ce que leur suggere leur zele pour le salut de l'État, relativement aux fonctions de leur ministere, & de le faire avec toute la dignité qui convient au caractere dont ils sont revêtus. Il faut qu'il écoute leurs avis, qu'il fasse usage de leurs lumieres, sans rougir de céder à leurs conseils, lorsqu'il en reconnoît la sagesse. » *Ne soyez point sage* » *en vous-même* (*e*) : *ne croyez pas que vos yeux vous* » *suffisent pour tout voir. La voie de l'insensé est droite* » *à ses yeux : il croit toujours avoir raison. Le sage* » *écoute conseil* (*f*). Un Prince présomptueux qui n'é-

---

(*a*) Lettres-patent. du 26 Août 1718. — Ord. de 1667, tit. 1, art. 5.
(*b*) Édit du mois de Décembre 1770.
(*c*) Cap. *si quando* extra *de rescripi*.
(*d*) *Daniel* VI, 12.
(*e*) *Prov.* III, 7.
(*f*) *Prov.* XII, 15.

» coute pas conseil, & n'en croit que ses propres pen-
» sées, devient intraitable, cruel, furieux. *Il vaut*
» *mieux rencontrer une ourse à qui on enleve ses petits,*
» *qu'un insensé qui se confie dans sa folie* (a). Qu'il
» est beau d'entendre parler ainsi Salomon! Qu'il se mon-
» tre vraiment sage, en reconnoissant que sa sagesse
» ne lui suffit pas..... C'est donc en prenant conseil,
» & en donnant toute liberté à ses conseillers, qu'on dé-
» couvre la vérité, & qu'on acquiert la véritable
» sagesse. *Moi, sagesse, j'ai ma demeure dans le con-*
» *seil, & je me trouve au milieu des délibérations sen-*
» *sées* (b). Et encore: *la sagesse se fait par adresse, &*
» *le salut est dans la multitude des conseils* (c).» Ainsi
parloit Bossuet aux souverains (d).

Subordination de ces officiers. Cependant cette puissance intermédiaire doit rester dans le respect, & la
dépendance qui conviennent à des sujets (81); parce
que le souverain ayant seul le dernier ressort (e), c'est
à lui seul à peser les raisons qui lui sont exposées, & à
les comparer avec les motifs supérieurs qui déterminent
ses volontés, par la connoissance qu'il a du secret de
l'État & des autres parties de l'administration publique, avec lesquelles la législation doit concourir. C'est
à lui à fixer par son jugement tout ce qui concerne l'administration. Telle est la disposition des loix (82).

Pasquier observe que » tous ceux qui ont voulu fon-
» der la liberté d'une république bien ordonnée, ont
» estimé que c'étoit lorsque l'opinion du souverain
» magistrat seroit attempérée par les remontrances de
» plusieurs personnes d'honneur constituées pour cet ef-
» fet, & quand en contres-change, ces plusieurs per-
» sonnes étoient controullées par la présence, com-
» mandement & majesté de leur Prince (f).» —» Les
» pouvoirs intermédiaires, subordonnés & dépendants,

(a) Prov. XVII, 12. (e) V. ci-devant part. 1, ch.
(b) Prov. VIII, 12. 1, max. 9.
(c) Prov. XXIV, 6. (f) Pasq. Rech. l. 2, ch 3.
(d) Boss. Pol. l. 5, art. 2, prop. 3.

" dit Montesquieu, constituent la nature du gouver-
" nement monarchique, c'est-à-dire, celui où un seul
" gouverne par des loix fondamentales. J'ai dit les
" pouvoirs intermédiaires, subordonnés & dépendants:
" en effet, dans la monarchie, le Prince est la source
" de tout pouvoir politique & civil. Ces loix fonda-
" mentales supposent nécessairement des canaux moyens
" par où coule la puissance (*a*). "

Nous avons prouvé que les ordres du souverain sont présumés justes, & qu'ils exigent l'obéissance de la part des sujets, hors le cas d'une injustice manifeste (*b*). Nous avons dit que ni les charges dont il plaît au souverain d'honorer ses officiers, ni le pouvoir qu'il leur communique, ni la confiance qu'il leur donne, ne pouvoient les affranchir des devoirs de la subordination & de l'obéissance (*c*); que le souverain n'a ni pu, ni prétendu leur attribuer une jurisdiction supérieure à la sienne, parce que c'eut été renoncer à la souveraineté-même. *Jamais*, dit Montesquieu, *le Prince ne donne une partie de son autorité, qu'il n'en retienne une plus grande* (*d*). Grotius observe que " quand S.
" Paul a ordonné à tous les hommes d'être soumis aux
" Puissances supérieures, il y a aussi assujetti les ma-
" gistrats (*e*). " S. Augustin enseigne la même doctrine (83). Nous avons encore fait voir que la puissance des officiers du Prince étoit si étroitement liée avec la sienne, qu'ils n'auroient plus de pouvoir euxmêmes pour commander, s'il leur étoit permis de désobéir (*f*) " Tout le pouvoir du gouvernement qui est
" dans les Puissances (ce sont les paroles de Grotius)
" est tellement dépendant de la Puissance souveraine,
" que tout ce qu'ils entreprennent contre la volonté
" du souverain, est destitué de pouvoir, & ne peut
" par conséquent être regardé que comme des actes de

(*a*) Esprit des loix, tom. 1, l. 5, ch. 16.
2, ch. 4.
(*b*) Part. 1, ch. 3, max. 2.
(*c*) Part. 1, ch. 2, max. 5.
(*d*) Esprit des loix, tom 1, l.

(*e*) Grot. *de Jure bell. & pac.*
l. 1, *cap.* 4, *n.* 6.
(*f*) V. ci-devant part. 1, ch. 3,
max. 6.

» perſonnes privées ; car, ſelon les ſentimens des phi-
» loſophes, qu'on peut appliquer au cas préſent, l'or-
» dre ne ſubſiſte, que par rapport à quelque choſe de
» premier (a). » —— » Il faut ſervir l'État, dit Boſſuet,
» comme le Prince l'entend. En lui réſide la raiſon qui
» conduit l'État. Ceux qui penſent ſervir l'État, au-
» trement qu'en ſervant le Prince, & en lui obéiſſant,
» s'attribuent une partie de l'autorité royale ; ils trou-
» blent la paix publique, & le concours de tous les
» membres avec le chef. Tels étoient les enfans de
» Servia qui, par un faux zele, vouloient perdre ceux
» à qui David avoit pardonné. *Qu'y a-t-il entre vous*
» *& moi, enfans de Servia ? vous m'êtes aujourd'hui*
» *un ſatan* (b). Le Prince voit de plus loin & de plus
» haut ; on doit croire qu'il voit mieux, & il faut
» obéir ſans murmurer, puiſque le murmure eſt une
» diſpoſition à la ſédition. Le Prince ſait tout le ſe-
» cret & toute la ſuite des affaires ; manquer d'un
» moment à ſes ordres, c'eſt mettre tout en haſard (c). »

Que deviendroient en effet l'ordre & la ſubordination dans une armée, ſi, ſous prétexte du bien de l'É-
tat, le ſoldat vouloit faire céder les ordres de ſes
officiers à ſes vues particulieres ; ſi les officiers prétendoient forcer le général à régler les opérations de
la campagne ſur leurs avis ; ſi le général lui-même
alloit contre les ordres du ſouverain ? Dira-t-on que
le militaire n'eſt que l'eſclave du deſpotiſme, parce
qu'il ne lui eſt pas permis d'oppoſer ſon jugement particulier aux ordres ſupérieurs ? Quel eſt le corps au
contraire qui ſe pique de plus de généroſité ? Ne ſent-
on pas que c'eſt de cette ſubordination que dépend la
diſcipline, la force des armées, l'activité, & ſouvent
le ſuccès des opérations militaires ? Tout le bien qu'on
ſe propoſeroit, en déſobéiſſant, pourroit-il compen-
ſer le déſordre général qui s'enſuivroit de l'indépen-

(a) Grot. *de Jure bell. & pac.* (c) Boſſ. Pol. l. 6, art. 1,
l. 1, *cap.* 4, *art.* 6.   prop. 2.
(b) *II. Reg.* XIX, 22.

dance (84) ? » S'il y a des pouvoirs intermédiaires, dit
» Loyfeau, qui fe trouvent baftans pour réfifter (au
» Prince), c'eft une guerre continuelle, comme il fe
» veoid, dez il y a long-tems, au royaume de Po-
» logne, où, tantôt la nobleffe tient la fouveraineté,
» tantôt le Roi ; felon que l'un ou l'autre parti fe trouve
» le plus fort (*a*). »

Il eft vrai que certaines parties de l'adminiftration
publique, telle que la légiflation, comportent plus de
lenteur dans l'obéiffance, parce que les cas font moins
urgents, & que les volontés conftantes du Monarque
qui conftituent les loix, doivent être plus réfléchies :
mais n'eft-il pas évident que le Monarque, agiffant
par-tout avec la même plénitude de puiffance, a droit
à la même foumiffion ? C'eft en vertu de ce fouverain pouvoir, que l'autorité fe communiquant par degrés à toutes les perfonnes publiques, commande par-
tout avec efficacité; qu'elle fait tout plier, même la
volonté des fujets les plus puiffans, aux ordres du
moindre officier ; & qu'en protégeant ainfi la juftice,
le peuple & l'État, elle conferve par-tout l'ordre &
l'harmonie dans la fociété civile.

Lors donc qu'il y a oppofition entre la volonté du
fouverain & celle de fes officiers, l'autorité de ceux-
ci ceffe à cet égard ; & on ne pourroit leur obéir préférablement au fouverain, fans fe rendre coupable.
L'obéiffance eft due à chacun, felon fon degré, dit
Boffuet, après Grotius (85), *il ne faut pas obéir au
gouvernement au préjudice des ordres du Prince* (*b*).

(*a*) Loyfeau, Seign. ch. 2, n. 89.   (*b*) Boff. Pol. l. 6, art. 2, prop. 2.

CHAPITRE III.

De la comparaison des différens genres de gouvernement, relativement aux avantages & aux inconvénients qui résultent de leur constitution.

IL n'est que trop ordinaire au peuple de se laisser séduire par une fausse apparence de liberté, parce qu'il n'envisage ordinairement l'administration actuelle, que du côté de la loi qui le gêne, & non pas des avantages qui en résultent. Point de condition plus libre, en apparence, que celle des nations qui vivent dans l'anarchie, puisqu'elles jouissent d'une absolue indépendance; & cependant point d'état où l'on soit plus asservi; car, comme dans l'anarchie il n'y a point de puissance qui soit au-dessus des particuliers, il n'y en a point aussi qui réprime leurs vexations. Si on a la liberté de tout faire, on est aussi exposé à tout souffrir. Si on peut s'emparer du domaine d'autrui, on ne peut s'assurer aussi la propriété de ce que l'on possède. On est nécessairement dépendant de la force, par là même qu'on est indépendant de l'autorité ; & on devient ainsi successivement esclave & despote. La véritable liberté ne consiste donc pas dans la faculté de faire tout ce qu'on veut; mais dans une subordination légitime, qui, sans asservir le citoyen à des volontés arbitraires, lui ôte le pouvoir de nuire, & l'oblige de concourir au bien public. De cette observation que nous avons déja faite (*a*), je conclus que plus l'autorité du gouvernement diminuera le pouvoir que les citoyens ont de se nuire, plus elle les fera concourir efficacement au bien de la société; plus aussi

---

(*a*) V. ci-dev. part. 1, ch. 1, max. 2.

elle donnera de perfection à la liberté publique. Pour juger donc sainement de la constitution d'un État, on ne doit pas séparer l'idée de la liberté, de l'intérêt commun où elle doit aboutir. La liberté la plus desirable est sans doute celle qui s'accorde le mieux avec le bien public. C'est par ces principes que l'amour patriotique doit se diriger. Ce seront aussi ces principes qui nous éclaireront nous-mêmes dans la discussion que nous allons faire des inconvéniens & des avantages qui résultent des différens genres de gouvernement.

De tous les genres de gouvernement, il n'en est aucun qui flatte davantage l'amour naturel que tous les citoyens ont pour la liberté, que le gouvernement républicain, parce que chacun y participe aux droits de la souveraineté. Par la raison contraire, il n'en est aucun pour lequel ils conservent naturellement plus de répugnance, que pour le gouvernement monarchique. Cette disposition est d'autant plus dangereuse dans une monarchie, qu'elle tend à rendre le gouvernement actuel odieux, les obligations des citoyens plus pénibles, & qu'elle peut opérer des révolutions funestes à l'État & au Prince. Pour dissiper ce préjugé, l'examen roulera ici principalement sur ces deux genres de gouvernemens opposés; & je me renfermerai dans ces sept propositions.

1°. Le gouvernement républicain a moins d'avantages que le gouvernement monarchique.

2°. Il est sujet à de plus grands abus.

3°. Il ne conserve à la multitude qu'une ombre de liberté.

4°. Le gouvernement monarchique est plus avantageux à la société que le gouvernement aristocratique.

5°. Les gouvernemens mixtes sont les moins parfaits de tous les gouvernemens.

6°. Le plus parfait de tous, est le gouvernement monarchique, qui est successif.

7°. Sous quelque genre de gouvernement que l'on soit né, il n'est jamais permis de le changer, sous prétexte de mieux, si ce n'est d'un consentement unanime de parties intéressées.

§. I.

Le gouvernement républicain a moins d'avantages que le gouvernement monarchique.

LE gouvernement le plus avantageux est sans contredit celui dont les délibérations sont les plus sages & les plus secretes, le concours au bien public plus sûr & plus unanime, les forces pour l'exécution plus actives & plus puissantes. Comparons les deux genres de gouvernement sous ces trois points de vue.

1°. *Le gouvernement républicain comparé au gouvernement monarchique, relativement à la sagesse des délibérations.* Dans le gouvernement républicain les délibérations sont-elles plus sages ? Qui est-ce qui y décide des affaires les plus importantes ? La multitude, c'est-à-dire, le plus inconstant & le plus aveugle de tous les juges. Plus les assemblées sont nombreuses, plus les délibérations sont tumultueuses & inconsidérées. C'est une mer orageuse, que le souffle d'un moment agite, & qui, prenant toutes les impressions de ceux qui sàvent, non l'éclairer, mais l'émouvoir, épouse, sans le savoir, les passions étrangeres, passe presque dans le même instant aux deux extrêmités opposées, & ne trouve de consistance nulle part. Le secret sera-t-il même praticable ? C'est delà cependant que dépend presque toujours le succès des plus grandes entreprises.

Le peuple composera-t-il un conseil pour lui abandonner les affaires qui exigent plus de réflexion & plus de secret ? Je le veux, mais on sortira alors de l'ordre démocratique pour établir une espece d'aristocratie momentanée. Quelle preuve plus sensible contre la constitution des républiques ?

2°. *Comparé relativement au concours nécessaire au bien public.* Dans le gouvernement républicain, le concours au bien public sera-t-il plus sûr & plus unanime ? Chaque membre de la république a sans doute un intérêt au bien commun ; mais il a aussi un intérêt particulier, beaucoup plus important par rapport à lui, & souvent, ou du moins quelquefois, contraire au bien général. Cependant chaque membre participe au droit du commandement. Delà, comme dans les individus, l'intérêt particulier prévaut ordinairement sur le bien public, & lors même, qu'on se propose le bien public, les vues sur les moyens sont différentes, l'autorité se trouve divisée, soit sur la diversité des intérêts, soit sur la diversité des moyens. Ainsi naissent les factions qui bouleversent les gouvernemens, & qui, sous prétexte de zele, mettent toujours les passions personnelles à la place de l'amour patriotique. Alors, plus un citoyen est puissant, plus il sera redoutable à la patrie. Il ne se bornera pas à vouloir être libre, il aspirera à la domination. Ses concurrents seront pour lui autant d'ennemis qu'il s'appliquera à supplanter. Les partisans respectifs de ceux qui dominent, seront dirigés par les mêmes impressions. Les querelles particulieres deviendront des causes d'État. Le bien public sera toujours traversé quand il donnera une supériorité de crédit à l'un des partis : ce n'est pas la raison, c'est l'enthousiasme qui gouverne la foule. La chambre basse a la principale autorité en Angleterre : elle ouvre la route aux honneurs. Les citoyens emploient toutes les ressources de l'intrigue pour parvenir à la députation. Un député, après avoir acheté les suffrages, fait valoir le sien. Avec de l'ambition, de l'éloquence, de la hardiesse & de la brigue, il devient un homme d'État, soit en s'opposant aux vues du Prince, pour s'en faire un mérite auprès de ses concitoyens ; soit en se dévouant à ses volontés, pour parvenir à la fortune. Athenes & Rome présentent sans cesse le tableau le plus frappant des troubles & des vexations qui naissent du choc des partis, & de la jalousie des grands, dans un gouvernement populaire. Les victoires des célebres capitaines qui semblent l'affermir, deviennent dangereuses à la liberté publique par un accroissement de puissance qu'elles leur donnent, & qui dérange l'équilibre de l'égalité. Athenes prévient le danger, par l'injustice, en puniſſant de l'exil, une réputation trop méritée. A Rome, la jalouſie immole les Camille à la ſûreté publique. Dans l'une & l'autre république les citoyens eux-mêmes forgent les fers qui doivent les aſſervir. Les penſionnaires de Philippe lui livrent Athenes. Les grands de Rome achetent des Romains-mêmes le droit de les aſſervir. Ils embraſent leur patrie par des guerres civiles ; ils l'épouvantent par leurs proſcriptions. Ce peuple, Roi de l'univers, & par-tout victorieux, tourne ſes armes contre lui-même, pour détruire ſa propre puiſſance avec ſa liberté ; & l'État ébranlé juſque dans ſes fondemens, ne peut plus ſe ſoutenir, qu'en ſe réuniſſant ſous un ſeul maître.

3°. *Comparé relativement aux forces néceſſaires à l'exécution.* Les forces du gouvernement républicain seront-elles plus actives & plus puiſſantes dans l'exécution ? Mais la force & l'activité d'un corps politique augmentant à proportion de l'unité de la puiſſance qui le dirige ; & cette puiſſance ſe trouvant diviſée entre les citoyens, qui ont ſouvent des volontés oppoſées, & jamais uniformes, il doit en réſulter un conflit qui diminue la force & l'activité du gouvernement.

Dans l'État monarchique, toute la ſouveraineté étant renfermée dans la perſonne d'un ſeul, conſerve par là-même toute ſon énergie. Le Prince élevé au-deſſus des orages & des diſſentions qu'excitent la jalouſie ou l'ambition des citoyens, diſcute les affaires avec maturité dans ſon conſeil : il décide, & il concentre dans ſon cœur, lorſqu'il le juge néceſſaire, tout le ſecret de ſes projets & de ſes reſſources. L'intérêt de l'État eſt toujours la fin qu'il ſe propoſe, parce que cet intérêt eſt toujours le ſien propre. La gloire & la proſpérité de l'un, fait la gloire & le bonheur de l'autre. Les vues ſur les moyens ne ſont plus partagées, parce qu'elles ſe trouvent combinées par la ſageſſe du Monarque. Ainſi, toute l'autorité réunie en lui ſeul, & dirigée ſur un plan uniforme, ſans pouvoir être ni ſuſpendue, ni affoiblie, doit agir avec plus d'activité, plus d'efficacité, plus de force. M. de Montefquieu obferve que *dans la monarchie, la politique fait faire les plus grandes chofes avec le moins de vertu qu'elle peut* (a). C'eft-à-dire que, pour faire les plus grandes chofes, elle a moins befoin de l'amour patriotique, qui eft, ce qu'il entend par le terme de *vertu* (86). J'adopte ce principe du panégyrifte républicain, & j'en infere la fupériorité du gouvernement monarchique ; car la conftitution la plus fage & la plus avantageufe, eft certainement celle qui a moins befoin de moyens rares pour opérer les grandes chofes, parce qu'elle pourvoit plus aifément & plus fûrement au bien public, d'où je conclus que la conftitution monarchique ayant moins befoin de l'amour patriotique qui eft très-rare, même parmi les républicains, doit être plus fage & plus avantageufe.

Objection de J. J. Rouffeau. Un écrivain moderne nous oppofe ici fes paradoxes ; & fon affertion fait toute fa preuve. « Un fermoneur, dit-il, aura beau leur
» dire (aux Rois) que la force du peuple étant la leur,
» leur plus grand intérêt eft que le peuple foit flo-
» riffant, nombreux & redoutable. Ils favent bien que
» cela n'eft pas vrai ; leur intérêt perfonnel eft pre-
» miérement que le peuple foit foible, miférable, &
» qu'il ne puiffe jamais lui réfifter. J'avoue qu'en fuppo-
» fant toujours les fujets parfaitement foumis, l'inté-
» rêt du Prince feroit alors que le peuple fut puiffant,
» afin que cette puiffance étant la fienne, le rendît
» plus redoutable à fes ennemis. Mais comme cet inté-
» rêt n'eft que fecondaire & fubordonné, & que les
» deux fuppofitions font incompatibles, il eft natu-
» rel que les Princes donnent toujours la préférence
» à la maxime qui leur eft toujours immédiatement
» utile (b). »

Réponfe. Il eft donc impoffible que les fujets foient vertueux, riches, braves, humains, généreux, équitables, reconnoiffans, habiles dans les arts & dans le

---

(a) Efprit des loix, tom. 1, l. 3, ch. 5.   (b) Rouffeau, Contrat foc. l. 3, ch. 6.

commerce, enfin heureux, & en même-tems fideles à leur Prince. Il eſt donc impoſſible que la juſtice, l'ordre, la concorde, la paix & l'abondance regnent dans une monarchie, ſans inſpirer la révolte & la haine contre le gouvernement. Le Prince ne pourroit donc affermir ſon trône que ſur l'oppreſſion & la miſere publique. Jamais donc il ne ſera plus foible que lorſque ſes États feront plus floriſſans. Jamais il ne ſera plus puiſſant que lorſque la molleſſe, l'oiſiveté, & la puſillanimité auront énervé ſes armées; lorſque l'avarice, la perfidie, le luxe & le faſte auront corrompu les grands; lorſque tous les vices auront dégradé le peuple. Une ſi horrible maxime n'a beſoin que d'être expoſée pour exciter l'indignation. Préſentons ſeulement à l'auteur, le tableau hiſtorique de la France, & demandons-lui, s'il eſt bien vrai que jamais les ſujets aient été plus heureux que lorſque ſes Princes ont été les plus foibles; ou ſi les malheurs & la foibleſſe des François ont rendu quelquefois ſes Rois plus heureux & plus puiſſans. Préſentons-lui le tableau de l'univers entier, & demandons-lui, s'il eſt bien vrai que les monarchies les plus floriſſantes, celles où les peuples goûtent avec ſécurité, ſous la protection des loix, tous les avantages d'un ſage gouvernement, ſont auſſi celles où les ſouverains regnent avec moins de gloire. Les Rois ſont deſpotes ſur les côtes de Barbarie; leurs royaumes en ſont-ils plus floriſſants? L'excès du pouvoir les rend-il plus puiſſans & plus redoutables à leurs ennemis? Donne-t-il plus de ſolidité au trône, plus de force au gouvernement? Sert-il à faire fleurir les arts, à relever l'éclat de la majeſté royale, à rendre le ſouverain lui-même plus heureux & plus tranquille? Ne ſait-on pas au contraire qu'il n'y a point d'État où il ſoit plus dépendant des caprices d'un peuple qu'il opprime; que la moindre ſecouſſe, le renverſe du trône; & que, lors même qu'il y paroît le mieux affermi, il ne faut qu'un moment pour le précipiter dans les fers, & l'y faire périr par le glaive?

Nous convenons qu'il n'eſt pas de l'intérêt du Prince

que les citoyens parviennent à un degré de puissance capable de contrebalancer la sienne, c'est-à-dire à une puissance d'autorité qui n'est pas proprement celle du sujet, & qui ne contribue ni au bonheur, ni au repos, ni à la gloire du peuple ; à une puissance qui ne pourroit appartenir à certains particuliers, qu'en les élevant trop près du Monarque, ce qui dérangeroit l'harmonie de la société, en ce qu'elle pourroit exciter des révoltes, susciter des troubles, & nuire au bien public ; à une puissance enfin qui en suspendant, ou en gênant les fonctions du gouvernement, affoibliroit cette autorité souveraine qui peut seule assurer la fortune, le repos, la liberté & la vie des citoyens.

Nous convenons encore que, dans les gouvernemens mixtes, celui qui porte le nom de Monarque, ne possédant qu'une portion de la souveraineté, pourroit être tenté par une cruelle politique, d'affoiblir les nobles ou les citoyens qui partagent avec lui le pouvoir suprême, soit dans la vue de les assujettir, soit par la crainte d'en être subjugué ; & nous ferons bientôt usage de cette réflexion qui est étrangere à la question présente. Mais, dans les vraies monarchies, le Prince a-t-il besoin de rendre ses sujets malheureux pour accroître sa puissance, lui qui réunit toute la force de l'autorité dans sa personne ? Ne peut-il faire fleurir les arts & les sciences dans ses États, y entretenir l'abondance, maintenir l'ordre & la justice dans toutes les parties de son administration, exciter les talens, récompenser le mérite, s'associer de sages ministres, discipliner ses troupes, fortifier ses places, multiplier ses forces de mer & de terre, accroître ses finances par une prudente économie, & travailler ainsi au bonheur de son peuple, sans rien perdre de sa puissance, sans renoncer à sa propre félicité & à sa gloire ? Et les sujets auront-ils besoin, pour vivre heureux, de lui enlever un pouvoir auquel ils sont redevables de tous les avantages dont ils jouissent ?

§. II.

§. II.

Le gouvernement républicain est sujet à de plus grands abus que le gouvernement monarchique.

Point de pouvoir qui ne soit sujet aux abus. Il s'agit donc seulement de comparer ici les abus qui peuvent résulter de l'un & de l'autre gouvernement.

1°. *Les abus du gouvernement républicain comparés aux abus du gouvernement monarchique, relativement à la législation.* La sagesse des loix dépend des lumieres du législateur, de la pureté de ses vues & de l'étendue de sa puissance. S'il ne connoît pas les moyens les plus propres au salut public ; s'il ne se propose pas ces moyens dans la confection des nouvelles loix ; si enfin connoissant, & se proposant ces moyens, il manque de l'autorité nécessaire, pour leur donner la sanction des loix, il ne fera que des réglemens préjudiciables ou défectueux. Or le peuple est-il un législateur bien sage ? Ceux qui le composent, & principalement ceux qui jouissent de sa confiance, ont-ils toujours le bien public pour objet ? On sait que dans une république ce n'est pas le peuple qui commande en effet, mais un petit nombre de citoyens qui dominent, & qui sont toujours moins appliqués à l'intérêt général, qu'à leur avantage particulier. Supposons-même, dans la plupart des lumieres supérieures & des intentions droites, seroit-il en leur pouvoir, lorsque les abus seront invétérés, accrédités, protégés, de faire recevoir des réglemens qui les réforment ? L'opposition & les divisions que le législateur prévoit, doivent donc le forcer alors d'abandonner des projets utiles, ou de se borner à mitiger un mal qu'il n'a pas la liberté de guérir. Le législateur d'Athènes n'ose proposer les meilleures de toutes les loix, mais seulement les meilleures dont la république soit susceptible. Nous avons observé au contraire que, dans les monarchies, l'autorité est plus éclairée, qu'elle va droit au bien public, & qu'elle agit avec plus de force. Les loix seront donc plus sages : or de la sagesse des loix, dépend le bonheur d'une nation.

Les corps des loix les plus célebres n'ont jamais été l'ouvrage du peuple. Parmi les anciens, c'est Minos qui donne des loix à Crête ; Licurgue à Sparte, Dracon & Solon à Athenes, Numa à Rome. C'est de leurs sages, c'est de leurs souverains, ou de leurs prétendus prophetes, que les orientaux ont reçu les loix, sous lesquelles ils vivent. Lorsque le peuple romain voulut former un code plus étendu que celui de Numa, il déposa son autorité entre les mains d'un petit nombre de sénateurs. Enfin le code de Justinien est encore le code de la plupart des peuples de l'Europe.

La législation renferme encore l'administration de la justice. Le peuple qui en est incapable, est obligé comme le Prince, de confier cette administration entre les mains des magistrats. Mais si les magistrats prévariquent dans leurs fonctions, à qui du peuple ou du Monarque sera-t-il plus facile de les réprimer ? Sera-ce à un peuple dont chaque membre est dans la dépendance des magistrats, qui est souvent subjugué par le crédit, par la force & par la crainte, & qui ne peut réprimer l'abus, que lorsqu'il agit de concert ? Ne sera-ce pas plutôt à un souverain qui, supérieur à tous les tribunaux, & à tous les ménagemens qui inspirent la timidité & l'intérêt particulier, parle & agit avec toute la plénitude de l'autorité ? „ Quel est le pays de l'Europe où le peuple „ soit moins docile & moins sage (que dans la répu- „ blique de Hollande ?) Quel est encore le pays où „ un citoyen ose moins qu'en Hollande avoir quelque „ discussion d'intérêt avec les chefs des villes ? Nous „ plaidons en France contre le Roi & il le trouve bon. „ Ose-t-on plaider en ce pays-là contre les magistrats ? „ C'est la réflexion de M. de Réal (a).

(a) Science du gouv. tom. 1, part. 1, ch. 3, sect. 4, n. 24, p. 544.

2º. *Abus comparés, relativement au droit de glaive.*
Abus par rapport au droit de glaive. Ce glaive eſt
entre les mains du ſouverain pour punir le crime & protéger l'innocence ; mais il peut ſervir encore d'inſtrument
à la haine & à la vengeance. Dans une monarchie,
tous les ſujets ambitionnent naturellement la faveur
du ſouverain. Ils ne l'approchent que pour prévenir
ſes vœux, ſervir ſes volontés, & mériter ſes bienfaits. Il n'aura donc que très-rarement ſujet de haïr.
Dans une république, la diverſité d'intérêts, le deſir
de la domination, les jalouſies, les factions enfantent
de tout côté les paſſions les plus meurtrieres. Que de
cruautés, lorſque ces paſſions s'enflamment par la fureur des chefs, & lorſque leurs partiſans qui ont auſſi
leurs animoſités particulieres, peuvent ſe prévaloir
d'une ſupériorité de puiſſance pour les aſſouvir ! Nous
avons parlé des horribles proſcriptions qu'éprouva
Rome dans les conflits d'autorité qui s'élevoient parmi
les grands. La multitude ne fait ſupporter ni la bonne
ni la mauvaiſe fortune : Dominer avec hauteur, ou
ramper en eſclave, tel eſt ſon caractere (*a*).

Suppoſons - même que le Monarque ſe livre à des
reſſentimens, ils ne s'exerceront que ſur un petit nombre de ſujets, qui approchent le plus près du trône.
La foule, dans l'éloignement, échappera à ſes regards.
Mais, dans la démocratie ce ſera une multitude de citoyens puiſſants, armés du glaive de l'autorité ſuprême
par le crédit des factions ; ce ſeront leurs amis, leurs
clients, répandus dans toutes les branches de la ſociété, qui entoureront chaque particulier, qui l'ob-
ſerveront, qui le pourſuivront perſonnellement, pour ſatisfaire leur cupidité, leur ambition, leur haine, leur
jalouſie. Jamais ni les Nérons, ni les Caligula n'ont
répandu tant de ſang que les Marius & les Sylla. Le
Monarque doit-il vexer un peuple entier par des loix
iniques, & des impôts exorbitans ; la vexation ſup-

(*a*) *Hæc eſt natura multitu- aut ſuperbè dominatur.* Tit. Liv.
dinis ; aut humiliter ſervit, decad. 7., lib. I.

portée en commun, pèse moins sur chaque citoyen, En est-il ainsi de la démocratie ? Que de vexations personnelles, qui attaquent la fortune & l'existence des particuliers, & qui, répandant par-tout les horreurs de la crainte, détruisent la confiance, & attentent à la sûreté publique !

3°. *Abus comparés relativement au droit de faire la guerre.* Le Monarque, comme le peuple, peut faire servir les armes à son ambition. Mais dans un gouvernement républicain, ce n'est pas toujours contre les ennemis de l'Etat ; c'est souvent contre des ennemis personnels ; c'est par des intérêts particuliers, par l'espoir de se distinguer ou de s'enrichir par des engagemens secrets, par des suffrages achetés, que la guerre se décide ; c'est suivant l'intérêt des factieux qui dominent. Les Ptolomées prodiguent aux grands de Rome les richesses de l'Égypte pour se faire rétablir dans leur royaume ; & Jugurtha verse en leurs mains tous les trésors de la Numidie, pour arrêter les progrès des armées romaines. A Carthage, les factions enlevent à Annibal tout le fruit de ses victoires, & perdent enfin la république.

4°. *Abus comparés relativement à la partie des finances.* Abus par rapport à l'administration des finances, à la distribution des emplois & des graces, & à la sûreté du commerce. Les préférences, toujours funestes au bien public, n'ont ordinairement pour motif, dans le Prince, que les inclinations de son cœur. Dans la démocratie, outre que chaque citoyen en crédit a un certain nombre de cliens & d'amis à satisfaire, & que la multitude des protégés augmente à proportion du nombre des protecteurs, chaque citoyen a de plus, son intérêt particulier à ménager, des suffrages à capter, des ennemis à craindre & à écarter. Que de puissants motifs pour faire pencher encore la balance entre ses mains, dans la distribution des emplois & des graces, & dans la dispensation des trésors publics ! Que de motifs capables d'affoiblir la sévérité de la justice, sur les fraudes du commerce & les vexations du peuple !

Les abus qui réfultent de la brigue & du crédit feront donc beaucoup plus étendus. Dans le Monarque, les motifs de la faveur fe trouvent contrebalancés par la confidération de fon propre intérêt, qui eft celui de l'État. Le tréfor public forme les richeffes du Prince. Il s'épuife en les prodigant. Dans la démocratie au contraire, c'eft en épuifant le tréfor public, que les grands augmentent leur fortune & leur crédit. Luculle s'enrichit de l'or Afiatique, & Céfar des dépouilles des Gaules, pour acheter le droit d'afervir fa patrie. Quel moyen de réprimer ces énormes abus ? Quel citoyen affez généreux pour ofer rifquer fa fortune en s'élevant publiquement contre ceux que la confiance aveugle d'un peuple femble autorifer à le piller impunément ? Et s'il s'en trouvoit d'affez généreux pour le tenter, feroit-il affez puiffant pour réuffir ?

Abaiffons nos regards fur les fociétés particulieres, où les membres jouiffent, fous la protection du Prince, d'une certaine liberté qui fe rapproche du gouvernement démocratique. Ne voyons-nous pas dans des corps de ville un petit nombre de factieux difputer entre eux de l'autorité ? Ne voyons-nous pas les plus adroits s'emparer de l'adminiftration, &, fous le nom de protecteurs, vexer les citoyens, frauder eux-mêmes leurs droits, employer les deniers publics pour fe ménager du crédit, profiter enfuite de leur crédit pour multiplier le nombre de leurs clients, former une ligue défenfive contre les clameurs de l'oppreffion, malgré la protection même du Monarque, fans que le peuple qui murmure, ait ni le pouvoir de faire punir, ni même le courage de deftituer des maîtres qu'il s'eft donnés, parce que, dans la réalité, lorfque le gouvernement eft confié au peuple, ce n'eft jamais le peuple, mais la faction qui gouverne. » Quel eft le pays de l'Eu-
» rope, dit M. de Réal, où l'on paye autant d'im-
» pôts qu'en Hollande ? Le mot de liberté fait tant
» d'impreffion fur les habitans des Provinces-Unies,
» qu'on les dépouille de tout ce qu'ils poffedent, en

„ leur difant qu'on le leur demande pour les mainte-
„ nir libres (*a*). „

Enfin, quelque infidelle qu'on fuppofe l'adminiftration publique dans un État monarchique, le Monarque defire toujours réellement la profpérité de fon Empire & le bien de fes fujets. Le pafteur n'a jamais regardé le ravage de fa bergerie, ni le laboureur la dévaftation de fon champ, comme un bien pour lui ; & s'il y avoit des ames affez dénaturées pour chercher leur bonheur dans la deftruction de leur propre domaine, & dans les larmes des malheureux, ces monftres rares, & qui font hors de l'ordre naturel, mourroient fans poftérité, & ne devroient point être confidérés dans le fyftême général de l'ordre politique, qui n'établit fes principes que relativement au cours ordinaire de la nature (*b*). Les grands d'une république trouvent au contraire fouvent leur propre élévation dans les malheurs publics, & dans la fervitude de leurs concitoyens. Si le Prince devient un tyran, la tyrannie ceffe à fa mort ; mais dans la république, fi la corruption des mœurs eft devenue générale, fi les abus fe font accrédités, ils font fans remede ; les vices d'un peuple ne fe corrigent point parce qu'ils ne pourroient être réformés que par le peuple lui-même. S'il s'éleve des diffentions dans une monarchie, le Prince eft toujours le maître de les réprimer ; il a toute la force en main pour ramener l'ordre, & le peuple n'a aucune puiffance pour réfifter.

Mais, fi les abus & les diffentions font fi meurtriers pour une république dans un état de paix, que fera-ce dans les circonftances critiques où elle aura befoin de toute fa puiffance, pour fe maintenir contre les revers de la fortune, & l'invafion de fes ennemis ? Rome, dans ces périls extrêmes, n'a pas de plus fûr moyen de

---

(*a*) M. de Réal, Science du gouvern. tom. 1, ch. 3, fect. 4, n. 24, p. 344.

(*b*) *Ex his quæ forte uno aliquo cafu accidere poffunt, jura non conftituuntur*. L. ex his 4. ff. de Legib. *Nam ad ea potius debet aptari jus quæ & frequenter & facilè, quàm quæ perrarò eveniunt*. L. nam ad 5. eod. tit.

sauver l'État, que d'abolir pour un tems la forme démocratique, en déposant tous les pouvoirs du gouvernement entre les mains d'un seul, par la création d'un dictateur, qui est dispensé de rendre compte, c'est-à-dire, en créant un Roi pour un tems limité (a); & lorsque cette république puissante est entraînée par sa propre masse vers sa chûte, elle ne s'affermit sur une base solide qu'en prenant une forme monarchique. *Una autem superesse ratio videbatur ad salutem & quietem, si res delata ad dominatum esset* (b).

§. III.

Le gouvernement républicain ne conserve à la multitude qu'un ombre de liberté.

IL n'est presque besoin que d'un simple calcul pour faire la preuve de cette proposition. Prenons un exemple.

La souveraineté se partage en Angleterre entre le Roi & le Parlement. Supposons qu'elle réside toute entiere dans le Parlement. Cette assemblée est d'environ 762 membres, savoir 558 qui forment la chambre basse, & 204 qui composent la chambre haute. La premiere est composée des députés des villes considérables, & de différens cantons. Chaque citoyen du canton donne son suffrage pour l'élection de son député. C'est par le talent de la parole; c'est par le crédit & l'intrigue; c'est par des promesses & des libéralités; c'est par un certain ascendant sur la confiance, qu'on parvient à la députation. Cet abus s'insinue naturellement dans les assemblées, parce qu'il a sa source dans l'intérêt personnel. Il domine principalement dans les assemblées populaires, parce que l'intérêt est le mobile général de la société. Point de moyen d'y remédier, parce que les grands qui dominent, sont eux-mêmes les cou-

_____

(a) Pour six mois.   (b) *Plut. Vita Solonis.*

pables qu'il faudroit réprimer. Le citoyen se trouve donc obligé, dans l'élection, de se ranger du parti dominant, s'il ne veut perdre son suffrage. Souvent les voix sont très-partagées : & dans le fait, le député ne l'est jamais que par le vœu d'une partie des citoyens. Cependant il devient, par la loi, le représentant de tout le canton, & ce député n'est encore que le 762me. membre du Parlement qui exerce la souveraine puissance : il ne participera qu'en même proportion à la souveraineté. Quelle portion y aura donc chaque particulier, qui aura concouru avec vingt mille autres à l'élection du député ? Quelle portion y aura le grand nombre de ceux qui n'y ont point concouru du tout ?

Ce n'est pas assez, le membre de la chambre, quoique le représentant de ses concitoyens, quoiqu'agissant en leur nom, & en vertu de la puissance qu'ils lui ont confiée, n'agit point par l'impulsion de leurs volontés, mais selon sa volonté propre ; il exerce, conjointement avec les autres membres, les fonctions de la souveraineté avec une pleine indépendance. Voilà donc le souverain auquel le républicain est soumis comme dans les monarchies. Il est vrai que ce souverain ne l'est que pour un tems ; mais le pouvoir n'en est pas moins absolu tant qu'il dure ; & ce pouvoir ne cessera que pour passer à un nouveau maître. Ainsi le peuple qui, dans une république, a la suprême puissance en propriété, ne peut l'exercer qu'en se donnant à lui-même un souverain actuel. A quoi se réduit donc sa liberté ? A quoi se réduit son indépendance ?

Le citoyen disputera, si l'on veut, de la domination dans l'enceinte d'une ville ; il sera honoré d'une députation ; il aura une portion de la souveraineté, quant au droit : mais il aura toujours, dans le corps du Parlement, un souverain au-dessus de lui ; il influera encore moins dans les affaires d'État, qu'un ministre dans un conseil, sous l'autorité du Monarque. Supposons-lui, si l'on veut, une supériorité de crédit qui le fasse prédominer : Eh bien ! en ce cas, il sera Roi ;

mais alors ce ne sera plus la liberté du républicain, dont il s'agit ici, ce sera une domination odieuse qui opprimera la liberté même.

§. IV.

Le gouvernement monarchique est plus avantageux au peuple, que le gouvernement aristocratique.

C'Est sur l'unité d'autorité & de force, que nous avons fondé la supériorité du gouvernement monarchique, au-dessus du républicain. La même raison prouve encore sa supériorité au-dessus du gouvernement aristocratique. Les délibérations, dans ce dernier gouvernement, ne sont pas abandonnées, à la vérité, au jugement de la multitude, mais elles ne peuvent être de leur nature aussi secretes que dans une monarchie, parce qu'il y a plus de confidens. La suprême puissance y étant toujours partagée, il doit y avoir aussi moins de concert. Chaque noble, quoique participant à une portion plus considérable de la souveraineté, que le citoyen d'une république ; quoique plus intéressé au bien de l'État, aura pourtant toujours un intérêt personnel, souvent contraire au bien public. Cet intérêt personnel tentera continuellement sa fidélité, par le desir d'augmenter sa fortune, ou par la crainte d'accroître le crédit d'un concurrent. " L'intérêt particu-
" lier de ceux qui ont part aux délibérations publi-
" ques, dicte ordinairement chaque avis, dit M. de
" Réal, & c'est cet intérêt particulier qui regle l'usage
" que les sénateurs puissans font de leur crédit... S'ils
" sont unis, ils conspirent ensemble contre la liberté
" de la patrie, & se prêtent un secours mutuel dans
" l'abus qu'ils font de leur autorité. S'ils sont divisés,
" ils déchirent le sein de la patrie par des guerres in-
" testines, & aucune autorité n'est capable de les con-

„ tenir (*a*). „ Les Décemvirs fe réuniffent pour tyranniser Rome, & les divisions des grands la font regorger de fang. *N'avoir point de chef, c'eft vivre dans la confufion*, difoit St. Grégoire de Nazianze: *en avoir plufieurs, c'eft être expofé aux diffentions. L'un & l'autre tendent également à la diffolution de la fociété.* (*b*).

D'un autre côté, les abus de l'adminiftration doivent s'étendre, comme nous l'avons prouvé, à mefure que le nombre des maîtres fe multiplie, & le remede doit devenir plus difficile, parce qu'il y a moins de concours dans les forces néceffaires pour les réprimer. La multitude des maîtres, au lieu de fervir à donner un frein à la licence, ne fait donc qu'augmenter la fervitude. Chaque puiffance pefe davantage fur la tête des citoyens, à mefure qu'elle fe rapproche d'eux. Le Monarque, fuffifamment grand par fa propre dignité, n'a pas befoin, pour s'élever au-deffus des autres, de les abaiffer par la fierté & le mépris; il n'a plus à defirer que de faire aimer fa puiffance par l'affabilité, la clémence & la juftice; mais dans tous les pays où regne l'ariftocratie, le peuple eft prefque réduit à la condition des efclaves.

Exemples des gouvernemens de Pologne & de Venife.
„ Un gentilhomme Polonois a dans fes terres, le droit
„ de glaive & de juftice fur tous fes fujets; il leur
„ impofe, à fon gré, des tributs, & il regne fur eux
„ bien plus abfolument que le Roi ne regne fur le
„ noble. Le peuple n'a aucune part au gouvernement.
„ Les artifans font la plupart étrangers, & les bour-
„ geois des villes ne font confidérés que comme des
„ gens de métier, qui ne peuvent poffeder tout au plus
„ que quelques maifons dans les villes, & quelques
„ fonds de terre, à une lieue autour des villes. Les

_____

(*a*) Science du gouv. tom. 1, ch. 3, fect. 3, n. 18, p. 330.
(*b*) *Quod fine principe eft, ordine caret: quod autem multos principes habet, diffidiis obnoxium eft; adeòque tum principatûs, tum ordinis expers. Eòdemque enim utrumque tendit, ad perturbationem nimirum: quinimò ad diffolutionem.* Greg. Naz. orat. 35 apud Joan. Damafc. pallel. l. 1, tit. 22.

« payſans ſont ſerfs. Ces hommes qui procurent l'abon-
» dance dans le royaume, qui en portent les charges,
» qui fourniſſent des hommes aux armées, qui labou-
» rent les champs, qui coupent les moiſſons, qui nour-
» riſſent tout le royaume, ſont eſclaves; & leurs maî-
» tres ménagent ſouvent moins leurs forces, que celles
» des bêtes. On ne peut, ſans horreur, rappeller ici
» une loi de Pologne, qui n'impoſe qu'une amande de
» quinze francs, à tout gentilhomme qui aura tué un
» payſan. De vingt Polonois, un eſt puiſſant, profite
» des biens royaux, & des charges que le Roi lui donne,
» & des penſions étrangeres, domine ſur les dix-neuf
» autres, & les fait plier à ſon gré. Tout le reſte,
» c'eſt-à-dire, de vingt nobles, dix-neuf & tout le tiers
» état eſt, dans la miſere; & une déſunion perpétuelle
» fait échouer les propoſitions les plus utiles à la pa-
» trie. » Ce ſont les termes de M. de Réal (a).

L'ariſtocratie des Vénitiens rend le peuple & les
nobles mêmes auſſi malheureux que les payſans en Pologne. » Un eſpace infini, (c'eſt toujours le même écri-
» vain qui parle,) ſépare le noble Vénitien & le ci-
» tadin. Les nobles ſeuls peuvent commander dans les
» États de la République : & ceux qui ne ſont pas
» inſcrits dans le livre d'or, vivent avec ceux dont
» les noms rempliſſent ce regiſtre, comme avec des
» ſouverains, plutôt que comme avec des gouverneurs.
» Mais les nobles mêmes ne ſe voient guere qu'au
» Broglio. Ils n'ont ni familiarité entre eux, ni com-
» merce avec les étrangers. Un noble Vénitien paye-
» roit de ſa tête, la liberté de parler, je ne dis pas
» à un miniſtre étranger, je dis au moindre domeſti-
» que d'un miniſtre étranger, à moins que ce ne ſoit
» pour une fonction néceſſaire & ordonnée... Rien
» n'eſt comparable au reſpect des nobles de terre-
» ferme pour les habitans de la capitale, à leur ſou-
» miſſion, à leur eſclavage. Ils n'oſeroient ſe couvrir
» devant le moindre habitant de Veniſe, ſans un com-

(a) Science du gouv. tom. 2, ch. 7, ſect. 19, n. 222, p. 604, 605.

» mandement réitéré. S'ils ont quelque considération
» dans leurs cantons, ils ne sont pas traités dans la
» capitale, avec plus de distinction que le moindre des
» artisans. Une espece de guerre civile regne dans les
» villes de terre-ferme. Le peuple y déteste les gen-
» tilshommes, & les gentilshommes abhorrent le peu-
» ple... »

» Eh! qu'on ne pense pas que le citadin & le peuple
» de Venise soient plus libres que les autres sujets de
» la république. Le peuple est divisé en deux partis,
» l'un appellé des *Castellans*, l'autre des *Nicolottes*:
» & ces deux partis se battent tous les jours, & s'af-
» foibliffent mutuellement, à la grande satisfaction de
» la république, qui croit devoir sa fûreté à ces di-
» visions.... La loi qui éloigne entiérement le peuple
» de la connoissance des affaires, donne lieu nécessai-
» rement à la tyrannie des nobles, dans un pays, où
» l'amour, l'avarice, la vengeance sont comme sur le
» trône. De même qu'on ne trouve dans le Doge, que
» l'ombre de l'autorité ; on ne trouve dans chaque ci-
» toyen que l'ombre de la liberté : on lui en laisse les
» apparences, mais on lui en ravit la réalité. »

» Enfin l'inquisition d'État est infiniment plus rigou-
» reuse à Venise, que celle de la Religion ne l'est nulle
» part. Quel ressort tyrannique pour un gouvernement,
» que les *Denunties secretes !* C'est ainsi qu'on appelle
» à Venise, des têtes de lion de marbre, qui sont hors
» d'œuvres, le long des galeries de S. Marc, & qui
» répondent à des têtes de pierre, dont les Décemvirs
» ont les clefs ; & c'est-là que tout homme peut met-
» tre des billets funestes de dénonciations, que lisent
» exactement tous les soirs ceux des dix en service,
» magistrats qui ne sont soumis à aucune formalité. Une
» bouche de marbre demeure donc éternellement ou-
» verte à tout délateur de Venise.

» La contrainte est à tous égards, si grande, qu'il y
» a une espece d'enchantement, de regarder comme
» libres, & très-libres, des gens à qui on permet po-
» litiquement le relâchement des mœurs, à qui on ac-

» corde l'exemption de tous les égards, pourvu que
» l'autorité du gouvernement n'y soit point offensée ;
» mais qui gémissent sous un dur esclavage, & qui sont
» exposés à toutes sortes de vexations, par des voies
» inconnues par-tout ailleurs qu'à Venise (a). »

Mais pourquoi chercher des exemples étrangers ? Jamais les François ne furent plus malheureux que sous ces regnes foibles, où le peuple fut abandonné à la domination des grands vassaux ? Et, quel est le citoyen qui ne tremblât aujourd'hui, si, à la place du Monarque qui nous gouverne avec tant de bonté, & qui a toujours le bras levé pour nous défendre, il voyoit renaître ces anciens maîtres avec un pouvoir absolu qui ne pût même être arrêté par l'autorité du Prince ?

§. V.

Les gouvernemens mixtes sont les moins parfaits de tous les gouvernemens.

C'Est un défaut ordinaire, en matiere de politique, de ne raisonner que d'après ce que les hommes doivent être, & non d'après ce qu'ils sont en effet. Les législateurs qui ont fondé le systême d'un gouvernement, sur l'équilibre de plusieurs puissances qui partagent le pouvoir suprême, pour se contrebalancer mutuellement, & pour empêcher l'abus que chacune d'elle pourroit faire de son autorité, sont tombés dans ce défaut. Ils ont supposés que les différens corps qui posséderoient cette portion de la souveraineté, ne seroient dirigés que par la vue du bien public ; & dans la pratique, ils le sont principalement par le motif de l'intérêt particulier. D'où il doit résulter une double source de division & de discorde. Car, premiérement, chaque puissance copartageante tendra naturellement à s'agrandir au préjudice

___

(a) M. de Réal, Science du gouver. tom. 2, ch. 7, sect. 1,

de l'autre. Secondement, les individus de chaque corps s'appliqueront à augmenter leur crédit, pour dominer dans leurs classes. Tous s'observeront donc réciproquement, moins pour empêcher les abus, que pour empêcher l'élévation des autres. Ils feront échouer les projets les plus utiles, s'ils craignent que les particuliers ou les autres ordres de l'État n'en acquierent un accroissement de crédit. La rivalité des corps & des grands leur inspirera plus de haine pour s'entredétruire, que de zele pour le bien public. La force du gouvernement, qui dépend principalement de la réunion du pouvoir, s'affoiblira à proportion ; & les dissentions, les abus & les intrigues exciteront aussi à proportion plus de fermentations & plus de troubles.

La noblesse partage, en Pologne, la souveraineté avec le Roi. Le Prince donne toutes les charges. C'est le moyen, sans doute, de se faire des créatures, & de se rendre par-là le maître du gouvernement : mais par-là aussi il excite l'aigreur & la jalousie des nobles, qui ne cherchent plus alors qu'à déprimer ceux qui jouissent de la faveur. " Ceux qui sont attaché à la cour, " dit un auteur moderne, sont l'objet de la haine du " reste de la noblesse : ce qui forme toujours deux par-" tis. Division inévitable & même nécessaire, dans des " pays où on veut avoir des Rois & conserver la li-" berté (a). "

L'Angleterre est le théatre continuel des dissentions intestines. Ce royaume semble n'être qu'un composé de plusieurs nations ennemies. Le peuple, qui partage le souverain pouvoir avec le Roi & les nobles, y étant devenu le plus puissant, parce qu'il forme la principale force de l'État, vit dans une fermentation continuelle. Sans cesse agité par l'esprit de parti, suivant les intérêts de ceux qui savent gagner sa confiance ; il est constamment dans une disposition prochaine aux plus grandes révolutions ; & on peut dire que, malgré le haut degré de puissance où cette nation est parvenue,

---

(a) Vaissete, Géograph. tom. 1, p. 332, édit. in-12, 1755.

par la sagesse de ses Rois, par le génie & la force d'ame qui caractérisent plusieurs de ses illustres citoyens, & par la bonne administration actuelle de son gouvernement, on peut dire qu'il est impossible que, dans un conflit perpétuel de crédit & de pouvoir, entre les puissances copartageantes, & parmi une infinité de positions qui arrivent par la variété des circonstances, l'équilibre ne se perd enfin un jour ; & si jamais, comme il est difficile que cela n'arrive, si jamais ces différens corps s'obstinent à défendre leurs prétentions, il faudra nécessairement, que ces corps ne reconnoissant point d'autorité supérieure qui ait droit de prononcer sur les contestations respectives ; il faudra qu'ils aient recours à la force ouverte, pour les terminer. Delà les guerres civiles, jusques à ce que l'une des puissances copartageantes parvienne à subjuguer les autres, ce qui ne s'opere jamais que par des efforts convulsifs, toujours cruels pour l'État & pour le peuple. Telle est la funeste catastrophe qu'on ne craint pas de prédire à tous les gouvernemens mixtes.

§. VI.

Le plus parfait de tous les genres du gouvernement est le gouvernement monarchique successif.

LE *gouvernement monarchique est plus parfait que les autres.* Que le gouvernement monarchique soit le plus parfait de tous, nous l'avons déja prouvé, en faisant voir qu'il avoit plus d'avantages, & qu'il étoit sujet à moins d'inconvéniens que les autres. Ajoutons qu'il est encore plus conforme à l'ordre de la nature ; qu'il a son modele dans l'empire que la Divinité même exerce sur tout l'univers ; qu'il a son origine dans le pouvoir que le Créateur donne au premier homme, qui fut le premier Roi. Nous avons observé que les

gouvernemens se formerent d'abord sur cet exemple (*a*).
» Les plus anciens peuples dont Moïse parle, les Ba-
» byloniens, les Assyriens, les Égyptiens, les Élami-
» tes, les nations qui habitoient proche le Jourdain
» & dans la Palestine, étoient soumises à des Rois.
» L'histoire profane s'accorde en ce point, avec les
» livres saints. Homere exalte toujours les prérogati-
» ves de la royauté & les avantages de la subordina-
» tion. Le poëte ne paroit pas même avoir eu d'idée
» d'aucune autre forme de gouvernement. Durant cette
» longue suite de siecles dont les Chinois se vantent,
» ils n'ont jamais été gouvernés que par des Rois :
» ils ne peuvent concevoir ce que c'est qu'un État ré-
» publicain. On peut en dire autant de tous les peuples
» d'Orient. Ajoutons que toutes les anciennes répu-
» publiques, Athenes, Rome &c., ont commencé par
» être soumises au gouvernement monarchique. » Ce
sont les termes de Goguet (*b*). C'est aussi la réflexion
de M. de Réal & des autres politiques.

Ce choix que la nature & la raison ont dicté à l'homme sur la forme de gouvernement, l'instinct qui est la voix de la nature même, semble l'avoir inspiré aux animaux. Ceux qui vivent en société, & qui observent entre eux la plus exacte police, forment comme un État monarchique. *Rex unus apibus, dux unus in gruibus, & in armentis rector unus.* (*c*).

Les anciens qui ont traité de la politique, regardent cette forme de gouvernement comme la plus parfaite de toutes (87). Ils enseignent que comme c'est anéantir la divinité que de la multiplier, c'est aussi détruire, pour ainsi dire, la souveraineté, que de la partager (88). Ils disent que la multitude des chefs est toujours préjudiciable au bien du gouvernement (89).

L'expérience vient à l'appui de ces autorités. Les
Empires

(*a*) V. le préambule de cette 2ième. partie.
(*b*) Gog. de l'Origine des loix, in-4to. tom. 1, part. 1, l. 1, p. 9.
(*c*) *Cypr. de idolor. vanit.*

Empires les plus longs & les plus tranquilles, n'ont eü qu'un seul maître. La république romaine n'a duré que 468 ans (*a*), & dans des agitations continuelles, causées par la rivalité des grands, ou des différens corps qui composoient cette république. Rome ne goûte les douceurs de la paix que sous Auguste ; & dès que ce gouvernement a pris la forme plus stable de l'État monarchique, on le voit malgré les vices & les vexations de ses maîtres, malgré les désordres & la mollesse de son peuple, malgré l'invasion des barbares, se maintenir plusieurs siecles sous la domination d'un seul maître. L'Empire ne s'éteint que quatorze cents quatre-vingt-quatre ans après Auguste (*b*).

La monarchie successive est plus parfaite que celle qui ne l'est pas. Je dis en second lieu que la monarchie successive est plus parfaite que la monarchie élective. Car 1°. nous avons montré que le gouvernement le plus sage étoit celui où l'intérêt de l'État s'identifioit avec l'intérêt du chef. Or, dans les monarchies électives, le Prince n'a pour le bien de l'État que l'intérêt de l'usufruitier, qui est de jouir : il en aura donc moins, que dans les monarchies successives, où il est, pour ainsi dire, propriétaire. Par cette raison, le souverain, dans un royaume électif, sera moins occupé du bien public : il négligera les précautions pénibles & dispendieuses qui procureroient à l'État une prospérité constante & dont il ne retireroit lui-même aucun avantage réel : il tournera plutôt ses soins à augmenter le patrimoine de sa maison. Le pere de famille au contraire, partage d'avance la gloire de ses enfans. L'État est leur patrimoine comme le sien propre, & l'espoir de leur bonheur fait partie de sa félicité présente. David prépare avec plus de joie les matériaux nécessaires pour la construction

---

(*a*) A compter depuis l'expulsion des Tarquins 509 avant J. C. jusqu'à la bataille d'*Actium*, qui se donna la 31me. année avant sa naissance.

(*b*) A commencer depuis la bataille d'*Actium*, jusqu'à la prise de Constantinople, par Mahomet II, en 1453.

du temple du Seigneur, quand il pense que son fils aura la gloire de l'élever (a).

2°. Lorsque la monarchie se perpétue dans la postérité du Prince, le système du gouvernement devient plus uniforme; il se transmet naturellement par l'éducation: le pere se retrouve dans la personne de ses enfans, & les projets formés se consomment avec plus de suite, plus de facilité & plus d'intérêt.

3°. Le respect naturel du peuple pour la maison régnante, lui inspire plus d'amour & de soumission pour la postérité du Monarque. On obéit plus volontiers à ceux qui sont nés avec le droit de nous commander, qu'à ceux qui, étant d'abord nos égaux, souvent nos rivaux, sont devenus nos maîtres. Cette disposition, qui resserre les liens de la subordination, augmente à proportion la force du gouvernement, dans les monarchies successives.

4°. Les élections ouvrent les scènes tragiques des dissentions & des troubles, qui embrasent souvent un royaume entier par des guerres civiles. Les suffrages des Électeurs sont corrompus ou forcés; le peuple y est toujours immolé à l'ambition des grands; & un seul recueille tout le fruit des malheurs publics. Quel spectacle présente aujourd'hui le royaume de Pologne! La fin qu'on s'étoit proposée dans l'établissement des élections, étoit d'élever le mérite sur le trône; mais dans le fait, c'est presque toujours la brigue ou la force qui l'emportent.

Il est vrai que les minorités des Princes sont un inconvénient particulier aux monarchies successives; l'ambition des grands, & la jalousie des nations voisines, peuvent profiter de ces circonstances où le gouvernement a moins d'activité & de force pour s'agrandir aux dépens de l'État, ou du moins pour le troubler & l'affoiblir. Mais cet inconvénient qui n'est que passager, est-il comparable à ceux qui résultent des monarchies électives & avec ceux qui sont continus & intrinseques à la constitution même des républi-

___
(a) I Paral. XXII, 7, &c.

ques & des aristocraties ? Cet inconvénient n'a-t-il pas sa source dans le partage d'autorité, c'est-à-dire, dans un vice qui est inhérent à ces derniers gouvernemens, & dans un vice encore plus grand qui ressemble à l'anarchie, lorsqu'il s'agit de procéder à l'élection d'un Monarque ? Ne seroit-il pas au pouvoir du Monarque d'en prévenir les suites, soit par des loix, soit par des dispositions de derniere volonté, qui fixassent la maniere dont les affaires de l'État seroient administrées, & la portion que certains corps ou certains membres auroient à l'administration ? On applaudit aux loix qui avancent l'âge de majorité de nos Rois : on sent donc qu'il est encore moins préjudiciable à l'État d'être sous la domination d'un seul Prince, quoique jeune, que d'avoir plusieurs maîtres qui commandent en son nom.

§. VII.

Sous quelque genre de gouvernement qu'on soit né, on ne doit jamais entreprendre de le changer, sous prétexte de mieux, si ce n'est d'un consentement unanime de la part des parties intéressées.

1°. Les loix constitutives du gouvernement doivent être inviolables pour tous les membres de l'État, pour le Monarque même, comme pour le sujet. Or, on ne sauroit changer la forme du gouvernement, sans en violer les loix constitutives qui la déterminent.

2°. Les propriétés sont aussi sacrées que les loix constitutives, puisqu'elles sont une suite du droit naturel. Or, on ne sauroit changer la forme du gouvernement, sans dépouiller le propriétaire de la souveraineté qu'il possede, c'est-à-dire, sans dépouiller le Prince dans la monarchie, les grands dans l'aristocratie, les citoyens dans la république.

Objection & réponse. Dira-t-on que l'intérêt du propriétaire doit céder au bien général ? La maxime est incontestable. Mais il n'est pas moins vrai que nul n'est juge en sa propre cause. Quel sera donc le tribunal qui prononcera sur le genre de gouvernement qu'exige le bien public ? Sera-ce le souverain qui a le droit de jurisdiction, & qu'on récusera sans doute, comme étant la partie intéressée ? Donnera-t-on ce droit aux sujets qui sont aussi partie, & qui de plus, étant subordonnés, ne peuvent prononcer sur le sort du souverain ? Comment former ce tribunal ? seroit-il même possible ? Quelle confusion, si on laissoit aux membres de l'Etat, non-seulement le droit de décider du sort du citoyen; mais encore la faculté de régler l'ordre public, avec la liberté de changer la constitution du gouvernement, & de lui donner la forme qu'il leur plairoit d'établir ?

Je dis plus : Le bien public lui-même exige que la forme des gouvernemens soit immuable. Car les changemens ne peuvent s'opérer que par la force ; & s'il y a encore un reste de vigueur dans le corps ou dans le chef qu'on veut dépouiller, il s'armera de toute sa puissance, il inspirera son courage à ses partisans pour se maintenir : les villes, les provinces, les royaumes entiers s'embraseront tout-à-coup par des guerres intestines. Que d'injustices ! Que de violences ! Que de cruautés ! Que de familles désolées ! Que de pays dévastés ! Que de sang répandu ! Supposons qu'on réussisse à subjuguer la puissance légitime ; il faudra après l'avoir subjuguée, lui substituer une puissance arbitraire, puisqu'elle n'aura d'abord aucun titre pour commander. De quelles affreuses secousses l'État ne sera-t-il pas encore agité ! Par combien de révolutions effrayantes ne faudra-t-il point passer pour parvenir à une forme de gouvernement stable ! Et pendant ce tems à quelles calamités, à quelles confusions, à quels désordres les citoyens ne vont-ils pas être livrés ! A quels dangers la nation ne va-t-elle pas être exposée de la part de ses ennemis ! Tant de maux pourroient-ils être compensés par le bien que l'on se proposeroit ?

Seroit-il même possible d'introduire une forme stable ? Car j'ai déja observé que chaque genre de gouvernement avoit ses inconvéniens. Le peuple inconstant & aveugle desire naturellement le changement dans l'espoir d'améliorer sa condition ; parce qu'il est toujours plus touché des maux actuels qu'il souffre, que des maux à venir qu'il ne fait qu'entrevoir. Il sera donc toujours aisé à séduire. Mais ceux qui seront capables de le séduire pour opérer ces fatales révolutions, ordinairement inspirées par l'ambition, ou la haine plutôt que par l'amour du bien public, ne manqueront jamais de prétexte, lorsqu'ils seront assez hardis pour entreprendre d'innover. Les uns détruiront ce que les autres auront établi, selon leurs différens intérêts : jamais ils ne manqueront de prétextes ; & le peuple qui n'y gagne jamais rien, puisqu'il ne fait que changer de maître, & qui expie toujours par son sang, l'ambition de ceux qui se disputent la domination, passera ainsi successivement par toutes les crises qu'amenent les révolutions, sans pouvoir prendre aucune consistance. Je ne citerai qu'un exemple pris dans l'histoire de la république de Genes.

Exemple de la république de Genes. „ Ce peuple délivré
„ de la férocité des Sarrasins, se forma d'abord en ré-
„ publique (a). L'autorité y fut partagée entre quatre
„ principales familles qui se diviserent en deux fac-
„ tions. Les Spinola & les Doria d'un côté, les Fief-
„ que & les Grimaldi de l'autre, déchiroient le sein
„ de leur patrie, sous prétexte d'en défendre la li-
„ berté, contre leurs concurrens. Tour-à-tour soumise
„ à des Consuls ou à un Podestat, cette malheureuse
„ ville éprouva pendant près de trois siecles, tous les
„ malheurs de l'anarchie & de la tyrannie, sous la
„ forme d'un gouvernement libre.

„ Le peuple fatigué des dissentions & de l'avarice
„ des nobles, choisit en 1257, un citoyen nommé
„ Guillaume Bouanegra, pour gouverner l'État, sous
„ le titre de *Capitan*. La noblesse se ressaisit bientôt
„ du gouvernement ; & comme ce fut vers ce tems-
„ là que la faction des Guelphes & des Gibelins prit

_____

(a) Vers l'an 1100.

» naiffance, elle fe partagea encore en deux partis.
» Les Grimaldi & les Fiefque fe rangerent du côté
» des Guelphes, & les Doria & les Spinola devin-
» rent auffi Gibelins & chafferent leurs rivaux, qui
» fe retirerent à Naples : les Guelphes ayant repris
» le deffus, transporterent la fouveraineté à Robert,
» Roi de Naples....

» Les Génois las de changer de gouvernement,
» fans être ni plus libres, ni plus heureux, cherche-
» rent des maîtres étrangers. Après avoir paffé fous
» la domination de l'Empereur Henri VII, & de Ro-
» bert d'Anjou, Roi de Naples, ils revinrent à leurs
» compatriotes. Simon Bouanegra, dont le nom étoit
» cher au peuple, fut élu Doge de Genes en 1339.
» Il abattit le parti des Guelphes, & fit un régle-
» ment par lequel toutes les familles qui avoient exercé
» les charges de l'État, depuis l'origine de la répu-
» blique, étoient déclarées nobles. Par-là, le nouveau
» Duc, en augmentant le nombre des gentilshommes,
» en affoibliffoit réellement le pouvoir, du moins,
» celui des principales familles..... Celles-ci n'ofant
» rien entreprendre ouvertement, femerent la jaloufie
» entre les Frégofes & les Adornes, qui partageoient
» alors l'autorité, & firent dépofer Bouanegra, cinq
» ans après fon élection.

» Il n'y eut plus qu'une funefte alternative d'arif-
» tocratie & de démocratie. Des Génois, toujours
» divifés, & toujours malheureux, ne favoient ni obéir,
» ni maintenir la liberté. Quand ils ne pouvoient s'ac-
» corder entre eux, ils déféroient la fouveraineté à dif-
» férens Princes. Ils fe donnerent au duc de Milan,
» enfuite à notre Charles VI en 1390, &, après
» avoir maffacré les François en 1409, ils choifirent
» pour maître le marquis de Montferrat. Quatre ans
» après ils repafferent aux Vifconti, pour revenir en-
» core aux François. Ils fe donnerent à Charles VII
» en 1458, & lui céderent expreffément & entiére-
» ment la fouveraineté, fous cette feule réferve, que
» leurs privileges feroient confervés.

„ A peine la république reprenoit-elle fa liberté, que l'ambition des nobles & l'inconftance du peuple la replongeoient dans de nouveaux troubles, dont elle ne fortoit, que pour fubir une domination étrangere.

„ Le gouvernement ne fut pas plus tranquille dans la fuite; & dans le court efpace de 34 ans (*a*), Genes fut gouvernée de plus de douze manieres différentes, par des comtes, des confuls, des podeftats, des capitaines, des recteurs, des abbés du peuple, des ducs nobles & populaires.

„ Il y avoit 138 ans que Genes recevoit des loix de la France, en conféquence de trois ceffions de la fouveraineté réitérées, lorfque André Doria, amiral de la couronne, dans les mers du levant, quitta fon fervice par mécontentement, rendit la liberté à fa patrie en 1527, & aima mieux en être le libérateur que le maître. Il établit à Genes le gouvernement ariftocratique, tel qu'il fubfifte encore aujourd'hui (*b*). „ Voilà le tableau que M. de Réal nous fait des révolutions & des calamités publiques, occafionnées par l'inconftance du peuple fur la forme du gouvernement; & voilà auffi la preuve la plus frappante de la thefe que j'ai pofée.

CHAPITRE IV.

De l'indépendance du Monarque.

Quelque néceffaire que foit l'autorité au bien public, l'homme ne voit point au-deffus de lui, fans une répugnance fecrete, le glaive redoutable qui protege

_____
(*a*) Depuis 1494, jufqu'en 1528.
(*b*) M. de Réal, Science du gouvern. tom. 2, ch. 7, fect. 15, ib 176, p. 530.

fes jours, mais qui peut attenter auffi à fa liberté. Lors même qu'il rend hommage à la puiffance fuprême du Monarque, une politique mal-entendue lui fait imaginer des modifications pour reffaifir l'autorité dont il s'eft dépouillé. On voudroit élever entre le fouverain & les fujets un tribunal qui contrebalançât fa puiffance, pour l'empêcher d'en abufer. Delà le fyftême anglican, que Richer a fait revivre contre les droits du trône & de l'autel, & qui, fe reproduifant tous les jours dans des écrits fyftématiques, fous la forme d'un prétendu patriotifme, inconnu à nos Peres, infpire par-tout l'efprit d'indépendance à l'égard de l'une & l'autre Puiffance. C'eft ainfi que, fous prétexte de zele pour le bien public, on s'applique à détruire une autorité fur laquelle portent la fûreté des citoyens & l'édifice de la Religion. C'eft ainfi que, par des principes deftructifs de tout genre de gouvernement, on tend à étouffer dans le cœur des François, avec le refpect pour l'Églife, cet amour qui leur eft fi naturel pour leurs Princes, & qui a toujours fait la principale gloire de la nation. On fuppofe que, dans l'établiffement des monarchies, lorfque le peuple a confié l'exercice du fouverain pouvoir aux Rois, il s'en eft réfervé la propriété, avec le droit de l'exercer lui-même, de faire rendre compte aux fouverains de leur adminiftration, de les dépofer, lorfqu'ils abuferoient de la confiance publique; & on ne fait pas attention que c'eft détruire la conftitution monarchique, que de vouloir rendre, en aucun cas, le Monarque dépendant de fes fujets. Il eft donc d'une abfolue néceffité de combattre ce fyftême infidieux d'une politique meurtriere.

Toutes les loix, dit-on, défendent au Prince l'abus du pouvoir, & confervent aux citoyens le droit naturel de fe défendre contre l'oppreffion & la violence: il faut donc qu'il y ait un tribunal au-deffus de lui; & moi je dis au contraire, qu'un pareil tribunal feroit oppofé à toutes les loix.

Le bien public étant la premiere loi, on en infere que le peuple a le droit de juger & de réformer le souverain, lorsqu'il abuse de sa puissance, & j'en conclus au contraire, qu'ils ne peuvent ni le juger, ni le réformer, sans renverser l'ordre public. Pour déprimer l'autorité des Monarques, on fait remonter l'origine des monarchies à un contrat primitif, par lequel les Rois & les peuples se sont obligés réciproquement, les uns à gouverner avec justice, & les autres à obéir avec fidélité ; & moi je prétends que ce contrat primitif, bien entendu, n'a rien de contraire à l'indépendance absolue des Rois.

Tel est l'objet des trois paragraphes suivants.

§. I.

Le peuple ne pourroit, sans violer toutes les loix, établir un tribunal au-dessus du Monarque.

1°. **La dépendance du Monarque à l'égard de la nation, est contraire à la loi divine.** Ce tribunal seroit contraire aux loix divines : *Voici*, dit Samuel aux Israélites, lorsqu'ils demanderent un Roi, *Voici le droit du Roi qui régnera sur vous. Il prendra vos enfans & les mettra à son service. Il se saisira de vos terres & de ce que vous aurez de meilleur, pour le donner à ses serviteurs : il emploiera à ses ouvrages, vos esclaves & vos jeunes gens* (a), &c. Est-ce qu'il aura droit de faire tout cela licitement ? A Dieu ne plaise répondent Grotius (90) & Bossuet ; ,, car, dit ce Pré-
,, lat, Dieu ne donne point de tels pouvoirs aux hom-
,, mes ; mais ils auront le droit de le faire impuné-
,, ment à l'égard de la justice humaine. David disoit:
,, *J'ai péché contre vous seul, ô Seigneur, ayez pitié*
,, *de moi* ; parce que, suivant S. Jérôme (b), David
,, étant Roi, il n'avoit que Dieu seul au-dessus de lui,

(a) *I Reg.* VIII, 2, &c.   (b) *Hier. in ps.* 50.

„ pour le juger & pour le punir (*a*). „ Telle eſt en‑
core l'interprétation de la plupart des Peres (91). „ Le
„ Prince, dit S. Thomas, eſt réputé exempt de la
„ loi, en ce ſens qu'il ne reconnoît perſonne au‑deſſus
„ de lui, qui puiſſe le juger, même lorſqu'il agit contre
„ la loi ; mais il y eſt ſoumis ; en tant qu'elle eſt la
„ regle de ſes œuvres (92). „

„ Le caractere royal eſt ſaint & ſacré, même dans
„ les Princes infideles. Cyrus eſt appellé, dans Iſaïe :
„ L'oint du Seigneur (*b*). Nabuchodonoſor étoit impie
„ & orgueilleux, juſqu'à vouloir s'égaler à Dieu, &
„ juſqu'à faire mourir ceux qui lui refuſoient un culte
„ ſacrilege ; & néanmoins Daniel lui dit ces mots :
„ *Vous êtes le Roi des Rois; & le Dieu du ciel vous*
„ *a donné le royaume, & la puiſſance, & l'empire, &*
„ *la gloire* (*c*). C'eſt pourquoi le peuple de Dieu prioit
„ pour la vie de Nabuchodonoſor (*d*), de Balthaſar
„ & d'Aſſuérus. Achab & Jéſabel avoient fait mourir
„ les Prophetes du Seigneur. Élie s'en plaint à Dieu,
„ mais il demeure toujours dans l'obéiſſance (*e*). Les
„ Prophetes, durant ce tems, font des prodiges éton‑
„ nans, pour défendre le Roi & le royaume (*f*).
„ Éliſée en fit autant ſous Joram, fils d'Achab, auſſi
„ impie que ſon pere (*g*). Rien n'a jamais égalé l'im‑
„ piété de Manaſſes, qui pécha & fit pécher Juda con‑
„ tre Dieu, dont il tâcha d'abolir le culte, perſécutant
„ les fideles ſerviteurs de Dieu, & faiſant regorger Jé‑
„ ruſalem de leur ſang (*h*) : & cependant Iſaïe & les
„ ſaints Prophetes, jamais n'ont excité contre lui le
„ moindre tumulte. „ Ainſi parle Boſſuet (*i*).

Parmi les droits de la ſouveraineté que les Juifs con‑
ferent à Simon Macchabée, ils ſtatuent expreſſément,
qu'aucun du peuple ni des prêtres ne fera rien contre

(*a*) Boſſuet, Pol. l. 4, art. 1, prop. 3.
(*b*) *Iſaias* XLV, 1.
(*c*) *Dan.* II, 37.
(*d*) I *Eſdr.* VI, 10.
(*e*) III *Reg.* XIX, 1, 10, 14.
(*f*) III *Reg.* XX.
(*g*) IV *Reg.* III, VI, VII.
(*h*) IV *Reg.* XXI, 2, 3, 16.
(*i*) Boſſ. Pol. l. 6, art. 2, prop. 5.

ſes ordres, qu'il ne pourra s'y oppoſer, ni tenir des aſſemblées ſans ſa permiſſion (a).

Nous avons vu que la loi évangélique ordonnoit d'être ſoumis aux puiſſances, comme étant inſtituées de Dieu, & d'obéir aux maîtres même durs & fâcheux, non par un motif de crainte, mais par devoir de conſcience. Nous avons vu qu'on ne pouvoit violer ce précepte ſans renverſer l'ordre de la Providence. Nous avons vu que les premiers chrétiens, au milieu des horreurs de la perſécution, proteſtoient ſolemnellement de leur fidélité à ces mêmes tyrans qui verſoient leur ſang, & qu'ils la regardoient comme un devoir indiſpenſable de la Religion. Les apologiſtes les ont juſtifiés de toute révolte, comme étant un attentat ſacrilege; & pendant trois ſiecles de perſécution, parmi cette multitude de conjurations qui ont éclaté contre les Empereurs, on ne trouva jamais de chrétiens au nombre des rebelles (b). *On nous calomnie auprès de l'Empereur, comme criminels de leſe-majeſté*, diſoit Tertullien; *cependant y a-t-il un ſeul chrétien qui ſe ſoit engagé dans le parti d'Albinius, de Niger ou de Caſſius* (c). Les larmes & les prieres ſont les ſeules armes qu'Ambroiſe (d) & Grégoire de Nazianze (e) ſe croient permiſes contre la perſécution des Ariens. *Nous vous parlons*, diſoit Grégoire de Tours au Roi Chilpéric, dans un concile, *mais vous nous écoutez, ſi vous voulez : & ſi vous ne voulez pas, qui vous condamnera, ſinon celui qui a dit qu'il étoit la juſtice même* (f)? *Il y a une convention générale de la ſociété humaine*, dit S. Auguſtin, *en vertu de quoi on eſt tenu d'obéir aux Rois* (g).

Dira-t-on que les Princes injuſtes avoient droit en effet ſur l'obéiſſance des ſujets, parce qu'ils n'avoient pas encore été dépoſés par la nation ? Mais ſi par là-

---

(a) *Macch*. XIV, 44. *Auxent*.
(b) V. ci-devant ch. 1, §. 1, (e) *Theodoret, hiſt. l.* 5,
de cette 2me. partie. *cap*. 4.
(c) *Tert. ad Scap*. (f) *Greg. Turon. l.* 4, *hiſt*.
(d) *Ambr. l.* 5, *orat. in* (g) *L.* 3, *confeſſ. c.* 8.

même que le Prince viole les obligations du contrat primitif, les sujets se trouvoient déliés des engagemens qu'ils ont contractés à son égard ; s'ils recouvroient leur ancienne liberté, il n'eut plus été besoin de former un tribunal qui prononçât sur une injustice évidente, pour rendre aux citoyens leurs droits primitifs ; le jugement même de ce tribunal, qui probablement eut été aussi injuste que le décret du souverain, n'auroit pu lier les consciences. Le devoir de l'obéissance à l'égard des persécuteurs de la foi, eut donc cessé dès-lors. S. Paul eut donc imposé un joug trop onéreux aux premiers chrétiens, en leur disant que les Puissances souveraines, que Néron lui-même, qui étoit alors sur le trône, ayant été établies de Dieu, c'étoit violer l'institution divine, que de leur résister. Il eut donc été permis aux premiers chrétiens d'entrer dans les conjurations, pour se délivrer de la tyrannie. Les Peres ne devoient donc point enseigner expressément, que l'injustice des Princes n'autorisoit jamais la révolte (93) ; que le Roi ne pouvoit être jugé de personne, étant supérieur à tous (94) ; que personne n'avoit droit de le condamner, parce que Dieu s'en étoit réservé le jugement à lui seul (95) ; que celui qui avoit la suprême puissance, ne connoissoit aucune autorité sur la terre au-dessus de lui ; & qu'ayant été placé par la main de Dieu sur le trône, l'obéissance qu'on rendoit au Prince, étoit un tribut qu'on devoit à la Divinité-même. » De
» quel droit, disoient les Irlandois dans leurs remon-
» trances contre les Docteurs de Louvain, de quel droit
» entreprendriez-vous d'usurper, ou de transporter,
» sans une volonté manifeste de la part de Dieu, une
» puissance & des royaumes que Dieu a donnés immé-
» diatement lui-même ? Par quel pouvoir déliez d'une
» obéissance qui est de droit divin, renverser l'ordre
» que Dieu a établi, destituer le ministre qu'il a ins-
» titué par son autorité ? Un corps dont les pieds
» s'éleveroient au-dessus de la tête, ne seroit-il pas un
» monstre ? Si les sujets jugent leur maître ; si quelqu'au-
» tre que Dieu entreprend de déposer le Prince, qui

» eſt vice-Roi de Dieu-même dans le temporel, & qui
» ne reconnoît perſonne au-deſſus de lui ſur la terre ;
» ſi les enfans s'élevent contre leurs peres, les ſervi-
» teurs contre leurs maîtres ; on renverſe l'ordre de la
» nature, on anéantit le gouvernement (*a*). » Les 6me.
& 7me. Concile de Tolede inculquent les mêmes maximes de la maniere la plus expreſſe (96).

2°. *Cette dépendance eſt contraire au droit naturel.*
Le tribunal établi au-deſſus du Monarque ſeroit contraire au droit naturel. «Le gouvernement monarchique,
» dit Mr. de Réal, eſt celui où la puiſſance ſuprême
» réſide toute entiere dans la perſonne d'un ſeul homme,
» que la raiſon doit conduire, mais qui n'a que Dieu
» au-deſſus de lui (*b*). » Cette définition eſt celle de
tous les politiques. La monarchie réunit toute la puiſſance entre les mains d'un ſeul ; autrement, le Monarque
ne différeroit des magiſtrats républicains, que par la
durée de ſon pouvoir, puiſque le peuple auroit toujours
droit de lui en demander compte. Il ſeroit, par rapport
à la nation, ce que ſont les magiſtrats & les autres
officiers perpétuels de l'adminiſtration par rapport au
Monarque-même. Le peuple pourroit le deſtituer ſelon
ſes caprices, comme le Monarque révoque ſes officiers
ſelon ſes volontés. Une telle dépendance peut-elle compatir avec l'idée d'un Prince ſouverain ? La deſtitution
devroit-être appuyée ſans doute ſur des motifs légitimes ; mais la ſupériorité du tribunal une fois reconnue,
la juſtice ſeroit toujours préſumée du côté du tribunal (*c*),
c'eſt-à-dire du côté du peuple qui auroit la ſuprême
juriſdiction, par la même raiſon qu'elle eſt toujours préſumée du côté du magiſtrat dans les affaires civiles.
Res judicata pro veritate habetur.

D'ailleurs le Monarque réuniſſant tous les droits de
la ſouveraineté, a néceſſairement le dernier reſſort (*d*).

(*a*) Remonſt. Hibern. contra Lovan. part. 2. — V. les Lib. de l'Egl. Gall. tom. 2, édit. 1731.
(*b*) Science du gouv. tom. 1, ch. 3, ſect. 2, n. 6, p. 309.
(*c*) V. ci-devant part. 1, ch. 3, max. 2.
(*d*) V. ci-devant part. 1, ch. 1, max. 9.

Il ne peut donc y avoir de tribunal au-deſſus de lui pour le juger. *Imperator ſuperiore caret, nam à Deo ſolo ſuum recognoſcit imperium* (*a*). Réuniſſant tous les droits de la ſouveraineté, il a une puiſſance abſolue & indépendante (*b*); il ne peut être réformé que par lui-même (*c*). Nous avons montré que le légiſlateur, quoique ſoumis à la loi, n'étoit pas ſujet aux peines portées par la loi (*d*) : on ne pourroit donc le dépouiller de ſa puiſſance comme infracteur des loix. Nous avons encore prouvé que l'injuſtice, même évidente de ſa part, ne pouvoit juſtifier la révolte des ſujets (*e*) : on ne ſauroit donc rien entreprendre contre lui, ſans ſe rendre coupable de rebellion.

3°. *Cette dépendance eſt contraire à la conſtitution monarchique.* Un pareil tribunal ſeroit contraire aux loix conſtitutives de la monarchie, en ce qu'il ſuppoſeroit que le peuple dans l'inſtitution du gouvernement monarchique, n'a conféré au Prince que l'exercice de la ſouveraineté, & qu'il s'en eſt réſervé toujours la propriété, avec le droit par conſéquent de reprendre l'adminiſtration, lorſque le ſouverain abuſeroit de ſa puiſſance. Mais, ſi cela étoit, il y auroit ſur ce point une regle connue, comme ſur les autres points eſſenciels du gouvernement; il y auroit une forme établie pour procéder au jugement, pour compoſer le tribunal de la nation. Ce tribunal ſeroit muni d'une force ſupérieure, toujours ſubſiſtante, pour l'exécution de ſes jugemens; ainſi qu'on le voit établi dans tous les gouvernemens mixtes, où le chef peut être jugé & deſtitué; ſans quoi le prétendu jugement deviendroit un attentat, étant rendu non-ſeulement par des juges incompétens, mais encore par les propres ſujets du Prince. Leur prétendue juriſdiction deviendroit illuſoire, n'ayant, par l'établiſſement de la monarchie, ni la liberté de l'exercer, ni le pouvoir de faire exécu-

---

(*a*) L. & benè *de quadrien. poſſeſſ.*
(*b*) V. ci-devant part. 1, ch. 1, max. 8 & 11.
(*c*) Ib. max. 10.
(*d*) V. ci-dev. part. 2, ch. 2, §. 3.
(*e*) V. ci-devant part. 1, ch. 3, max. 4.

ter leurs jugemens. Elle plongeroit enfin l'État dans la confusion & le désordre ; car on ne pourroit regarder un pareil système, dans l'ordre judiciaire, pour décider des intérêts particuliers, que comme un renversement de la société civile ; que seroit-ce, si on osoit l'admettre contre le Monarque-même, pour changer l'ordre public ? Qu'un officier soit déposé, sa destitution ne cause aucune altération dans le gouvernement. Le droit du souverain est certain, son jugement est manifeste, soit qu'il juge lui-même, ou par l'organe du magistrat. Le peuple connoît le maître auquel il doit obéir, & les ordres qu'il doit respecter. L'autorité du Monarque qui commande est munie de toute la force nécessaire pour exécuter ; & tout cede naturellement & sans trouble, à la main qui lui donne le mouvement. Ce sont les ondulations d'un fleuve, qui se succedent sans effort, parce qu'elles sont comprimées par la même puissance, pour arriver au même terme. Mais il n'y a plus de gouvernement, plus de société civile, si on s'éleve contre l'autorité même, qui seule maintient l'ordre par la subordination. Il ne peut donc y avoir de jugement légal ni contre la personne du Monarque, ni contre son administration.

Cette doctrine est consignée dans tous les Jurisconsultes françois qui ont traité du droit public, dans les loix du royaume, & dans les arrêts des Parlemens. Elle sert de fondement à nos libertés. Bossuet (*a*), Dupuy, & tous les auteurs qui ont défendu ces libertés, s'appuyent sur ce principe que le Prince ne tenant sa couronne que de Dieu, n'est aussi comptable qu'à lui seul, de son gouvernement, & que l'abus de l'administration ne sauroit le soumettre au jugement des hommes. Le Parlement de Paris déclaroit en 1385 que le Roi *étant la source de toute jurisdiction temporelle, n'avoit sur la terre aucun supérieur dans l'exercice de cette jurisdiction ; qu'il étoit à cet égard le vicaire de Dieu-même ; & que les droits qui lui compétoient à raison de cette*

(*a*) V. la Polit. de Boss. sa défense des 4 proposit. du Clergé, & ses avertiss. contre le ministre Jurieu.

fupériorité, ne pouvoient être diminués, ni abolis, en vertu d'aucune renonciation ou prefcription (97). Les Irlandois, dans les fameufes remontrances que j'ai citées précédémment, & qui font fi conformes à l'efprit de l'Églife Gallicane, enfeignent comme une vérité inconteftable, *que les Monarques ont reçu immédiatement leur empire de Dieu feul ; qu'ils ne font, par conféquent, foumis qu'à lui ; qu'ils ne peuvent être ni jugés, ni punis, ni dépofés que par lui ; & que leurs fujets ne peuvent jamais être déliés du ferment de fidélité* (98). Montefquieu met en principe que *le Prince eft la fource de tout pouvoir politique & civil* (a). Le Bret dit que *nos Rois ne tiennent leur fceptre que de Dieu feul ; qu'ils jouiffent de tous les droits qu'on attribue à la fouveraineté parfaite & abfolue : & qu'ils font pleinement fouverains dans leur royaume* (b). Loyfeau enfeigne que *la fouveraineté (des Rois) confifte dans une puiffance abfolue, fans limitation de tems ; (autrement, ajoute-t-il, ce ne feroit qu'une puiffance en garde & en dépôt) fans exception de perfonne, car ce qui en feroit excepté, ne feroit plus de l'État ; & comme la couronne ne peut être, fi fon cercle n'eft entier ; auffi la fouveraineté n'eft point, fi quelque chofe y défaut* (c). Selon Domat, *les Rois ne tiennent leur puiffance que de Dieu feul, c'eft Dieu feul qu'ils repréfentent dans leurs fonctions* (d). *La premiere place où réfide la force de l'autorité du fouverain dans fon État, & d'où elle doit fe répandre dans tout le corps, eft fa perfonne-même* (e). Nous avons vu avec quelle force s'eft expliqué M. Boffuet fur cet article (f). " Il faut réfuter, dit encore
" le célebre Grotius, l'opinion de ceux qui croient que
" la fouveraineté réfide en tout, & par-tout, fans au-
" cune reftriction, dans le peuple, enforte qu'il ait
droit

(a) Efprit des loix, tom. 1, 1. 2, ch. 4.
(b) Le Bret, de la Souv. 1. 1.
(c) Loyfeau, des Seign. 1. 4, n. 8.
(d) Domat, Droit publ. 1. 1, t. 2, fect. 1, n. 6.
(e) Ibid. tit. 4, fect. 1, n. 2.
(f) V. ci-dev. §. 1 de ce chap.

" droit de réprimer & de punir les Rois, lorsqu'ils
" ufent mal de leur autorité. Il n'y a point de perfonne
" fage qui ne voie combien cette opinion a caufé de
" maux, & combien elle feroit capable d'en produire
" encore, fi une fois elle faifoit impreffion fur les ef-
" prits (*a*)." Cet auteur rapporte la doctrine des anciens fur cet article (*b*): felon la maxime d'Otanès dans
Hérodote, *la puiffance monarchique confifte en ce que
le Prince fait ce qu'il veut, fans en rendre raifon à
perfonne*: felon Dion, *en ce qu'il commande, fans être
comptable du commandement.* Paufanias oppofe l'autorité royale à celle qui eft obligée de rendre compte.
Soldats, dit l'Empereur Valentinien, lorfqu'ils vouloient
l'obliger à affocier Valens à l'Empire, *Soldats, vous
étiez libres avant de me conférer la fupréme puiffance;
mais c'est à vous à préfent d'obéir* (99). Les Empereurs-
mêmes les plus fages & les plus modérés, ont formé leur
adminiftration fur cette doctrine(*c*). Delà cet apophthegme
d'Antonin le philofophe: que *perfonne que Dieu feul ne
peut juger le Prince* (*d*). Cicéron, l'un des plus zélés
républicains, n'ofe décider fi l'abus le plus énorme pourroit autorifer la révolte (*e*). Favonius enfeigne, dans
Tite-Live, que *la guerre civile eft plus dangereufe
qu'une injufte domination*(*f*). Quintus Flaminius enfeigne,
dans Plutarque, qu'il eut été plus expédient à Sparte, de
fouffrir le tyran Nabis, le plus cruel de tous les Princes,
que de fe révolter contre lui (*g*). " Il faut donc fupporter
" les mauvais Princes, difoit un Ancien, comme on fup-
" porte la ftérilité ou les inondations. Il y aura des vices
" tant qu'il y aura des hommes; mais les bons Princes
" compenferont les mauvais (*h*). Faifons des vœux au
" Ciel, dit le même Hiftorien, pour en obtenir de bons,
" mais fupportons après cela ceux qui ne le font pas (*i*). "

(*a*) Grot. *de Jure bell. & pac.*
l. 1, cap. 3, n. 8.
(*b*) Idem, l. 1, cap. 3, 4.
(*c*) Theophil. *Inftit. de Jure
natur.* §. fed & quod.
(*d*) Xiphil. *vita Antonin.*
l. 4 & l. 5.
(*e*) Cic. l. 9, ad Attic. epift. 4.
(*f*) Tit. Liv. l. 34.
(*g*) Plut. vita. T. Quintii.
(*h*) Tacit. hift. l. 4, c. 74,
n. 4.
(*i*) Tacit. hift. l. 4, c. 8, n. 5.

Nous venons de voir comment les Peres de l'Église, éclairés d'une sageſſe ſupérieure, ont parlé d'un ton encore plus affirmatif, en préſentant aux Chrétiens les motifs ſublimes de la Religion.

§. II.

Le ſyſtême qui attribue au peuple le droit de juger le Monarque, pour réformer l'abus de ſon adminiſtration, eſt deſtructif de l'ordre & du bien public.

IL eſt contre l'ordre & le bien public d'employer, pour réprimer les abus de l'adminiſtration, un moyen qui ne remédieroit point aux abus; un moyen qui ſeroit un plus grand abus encore que celui qu'on voudroit corriger; un moyen qu'on ne pourroit mettre en œuvre que par des crimes; un moyen qui ſeroit même impoſſible dans l'exécution, & qui détruiroit, par des conſéquences néceſſaires, tout ſyſtême de gouvernement. Or tel eſt le ſyſtême qu'on voudroit introduire pour réformer les abus de l'adminiſtration, en donnant au peuple le droit de juger le Monarque.

Le ſyſtême, qui établit le tribunal de la nation au-deſſus du Monarque, ne ſeroit point un remede contre les abus. 1°. Ce ſyſtême ne ſeroit point un remede contre les abus, puiſqu'il expoſeroit les États aux mêmes déſordres auxquels on voudroit remédier. Car ſi le Prince peut abuſer de la ſouveraine puiſſance pour vexer ſes ſujets, le peuple peut en abuſer auſſi pour opprimer le ſouverain; les grands peuvent en abuſer pour opprimer les ſujets eux-mêmes. On a vu des conjurations contre les bons comme contre les mauvais Princes. La prétendue tyrannie des ſouverains, l'amour de la liberté & de la juſtice, n'en ont jamais été que le prétexte: l'ambition des grands en a toujours été la véritable cauſe. On ne ſe déclare contre les Princes, que parce qu'on veut dominer ſoi-même, & les prétendus zélateurs du

bien public se rendront, s'il le faut, esclaves d'un tyran, pour avancer leur fortune. C'est la réflexion de Grotius (100), & de Mr. de Réal. " Plus disposés
» à partager la tyrannie qu'à l'éteindre, dit ce dernier,
» jamais ceux qui se mettent à la tête des révoltes,
» ne courroient aux armes, si celui qu'ils appellent le
» tyran, vouloit satisfaire les vues d'établissement qu'ils
» ont. On n'entre dans les cabales, que par intérêt;
» & c'est par intérêt qu'on les quitte. Les factieux ont
» beau protester mille & mille fois, qu'ils ne mettront
» pas les armes bas, que le peuple dont ils ont paru
» embrasser la querelle, n'ait reçu, sur ses griefs, une
» satisfaction raisonnable; jamais les intérêts du peuple
» ne les ont tenu armés un instant. Dans tous les tems,
» dans tous les lieux, on a vu ceux qui avoient soufflé
» le feu de la discorde, saisir la premiere occasion de
» faire une paix avantageuse pour eux, & appesantir
» les chaînes qu'ils disoient qu'ils vouloient briser. Si
» des personnes bien intentionnées ont produit les pre-
» miers mouvemens, ce qui n'arrive presque jamais,
» leurs lumieres n'ont pas répondu à la pureté de leurs
» intentions. Ces personnes peu éclairées ont cru être
» compatissantes, & n'ont été qu'humaines. Ce sont tou-
» jours des scélérats qui excitent les guerres civiles,
» & qui cherchent à en profiter (*a*). "

Un particulier né en Angleterre pour le malheur de ses concitoyens & de son Roi, s'annonce comme le protecteur de la liberté publique; il s'arme contre son souverain, le renverse de son trône, pour y monter lui-même; ceux qui séduits par un faux amour patriotique, lui avoient ouvert la voie à la domination, s'effrayent eux-mêmes des excès où il les conduit. Ils s'efforcent inutilement de le retenir sur le bord de l'abîme; l'impulsion une fois donnée, il n'est plus possible d'arrêter le mouvement du colosse qui va se précipiter dans les gouffres. Et ce prétendu zélateur,

___

(*a*) Science du gouvernement, tom. 4, ch. 2, sect. 12, n. 92, p. 315, 316.

après avoir élevé, par tous les crimes, un despotisme affreux sur les débris de la couronne, sur le sang du peuple & de son Roi, accable la nation entiere sous le poids de cette puissance monstrueuse, qu'elle a formée elle-même, & qui, en opprimant les citoyens, leur ôte jusqu'à la liberté de gémir (*a*). Or le peuple est le même dans tous les tems : il n'agit, pour ainsi dire, que par inspiration, suivant qu'il se trouve affecté d'un mal présent, ou par l'espoir d'un bien souvent imaginaire : *Et quand une fois on a trouvé le moyen de le prendre par l'appas de la liberté*, dit M. Bossuet, *il suit en aveugle, pourvu qu'il en entende seulement le nom* (*b*). Si le peuple est donc le juge de ses Rois, il en deviendra bientôt l'oppresseur, & le meurtrier, dès qu'il sera excité par des Cromwel. La ligue, sous Henri III, s'autorise du prétexte de la Religion, pour lever l'étendard de la révolte ; les Frondeurs alleguent le bien public, en prenant les armes contre le gouvernement, sous la minorité de Louis XIV. Les Protestans désolent la France, sous prétexte de la délivrer de l'oppression. On ne remédie pas aux abus, en attribuant à la nation le droit de juger & de déposer le Monarque.

Le tribunal qu'on voudroit établir, seroit un plus grand mal que les abus qu'on voudroit réformer. 2°. Le tribunal de la nation qu'on voudroit élever au-dessus du souverain, seroit un plus grand mal encore que les abus qu'on voudroit réprimer. Car l'abus du souverain pouvoir n'est qu'un mal accidentel, un mal passager, un mal qui n'affecte ordinairement que certaines parties de l'administration publique. Mais la liberté de destituer ses Rois, une fois érigée en maxime, seroit un vice permanent qui attaqueroit toute la constitution de l'Etat, en y introduisant un germe éternel de rebellion & de trouble. Comme il est rare qu'il ne se glisse des abus dans l'administra-

---

(*a*) V. l'histoire de Charles I, dans l'histoire d'Angleterre, par M. Hume.   (*b*) Boss. Orais. fun. de la Reine d'Angl.

DES DEUX PUISSANCES.

tion, il y auroit presque toujours au moins des prétextes pour se révolter, & dès-lors le malheureux citoyen deviendroit, comme il arrive toujours, la triste victime de ses prétendus libérateurs (a). " Le
" Duc de Mayenne ayant été déclaré lieutenant-gé-
" néral de l'État & de la Couronne, il en provint
" dit Mezerai, un désordre universel & un brigan-
" dage continuel par toute la France ; ce ne fut plus
" de part & d'autre, que saisies de biens, ventes à
" l'encan, emprisonnemens, représailles. En plusieurs
" endroits, les offices, les bénéfices, les gouverne-
" mens étoient déchirés, & partagés en deux ou
" trois. Les provinces, les villes, les familles-mêmes
" étoient divisées : on entendoit par-tout le *qui vive*:
" les plus malheureux étoient ceux qui pensoient à
" se tenir neutres ; car ils demeuroient exposés en
" proie à tous les deux partis : les Galans au con-
" traire étoient de l'un & de l'autre, changeant selon
" les rencontres. Ils disoient prenons toujours, soit
" qu'on leur répondit *vive l'union*, ou *vive le Roi*. Le
" commerce fut rompu, les loix foulées aux pieds.
" Dans cette licence il n'y eut plus de liberté, plus
" de sûreté nulle-part ; ni à la campagne, à cause des
" divers partis qui couroient ; ni dans les villes, à

(a) *Quemadmodùm summum imperium civile ad incolumitatem generis humani & ad tollendas infinitas statûs naturalis miserias, institutum est ; ita illud sacrosanctum & inviolabile ab omnibus haberi generis humani quàm maximè interest. Atque illud quidem à nemine cordato in dubium revocatur, quin nefas sit imperantibus quamdiu intra potestatis suæ limites versantur, resistere... Probè tamen observandum a civibus turbulentis aut querulis multa Principum facta pro injuriis tradu-ci, quæ tales minimè sunt ; scilicet quod ab ipsorum judicio discrepat, id tanquam malè factum damnatur. Et Jupiter neque serenus neque pluvius omnibus placet. Atqui quemadmodum propter varietatem ingenii humani, & malè copiosa multorum desideria, fieri non potest, ut reipublicæ administratio, singulis civibus æquè arrideat : ita si quis pro injuriâ statim haberi velit, quod ipsi displicet ; vel civitatis dissolutionem quærit, vel ipse imperare cupit.* Puff. de Jure nat. & gent. l. 7, c. 8. §. 1, 3.

» cause des surprises. Il n'y avoit à gagner que pour
» ceux qui n'avoient rien à perdre (a). » — » Les désor-
» dres que vos assemblées causent dans l'État, disoit
» le Prince d'Orléans, en s'adressant aux Frondeurs,
» qui l'avoient engagé dans leur parti, sous prétexte
» de réformer le gouvernement, sont augmentés à tels
» points, que toutes les provinces sont dans une dis-
» position prochaine à la révolte. Les peuples ne paient
» plus un teston ; les bureaux ont été jettés dans les
» rivieres ; faute d'argent, les alliés sont prêts de
» rompre ; les ennemis comptent pour rien toutes les
» grandes pertes qu'ils ont faites, par l'espérance de
» regagner par la révolte prête à éclater, plus qu'ils
» n'ont perdu depuis tant d'années (b). » Les mêmes
désordres recommenceront toutes les fois qu'il plaira
au fanatisme d'alléguer les abus de l'administration pour
s'élever contre le gouvernement des Monarques ? C'est
anéantir le gouvernement, dit Puffendorf, que de partager l'autorité entre le peuple & le souverain (c).

*Ce prétendu tribunal ne pourroit exercer de juris-
diction, sans crime.* 3°. Le peuple ne pourroit exercer
la jurisdiction sur les souverains que par des crimes ;
car le Monarque ne manqueroit pas de s'y opposer.
Il faudroit donc commencer par prendre les armes
contre lui, c'est-à-dire par le traiter comme l'ennemi
de l'État, avant que de l'avoir jugé coupable. Diroit-on
qu'il devroit être regardé comme tel, dès qu'il s'op-
poseroit à l'exercice de cette jurisdiction ? Mais il fau-

___

(*a*) Hist. de France.
(*b*) Journal du Parlem au 5e. du mois d'Août 1648.
(*c*) *Distinctionem majesta-
tis in realem & personalem nos,
non absurdè modo, sed & per-
niciosè ad imperium adplicari
judicamus, eo sensu ut reali &
personali majestati simul & eodem tempore, in civitate mo-
narchicâ locus præbeatur,
adeòque in regno, Regi tri-*
*buatur imperium personale,
populo, prout Regi contra dis-
tinguitur, reale, & quidem hoc
illi par aut superius ; prout
aliàs jura realia personalibus
nobiliora ferè habentur. Hoc
enim contradictionem involve-
re, & civitates facere bicipi-
tes, non sine exitiabili con-
vulsione, in aprico est.* Puff. de
Jure nat. & gent. l. 7, c. 6. §. 4.

dra donc laisser au peuple la liberté de s'assembler toutes les fois que son mécontentement l'engagera à recourir à ce tribunal odieux. Je dis le mécontentement du peuple, c'est-à-dire, la brigue, l'ambition, la jalousie, le dépit, la vengeance de certains factieux, qui appelleront à ce tribunal, pour brouiller, pour dominer, pour se faire redouter du Monarque, & pour établir leur fortune sur les calamités publiques. Car ce n'est jamais le peuple entier qui agit, mais seulement une petite portion du peuple, qui n'agit elle-même que selon l'enthousiasme qu'on lui inspire ; & qui ne paroît la plus nombreuse, que parce qu'elle fait le plus de bruit, tandis que le très-grand nombre reste dans l'inaction & dans le silence. Or, dans quels affreux abymes un pareil système, réduit en pratique, ne va-t-il pas précipiter l'État ? L'oppression ne se bornera pas au Prince seul, elle s'étendra encore nécessairement sur les sujets ; car dans ces sortes de révolutions, ils se trouvent toujours partagés. Il faudra lever des armées, livrer des batailles, assiéger les villes, soumettre les provinces qui se déclareront en faveur de leur maître actuel. Mais, par quel titre pourra-t-on les forcer à l'abandonner, & à déférer au jugement de ses ennemis ? Quel droit ceux-ci auront-ils de leur commander, si les premiers préferent le gouvernement actuel ? N'auront-ils pas la même liberté de s'y maintenir, que les autres de le détruire ?

L'exercice de cette prétendue jurisdiction seroit impossible. 4°. Nous avons dit que la jurisdiction temporelle étoit inséparable de la force nécessaire à l'exécution ; car tout est dans la confusion, si on sépare ces deux genres de pouvoir. Or le peuple n'a point la force pour l'exécution, & ne peut même l'avoir, n'ayant point l'autorité qui seule constitue la force, en réunissant les sujets par le devoir de la subordination. S'il se trouvoit donc des factieux assez habiles pour entraîner la multitude, ce ne seroit que l'enthousiasme de l'esprit de parti, non l'autorité de la loi qui opéreroit cette réunion, & qui, en mettant sans cesse les bons Princes en péril, ne donneroit jamais le pouvoir de déposséder les tyrans.

D'ailleurs, qui convoqueroit le tribunal pour juger le souverain ? A quel titre ce tribunal pourroit-il obliger les citoyens à s'assembler ? L'autorité des officiers du Roi ? Mais elle cesseroit avec la sienne, puisqu'elle n'est émanée que de lui ; & si elle pouvoit exister encore, elle lui seroit toujours subordonnée.

Supposons le droit de convoquer le tribunal : cette convocation seroit-elle possible ? car tous les membres de la société reprenant leur ancienne liberté, auront un égal droit aux suffrages. Comment s'assembleront vingt millions de personnes en France ou en Angleterre ? Rousseau allègue l'exemple de Rome, & ajoute que ce qui s'est pratiqué, peut se pratiquer encore. Mais il ne fait pas attention que ce n'étoient ordinairement que les citoyens de Rome, qui assistoient aux délibérations publiques, que le très-grand nombre s'en dispensoit, qu'il falloit même les inviter à Athênes par des récompenses ; que dans les causes les plus importantes, ou dans les affaires de parti, la place publique ne pouvant plus contenir la multitude, un très-grand nombre se trouvoit nécessairement exclus des délibérations, & que bien qu'il y eut toujours une loi sur la manière de recueillir les suffrages, cependant lorsque les factieux appelloient les citoyens des villes voisines, il n'y avoit plus que de la confusion & du trouble dans les assemblées. Que seroit-ce si on rassembloit les sujets de toutes les provinces, n'y ayant aucune forme déterminée par la loi ?

Auroit-on recours aux députations ? Mais quelles seroient les villes qui y auroient droit ? Quel seroit le nombre des députés de chaque ville ? Mille citoyens représentés par un seul, ont moins de part aux délibérations générales, que dix citoyens qui ont aussi leur député.

Je veux même que le tribunal soit établi & reconnu, que le droit des suffrages soit réglé, que le décret qui change la forme de gouvernement foit publié : les députés qui n'auront pas été de l'avis du plus grand nombre, ne pourront-ils pas réclamer ? Chaque ville ne pourra-t-elle pas défavouer les fiens, les accufer de s'être laiffé corrompre, & d'avoir trahi les intérêts de l'État ? Ne pourra-t-elle pas accufer l'affemblée entiere ? Non, fans doute, dira-t-on, parce qu'il eft au moins convenu tacitement, que la pluralité des fuffrages doit faire la loi, & affujettir les autres députés. Il eft de regle que les corps qui députent à l'affemblée générale, fe trouvent liés par la volonté de leurs repréfentans. La maxime eft vraie ; mais s'accorde-t-elle avec le fyftême que nous combattons ? Car les villes ne feront pas plus liées envers l'affemblée générale qu'envers le fouverain ; puifque l'affemblée générale des députés & le Prince ne feront que des repréfentans, foumis par conféquent aux mêmes loix, & fous une égale dépendance à l'égard des citoyens qu'ils repréfentent. La claufe, fauf le falut de l'État, & le droit de la juftice, qu'on veut fuppofer, comme une condition néceffaire dans le contrat focial avec le Prince, doit donc l'être dans le contrat avec les députés & avec le tribunal lui-même. L'obéiffance ne fera donc pas plus abfolue dans le dernier cas que dans le premier. Les citoyens fe maintiendront toujours dans le droit de juger leurs repréfentans, dès qu'ils fe feront arrogés le droit de juger leur fouverain. La raifon du bien public contre l'abus du pouvoir, aura toujours la même force. On repliquera que, quoique les repréfentans foient obligés de confulter l'intérêt du peuple, ce feroit bouleverfer l'État, que de laiffer aux citoyens la liberté de les défavouer, toutes les fois qu'ils les jugeroient coupables de prévarication, qu'il n'y auroit alors plus rien de fixe ; & qu'il faut par conféquent un dernier tribunal dont on ne puiffe appeller. Eh bien ! c'eft par-là-même que j'établis l'indépendance du Monarque. C'eft par-là que je prouve que, quoique l'obligation de gouverner avec juftice foit inféparable du pouvoir que le peuple a conféré originairement au Monarque ; il ne s'enfuit pas qu'elle donne aux fujets le droit de connoître de la justice de son administration, ni de lui en faire rendre compte, ni de le réformer.

Mais pourquoi insister sur l'impossibilité d'un tribunal légitime, pour connoître de l'administration d'un souverain? Qu'on en juge par l'histoire, & qu'on me montre un seul cas où un pareil tribunal se soit jamais formé, sans fouler aux pieds les droits les plus sacrés des citoyens qu'on vouloit protéger.

Le système de la supériorité de la nation au-dessus du Monarque, tend à la destruction de tous les genres de gouvernement. 5°. Le système qui attribue au peuple le droit de juger le Monarque, tend à renverser tous les autres gouvernemens. Quel est en effet le grand principe sur lequel se fondent nos adversaires? C'est sur le contrat social, formé sous cette condition, que celui qui est revêtu de l'autorité, observera la justice. Donc, dans le gouvernement aristocratique, le peuple pourra aussi reprendre la souveraine puissance qu'il a remise entre les mains des nobles, les juger, les dépouiller, les punir, lorsqu'il croira appercevoir l'abus dans leur administration. Donc dans les républiques-mêmes si les chefs abusent, si ceux à qui il appartient de convoquer l'assemblée de la nation favorisent les coupables, les citoyens pourront s'assembler d'eux-mêmes & juger. Quel désordre ne va pas résulter de ce prétendu droit? Dans le cas même où le peuple sera assemblé pour examiner l'administration de ses magistrats, si les factions & la faveur corrompent le plus grand nombre des suffrages, le plus grand nombre des citoyens n'aura pas plus de droit que le Monarque d'opprimer les autres. La clause du contrat social reviendra encore ici: elle regarde les citoyens comme les souverains; car suivant ce monstrueux système, les premiers n'ont été associés aux autres, que sous la condition qu'ils seroient protégés par le gouvernement: donc le petit nombre de citoyens qui se croira opprimé, regardant le contrat social comme dissous, pourra recourir à la force, comme un peuple libre, pour se défendre contre l'oppression. » Ce principe (que le peuple peut se défendre, lorsqu'il est opprimé,)

disoit M. Bossuet » n'attaque pas moins toute autre puis-
» sance publique, souveraine & subordonnée, quelque
» nom qu'elle ait, & en quelque forme qu'elle s'exerce,
» (que la puissance royale,) puisque ce qui est permis
» contre les Rois, le sera, par conséquent, contre un
» sénat, contre tout le corps des magistrats, contre des
» états, contre un parlement, lorsqu'on y fera des loix
» qui feront, ou qu'on croira être contraires à la Reli-
» gion & à la sûreté des sujets. Si on ne peut réunir tout
» le peuple contre cette assemblée, ou contre ce corps,
» ce sera assez de soulever une ville ou une province qui
» soutiendra, non plus que le Roi, mais que les juges,
» les magistrats, les pairs, si l'on veut, & même ses dé-
» putés, supposé qu'elle en ait eu dans cette assemblée,
» en consentant à des loix iniques, ont excédé le pouvoir
» que le peuple leur avoit donné, ou en tous cas, qu'ils
» en sont déchus, lorsqu'ils ont manqué de rendre à
» Dieu & au peuple ce qu'ils leur devoient (*a*). »........
» Quelle erreur de se tourmenter à former une politique
» opposée aux regles vulgaires, pour enfin être obligé d'y
» revenir ! C'est comme dans une forêt, après avoir long-
» tems tourné parmi des sentiers embarrassés, se re-
» trouver au point d'où on étoit parti (*b*). »

§. III.

Le contrat primitif entre le souverain & le peu-
ple, bien entendu, n'est pas contraire à l'in-
dépendance du Monarque.

Nous avons dit que, n'y ayant aucune forme de gouvernement déterminée par le droit naturel, ni par le droit
divin, les peuples avoient eu originairement la liberté
de choisir leurs maîtres, & de régler la constitution
selon laquelle ils devoient être régis ; par conséquent,

(*a*) Boss. 5me. avert. contre   (*b*) Ib. n. 59.
Jurieu, n. 32.

de conferver la fouveraine autorité en élifant des magiftrats, ou de la remettre toute entiere entre les mains d'un Prince ou d'un Sénat (a). Nous avons fait voir que non-feulement le gouvernement monarchique ne répugnoit point au droit naturel, mais encore, qu'il étoit le plus conforme à l'ordre de la nature, & à l'intérêt des peuples (b); que telle que foit la forme du gouvernement où on eft né, il n'étoit pas permis de la changer fous prétexte de mieux (c). Et qu'enfin, dans un État monarchique, le peuple s'étant dépouillé entiérement de l'autorité, par le contrat primitif, il n'étoit plus en fon pouvoir de la reprendre, foit en réfiftant à la volonté du fouverain, foit en réformant fon gouvernement, foit en lui demandant compte de fon adminiftration. Voyons à préfent ce que nous oppofe là-deffus, le fameux défenfeur du contrat focial.

Réfutation du fyftême de Jean-Jacques Rouffeau. „ Aucun homme, dit-il, n'ayant une autorité naturelle „ fur fon femblable, & la fociété ne produifant aucun „ droit; les conventions doivent fervir de bafe à l'au- „ torité légitime parmi les hommes (d). „ Or ces conventions, felon lui, font d'obéir au chef politique, de la part des fujets, & de gouverner avec juftice de la part du chef politique; enforte que l'infraction faite au contrat par l'abus du pouvoir, délie les fujets de l'obéiffance qu'ils ont vouée, & les remet dans leur premier état de liberté, avec la faculté de fe choifir un nouveau maître. „ Quand il arrive donc, ajoute cet écrivain, „ que le peuple inftitue un gouvernement héréditaire, „ foit monarchique dans une famille, foit ariftocratique „ dans un ordre de citoyens; ce n'eft point un engage- „ ment qu'il prend; c'eft une forme provifionnelle qu'il „ donne à l'adminiftration, jufqu'à ce qu'il lui plaife „ d'en ordonner autrement (e). „

(a) V. ci-devant part. 1, ch. 1, n. 3. — part. 2, ch. 1, §. 2.
(b) Part. 2, ch. 3, §. 6.
(c) Ib. §. 7.
(d) Contrat Social, par J. J. Rouffeau, l. 1, ch. 4.
(e) Ib.

Remarquons d'abord ici que le nouveau politique attribue aux sujets, le droit de destituer le souverain, non-seulement lorsqu'il viole les conventions, mais encore toutes les fois qu'il leur plaira de changer la forme du gouvernement, puisque cette forme n'est que *provisionnelle, jusqu'à ce qu'il plaise au peuple d'en ordonner autrement.* Qui garantira donc le Roi le plus juste, des caprices d'une nation ? Disons mieux, qui garantira la nation entiere des entreprises du fanatisme, lorsque des hommes factieux mettront les armes à la main d'une troupe de rebelles à qui ils inspireront leur esprit, & qui prétendront être les interpretes & les vengeurs de la nation entiere, pour bouleverser le gouvernement, sans alléguer d'autre motif que le vœu du peuple ? Et observons encore que cet effrayant paradoxe d'administration provisionnelle, n'est pas ici une erreur échappée accidentellement à l'auteur, mais une suite naturelle du système du pacte conditionnel. Car, s'il est permis de supposer des conditions tacites dans le contrat primitif, elles deviendront arbitraires, & on ne manquera pas d'en supposer, selon le besoin, toutes les fois qu'on voudra secouer le joug de la dépendance.

Distinguons, après ces observations préliminaires, dans le contrat primitif, ce qui est de droit naturel, d'avec ce qui n'est que de pure convention. Ce qui est de droit naturel est l'obligation que contracte le souverain de gouverner avec équité, & de veiller au salut des peuples ; & l'obligation que s'imposent les sujets de lui obéir & de le respecter ; obligations antérieures à toutes les conventions & indépendantes de tout pacte, puisqu'il ne seroit pas même au pouvoir des hommes d'y déroger. Cependant, quoique cette loi soit inviolable, elle ne peut former par elle-même une clause irritante du contrat, à moins que cette clause ne soit formellement exprimée dans les pactes ou les loix constitutives du gouvernement. Les peuples, en se formant en société, ont balancé les inconvéniens & les avantages des différentes especes d'administration,

Les uns, craignant l'abus d'un pouvoir irrévocable, ont retenu l'autorité suprême, en se donnant des chefs; ils ont en conséquence établi un tribunal connu & réglé, pour lui faire rendre compte; ils ont prescrit les cas où ce tribunal pourroit le destituer; ils ont conservé la force en main pour l'exécution du jugement. Ce droit s'annonce lui-même, non-seulement par des loix écrites, mais encore par la constitution-même, par la pratique du gouvernement, par l'institution manifeste, & la forme connue de ce tribunal. Et voilà proprement ce qui caractérise ce droit, puisqu'il ne sauroit exister sans cela. D'autres, pour éviter les troubles funestes qui naissent nécessairement d'une pareille liberté, ont confié irrévocablement la souveraineté entre les mains d'un seul ou de plusieurs. Delà les monarchies & les aristocraties. Le peuple, il est vrai, n'a institué le Monarque que pour être bien gouverné; mais il ne s'ensuit pas qu'il se soit réservé la liberté de reprendre l'autorité, en cas que le souverain gouvernât mal; car bien que par l'abus qu'on fait d'une institution, il en résulte certains maux, contraires à la fin qu'on s'étoit proposée; on ne peut conclure delà que cet abus en opere, ou en doive opérer la dissolution, sur-tout lorsque les maux ne sont qu'accidentels, qu'ils sont passagers, qu'ils sont étrangers à l'institution, que cette institution est sage, qu'elle produit toujours un grand bien en prévenant l'anarchie, & que le bien public exige qu'elle soit stable. Le mari & la femme se lient par des engagemens réciproques, dans le dessein de vivre heureux, par la fidélité d'un amour mutuel. En conclura-t-on que l'infraction de la part de l'un des conjoints dissolve le contrat? Seroient-ils même reçus à stipuler cette fidélité comme un pacte conditionnel de leur mariage? Non sans doute, parce que le mariage a sa source dans le droit public & naturel, qui lui donnent un état de consistance relatif au bien général de la société, & auquel il n'est pas au pouvoir des citoyens de déroger. Que sera-ce de l'alliance qui unit le souverain avec son peuple,

& qui ne pourroit se dissoudre qu'en plongeant la nation dans les désordres des guerres civiles, & en exposant le gouvernement à des vicissitudes capables d'en renouveller continuellement toutes les horreurs ?

 » La souveraineté, continue l'auteur du contrat
 » social, n'étant que l'exercice de la volonté géné-
 » rale, ne peut s'aliéner, & le souverain qui n'est
 » qu'un être collectif, ne peut être représenté que
 » par lui-même. Le pouvoir peut bien se transmettre,
 » mais non pas la volonté (a).

La souveraineté n'est que l'exercice de la volonté générale, c'est-à-dire, en d'autres termes, le souverain pouvoir ne peut s'exercer que par le ministere de la volonté du peuple ; mais c'est là précisément la these qu'il faudroit prouver. Je dis plus, c'est-là une absurdité, & même une contradiction avec ce que l'auteur nous apprend bientôt après. 1º. C'est une absurdité, puisque dans une république-même, la souveraine autorité ne peut s'exercer que par les magistrats. 2º. C'est une contradiction, car l'écrivain enseigne que le pouvoir peut se transmettre, non pas, la volonté. Revenons donc & distinguons : l'exercice de la volonté générale ne peut s'aliéner, sans doute, si on l'entend de la volonté physique ; mais qui empêche que l'autorité suprême conférée en conséquence de cette volonté, ne s'aliene ? En ce sens, la volonté générale n'est pas plus inaliénable que les volontés particulieres que le citoyen aliene tous les jours par les engagemens qu'il contracte.

Le souverain n'est qu'un être collectif. C'est la these qu'on suppose toujours, & qu'on ne prouve jamais. *C'est être collectif ne peut être représenté que par lui-même.* C'est toujours la même absurdité évidemment contraire aux faits. Je viens d'observer que dans les républiques les plus jalouses de leur liberté, l'État n'est administré que par des représentans. C'est encore un paradoxe diamétralement opposé à la droite raison,

---

(a) Contrat Soc. l. 1, ch. 6.

puisque dans les républiques un peu étendues, le peuple ne peut ni s'assembler, ni délibérer sur les affaires les plus importantes, que par députés.

J. J. Rousseau continue : » Il est abfurde que la » volonté fe donne des chaînes pour l'avenir (*a*). »

Il est donc abfurde que les citoyens fe lient tous les jours par des conventions ; puifqu'ils fe donnent des chaînes pour l'avenir. Il est donc abfurde qu'un peuple libre, lorfqu'il est attaqué, fe donne des chaînes, en donnant à fes généraux un pouvoir abfolu fur les armées. Mais ne vaut-il pas mieux hafarder d'être mal commandé, que de s'expofer à une perte certaine, en combattant fans chefs, où, ce qui est la même chofe, en fe donnant des chefs fans vouloir s'impofer l'obligation de leur obéir ? Rome, dans le tems où elle est la plus jaloufe de fa liberté, fe donne des chaînes en créant un magiftrat (*b*), qui réunit tous les pouvoirs du fouverain, dans les circonftances critiques où elle a befoin de toute la force de l'autorité pour éviter de périr. » Et c'est, dit M. Boffuet, ce qui » fait admirer à Tite-Live la fageffe du peuple romain, » fi capable de porter le joug d'un commandement lé- » gitime, qu'il oppofoit volontairement à fa liberté, » quelque chofe d'invincible à elle-même, de peur » qu'elle ne devînt trop licencieufe. *Adeò fibi invicta* » *quædam patientiffima jufti imperii civitas fecerat.* » C'est par de femblables raifons, qu'un peuple qui a » éprouvé les maux, les confufions, les horreurs de » l'anarchie, donne tout pour l'éviter : & comme il » ne peut donner de pouvoir fur lui qui ne puiffe tourner » contre lui-même ; il aime mieux hafarder d'être mal- » traité quelquefois par un fouverain, que de fe met- » tre en état d'avoir à fouffrir fes propres fureurs, » s'il fe réfervoit quelque pouvoir (*a*). »

Rousseau pourfuit : » Il ne dépend d'aucune volonté

(*a*) Ib.
(*b*) Un dictateur.
(*c*) Boff. 5me. avert. contre Jurieu ; n. 55.

DES DEUX PUISSANCES.

« lonté de confentir à rien de contraire au bien de
« l'État (*a*). »

La propofition eft évidente, parce qu'il n'eft pas permis de confentir au mal. Le Prince n'a donc pas droit de le faire. Mais s'il le fait, le peuple eft-il cenfé y confentir, par cela feul qu'il ne prend pas les armes pour le réprimer ? Et l'auteur prouve-t-il que la tranfmiffion irrévocable du pouvoir que le peuple a fait au Monarque, eft contraire au bien de l'État ?

« Si donc le peuple, continue l'auteur, promet fim-
« plement d'obéir, il fe diffout par cet acte, il perd
« la qualité de peuple. A l'inftant qu'il a un maître, il
« n'y a plus de fouverain : & dès-lors le corps politi-
« que eft détruit (*b*). »

Et moi je dis au contraire, que fi le peuple ne promet fimplement d'obéir, il n'y a plus ni fouveraineté, ni république, parce que le gouvernement n'eft établi que fur l'obéiffance pure & fimple des citoyens à l'égard de ceux qui exercent l'adminiftration publique. Je dis qu'il n'y a enfin plus de peuple. Car quel eft le peuple qui puiffe fubfifter avec cette claufe au ferment de fidélité qu'il fera au fouverain : *Je promets d'obéir tant que je ferai bien gouverné* (*c*), *& je me réferve le droit de juger, s'il gouverne mal*? « Il eft vrai, dit Grotius, que
« nous avons tous naturellement le droit de réfifter pour
« repouffer une injure ; mais la fociété civile étant une
« fois établie pour maintenir la tranquillité parmi les
« hommes, l'État acquiert fur nous, & fur nos biens,
« plus de droit, pour ainfi-dire, encore que nous n'en
« avons nous-mêmes, s'il en a befoin, pour parvenir
« à cette tranquillité. L'État peut donc, pour le bien
« de la paix & de l'ordre public, interdire ce droit
« commun de réfifter ; & il l'a voulu certainement,
« puifqu'il ne pourroit parvenir autrement à la fin qu'il
« s'eft propofée. Car fi ce droit commun fubfiftoit dans
« chaque particulier, il n'y auroit plus de fociété ci-

(*a*) Contrat Social, l. 1, ch. 6.   (*c*) V. ci-devant part. 1, ch.
(*b*) Ib.   3, m. 1.

" vile ; ce seroit une société de Cyclopes.... *De qui*
" *peut dépendre un Roi ?* nous dit Eschile, *ne suffit-il*
" *pas qu'il soit Roi, pour qu'il ait le droit de se faire*
" *obéir. Ils sont les chefs*, dit Sophocle, *pourquoi ne*
" *céderoit-on pas à leurs ordres ? C'est ton Roi*, dit Ta-
" cite (*a*), *obéis donc. Les Dieux l'ont fait l'arbitre de*
" *toutes choses, & n'ont laissé aux peuples que le mé-*
" *rite de l'obéissance.* " Telles étoient les maximes des
Payens mêmes au rapport de Grotius (101).

Rousseau poursuit : " Quand chacun pourroit s'aliéner
" lui-même, en se donnant un souverain gratuitement ;
" il ne peut aliéner ses enfans. Ils naissent hommes li-
" bres : leur liberté leur appartient, nul n'a droit d'en
" disposer qu'eux. Avant qu'ils soient en âge de raison,
" leur pere peut, en leur nom, stipuler des conditions
" pour leur conservation, pour leur bien-être ; mais
" non les donner irrévocablement & sans condition,
" car un tel don est contraire aux fins de la nature,
" & passe les droits de la paternité (*b*). "

Qu'on enseigne cette doctrine à des citoyens nés dans
la misere & l'obscurité, ils ne manqueront pas de vouloir
rescinder le contrat social, qui ne leur assigne aucun
partage dans les biens de la société, comme préjudiciable à leurs intérêts. En le rescindant, les voilà dans
ce premier état de liberté, où tous les biens étoient
communs. Dès-lors, ils prétendront au moins à une portion du domaine du riche qui ne possede lui-même
qu'en vertu des loix sociales, auxquelles les premiers
auront renoncé. Si on la leur refuse, ils emploieront
la force, c'est le droit naturel pour qui n'est point assujetti aux loix de l'autorité. Le magistrat traitera leurs
entreprises de brigandage, & leur résistance de rebellion ;
mais il aura tort, parce que la rescision du contrat social a détruit tout rapport de subordination à son égard.
Il leur fera souffrir les supplices des scélérats, parce
qu'il sera le plus fort ; mais la force ne forme pas le

(*a*) *Annal. lib.* 6, *c.* 8, *n.* 5.   (*a*) Rouss. Contrat Soc, *ib.*

droit : le magistrat sera despote, & les prétendus brigands, des malheureux opprimés.

C'est ainsi qu'en flattant le peuple par l'appas de la liberté, on détruit la société, & par conséquent le peuple lui-même. C'est ainsi qu'en réduisant les obligations respectives du souverain & de ses sujets, à la nature des pactes conditionnels stipulés dans un contrat social, on dépouille la souveraineté de ses droits les plus essenciels, ou, pour mieux dire, on l'anéantit, parce que le souverain ne se trouvant plus au-dessus des sujets, n'aura plus la force nécessaire pour commander.

Il faut donc chercher au-dessus de l'homme & antérieurement à toute convention humaine, une regle fixe, indépendante de sa volonté. Cette regle, je l'ai déja dit, est l'ordre que la Providence a marqué pour le maintien de la société civile : & c'est en effet sur cet ordre immuable que sont fondés les pouvoirs essenciels & inaliénables de la souveraineté. L'homme n'ayant point de droit sur sa vie, ne pouvoit le donner au souverain (102) : n'ayant point de droit sur la liberté de ses enfans, ne pouvoit, précisément en vertu de l'autorité paternelle, les assujettir aux choix qu'il a fait de la forme du gouvernement, & de ses chefs. Mais il étoit nécessaire au salut des peuples, qu'il y eut dans la société une puissance avec le droit de vie & de mort, pour contenir les méchants par la crainte. Il étoit nécessaire que les citoyens fussent soumis aux loix des États où ils prenoient naissance (*a*). Cette raison tirée du besoin public, est une preuve de l'ordre de la Providence, qui fonde le droit naturel à cet égard. C'est donc en vertu de la volonté du Créateur, antérieure à toute institution humaine, que le souverain, étant une fois établi, a reçu le droit de vie & de mort, & une égale autorité sur les sujets qui naitroient dans ses États. Ainsi, lorsque dans l'ori-

---

(*a*) Cette regle générale souffre pourtant quelques exceptions par le droit des gens : mais elles ne sont pas de mon sujet.

gine, les peuples se sont réunis sous une forme d'administration, ils n'ont pas institué la souveraineté; ils l'ont seulement fait passer entre les mains de leurs chefs, avec tous les attributs qui y étoient annexés. Ainsi, dans le gouvernement spirituel, le peuple, lorsqu'il choisit ses pasteurs, & l'Évêque qui les ordonne, ne sont que les instrumens, l'un éloigné & préparatoire, l'autre prochain & efficace, par lesquels Dieu confere le pouvoir sacerdotal; pouvoir qui n'est ni celui du peuple, ni proprement celui de l'Évêque qui l'exerce & qui le confere, mais celui de la Divinité-même qui le donne immédiatement par sa puissance; ensorte que le nouveau ministre ne reçoit proprement son pouvoir ni du choix ni de la volonté des hommes, mais en vertu de l'institution de J. C.

C'est par une suite de ces principes qui assujettissent la volonté & l'intérêt des particuliers à l'ordre public, & qui sont nécessaires pour conserver l'harmonie dans la société civile, que chacun est obligé de se comporter conformément à la condition de Prince, de citoyen ou d'esclave dans laquelle il est né. Dieu lui annonce ses volontés par la place qu'il lui a assignée & qui détermine ses devoirs. *Unusquisque in quâ vocatione vocatus est, in ea permaneat* (a). C'est par une suite de ces principes, que le pauvre, quoiqu'il ne possede rien, se trouve pourtant lié par les loix du gouvernement, qui sont un partage si inégal des biens de la société. Il ne peut plus revenir à cet état primitif de liberté où tous les biens étoient en commun, & il n'a point d'autre ressource, pour sortir de l'indigence, que les moyens qui peuvent compatir avec l'ordre public.

Le salut du peuple est la loi suprême; oui, sans doute, mais c'est par cette raison-même, que les intérêts des particuliers doivent céder à cette loi supérieure, qui, en fondant l'autorité du souverain, & en soumettant les sujets, assure le salut public & l'état des citoyens. Ce n'est point pourvoir au salut public, c'est au con-

---

(a) I Cor. VII, 20.

traire l'expofer aux fuites affreufes de l'anarchie, que de rendre l'autorité fouveraine dépendante de l'inconftance & des caprices du peuple. Lorfque nos peres fe font déterminés originairement pour le gouvernement monarchique, la raifon & l'hiftoire leur apprenoient affez l'abus que le Monarque pouvoit faire de fa puiffance; mais ils ont encore plus redouté les troubles & les divifions que l'ambition & le fanatifme pourroient exciter, s'il étoit permis au peuple de reprendre l'autorité. Et on ne fauroit trop l'inculquer, la forme du gouvernement une fois établie, il n'eft plus permis de la changer.

Objection tirée de David & des Machabées. On nous objecte ici l'exemple de David & des Machabées, pour juftifier la révolte des fujets, lorfqu'ils font opprimés. Saül veut mettre David à mort, & David ne fe contente pas de fuir, il forme une petite armée pour fe défendre contre Saül qui le pourfuit. Antiochus Épiphanès veut forcer les Juifs d'abandonner la loi de Dieu, & Mathathias, animé d'une foi vive, égorge aux pieds de l'autel, & l'apoftat qui vient facrifier aux idoles, & l'officier du Prince qui l'y contraint. Cet intrépide défenfeur de la Religion fe joint enfuite à fes enfans, & à un petit nombre de Juifs remplis du même efprit, qui attaquent & défont les armées nombreufes d'Antiochus. L'Écriture-Sainte bien loin de blâmer cette prétendue rebellion, donne des éloges à leur courage, & à leur zele. Telle eft l'objection : voici ma réponfe.

Réponfe. David fuyant devant Saül, fe fait fuivre d'une petite armée ; mais David avoit reçu l'onction royale avec le pouvoir du glaive ; & Saül n'avoit aucun droit fur fa vie. Si le premier, pour épargner le fang de fon peuple, & inftruit fans doute par Samuël, des deffeins de Dieu, ne devoit faire valoir fes droits qu'après la mort de Saül ; s'il ne voulut pas même après cette mort revendiquer par la force, la portion de la Paleftine qui étoit poffédée par le fils de ce Prince ; fi pénétré de refpect pour la Majefté royale, il évita toujours le combat ; fi, loin d'attenter à la perfonne facrée de fon ennemi, il ofa à peine couper le pan de fa robe, il n'avoit pas moins la liberté, je dis plus, il n'étoit pas moins obligé de défendre, même contre Saül, fa propre vie, qui étoit facrée pour la nation.

Alléguera-t-on les inftances que fit David auprès du Roi de Geth, pour obtenir la permiffion de l'accompagner, & de combattre fous lui contre l'armée de Saül ?

Cette objection qui paroît la plus forte, eft la plus foible en effet. Car, en érigeant l'exemple en maxime, il s'enfuivroit qu'il eft permis, non-feulement de fe défendre contre le fouverain, lorfqu'on en eft opprimé, mais encore de fe joindre à fes ennemis, pour aller l'attaquer lui-même dans fes États avec fon peuple. Nos adverfaires oferoient-ils bien l'avouer ? Ils feront donc obligés, comme nous, d'abandonner cet exemple, & de condamner la conduite de David en ce point, ou de lui fuppofer des intentions qui nous font inconnues.

L'action de Mathathias prouveroit encore trop ; car il s'enfuivroit qu'un particulier a le droit de plonger le poignard dans le fein de fes concitoyens & des officiers du Prince, lorfqu'ils violent la loi divine. Il faut donc recourir à l'infpiration de Dieu qui fe fervit en cette occafion du bras de Mathathias, pour punir l'apoftafie, comme il avoit employé le glaive de Phinées, dans le défert, pour punir la fornication de l'Ifraëlite, furpris dans le crime avec une femme Moabite. Or, en admettant l'infpiration, la guerre des Machabées, qui en fut une fuite, doit être juftifiée par la même raifon, puifqu'elle procédoit du même principe.

Mais nous n'avons pas befoin de recourir à l'infpiration, afin de juftifier les guerres des Machabées ; car pour être coupable de révolte, il faut être dans la claffe des fujets, & non dans une fimple dépendance qui, comme l'obferve Wolf, peut varier à l'infini, suivant la volonté des peuples qui se soumettent au souverain. » Car, ou cette dépendance laissera subsister » en partie la souveraineté de la nation inférieure, » la restraignant à certains égards ; ou elle l'anéan- » tira totalement, ensorte que la nation supérieure de- » viendra souveraine de l'autre ; ou enfin la moindre » sera incorporée dans la plus grande, pour ne former » désormais avec elle qu'un seul & même État (*a*)... » Or le pacte ou le traité de soumission sera la suite, » la mesure & la regle des droits de l'une & de » l'autre puissance (*b*). » Il faudroit donc pour accuser les Machabées de rebellion, il faudroit prouver que la nation Juive avoit été totalement dépouillée des droits de la souveraineté, & c'est ce qu'on ne prouvera jamais. Les Juifs passoient successivement, dans ce tems-là, sous la domination des Rois de Syrie ou d'Égypte, suivant que prévaloit la fortune de l'un ou l'autre empire ; ils se mettoient sous la protection du Prince, ils recevoient garnison dans les forteresses, lui payoient tribut, lui fournissoient même un certain nombre de troupes ; mais jamais ils ne furent incorporés à la nation dominante. Ils se gouvernoient eux-mêmes selon leurs loix. Leurs officiers exerçoient tous les pouvoirs de l'administration publique, pour maintenir la police & faire observer la Religion, indépendamment du Prince qui accordoit seulement sa protection.

Je dis plus, il n'étoit pas même au pouvoir des Juifs, de se départir de l'autorité que Dieu leur avoit donnée dans le gouvernement temporel, relativement à l'ordre de la Religion. Car leur loi ne se renfermoit pas dans les choses spirituelles, comme la loi de l'Évangile ; elle comprenoit aussi l'ordre civil. Leurs Pontifes avoient reçu de Dieu-même le pouvoir de juger tout ce qui regardoit la loi, de prononcer sur les peines temporelles qu'elle décernoit contre les infracteurs. Leur gouvernement civil étoit à cet égard théocratique.

(*a*) Wolf, Droit des gens, l. 1, ch. 16, §. 193.   (*b*) *Ib.* §. 192.

Dieu qui en étoit le législateur, en avoit toujours exercé l'autorité, par les ministres de la nation qui le représentoient. La nation étant donc souveraine à cet égard, partageoit l'autorité suprême avec ses maîtres, pour la portion de l'administration publique qui lui étoit confiée ; par conséquent elle avoit le droit d'opposer la force à la violence pour se défendre contre l'oppression.

CHAPITRE V.

De la monarchie françoise en particulier.

Parmi les différentes monarchies, celle qui doit principalement fixer nos regards, parce qu'elle doit attacher nos cœurs, est la monarchie françoise, sous laquelle nous avons le bonheur de vivre. Non-seulement elle est la plus ancienne monarchie de l'Europe, mais encore une des plus florissantes monarchies du monde, par ses forces, ses richesses, ses alliances, par le nombre & l'industrie de ses citoyens, par l'activité & l'étendue de son commerce, la commodité de ses ports, & ce qui fera toujours la principale gloire de la nation, par l'amour & le respect naturel, que les sujets conservent pour leur Roi & pour la famille royale.

Ce royaume étant monarchique, il est régi par des loix constitutives, qui lui sont communes avec les autres gouvernemens du même genre. Loix que le Prince a reconnues solemnellement dans l'exercice même le plus absolu de son pouvoir, en déclarant qu'il étoit dans l'heureuse impuissance de les violer (a).

Cependant, quoique le Roi y jouisse actuellement de

(a) Rép. du Roi du 3 Mars 1766. — Édit de Décemb. 1770.

tous les droits de la souveraineté, & que ces droits soient établis sur des fondemens inébranlables ; quoiqu'ils soient généralement avoués & applaudis ; on a vu des tems malheureux, où l'ignorance des vrais principes, & encore plus, la cupidité & l'ambition, ont profité des regnes foibles, pour entreprendre sur les pouvoirs & l'indépendance du souverain. Les nobles possédant des fiefs, avoient autrefois usurpé un pouvoir absolu dans l'État, & ne tenoient plus à la couronne que par l'hommage-lige. Les États Généraux représentans la nation, ont quelquefois prétendu entrer dans l'administration publique ; on a même voulu insinuer, dans ces derniers tems, qu'ils avoient le droit de s'assembler sans être convoqués par le Roi.

Le respect & l'amour que j'ai voués à mon souverain, exigent donc que je montre ici la frivolité des prétentions contraires à son autorité. Bien que les maximes que j'ai à exposer, ne soient plus contestées, elles pourroient l'être encore un jour. D'ailleurs, les François voient toujours avec un nouveau plaisir les titres qui les attachent à leur Roi, & qui le vengent des atteintes portées à une puissance sacrée qu'ils regardent entre ses mains comme le plus sûr garant de leur bonheur.

Je me bornerai, en traitant ce sujet, à ces trois propositions.

1°. La France est un État purement monarchique, & régi par la loi salique.

2°. Les Rois de France sont indépendans des trois ordres de leurs États.

3°. Les États Généraux ne peuvent s'assembler en France que par l'autorité du Roi.

§. I.

La France est un État purement monarchique, & régi par la loi salique, quant à la succession à la couronne.

LA *France est un État purement monarchique.* Premiérement, c'est un État purement monarchique, soit en ce qu'il ne releve d'aucun autre souverain, soit en ce que le Roi concentre dans sa puissance tous les pouvoirs de la souveraineté. Cette vérité est également reconnue de toutes les puissances de l'Europe, & de tous les ordres de l'État. Elle est répétée dans les ouvrages consacrés à la défense des libertés de l'Église Gallicane, inculquée dans tous les tems par les Jurisconsultes françois, qui ont traité du droit public, enseignée dans les édits & les ordonnances-royaux ; elle a toujours été défendue avec zele par les Parlemens, comme servant de base à la constitution de notre gouvernement. *Cùm nos fons omnimodæ jurisdictionis temporalis esse dignoscamur.... nostraque jurisdictio temporalis in nullo, jurisdictioni spirituali subsit, cùm in terris superiorem non cognoscamus &c. (a).* Innocent III reconnoît cette souveraineté absolue. *Cùm Rex superiorem in temporalibus minimè habeat &c. (b).* Nous avons rapporté ces paroles de Grégoire de Tours au Roi Chilpéric. « Si quelqu'un de nous s'écarte de la » justice, vous pouvez le corriger : mais qui vous cor- » rigera vous, si vous la violez ? Nous vous parlons, » mais vous nous écoutez quand il vous plaît. Que si » vous refusez de nous entendre, qui aura droit de » vous commander ; sinon celui qui a dit qu'il est la » justice même ? »——» Loyseau enseigne que le royaume

---

(*a*) Arrêt du Parl. de Paris, rendu le 14 Août 1385.

(*b*) *Cap.* per venerabilem extra. qui sunt filii legitimi.

„ de France eſt la monarchie la mieux établie qui ſoit,
„ & qui ait jamais été au monde, étant en premier
„ lieu, une monarchie royale, & non pas ſeigneuriale,
„ une ſouveraineté parfaite à laquelle les États n'ont
„ aucune part (a). „ — „ Les Rois de France, dit le
„ Bret, ne tenant leur ſceptre que de Dieu ſeul, n'é-
„ tant obligés à rendre ſoumiſſion à pas une puiſſance
„ de la terre, & jouiſſant de tous les droits qu'on at-
„ tribue à la ſouveraineté parfaite & abſolue, ſont
„ pleinement ſouverains dans le royaume (b). „ Tout
le monde connoît ces anciennes maximes : *Qui veut le
Roi, ſi veut la loi. Le Roi ne tient ſon royaume que
de Dieu* (c). Nous donnerons dans les autres paragraphes de nouvelles preuves de cette vérité. Mais je ne
dois pas ici omettre avec quel zele les Parlemens du
royaume ont défendu en 1732 les droits de la couronne,
en flétriſſant l'écrit intitulé *judicium Francorum*, & avec
quelle indignation ils ont rejetté les adulations de l'é-
crivain téméraire, qui vouloit leur faire hommage des
dépouilles du ſouverain, en les appellant au partage
de la ſuprême puiſſance : „ Écrivain ſéditieux, qui eſ-
„ ſayoit d'ébranler juſqu'aux loix fondamentales du
„ royaume, & d'altérer, s'il ſe pouvoit, cette autorité
„ ſouveraine, qui, réſidant en la perſonne de nos Rois,
„ eſt l'unique ſource de tout pouvoir légitime & de
„ toute puiſſance publique dans l'État. „ Ce ſont les
termes des gens du Roi du Parlement de Paris.

M. de Gueidan, avocat-général au Parlement de
Provence, développe, à ce ſujet, avec autant de lumiere que d'éloquence, les vrais principes de la monarchie. „ Quoi ? dit-il ; parce que la monarchie fran-
„ çoiſe ne ſera pas un deſpotiſme odieux qui n'admet
„ que des eſclaves pour ſujets, ni d'autre raiſon que
„ la volonté du maître, faudra-t-il l'abaiſſer au rang

(a) Loyſ. des Seign. ch. 2, n. 92.

(b) Le Bret, de la Souv. l. 1, ch. 2.

(c) V. à ce ſujet le commen-
taire de Lauriere ſur Loyſel,
édit. in-12 de 1710, p. 1. — 6.

» des couronnes où le Roi, n'étant, à proprement par-
» ler, que l'homme du peuple, doit en subir la loi ?
» Entre ces deux sortes de gouvernemens, il en est
» un de plus approchant de la Divinité. Il s'étend sur
» des hommes libres, mais qui connoissent que le meil-
» leur usage qu'ils puissent faire de leur liberté, est
» d'être soumis : gouvernement d'autant plus stable,
» que le Prince à qui les peuples obéissent, se fait lui-
» même une gloire d'obéir aux loix. Mais à qui le
» Roi est-il comptable de sa conduite? La Majesté
» royale est si sublime, dit un ancien Pere, qu'au-
» dessus de toute puissance, elle ne dépend que de
» Dieu. *Rex omnibus Major, soli Deo minor* (*a*). Le
» Roi seul possède en propre l'autorité : tous les tri-
» bunaux, quelques anciens qu'ils puissent être, ne
» l'ont que par écoulement & par communication. C'est
» un pere qui, ne pouvant suffire au gouvernement de
» sa nombreuse famille, daigne mettre en œuvre quel-
» ques talens étrangers ; mais ce n'est que pour lui,
» en son nom & toujours avec dépendance, qu'agissent
» les personnes qu'il emploie : & chacun lui est comp-
» table, suivant la mesure du pouvoir qu'il a reçu (*b*). »

Quarante avocats du Parlement de Paris ayant paru s'éloigner de ces principes en 1730, dans une consultation qui excita les plaintes des fideles sujets du Roi, & l'attention du gouvernement, se laverent du juste soupçon qu'on avoit conçu, par une déclaration authentique, que le Bâtonnier certifia être la doctrine de tout l'ordre des avocats, & par laquelle ils reconnurent l'indépendance & la souveraineté absolue du Monarque (103).

Il est vrai que le Roi souffre que les discussions d'intérêt particulier, qu'il a avec ses sujets, soient jugées par les tribunaux; mais si, par une raison d'équité & de modération, qui honore son gouvernement au lieu de le déprimer, il s'abstient de décider par lui-même,

---

(*a*) Tert. avec l'arrêt du Parl. de Provence
(*b*) V. le requisitoire imprimé du 3 Septemb. 1732.

comme il le pourroit, c'est toujours en vertu d'une autorité qui vient de lui, & qui est la sienne, que les magistrats prononcent, & qu'ils font exécuter leurs jugemens.

Le royaume de France est régi par la loi salique, qui exclud les femmes de la couronne. Je dis, en second lieu, que la monarchie françoise est régie par la loi salique, quant à la succession à la couronne. Cette loi porte que les femmes n'hériteront d'aucune portion de la terre salique, & que les seuls enfans mâles succéderont à leurs peres. *De terrâ verò salicâ, in mulierem nulla portio hæreditatis transibit; sed hoc virilis sexus acquirit; hoc est, filii in ipsâ hæreditate succedunt (a).* Quoique ces dispositions ne regardent pas expressément la succession à la couronne, elles l'y comprennent pourtant dans leur généralité, & avec d'autant plus de raison, qu'il n'y a point de cas où les loix doivent être plus inviolablement observées, qu'en ce qui regarde la constitution du gouvernement.

La coutume qui est le meilleur de tous les interpretes, est ici la preuve la plus authentique du sens de la loi. Dès le commencement de la monarchie, Childebert, l'aîné des enfans de Clovis, étant mort sans enfans mâles, Clotaire, son frere, lui succéda au royaume de Paris, à l'exclusion de Chrodesinde & de Chrodeberge, filles de Childebert. Charibert, fils de Clotaire, n'ayant laissé que trois filles, sans enfans mâles, son royaume passa à Sigebert leur oncle, & jamais on n'a vu les filles de nos Rois sur le trône de France.

,, Des termes & du sens de cette loi salique, dit
,, le Bret, on tire trois maximes qui sont comme au-
,, tant de fortes colonnes sur quoi cette monarchie est
,, fortement appuyée. La premiere, que ce royaume
,, se confere par droit successif; la seconde, que les
,, femmes sont incapables de parvenir à la couronne;
,, la troisieme, que les mâles succedent indéfiniment,
,, en quelque degré de parenté qu'ils soient *(b).*,,

_____
(a) Le Bret, de la Souv. l. 1,   (b) Le Bret, ibid.
ch. 4.

— » Loyseau observe que le royaume de France est une
» souveraineté parfaite, à laquelle les États n'ont au-
» cune part, successive & non élective, non hérédi-
» taire purement, ni communiquée aux femmes, mais
» déférée au plus proche mâle, par la loi fondamen-
» tale de l'État (*a*). » Cette loi fut reconnue & confirmée solemnellement en faveur de Philippe V (104),
dans une assemblée des Grands du royaume, convoquée
à Paris en 1317.

En conséquence de cette loi, les enfans mâles, descendans des filles de France, sont exclus du trône,
comme leurs meres. Après la mort de Charles le Bel (*b*),
Édouard III, Roi d'Angleterre, prétendit à la couronne de France, comme petit-fils de Charles le Bel
par sa mere, au préjudice de Philippe de Valois, frere
de Charles. Il alléguoit que l'objet de la loi étant seulement d'exclure les femmes du commandement, elle
ne devoit point étendre sa rigueur sur leurs enfans mâles.
On répondit que la loi ne faisant point de distinction,
il falloit s'en tenir à la regle générale, & que, suivant
cette regle, les enfans mâles ne pouvoient, en qualité
d'héritiers de leurs meres, avoir plus de droit à la
succession que leurs meres-mêmes; qu'une exception de
cette nature ne pouvoit être admise qu'en vertu d'une
clause expresse & dérogatoire, pour ne pas donner
lieu à des interprétations arbitraires, dans une matiere
où l'incertitude auroit des suites si funestes; que la loi
n'avoit pas seulement en vue d'exclure les femmes, mais
encore les Princes étrangers; que la loi étant une loi
générale, on n'en étoit pas dispensé dans les cas particuliers, quand même l'intention de la loi seroit rem-
plie, mais seulement dans les cas où l'observance lit-
térale seroit contre le vœu de la loi-même (*c*). La ques-

(*a*) Loys. des Seign. c. 2, n. 92.
(*b*) Arrivée en 1317.
(*c*) On peut citer pour exemple, les formalités prescrites pour
les testamens. Quoique ces forma-
lités n'aient pour objet que de s'assurer de la volonté du testateur,
cependant, quand même cette
volonté seroit d'ailleurs évidemment connue, elle ne couvri-
roit pas le vice de nullité qui résulteroit du défaut des formes.

tion fut décidée par un jugement folemnel des Pairs en faveur de Philippe de Valois (105).

Il fuit encore des difpofitions conftitutives de cette loi, que la couronne fe trouvant fubftituée de droit, le Prince ne peut ni intervertir l'ordre de la fucceffion, ni aliéner les droits de la monarchie, ni affujettir fes États à un autre Prince ni les démembrer (*a*). Il n'étoit donc pas au pouvoir de Charles VI de tranfmettre la couronne à Catherine de France, au préjudice du Dauphin qui régna depuis fous le nom de Charles VII. „ L'exhérédation des enfans, dit Grotius, ne fera point „ reçue dans les États inaliénables, quoique hérédi- „ taires ; parce que le peuple a bien choifi la voie de „ la fucceffion héréditaire, mais héréditaire *ab inteftat*. „ Moins encore aura-t-elle lieu dans la fucceffion li- „ néale ; parce que, dans une telle fucceffion, l'on „ n'imite point l'ordre établi pour la fucceffion ; mais „ la couronne eft déférée par le bénéfice du peuple, „ à chacun des defcendans, l'un après l'autre felon „ qu'il l'a prefcrit (*b*). „ Et ailleurs : „ L'ufufruitier, „ à qui le Roi peut être comparé, agiffant fans pou- „ voir, lorfqu'il cede fon droit, la ceffion eft nulle, „ & ne peut, par conféquent produire aucun effet. „ L'ufufruit retourne au propriétaire (*c*). „

_____

(*a*) On excepte feulement le cas où le Prince céderoit par un traité de paix une portion de fes États. Ce pouvoir tient à une loi fupérieure, celle du droit naturel & du droit des gens; il eft né- ceffaire au bien des peuples, qu'on ne peut fauver, ou à qui on ne peut fouvent procurer la paix, que par de pareilles ceffions.

(*b*) Grot. *de Jure bell. & pac. l.* 2, *cap.* 7, *art.* 15.

(*c*) Ib. *l.* 1, *cap.* 4.

§. II.

Les Rois de France sont indépendans des trois ordres de leurs États.

Quoique cette proposition se trouve déja prouvée par les titres qui montrent que le royaume de France est purement monarchique; il convient d'en donner encore ici des preuves particulieres dans le détail.

Les Rois de France sont indépendans du Clergé. Premiérement les Rois de France sont indépendans du Clergé. Cette vérité généralement reconnue par les François, a déja été suffisamment démontrée, lorsque j'ai fait voir que l'Église n'avoit aucune puissance, pas même indirecte sur le temporel des Rois (*a*).

Ils sont indépendans de la noblesse. Secondement les Rois de France sont indépendans de la noblesse. Nous convenons d'abord qu'ils n'ont pas toujours joui d'un autorité absolue dans leur royaume. On y a vu sous la premiere race, les Maires du palais exercer le pouvoir suprême. On y a vu sous la seconde race, les grands Vassaux se rendre indépendans & même redoutables au Monarque. Tels furent entre autres les Comtes de Champagne, les Ducs de Bourgogne, & les Rois d'Angleterre qui étoient grands vassaux de la couronne en qualité de Ducs de Normandie & de Guienne. Nos Princes s'appliquerent à reprendre leur autorité sous la troisieme race (106). Mais ce ne fut que par degrés, en réunissant les principaux fiefs à la couronne par des alliances, des confiscations, des conquêtes ou autrement (107). Il ne faut donc pas juger de la constitution de la France, par l'état où elle étoit alors, mais par celui où elle est actuellement, depuis plusieurs siecles; état généralement reconnu & confirmé, non-seulement

par

(*a*) V. ci-devant ch. 1, §. 1 de cette 2me. part.

par le consentement & l'aveu de toute la nation & par le droit de prescription, mais encore par les titres-mêmes qui ont donné naissance aux nouveaux fiefs.

Philippe le Bel en créant les cinq pairies d'Alençon, d'Artois, de Bretagne, de Valois & d'Anjou, à la place des trois anciennes pairies de Normandie, de Toulouse & de Champagne, allegue pour motif *que l'ancienne face de l'État paroissant défigurée par la diminution des pairs, il veut rétablir l'honneur & la gloire du trône royal par l'ornement de ces anciennes dignités* (108). Dans les lettres d'érection que donna Charles V, Dauphin de France, en 1359, pour le comté de Macon, on lit ces paroles : *Les Rois pour la conservation & honneur de la couronne, & pour le conseil & l'aide de la chose publique, ont institué les pairs qui les assistent à hauts conseils, & de fidélité entre eux pareille, les accompagnent ès vaillants faits d'armes pour la défense d'iceux Rois & royauté.* Philippe de Valois ne leur avoit point attribué d'autre privilege en 1337 (109). Or ces titres des premiers pairs que le Prince substitua aux anciens, établissant leurs droits, ces droits ne peuvent pas s'étendre au-delà de ce qui est porté par les titres.

La formule de leur serment, réduit leurs fonctions *à conseiller le Roi dans ses très-grandes, très-hautes & très-importantes affaires, & à se comporter en tout comme de sages, vertueux & magnanimes ducs & pairs doivent faire.* " Le devoir & la charge des pairs, " dit Chopin, est de maintenir la grandeur & la ma-" jesté de la couronne de France, donner de bons " avis pour le bien public & de l'État, se trouver " au conseil du Roi, pour délibérer de ce qui se pro-" pose, assister le Roi de leur personne, s'acheminant " à la guerre (*a*). "

Le souverain les convoque en conséquence pour juger les pairs accusés de crimes capitaux, ou pour demander leurs avis sur les affaires importantes du

---

(*a*) Chopin, du Domaine de la Couronne, tom. 3, l. 3.

gouvernement. Ils sont obligés alors de se rendre au conseil, ou d'exposer les raisons qui les en empêchent. En 1386, lorsque Charles VI jugea Charles Roi de Navarre, il fut *accompagné des pairs de France, prélats, barons & autres conseillers* (a). Le fameux arrêt que donna François I en 1536, contre Charles-Quint, comme comte de Flandre, porte : « Le Roi séant en sa » cour, & ayant eu conseil & mûre délibération avec » les Princes de son sang & les pairs de France, & » autres ses conseillers étant en la cour, a ordonné & » ordonne, &c. » On peut en voir d'autres exemples dans l'histoire. Or, cette qualité de conseillers ne donnoit pas plus de droit aux pairs sur la souveraineté, qu'aux autres seigneurs qu'il plaisoit au Roi d'appeler à son conseil, pas plus qu'aux Princes du sang & aux grands officiers de la couronne, & qui n'ont jamais eu qu'un pouvoir subordonné. *La loi fondamentale du royaume*, dit le Bret, *veut que le souverain commandement réside dans la personne d'un seul, & l'obéissance dans tous les autres* (b). Jamais, depuis la création des nouvelles pairies, les grands vassaux n'ont prétendu gêner ni assujettir l'exercice du pouvoir suprême. Les pairs ont reconnu eux-mêmes leur dépendance, dans un mémoire qu'ils présenterent au Roi, au sujet de leur démêlé avec le Parlement en 1664. Ils y bornent leurs droits à des prérogatives d'honneur, tels que sont le droit d'être les conseillers-nés des affaires d'État, & les juges naturels des causes personnelles qui concernent leurs membres.

Ce que je dis des grands vassaux, doit s'appliquer, à plus forte raison, aux nobles de la seconde classe. Cette plénitude d'autorité dans la personne du Monarque fut authentiquement reconnue par les trois États dans la derniere assemblée de la nation en 1614.

Ils sont indépendans du Tiers-État. Le peuple qui compose le Tiers-État a encore moins de droit sur l'ad-

_____

(a) Dans la séance du 2 Mars.
(b) Le Bret, de la Souv. à la fin, art. des choses omises.

miniſtration publique. Il a été un tems où cette claſſe de citoyens étoit réduite à la condition de ſerfs. Ce n'eſt que depuis le quatorzieme ſiecle (*a*), qu'elle a commencé à être appellée dans les aſſemblées d'État, où elle a formé le dernier ordre ; ſans que jamais elle ait joui d'aucun droit de juriſdiction, ſans que jamais ſes membres ſoient intervenus dans les affaires du gouvernement, ſi ce n'eſt en vertu de l'autorité du Prince.

Ils ſont indépendans des États-Généraux. Mais ſi ni le clergé, ni la nobleſſe ni le peuple ne participent à la ſouveraineté ; s'ils n'ont aucun droit de juriſdiction, ni ſur le Prince ni ſur l'adminiſtration publique ; les États-Généraux qui les repréſentent ne peuvent avoir plus d'autorité ; & en effet, quoique nos ſouverains aient ſouvent convoqué les Grands & les trois ordres du royaume, pour prendre leur avis ſur l'adminiſtration publique, ils y ont auſſi pourvu dans les affaires les plus importantes par la plénitude de leur pouvoir, lorſqu'ils n'ont pas jugé à propos de les aſſembler, ſans qu'on s'en ſoit jamais fait un prétexte pour leur réſiſter, ni pour conteſter la validité de leurs ordonnances.

Philippe-Auguſte ne demande point le conſentement de la nation pour faire la guerre à Henri II ou à Richard Cœur de Lion, Rois d'Angleterre, ou à l'Empereur Othon.

Si Philippe le Bel aſſemble le clergé de ſon royaume, au ſujet de ſon fameux démêlé avec Boniface VIII, ce n'eſt que pour s'inſtruire de ſes diſpoſitions ſur l'indépendance de ſa couronne, non pour faire approuver la réſolution qu'il a priſe d'en défendre les droits.

Point de circonſtances plus critiques que celle de la détention de S. Louis & de François I ; cependant on ne conſulte les États, ni pour traiter de leur rançon, ni pour régler le gouvernement.

Après la mort de Louis X, décédé ſans enfans mâles, s'étant élevé une conteſtation au ſujet de la ſuc-

---

(*a*) V. l'Hiſt. de France, par Daniel, en 1355.

cession à la couronne, entre Philippe le Long & Jeanne fille de Louis ; ce ne fut point le tribunal de la nation qui décida. Philippe fit seulement examiner & juger cette importante question dans un conseil composé des pairs du royaume, des prélats, de plusieurs autres seigneurs, de quelques bourgeois, & certains membres de l'université qu'il y appelle à son choix, & qui formerent par cette raison, non les États du royaume, mais le tribunal du Prince.

Philippe le Hardi regle la majorité des Rois à quatorze ans accomplis. Charles V, dit le Sage, la fixe à quatorze ans commencés. Ces deux loix si intéressantes pour l'État, n'ont pas besoin d'être confirmées par les suffrages des trois ordres. Charles V se borne à prendre sur ce point l'avis de plusieurs personnes notables, tant clercs que laïques. *Habitâ super hoc deliberatione maturâ & consilio pleniori, cum pluribus prælatis, personisque notabilibus, clericis & laicis* (a).

Charles VI donne une ordonnance, le 5 février 1388, sans la participation des États, & seulement *de l'avis de son conseil, où suivant*, dit-il, *les traces de ses prédécesseurs, il fait un réglement pour l'État & pour la discipline du Parlement* (b).

Enfin sous la seconde & la troisieme race, nos Rois ont rendu une infinité d'autres édits sur les matieres les plus importantes ; ils ont fait la guerre & la paix, établi les cours souveraines, réglé la discipline des tribunaux, institué différens ordres, aliéné leurs domaines, pris à leur charge l'entretien des troupes que les vassaux étoient obligés de fournir & de soudoyer auparavant ; ils ont imposé des subsides, & réglé la levée des impôts suivant que leur dictoit leur sagesse, sans faire intervenir le consentement de la nation.

La pratique des assemblées des États est une nouvelle preuve de leur dépendance. Leurs fonctions se sont toujours bornées à de simples représentations sur lesquelles

---

(a) Recueil des ordonnances, par Laurieres, imprimé au Louvre, tom. 6, p. 26, &c.
(b) Ib. tom. 7. p. 222, &c.

le Roi ſtatuoit, ou dont il réſervoit la connoiſſance à ſon conſeil, comme il arriva ſous Louis XIII. » Les » États-Généraux, dit un célebre magiſtrat, n'ont que » la voie de la remontrance & de la très-humble ſup- » plication. Le Roi défere à leurs doléances & à leurs » lumieres, ſuivant les regles de ſa prudence & de » ſa juſtice; car s'il étoit obligé de leur accorder toutes » leurs demandes, il ceſſeroit d'être leur Roi. Delà » vient que, pendant les aſſemblées, l'autorité du Par- » lement, qui n'eſt autre choſe que celle du Roi, ne » reçoit aucune diminution (a). » Les termes qu'em- ploient les États aſſemblés en s'adreſſant au Prince, ſont les expreſſions de la ſubordination & du reſpect. *Ils ſupplient* dans leurs cahiers, *ils demandent qu'il plaiſe à ſa Majeſté, &c. Très-haut, très-puiſſant, très- chrétien Roi, notre ſouverain & ſeigneur, vos très-humbles & très-obéiſſants ſujets, venus par votre commandement, comparoiſſent & ſe préſentent à vous, en toute humilité, révérence & ſubjection.* Ainſi parloit un des orateurs dans l'aſſemblée convoquée à Tours en 1483, pendant la minorité de Charles VIII, c'eſt-à-dire dans un tems qui pouvoit favoriſer des prétentions d'indépendance. Que ſi dans des tems malheureux où l'autorité ſe trouvoit affoiblie par les diviſions des Grands, ou par des guerres inteſtines, le ſouverain s'eſt vu quelque- fois obligé de déférer à leurs demandes, ce n'a ja- mais été qu'en vertu de ſa volonté, qu'elles ont eu force de loi.

Tous nos Juriſconſultes, entre autres le Bret (b) & Loyſeau (c), nous repréſentent unanimement le

___

(a) M. de Lamoignon, dans ſon Plaidoyer du 14 Janvier 1719.

(b) » La royauté eſt d'avoir » une puiſſance ſuprême & une » autorité abſolue, dont le trône » & le ſceptre ſont les ſymbo- » les.... C'eſt à cette marque » qu'on doit diſtinguer les Puiſ- » ſances ſouveraines d'avec celles » qui ne le ſont pas. » Le Bret,
de la Souv. l. 1, ch. 1 & 2.
» Les Rois ne ſont point aſf- » traints de ſuivre leurs avis (des » députés aux États-Généraux) » ſi la raiſon naturelle, ſi la juſ- » tice civile, ſi le bien & l'uti- » lité de leur royaume ne les » y convient. » Ib. l. 4, ch. 11.

(c) » Le royaume de France » eſt la mieux établie monar-

royaume de France comme un État parfaitement monarchique, qui concentre toute l'autorité dans la personne du souverain, sans que la nation y ait aucune part.

Objections. On demandera peut-être ici, pourquoi convoquer les États, s'ils ne participent pas au pouvoir suprême de l'administration. On alléguera le consentement donné par les États aux édits qui ont été portés dans ces assemblées, consentement exprimé avec les termes, *cum consilio & assensu*. On citera l'exemple de la Pologne & de la Hollande, où les États reglent en dernier ressort l'administration publique. A cela voici ma réponse.

Réponse. 1°. L'objet des assemblées générales est de consulter les États sur les affaires importantes du gouvernement, de leur exposer les besoins publics, de leur faire approuver les vues du souverain, & de les faire concourir par-là plus volontiers à l'exécution de ce qu'il aura statué.

2°. Le terme d'*assensu* peut signifier, ou un consentement de simple approbation, un concert des différens ordres de l'État dans la publication des loix ; ou un consentement d'autorité, qui appartient à la législation, & qui concourt à la sanction des loix. Cet équivoque ne prouve donc rien, puisqu'il doit s'expliquer conformément aux principes du gouvernement auquel il se rapporte. Or suivant les principes constitutifs de la monarchie françoise, le Prince, étant indépendant de la nation, & n'ayant pas besoin d'être autorisé de son peuple, pour donner la sanction à ses loix, le terme de *consentement* ne peut donc signifier qu'une simple approbation dénuée de toute autorité. Nous lisons dans les édits portés pendant ces assemblées-mêmes, ou immédiatement après, sur les matieres qui y avoient été agitées, ces termes consacrés à exprimer le pouvoir suprême & in-

---

„ chic qui soit, voire qui ait „ souveraineté à laquelle les États
„ jamais été au monde, étant „ n'ont aucune part."Loyf.Seign.
„ en premier lieu une monarchie ch. 2.
„ royale & non seigneuriale, une

dépendant du souverain : *De notre puissance absolue, autorité royale, ordonnons, voulons & nous plaît... Telle est notre volonté.*

3°. Les pouvoirs des États-Généraux doivent être relatifs à la constitution du gouvernement. Les États en Hollande sont souverains, parce que la suprême puissance réside dans le peuple. Les nobles la partagent en Pologne avec le Roi; & par cette raison, l'assemblée des nobles y balance l'autorité royale. Mais, par la raison contraire, dans les monarchies pures comme en France, en Autriche & en Espagne, les États sont subordonnés au souverain. L'Empereur Charles V convoque les États des Pays-Bas en 1555, non pour leur faire confirmer son abdication, mais pour la rendre plus solemnelle. Philippe II les assemble aussi dans les Pays-Bas, pour leur faire savoir qu'il a nommé Marguerite d'Autriche gouvernante de cette partie de son Empire, & le Cardinal Grandvelle, ministre de Marguerite ; mais non pour demander consentement de l'assemblée. Chez les anciens peuples, les Monarques les plus absolus assembloient les Grands de leurs royaumes pour prendre leur avis sur les affaires importantes. Nabuchodonosor les consulte, lorsqu'il veut envahir la Syrie ; Xercès les assemble, lorsqu'il veut attaquer la Grece. " En " certains lieux, dit Grotius, les États ne servent que " de conseil, pour porter au Roi les plaintes des peu- " ples, sur lesquelles le Roi ordonne ce qu'il juge con- " venable : au lieu que dans d'autres, ils ont droit de " connoître des actes du Prince, & même de lui pres- " crire des loix (a). "

(a) Grot. *de Jure bell. & pac. l.* 1, *cap.* 3.

§. III.

Les États-Généraux ne peuvent s'assembler en France, que par l'autorité du Roi.

1°. Cette proposition dérive du même principe que la précédente ; car la convocation des États étant un des actes les plus solemnels de l'autorité publique, ne peut appartenir qu'au Monarque, en qui toute l'autorité se trouve réunie.

2°. Jamais en France, les États ne se sont assemblés en effet, que par les ordres du Prince. Les cahiers qu'ils présentent, & les discours qu'on y prononce, rendent hommage à cette vérité. *Très-haut, très-puissant & très-chrétien Roi, notre souverain & naturel seigneur, les députés des trois États de votre royaume, venus par votre commandement & ordonnance, &c.* Ce sont les termes que nous avons déja cités, d'un député à l'assemblée de Tours en 1483.

3°. La doctrine des Jurisconsultes s'accorde avec cette pratique. " Les États, dit le Bret, ne se con-
" voquent jamais que par le commandement du Roi,
" en quoi consiste une des principales marques de l'au-
" torité royale. *Quid enim majus est, si jure quæri-*
" *mus, quàm posse à summis imperiis & summis po-*
" *testatibus comitia & concilia vel instituta dimittere,*
" *vel habita rescindere* (*a*). "

4°. La convocation impose aux trois États l'obligation d'envoyer leurs députés au tems & au lieu indiqué pour l'assemblée, ce qui suppose l'autorité du commandement dans celui qui les convoque. Or cette autorité sur les trois ordres peut-elle appartenir à quelqu'autre qu'au Monarque ? Par la même raison, le droit de proposer les articles qui doivent faire l'objet des délibérations, le droit de prescrire les réglemens de disci-

---

(*a*) *Cicero de leg. l. 2. Le Bret, de la Souv. l. 4, c. 11.*

pline qu'on doit y obferver, le droit de terminer l'affemblée, doivent appartenir au fouverain. Ils font une fuite de la convocation ; ils fuppofent, comme elle, une puiffance fupérieure, & ne peuvent convenir par conféquent aux ordres de l'État.

5°. Dans les gouvernemens où ce droit s'exerce par le peuple, ou par une certaine claffe de citoyens, il eft déterminé par la loi, par l'ufage. Rien qui foit plus connu, ni plus public ; & rien en effet qui doive l'être davantage ; autrement l'incertitude fur ce point jetteroit le trouble & la confufion dans un royaume, puifque c'eft delà que dépend l'obligation de députer, la validité des députations & des délibérations portées dans l'affemblée. Mais, en France, point d'autre loi fur cet article que la fageffe du Prince.

6°. Les convocations doivent être déterminées par le bien de l'Etat. Or, à qui eft-ce à juger des befoins publics, de l'utilité & des inconvéniens de ces convocations, eu égard aux circonftances des tems, & aux difpofitions actuelles des efprits, finon à celui qui eft le centre où aboutiffent toutes les branches de l'adminiftration politique, & qui, étant inftruit de tous les fecrets de l'État, & de tous les befoins de fon peuple, peut feul décider avec une fupériorité de lumiere qui égale fa puiffance.

7°. Un tel pouvoir de la part des fujets feroit, ou inutile, ou deftructif de la monarchie : il feroit inutile, parce qu'il faut dans tout ordre de gouvernement une force exécutrice qui foit en proportion avec l'étendue du pouvoir qu'on exerce. Or, quel fujet, quel corps affez puiffant pour obliger la nation entiere à concourir à une affemblée générale ? Qu'on lui donne, fi l'on veut, affez de force pour contraindre à l'obéiffance, dès-lors il égalera, ou furpaffera même la puiffance du fouverain, ce qui feroit un renverfement de l'ordre monarchique ; dès-lors le droit de convocation deviendra deftructif, il ouvrira la porte à l'indépendance, & il expofera l'Etat aux plus grandes révolutions, lorfque la puiffance qui jouira de ce droit, voudra profiter de certains momens de fermentation, pour foulever les citoyens contre le Prince, & pour innover dans le gouvernement.

Quand même l'hiftoire ne nous inftruiroit pas fuffifamment fur ce point, il ne faudroit qu'une légere connoiffance du cœur humain, pour fentir que les délibérations prifes dans les affemblées les plus nombreufes, y font prefque toujours les moins réfléchies, parce que communément, l'homme y apporte moins fes lumieres, & l'amour du bien public, que fes paffions & les vues d'un bien perfonnel; d'où il arrive fouvent que plus l'État eft affoibli, plus les befoins font preffans, & plus auffi les affemblées font tumultueufes, plus l'intrigue & la cabale font hardies, parce qu'elles trouvent moins de réfiftance; mieux enfin elles réuffiffent à fouffler l'efprit de rebellion parmi un peuple qui croit toujours voir la caufe de fes malheurs dans l'adminiftration publique, & qui regarde alors le changement comme la ceffation de fes maux. " Depuis cent " ans ou plus, difoit un député de la nobleffe dans " les États convoqués en 1614, toutes les affemblées " d'États qui fe font tenues en ce royaume, nous ont " été plus dommageables que profitables (*a*). "

Dans celle qui fe tint en 1201, fous Philippe Augufte, les premiers quinze jours fe pafferent en débats entre les députés : *le Roi ennuyé enfin, de leur grande difputoifon, s'en va au matin, & emmene avec lui Jugembourg fa femme, fans prendre congé des légats, des barrons, & laiffe le confeil tout planier.* Ce font les termes d'un ancien hiftorien (*b*).

Point de circonftance qui dût réveiller davantage le zele patriotique que la fituation où fe trouva le royaume pendant la détention du Roi Jean. Le concours au bien public en fut-il plus unanime dans les affemblées tenues à ce fujet ? Aucune affemblée au contraire où l'efprit de fédition & le délire du fanatifme

---

(*a*) Difcours d'un député de la nobleffe aux États de 1614.
(*b*) Nic. Gilles.

aient éclaté davantage. Les factieux y levent ouvertement l'étendard de la révolte contre Charles V, Dauphin de France ; ils maſſacrent à ſes côtés deux ſeigneurs (*a*) qui ne leur ſont devenus odieux que par leur fidélité envers leur Prince ; ils propoſent de mettre le Roi de Navarre ſur le trône à la place de l'héritier préſomptif. La multitude prend parti. Le Dauphin ſe voit obligé plus d'une fois d'aſſembler le peuple dans les halles pour juſtifier ſa conduite ; il ſe trouve comme priſonnier entre les mains de ſes propres ſujets. On tend des chaînes dans Paris ; on creuſe des foſſés hors la ville ; les Navarrois déſolent la campagne. L'image de la guerre, préſente de toutes parts ſes horreurs aux yeux du citoyen effrayé ; la confuſion & le trouble qui regnent par-tout, annoncent la ruine prochaine de la monarchie, lorſqu'un bourgeois de Paris ramene le calme, par un coup de déſeſpoir, en faiſant périr le prévôt des marchans qui étoit le principal auteur de la révolte.

Les mêmes troubles ſe ſont renouvellés dans les États qui ſe ſont tenus pendant les guerres des Proteſtans. Dans l'une (*b*), Henri III, dominé par une puiſſante cabale, ſigne une ligue avec ſes propres ſujets. Dans l'autre, la ligue s'arme elle-même contre lui. Le duc de Guiſe, chef des ligueurs, ayant été tué, le Roi commande qu'on faſſe le procès à ſa mémoire ; & de ſimples ſujets oſent donner des ordres contraires. Le Prince congédie les États, mais les troubles qu'ils avoient fomentés, continuent.

La faction des mécontens ſous la minorité de Louis XIII, demande avec inſtance l'aſſemblée des États, comme un moyen de remédier aux abus du gouvernement. Elle l'obtient, mais c'eſt pour allumer la diſcorde, & la faire ſervir à des intérêts particuliers. ,, Le maſque ,, eſt enfin levé, écrivoit un auteur de ce tems-là ; ,, on voit maintenant à clair, l'intention de ceux qui,

_____

(*a*) Robert de Clermont & Jean de Conflans.
(*a*) En 1576 & 1577.

» se couvrant du nom de M. le Prince, ont fait ju-
» qu'ici retentir le bien public, pour chercher seule-
» ment le leur particulier. Toute la France sait que
» quelques Grands, après avoir alarmé les peuples,
» ont envoyé un certain manifeste à Sa Majesté, dans
» lequel se figurant à plaisir une si grande confusion
» dans tout le royaume, ils ont représenté que les
» avis & conseils des États-Généraux étoient nécessaires.
» C'étoit-là vraiment un prétexte plausible, mais qu'en
» est-il arrivé (c)? »

On le sait, chacun pensa à ses intérêts particuliers:
il n'y eut presque point de concert sur ce qui regardoit le bien public; & les mécontens, qui avoient
forcé le Monarque à convoquer les États, en furent
les moins satisfaits de tous.

Que conclure delà? Est-ce qu'on doit supprimer
absolument ces assemblées, où tous les ordres de l'État
ont la liberté de porter eux-mêmes leurs doléances aux
pieds du trône, & de proposer les moyens qui paroissent les plus convenables au bien public? ces assemblées où le souverain voit tout, pour-ainsi-dire, de
ses propres yeux, où il regne avec d'autant plus de
gloire, que sans rien perdre de la majesté qui l'environne, il se rapproche davantage de ses sujets, pour
être lui-même le témoin de leurs besoins & de leurs
vœux, & pour recevoir les hommages les plus solemnels & les plus flatteurs de leur respect & de leur
amour? A Dieu ne plaise: l'institution de ces assemblées est trop sage & trop utile pour être abolie. La
convocation des trois ordres du royaume peut même
être un moyen de sauver l'État dans certaines circonstances critiques, par le concours & le concert de tous
les ordres de la monarchie, que leur réunion soutient,
excite & anime par une noble émulation, pour produire les plus grands efforts. Mais j'en conclus qu'il
est des circonstances où ces assemblées peuvent dégénérer en factions, exciter les plus grands désordres,

---

(a) Avertissement à la France, imprimé en 1614.

& mettre l'État en péril, en fourniſſant à des eſprits inquiets & remuans, le moyen de déployer tous les reſſorts de l'intrigue, & de ſoulever les ſujets contre le Prince, lorſque ſon autorité ne ſe trouve pas aſſez affermie pour réprimer leurs entrepriſes. J'en conclus encore par une conſéquence ultérieure qui forme la preuve de ma theſe, qu'il feroit contraire au bien public, aux droits du ſouverain, à la conſtitution de tout gouvernement monarchique, de laiſſer à d'autres qu'au Monarque le droit de juger de l'utilité de ces aſſemblées & de les convoquer.

Objection. J'entends ici de faux politiques m'annoncer la ruine du repos & de la liberté publique, par l'établiſſement du deſpotiſme le plus affreux. Si le Monarque, diſent-ils, eſt abſolu dans ſon gouvernement, s'il n'y a aucun ordre dans l'État, ſi la nation entiere ne peut contrebalancer ſa puiſſance, ni réprimer l'abus de ſon pouvoir, il pourra violer toutes les loix, envahir les propriétés des citoyens, les vexer, les aſſervir, ſans qu'il leur reſte aucune reſſource pour ſe défendre contre l'oppreſſion.

Réponſe. Ainſi raiſonnent ces zélateurs: & en ſuivant ce raiſonnement, il n'y aura bientôt plus ni magiſtrat, ni général d'armée, ni gouverneur de province, puiſque tous peuvent abuſer de leur pouvoir pour vexer le peuple. Aura-t-on recours au Prince pour réprimer l'abus? Mais en aura-t-on toujours le moyen? Ne ſait-on pas qu'il y a des momens où l'obéiſſance ne ſouffre point de délais, comme dans les opérations militaires? Qu'il y a des cas où l'injuſtice la plus manifeſte de la part des tribunaux ſupérieurs, n'a point de remede? Mais ſi le Prince concourt à l'injuſtice de ſes officiers, ou par ſes ordres, ou par ſa négligence, il faudra donc alors imaginer une autre puiſſance au-deſſus d'eux pour les réprimer.

Suppoſons qu'il veuille les réformer, on lui en ôte le moyen dès qu'on veut élever, à côté du trône, une autorité capable de contrebalancer ſon pouvoir. Il y aura alors conflit de juriſdiction. Cette autorité qu'on aura établie pour empêcher l'abus du pouvoir, empêchera le Prince de corriger les abus qu'elle commettra elle-même : & dans ce conflit des deux Puiſſances, qui eſt-ce qui jugera ? Point d'autre moyen pour décider les querelles que la force.

Je réponds donc à l'objection par les grands principes que nous avons déja poſés, ſavoir : qu'il doit y avoir une puiſſance ſouveraine & ſoumiſe aux loix, mais indépendante des hommes pour ſtatuer en dernier reſſort ſur tout ce qui a rapport à l'adminiſtration publique (*a*). Que perſonne ne peut réformer le ſouverain, que le ſouverain lui-même (*b*). Que la même puiſſance qui lui donne le droit de commander, impoſe aux ſujets l'obligation d'obéir (*c*). Que dans le gouvernement monarchique, toute la ſouveraineté ſe trouvant réunie dans la perſonne du Prince, on ne pourroit entreprendre de le réformer, qu'en violant toutes les loix, en introduiſant des principes qui détruiroient toutes les ſociétés, en renverſant les maximes fondamentales de tous les genres de gouvernement (*d*) ; & puiſqu'il eſt impoſſible d'empêcher abſolument les abus du ſouverain pouvoir, parce que ce pouvoir ſe trouvera toujours entre les mains des hommes, j'ajouterai que le moyen le plus ſage pour les diminuer, eſt de ſe conformer à l'ordre que les loix & la Religion ont établie, ſavoir :

1°. Regarder toujours les loix au-deſſus du ſouverain; en ſorte que tout ce que le ſouverain pourroit faire contre la juſtice, ſeroit eſſenciellement nul.

2°. Regarder toujours le ſouverain au-deſſus de ſes ſujets ; en ſorte qu'il ne ſoit jamais permis aux ſujets de s'ériger en juge de ſon adminiſtration ni de ſa perſonne ; & que l'injuſtice la plus manifeſte, ne leur permette jamais de ſe révolter contre lui, lors même qu'elle ne leur permet point de lui obéir.

3°. Laiſſer ſubſiſter l'intervalle qu'il y a toujours

_____

(*a*) V. ci-devant part. 1, ch. 1, m. 9 & 11.
(*b*) Ib. max. 10.
(*c*) Ib. max. 5.
(*d*) V. ci-devant, §. 2 du préſent chapitre.

entre le souverain & ses officiers ; en sorte cependant que la confiance dont le souverain les honore, leur donne le droit de faire les représentations qu'ils jugent convenables relativement à la partie de l'administration dont ils sont chargés, mais leur impose en même-tems l'obligation d'obéir, hors le cas d'injustice manifeste.

4°. Respecter les bornes que Dieu a mises entre les deux Puissances, en sorte que le Prince qui abuseroit de son autorité, trouve dans la Religion, des Pontifes fideles, qui sans entreprendre sur les droits de sa couronne, éclairent sa conscience, qui le rappellent à ses devoirs, qui lui fassent sentir la différence qu'il y a entre les droits & les abus de la souveraineté, pour l'engager à réformer sa propre administration ; tandis que le Pontife qui abuseroit lui-même de son pouvoir pour troubler l'ordre public par des entreprises contre le gouvernement civil, ou par des vexations manifestes, se trouveroit à son tour arrêté par la main du Prince ; les deux Puissances se servant ainsi mutuellement & de digue, pour empêcher l'abus, & d'appui, pour se maintenir réciproquement dans les droits de leurs gouvernemens (a). Telle est la réflexion d'un grand Pape (110) & d'un célebre Jurisconsulte (111).

MAXIME

Servant de conclusion à la 2me. Partie.

Jamais le Monarque ne regne avec plus de gloire, que lorsqu'il regne sous l'empire des loix.

Regner sous l'empire des loix, c'est faire monter la justice sur le trône, c'est la mettre au-dessus de

_____
(a) V. ci-après part. 3, ch. 5, §. 1, & part. 4, ch. 3, §. 10.

foi, c'est y faire monter toutes les vertus sociales avec elle, & leur communiquer toute la force & l'énergie de la souveraineté même. Ailleurs, l'humanité, la charité, la justice, la modération, le zele, le courage, resserrés dans la sphere des conditions privées, ne peuvent se développer que selon la mesure du pouvoir des individus. Dans la personne des souverains ils agissent par-tout pour le bien de la société entiere: par-tout ils protegent les citoyens, les secourent, les défendent, pourvoient à leurs besoins, à leur sûreté, à leur repos, à leur félicité; soutiennent le foible, nourrissent l'indigent, enchaînent le crime, éclairent l'administration, répriment les abus, donnent un frein à l'ambition; vivifient les arts, les talens, les sciences, le commerce, pour les faire concourir au bien public. Le Prince du haut de son trône commande, non pas seulement à des sujets, mais au cœur de l'homme dont il fait le bonheur; il rétablit les mœurs dont il devient le modele; il porte l'abondance dans les provinces, en y excitant l'émulation, en favorisant, en récompensant l'industrie, en inspirant la confiance par la sagesse de son administration. Sans entreprendre sur les domaines de ses voisins, il s'en fait redouter par l'ordre & la discipline de son gouvernement; il s'en fait respecter par sa fidélité aux engagemens qu'il a contractés.

En vain les souverains voudroient-ils substituer à la gloire d'un regne aussi heureux, le bruit de leurs victoires, le luxe, les richesses, la pompe d'une fausse grandeur. Leurs conquêtes ne seront plus que des monumens de leurs cruautés, dès qu'elles ne seront point dirigées par la justice. Les richesses & l'abondance ne serviront plus qu'à corrompre, à amollir les mœurs, à nourrir les passions, à multiplier les besoins, à fomenter les divisions, dès que les vertus n'en régleront plus l'usage, & elles prépareront de loin la ruine des plus grands Empires. L'autorité la plus despotique s'affoiblira nécessairement, parce qu'elle ne sera plus étayée de l'amour des sujets ni de la confiance publique. Le peuple opprimé se lassera enfin de l'être; *il viendra une révolution*

lution soudaine & violente qui, au lieu de modérer fimplement cette autorité, l'abattra fans reffource (a) ; &
alors plus les Etats feront vaftes, plus leur propre
poids précipitera leur chûte. La ftatue de Nabuchodonofor, toute brillante qu'elle eft par l'éclat de l'or &
de l'argent, ne porte que fur des pieds d'argile, &
la moindre pierre fuffit pour l'abattre. Le defpote lui-
même fera malheureux dans le fein de la volupté. Les
plaifirs s'uferont par la jouiffance, & ne laifferont après
eux que l'ennui, les remords, la honte & le défefpoir
de ne pouvoir plus être heureux. Eh comment pourroit-il l'être avec cette feule penfée que fon exiftence
fait le malheur des peuples ? L'éclat & la magnificence
qui frapperont nos regards, n'environneront que fon
trône, & le laifferont au-dedans de lui-même tout feul
avec lui. Les titres faftueux que l'adulation lui prodi-
guera, n'étoufferont point le cri de la mifere publique,
qui le rappellera fans ceffe par les remords au tribunal de fa confcience, qui l'accufera, & qui le punira.
Il aura beau vouloir paroître grand; on aura beau lui
dire qu'il eft heureux; il fera forcé de fe dire à foi-
même qu'il ne l'eft pas. Ayant perdu tous les droits
que les vertus donnent fur les cœurs des fujets, il
ignorera, hélas! le doux plaifir d'en être aimé : & il
n'afpirera plus qu'au trifte avantage d'être craint ; mais
en fe faifant craindre, il fera réduit à craindre à fon
tour : maître d'un peuple efclave, il fera lui-même le
plus efclave de tous. Ses bienfaits, dirigés par la faveur,
ne fauroient lui affurer des amis, parce qu'il n'en aura
jamais de vrais : il tremblera au milieu des adulateurs
qui recevront fes graces, & qui encenferont la main
qui les donne, fans aimer le maître qui les difpenfe.
J'en attefte deux tyrans fameux, l'un dans l'hiftoire
ancienne, l'autre dans l'hiftoire moderne. Ils nous
ont inftruits eux-mêmes par leurs alarmes, du malheur
de leur condition (112).

(a) M. de Fénelon, Directions pour la confcience d'un Roi
Suppl. p. 144, édit. 1775.

Régnez donc par les loix, & soyez à jamais heureux, Princes de la terre, vous qui voulez régner pour notre bonheur & pour votre gloire. Quoique élevés au-dessus du reste des hommes, par la souveraineté de votre puissance, la vérité & la justice sont au-dessus de vous; plus vous êtes indépendants, plus elles ont droit sur votre obéissance. La majesté du trône qui attire nos hommages, ne fait que vous imposer plus d'obligations, & vous exposer à de plus grands dangers. Pensez qu'en dominant sur les peuples, vous exercez les droits d'un Maître souverain, qui est au-dessus de vous, & qui ne veut leur faire sentir sa puissance que par ses bienfaits ; que ce souverain Maître est votre modele, comme vous êtes son image ; que la justice qui doit faire la félicité de vos sujets, doit être aussi l'appui de votre trône. Ne séparez jamais les droits de la couronne des devoirs du souverain. Songez, en levant des armées, que vous ne pouvez acheter vos triomphes que par le sang de votre peuple ; que ce n'est que pour assurer son repos, & non pour élever des trophées à la vanité, que ce sang précieux doit être versé ; que les biens de vos sujets ne deviennent les vôtres, que pour être employés aux besoins de la société, & que les charges qui accablent les citoyens, épuisent les ressources de l'État. C'est sur la foi publique que le commerce fait circuler les richesses : armez-vous d'une sainte sévérité contre les fraudes & les artifices qui géneroient cette circulation, ou qui tromperoient notre confiance. Dispensateurs des graces, & vengeurs du crime, la fortune de vos peuples est entre vos mains, puisque vous avez les moyens d'enchaîner les méchants & d'exciter le zele. Vous devez la justice à vos sujets ; que l'équité dicte vos loix : appellez au secours de votre sagesse la lumiere d'un conseil éclairé & integre. Résistez avec fermeté aux suggestions de la flatterie, & aux artifices des passions qui ne parlent jamais que pour séduire : mais ayez la générosité d'avouer vos erreurs, lorsqu'on vous montre la vérité. Ce n'est ni l'opinion d'autrui, ni votre volonté propre ; mais votre conscience qui doit être

votre règle. En dépofant votre glaive entre les mains
des magiftrats, vous leur confiez le falut de votre peuple. Que la Religion préfide à votre choix ; que les
loix elles-mêmes foient honorées par l'intégrité & les
lumieres de ceux qui en font les miniftres. Rapprochez
la juftice de la cabanne des pauvres ; qu'ils puiffent
lui faire entendre leur voix, & recevoir fes oracles.
Multipliez-vous vous-mêmes dans la perfonne de vos
officiers, afin de veiller de plus près au bonheur de
votre peuple. Voyez par leurs yeux tout le détail de
fes befoins ; agiffez par leur miniftere, en éclairant leur
conduite, fans laiffer affoiblir la force de l'autorité qui
eft la protectrice de la nation. Soyez vous-mêmes partout, & comme le centre où fe réunit toute la puiffance du gouvernement, & d'où partent les rayons bienfaifans qui éclairent & qui vivifient les peuples que
vous gouvernez. Prenez garde que l'adminiftration publique ne fe corrompe par la faveur & l'intrigue ; que
la vérité ne foit calomniée ; que fa voix, lorfqu'elle
ofe gémir, ne foit interceptée par l'infidélité de ceux
qui doivent la tranfmettre jufqu'au trône. C'eft ainfi,
que la juftice régnant dans toutes les parties du gouvernement, & que chacun trouvant la félicité dans la
puiffance du fouverain, & dans la profpérité de fon
empire, les richeffes de vos fujets, leurs forces, leurs
talens deviendront votre propre domaine.

Fin de la feconde Partie & du premier Volume.

NOTES

DU PREMIER VOLUME.

(1) *pag.* lxxxvij. Dans l'assemblée de 1660, le 25 Octob. à la séance du lundi, M. l'Évêque d'Autun proposa " d'employer " quelques hommes savans & ver- " sés dans la doctrine des Peres & " des SS. Canons, & les obliger de " répondre au livre des Libertés " Gallicanes ; prenant garde que " ceux qui seroient ainsi choisis " par le Clergé, ne se conten- " tassent pas d'ébaucher simple- " ment la matiere, ni faire quel- " ques essais qui passassent d'une " assemblée à l'autre, & dont " on ne vit jamais la fin, mais " qu'ils y travaillassent à bon " escient. " Proc. verb. de l'assemblée du Cl. 1660.

(2) p. 9. *In diebus illis non erat Rex in Israël; sed unusquisque quod sibi rectum videbatur, hoc faciebat.* Jud. XVII, 6.

(3) p. 13. *Omnis anima potestatibus sublimioribus subdita sit : non est enim potestas nisi à Deo : quæ autem sunt, à Deo ordinata sunt. Itaque qui resistit potestati, Dei ordinationi resistit... Ideò necessitate subditi estote, non solùm propter iram, sed etiam propter conscientiam.* Rom. XIII, 1, 2, 5.

(4) p. 13. *Per me reges regnant, & legum conditores justa decernunt : per me Principes imperant, & potentes decernunt justitiam.* Prov. VIII, 15, 16.

(5) p. 13. *Dei minister est (potestas) tibi in bonum. Si autem malum feceris, time ; non enim sine causa gladium portat. Dei enim minister est, vindex in iram ei qui malum agit.* Rom. XIII, 4.

(6) p. 13. *Obedite præpositis vestris, & subjacete eis. Ipsi enim pervigilant quasi rationem pro animabus vestris reddituri.* Heb. XIII, 17.

(7) p. 16. " Le vrai caractere " du Prince, dit Bossuet, est " de pourvoir aux besoins du " peuple ; comme celui du ty- " ran, est de ne songer qu'à lui- " même. Aristote l'a dit ; mais " l'Esprit-Saint l'a prononcé " avec plus de force. Il repré- " sente le caractere d'une ame " superbe & tyrannique, en lui " faisant dire : *Je suis, & il " n'y a que moi sur la terre*, " (Is. XVII, 10). Il maudit les " Princes qui ne songent qu'à " eux, par ces terribles paro- " les : *Voici ce que dit le Sei- " gneur : Malheur aux pas- " teurs d'Israël qui se paissent " eux-mêmes. Les troupeaux " ne doivent-ils pas être nour- " ris par leurs pasteurs ? Vous " mangiez le lait de mes bre- " bis, & vous vous couvriez " de leurs laines ; & vous tuyez " tout ce qu'il y avoit de plus

« gras dans le troupeau, &
» vous ne le paissiez pas. Vous
» n'avez pas fortifié ce qui étoit
» foible, ni guéri ce qui étoit
» malade, ni remis ce qui étoit
» rompu, ni cherché ce qui
» étoit égaré, ni ramené ce
» qui étoit perdu. Vous vous
» contentiez de leur parler du-
» rement & impérieusement ; &
» mes brebis dispersées, parce
» qu'elles n'avoient point de
» pasteur, ont été la proie des
» bêtes féroces, &c. Ezech.
» XXXIV, 2, 3, 4, 5. On voit
» ici, continue le même auteur,
» premiérement, que le caractere
» du mauvais Prince est de se
» paître soi-même & de ne son-
» ger pas à son troupeau. Secon-
» dement, que le Saint-Esprit lui
» demande compte, non-seule-
» ment du mal qu'il fait, mais
» encore de celui qu'il ne guérit
» pas. Troisiémement, que tout
» le mal que le ravisseur fait à
» ses peuples pendant qu'il les
» abandonne, & ne songe qu'à
» ses plaisirs, retombe sur lui. »
Boss. polit. l. 3, art. 3, prop. 5.

(8) p. 20. *Omnia namque post Religionem ponenda semper, nostra civitas duxit, etiam in quibus summæ majestatis conspici decus voluit.* Val. Max. lib. 1, c. 1, de Relig. — *Sit hoc à principio persuasum civibus, dominos esse omnium rerum ac moderatores Deos; eaque quæ geruntur, eorum geri judicio ac numine; eosdemque optimè de genere hominum mereri, & qualis quisque sit, quid agat, quid in se admittat, quâ mente & quâ pietate religiones colat intueri, piorum & impiorum habere rationem.* Cic. de Legib. l. 2, p. 351, édit. 1659. *Prima in omni republica benè constituta, cura est de vera Religione, non autem de falsâ vel fabulosâ stabilienda, in qua summus magistratus à teneris instruatur.* Plat. de Repub. l. 2.

(9) p. 21. J'entends parler ici de l'auteur du *Systême de la nature*; ouvrage écrit sans ordre, plein de redites, de paradoxes & de sophismes cent fois pulvérisés, qui ne doit la véhémence & l'âcreté de son style qu'au fanatisme de l'écrivain, & sa célébrité qu'à l'impiété, & qui attaque avec une égale fureur la majesté des Rois comme le culte de la Divinité. Je n'en citerai qu'un seul passage. « Faute
» de connoître la nature, dit-il,
» le genre humain se forme des
» Dieux. C'est à l'ignorance de
» la nature que sont dues ces
» puissances inconnues sous les-
» quelles le genre humain a si
» long-tems tremblé, & ces
» cultes superstitieux qui furent
» les sources de tous ses maux.
» C'est faute de connoître sa
» propre nature, sa propre ten-
» dance, ses besoins & ses droits
» que l'homme en société est
» tombé de la liberté dans l'es-
» clavage. Il méconnut, ou se
» crut forcé d'étouffer les desirs
» de son cœur, & de sacrifier son
» bien-être au caprice de ses
» chefs: il ignora le but de l'asso-
» ciation & du gouvernement;
» il se soumit sans réserve à
» des hommes comme lui, que
» ses préjugés lui firent regarder
» comme des Êtres d'un ordre
» supérieur, comme des Dieux
» sur la terre. Ceux-ci profite-
» rent de son erreur pour l'as-
» servir, le corrompre, le rendre
» vicieux & misérable. » Syst.
de la Nat. ch. 1, p. 6, in-8°.

(10) p. 23. *Julianus extitit infidelis Imperator; nonne ex-*

titit apoſtata, iniquus, idololatra ? Milites chriſtiani ſervierunt Imperatori infideli; ubi veniabatur ad cauſam Chriſti, non agnoſcebant niſi eum qui in cœlo erat. Aug. in. pſ. 124.
—— V. auſſi l'Apologétique de Tertullien.

(11) p. 24. *Cui juriſdictio data eſt, ea quoque conceſſa eſſe videntur ſine quibus juriſdictio explicari non potuit,* l. cui, ff. de juriſdictione. —— *Ex eo quod cauſa ſibi committitur, ſuper omnibus quæ ad cauſam ipſam ſpectare noſcuntur, plenariam recipit poteſtatem.* Cap. propterea. Extra de offic. deleg.

(12) p. 31. " Le gouvernement
" abſolu eſt un ouvrage de raiſon
" & d'intelligence. Il eſt ſubor-
" donné à la loi de Dieu, à la
" juſtice & aux regles fondamen-
" tales de l'État... Il doit être
" réglé par la raiſon, il n'eſt
" point arbitraire, & il n'eſt ap-
" pellé abſolu que par rapport à
" la contrainte qu'il peut exercer
" envers les ſujets, & parce qu'il
" n'y a aucune puiſſance capable
" de forcer le ſouverain qui eſt
" indépendant de toute autorité
" humaine." Science du Gouvern. par M. de Réal, tom. 1, ch. 3, ſect. 1, p. 304, 305.

(13) p. 37. *Cùm lex ordinet hominem in bonum commune, non cujuſlibet ratio facere poteſt legem, ſed multitudinis vel principis, vicem multitudinis gerentis.* Th. 1, 2, q. 90, art. 3, c.

(14) p. 37. *Dicendum quod menſura debet eſſe permanens quantùm eſt poſſibile. Sed in rebus mutabilibus, non poteſt eſſe aliquid immutabiliter permanens ; & ideò lex humana non poteſt omninò eſſe immutabilis.* Th. 1, 2, q. 97, art. 1, ad. 2.

(15) p. 38. " Les loix ne ſont
" pas faites pour une perſonne
" particuliere, ni bornées à un
" cas ſingulier ; mais elles ſont
" faites pour le bien commun,
" & ordonnent en général ce
" qui eſt de plus utile dans ce
" qui arrive ordinairement. *Lex
" eſt commune præceptum.* L. 1,
" ff. de Legib. *Jura non in ſin-
" gulas perſonas, ſed genera-
" liter conſtituuntur.* L... 8,
ff. de Legib. ——Domat, Loix civ. part. 1, liv. préliminl. tit. 1, ſect. 1, art. 21, 22.

(16) p. 39. *Ut lex vim ſuam directivam in animis hominum queat exercere in eo cui illa fertur, requiritur cognitio tum legiſlatoris, tum ipſius legis.... Civiles autem leges per promulgationem factam publicè ac perſpicuè, ſubjectis innoteſcunt.* Puff. de Jure Nat. & Gent. l. 1, cap. 6, n. 13.

(17) p. 40. *Lex ſeu conſtitutio & mandatum nullos adſtringunt, niſi poſtquam ad notitiam pervenerint eorumdem, aut niſi poſt tempus intra quod ignorare minimè debuiſſent.* C. 1, de Conceſſ. præb. in 6.

(18) p. 40. *Ut novæ conſtitutiones poſt inſinuationes earum, poſt duos menſes valeant.* Auth. ut factæ novæ conſtit. 5, tit. 21.

(19) p. 41. Voyez la note précédente.

(20) p. 46. *Conditor legum temporalium, ſi vir bonus eſt & ſapiens, legem æternam conſulit, ut ſecundum ejus immortales regulas quid ſit pro tempore jubendum vitandumque decernat.* Auguſt. l. de vera Relig. c. 31.
——*Cùm in rebus humanis aliquid, ex eo quod ad rationis regulam ſit conforme, juſtum dicitur ; lex verò non ſit quæ*

justa non fuerit, necesse est à lege naturali, quæ prima est rationis regula, omnem humanam legem derivare. Th. 1, 2, quæst. 95, art. 2, concl.

(21) p. 47. *Qui agunt omnia cum consilio, reguntur sapientiâ.* Prov. XIII, 10.

(22) p. 47. *Nos autem in constitutionum compositione, multa quidem & alia de istis decrevimus. Existimavimus autem oportere nunc consiliis perfectioribus causam considerantes, etiam quædam corrigere, non aliorum solummodo, sed etiam quæ à nobis ipsis sancita sunt. Non enim erubescimus si quid melius etiam horum, etiam quæ ipsi prius diximus, adinveniamus, hoc sancire & competentem prioribus imponere correctionem; nec ab aliis expectare corrigi legem.* Nov. 22, in præf.

(23) p. 47. ,, Il n'y a point de ,, doute que le Roi ne puisse faire ,, des changemens de loix & d'or- ,, donnances sans en communi- ,, quer à son conseil ni à ses cours ,, souveraines ; parce que le Roi ,, est le seul souverain en son ,, royaume, & que la souverai- ,, neté n'est non plus divisible, ,, dans un tout monarchique, ,, que le point en géométrie. ,, Toute fois il sera toujours bien ,, séant, & d'un grand Roi, de ,, faire approuver ses loix & ses ,, édits par ses Parlemens & les au- ,, tres principaux officiers de sa ,, couronne, qui sont obligés par ,, ferment, de le servir & de le ,, conseiller avec toute sorte de ,, fidélité. ,, Le Bret de la souverain. l. 1, c. 9.

(24) p. 48. ,, Entre les droits de ,, l'Empire civil, dit Watel, ,, l'un des principaux est celui ,, qu'on nomme *la puissance* ,, *législative*, ou le pouvoir é- ,, tablir des loix. Ce pouvoir ap- ,, partient au Roi dans la monar- ,, chie. ,, Principes du droit naturel de Wolf, par Watel, l. 8, ch. 4, §. 2. — ,, Le droit (d'abo- ,, lir la loi) emporte celui de ,, faire des changemens aux loix. ,, Ils conviennent l'un & l'autre ,, au chef de l'État, par rapport ,, à toutes les loix qui ne sont pas ,, fondamentales. ,, Ib. §. 2.

(25) p. 49. *Si leges condere soli Imperatori concessum est, etiam leges interpretari.* L. si Imperialis, Cod. de Legib.

De his quæ primò constituuntur, aut interpretatione aut constitutione optimi Principis statuendum est. L. 11. ff. de Legib. *Tam conditor quam interpres legum solus Imperator.* L. ult. in fine Cod. de Legib. — *Si in præsenti leges condere soli Imperatori concessum est, & leges interpretari solo dignum Imperio esse potest.* Dict. l. & nov. 145.— Vide l. 1, 9, 11, Cod. de Legib.

(26) p. 49. Par l'ordonnance de Moulins, art. 1, & celle de 1667, tit. 1, art. 3, il est porté que ,, les ,, Parlemens & les autres cours ,, feront leurs remontrances au ,, Roi sur ce qui pourroit se trou- ,, ver dans les ordonnances de ,, contraire à l'utilité ou com- ,, modité publique, ou sujet à ,, interprétation, déclaration ou ,, modération. ,, Et dans l'article 7 du même titre : ,, Si dans ,, les jugemens des procès qui ,, feront pendans en nos cours ,, de Parlement & autres nos ,, cours, dit le Prince, il sur- ,, vient aucun doute ou difficulté ,, sur l'exécution de quelques ,, articles de nos ordonnances, ,, édits, déclarations & lettres ,, patentes ; nous leur défendons

» de les interpréter, mais vou-
» lons qu'en ce cas, elles aient
» à se retirer par devers nous,
» pour apprendre ce qui sera de
» notre intention. »

(27) p. 49. *Nemo judex vel arbiter existimet neque consultationes, quas non rite judicatas esse putaverit, sequendum, & multo magis sententias eminentissimorum præfectorum, vel aliorum procerum. Non enim si quid non bene dirimatur, hoc in aliorum judicium vitium extendi oportet, cùm non exemplis sed legibus judicandum.* L. nemo. 13, Cod. de sentent. & interloc.

(28) p. 51. *Consuetudinis ususque longævi non vilis auctoritas est ; verùm non usque adeò sui valitura momento, ut aut rationem vincat aut legem.* L. consuetudinis 2. Cod. Quæ sit longæva consuetudo.

(29) p. 52. Le souverain peut
» commuer & adoucir la peine
» d'un condamné par une moin-
» dre, avant la condamnation ;
» il peut remettre la peine, si les
» circonstances font cesser la né-
» cessité de punir le crime. » Droit public, liv. 1, tit. 2, sect. 2, n. 13.

(30) p. 63. *Christianus nullius est hostis, nedùm Imperatoris, quem sciens à Deo constitui, necesse est ut & ipsum diligat, & revereatur, & honoret, & salvum esse velit.* Tert. ad Scapul. 1. 2. —*Deum non Cæsarem adorabo, sciens Cæsarem ab ipso esse ordinatum.* Theoph. ad Antolyc. l. 1.

» (31) p. 79. Les droits concer-
» nant les pouvoirs des seigneu-
» ries qui peuvent être propre-
» ment appellés actes de souve-
» raineté, sont cinq en nombre,

» à savoir : Faire des loix,
» créer officiers, arbitrer la
» paix & la guerre, avoir le
» dernier ressort de la justice &
» forger monnoies, lesquels
» cinq droits sont du tout insé-
» parables de la personne du
» souverain. » Loyseau, des Seig. l. 3, ch. 3.

Le pouvoir de dispenser des peines & des récompenses est une suite du pouvoir législatif.

Selon cet auteur, le droit de lever des impôts, quoique essenciellement attaché à la puissance du Prince, suppose pour être réduit en exercice, qu'il n'y ait point d'ailleurs des domaines publics & capables de fournir aux besoins de l'État. » Il ne faut pas douter qu'en
» France, dit-il, notre Roi,
» n'ayant d'ailleurs presque plus
» d'autre fond de finance, ne
» puisse faire des levées de de-
» niers sans le consentement des
» États. » Loys. des Seig. ch. 3, n. 46.

(32) p. 81. *Colimus Imperatorem, sic quomodò & nobis licet, & ipsi expedit, ut hominem à Deo secundum, & quidquid est, à Deo consecutum, & solo Deo minorem.* Tert. ad Scap. cap. 2.

(33) p. 82. *Si enim & hostes exertos, non tantùm vindices occultos agere vellemus, deesset nobis vis numerorum & copiarum ? Plures nimirùm Mauri & Marcomani, ipsique Parthi, vel quantæcumque unius tamen loci, & suorum finium, gentes, quàm totius orbis ? Hesterni sumus, & vestra omnia implevimus, urbes, insulas, castella, municipia, conciliabula, castra ipsa, tribus, decurias, palatium, senatum, forum : sola vobis*

vobis relinquimus templa. Cui bello non idonei, non prompti fuissemus, etiam impares copiis, qui tam libenter trucidamur; si non apud istam disciplinam, magis occidi liceret, quàm occidere? Potuimus & inermes, nec rebelles, sed tantummodò discordes, solius divortii invidiâ adversùs vos dimicasse. Si enim tanta vis hominum in aliquem orbis remoti sinum abrupissemus à vobis, suffudisset utique dominationem vestram tot qualiumcumque civium amissio; imò etiam & ipsa destitutione periisset. Proculdubiò expavissetis ad solitudinem vestram, ad silentium rerum, & stuporem quemdam quasi mortui orbis: quæsissetis quibus imperassetis: plures hostes quàm cives vobis remansissent. Nunc enim pauciores hostes habetis, præ multitudine Christianorum. Tertull. apol. c. 37.

(34) p. 82. (*Albinus*,) ib. ad Scap. c, 2.

(35) p. 82. *Salutari doctrinâ longè latèque fusâ, & apud nos præsertim dominante, Religionem christianam immutare, atque in diversum movere conari, nihil aliud fuerit quàm Romanorum imperium convellere, ac de rerum summâ periclitari.* Greg. Naz. orat. 3, in Julian. p. 80, tom. 1. edit. 1609. Nous lisons dans les historiens qui vivoient vers le même tems, qu'après la mort de Julien, l'armée ayant élu Jovien pour Empereur, & celui-ci ayant refusé l'Empire, en disant, qu'il ne vouloit commander qu'à des Chrétiens, toute l'armée s'écria d'une voix unanime: Nous sommes tous Chrétiens. Socrat. Schol. l. 3, c. 19. Sozom. l. 6, c. 3. Theodor. l. 4. c. 1.

Tome I. Part. II.

(36) p. 82. *Aliquandò injusti perveniunt ad honores sæculi: cùm pervenerint & facti fuerint vel judices, vel Reges; quia hæc facit Deus propter disciplinam plebis suæ, non potest fieri nisi exhibeatur illis honor debitus potestati.... Julianus extitit infidelis Imperator, iniquus idololatra: milites christiani servierunt Imperatori infideli. Ubi veniebatur ad causam Christi, non agnoscebant nisi illum qui in cœlo erat. Quando volebat ut idola colerent & thurificarent, præponebant illi Deum. Quandò autem dicebat: Producite aciem, ite contra illam gentem, statim obtemperabant. Distinguebant Dominum æternum à Domino temporali; & tamen subditi erant propter Dominum æternum, etiam Domino temporali.* Aug. in ps. 124, n. 7.

(37) p. 82. *Nunc pugnamus contra persecutorem fallentem (Constantium) contra hostem blandientem.... Christi novus hostis es, antichristum prævenis.... Omnia sævissima sine invidiâ gloriosarum mortium peragis; novo inauditoque ingenti triumpho, de diabolo vincis, sine martyrio persequeris. Plus crudelitati vestræ, Nero, Deci, Maximiane, debemus: diabolum enim per vos vincimus... At tu omnium crudelium crudelissime, damno majore in nos, & veniâ minore desævis.* Hilar. lib. contra Const. n. 5, 7. 8.

(38) p. 83. *Quia dicis debere nos tibi obsequia, scito quia non tibi soli, sed & omnibus nos in sublimitate degentibus, in obsequiis repræsentantibus esse novimus debitores. Dicit enim Apostolus: Admone illos prin-*

cipibus & magistratibus subditos esse, obedientes, ad omne opus bonum paratos esse. Lucif. lib. de non parcendo &c. biblioth. maxima P. P. tom. 4, p. 240.

(39) p. 83. *Religiosissime Princeps, utinam multis annorum circulis vixeris.... nam certè preces ab omnibus pro tuâ salute fusæ.* Athan. Apol. ad Const. num. 18, tom. 1.

(40) p. 83. *Tradere basilicam non possum, sed pugnare non debeo... habeo arma, sed in Christi nomine. Habeo offerendi mei corporis potestatem... Habemus tyrannidem nostram; tyrannis sacerdotalis infirmitas est. Cùm infirmor, tunc potens sum.* Ambr. Epist. 20, n. 22, 23, nov. edit.

(41) 83. *Ubi Maximus accepit ea quæ adversùm eximium fidei præconem Ambrosium Valentinianus fecerat, scribit ad Valentinianum litteras, ne pietati bellum inferret, ac patriam religionem proderet: denique arma minatur nisi à proposito discederet; nec secus ac dixerat, gessit. Nam Mediolanum promovit exercitum.* Theodor. l. 5, cap. 14.

(42) p. 83. *Id à militibus Imperatori mandatum dicitur; ut si prodire vellet, se præsto futuros, si viderent eum cum catholicis convenire: alioquin se ad eum cœtum, quem Ambrosius cogeret, transituros.* Apud Ambr. Epist. 20, n. 11. nov. edit.

(43) p. 83. *Dolere potero, potero flere: adversùs arma, milites, Gothos quoque, lacrymæ meæ arma sunt: talia enim munimenta sunt sacerdotis: aliter nec debeo, nec possum resistere.* Ambr. serm. contra Auxent. n. 2, nov. edit.

(44) p. 84. *Competens igitur mansuetudini tuæ deferimus honoris obsequium, cui regalis apicem culminis divinâ cernimus largitate collatum: nec tamen quemquam sapientem fugit, quanto sempiternus ille Rex regum & Dominus dominantium, timore debeat suspici, qui temporales etiam reges præcipit honorari.* Fulgent. Ruspens. ad Trasym. l. 1, c. 2.

(45) p. 84. *Audet aliquis vestrûm habens negotium adversùs alterum, judicari apud iniquos, & non apud sanctos? An nescitis quoniam sancti de hoc mundo judicabunt? & si in vobis judicabitur mundus, indigni estis qui de minimis judicetis?.... Sæcularia igitur judicia si habueritis, contemptibiles qui sunt in Ecclesia, illos constituite ad judicandum.* I. Cor. VI. 1, 2, 4.

(46) p. 84. *Ecce constitui te super gentes & super regna, ut evellas & destruas, & disperdas, & dissipes, & ædifices, & plantes.* Jer. I. 10.

(47) p. 84. *Vos autem genus electum, regale sacerdotium, gens sancta.* I. Petr. II. 9.

(48) p. 86. *Sciatis quia si hoc feceritis & talibus consiliis acquieveritis; nunquam me fidem habebitis; sed & quoscumque potuero à vestra fidelitate revocabo: & cum omnibus Coepiscopis meis vos & omnes vestros excommunicatos, æterno anathemate condemnabo.* Epist. Fulcon. ad Carol. Simpl. apud Flodoard. l. 4. Hist. Rhem. c. 5.

(49) p. 87. Bellarmin rapporte le témoignage des historiens grecs pour prouver que Grégoire I I avoit déposé Léon Isaurien, & en inférer que les Papes ont droit sur le temporel des Rois. Mais Ba-

NOTES.

ronius quoiqu'il fut dans le même préjugé que Bellarmin, nous apprend le cas qu'on doit faire du témoignage des historiens grecs. *Hæc Theophanes*, dit-il, ... *Zouaras... & reliqui Græcorum historici, sed rerum latinarum ignari, ut quæ sumus dicturi, manifestè docebunt; in odium enim atque invidiam Romanæ Ecclesiæ, jacturam factam occidentalis Imperii in Romanum Pontificem Græci schismatici retorquere soliti sunt, ad commovendos, tum Imperatorum, tum aliorum animos in Romanam Ecclesiam.* Baron. tom. 9, p. 63.

(50) p. 87. *Scis Imperator, sanctæ Ecclesiæ dogmata non Imperatorum esse sed Pontificum, qui tutò offolent dogmata tradere. Idcircò Ecclesiis præpositi sunt. Pontifices à Reipublicæ negotiis abstinentes : & Imperatores ergo similiter ab ecclesiasticis abstineant, & quæ sibi commissa sunt, capessant.* Epist. Greg. II ad Leonem, Labb. concil. tom. 7, p. 18. — *Non sunt Imperatorum dogmata, sed Pontificum : quoniam Christi sensum nos habemus. Alia est ecclesiasticarum institutio, & alius sensus fæcularium. In administrationibus fæculi, militarem & ineptum quem habes sensum & crassum, in spiritualibus dogmatum administrationibus habere non potes. Ecce tibi Palatii & Ecclesiarum scribo discrimen, Imperatorum & Pontificum : agnosce illud & salvâ re, nec contentiosius esto : ... Quemadmodum Pontifex introspiciendi in palatia potestatem non habet, ac dignitates Regias deferendi; sic neque Imperator in Ecclesias introspiciendi, & electiones in clero peragendi, neque consecrandi vel symbola sanctorum sacramentorum administrandi, sed neque participandæ absque operâ sacerdotis ; sed unusquisque vestrûm in quâ vocatione vocatus est à Deo, in eâ maneat.* Ib. p. 26.

(51). p. 89. *Anno 801 cùm apud Romam moraretur Rex Carolus, nuntii delati sunt ad eum dicentes, quod apud Græcos nomen Imperatoris cessasset & fœmineum imperium apud se haberent. Tunc visum est ipsi apostolico Leoni, & universis sanctis Patribus, qui in ipso concilio aderant, seu reliquo christiano populo, ut ipsum Carolum, Regem Francorum, Imperatorem nominare debuissent ; quia ipsam Romam, matrem Imperii tenebat, ubi semper Cæsares & Imperatores sedere soliti fuerant, sed reliquas sedes quas ipse in Italia & Gallia nec-non & Germania tenebat ; quia Deus omnipotens has omnes sedes in potestate ejus concessit, & ne pagani insultarent Christianis, ideò justum esse videbatur ut ipse, cum Dei adjutorio, & universo populo Christiano petente, ipsum nomen haberet : quorum petitionem ipse Carolus denegare noluit.* Annales Moissiacenses. Duch. tom. 3, p. 143.

(52). p. 90. ,, Le Comte
,, Raymond étoit un homme d'un
,, génie brutal, abandonné pres-
,, que dès l'enfance aux plus
,, excessives débauches ; jusqu'à
,, abuser de sa propre sœur,
,, cherchant quelquefois moins
,, le plaisir que le crime, même
,, dans ses plus scandaleux excès.
,, Il épousoit des femmes sans
,, nul égard aux degrés de parenté

» & les répudioit pour la moindre
» chofé. Trois de celles qu'il avoit
» époufées les unes après les au-
» tres, étoient vivantes, dans le
» tems dont je parle. Il s'empa-
» roit fans nul égard des biens
» d'Églife, enlevoit les terres &
» les châteaux à fes voifins,
» railloit éternellement des cho-
» fes de Religion, & s'étoit
» tellement dévoué au parti des
» hérétiques (des Abigeois)
» que lui-même difoit quelque-
» fois, qu'il prévoyoit bien les
» malheurs que lui attireroient
» l'affection & l'attachement qu'il
» avoit pour eux; mais qu'il fe-
» roit ravi de le leur témoigner,
» en facrifiant jufqu'à fa propre
» vie ; & ils l'avoient tellement
» enforcelé & infatué, qu'il étoit
» perfuadé que quelque crime
» qu'il eut commis, il feroit
» fauvé, pourvu qu'il eut le
» bonheur de mourir entre leurs
» mains. Tel étoit Raymond VI,
» Comte de Touloufe... Sa con-
» duite n'ayant pas moins irrité
» le Roi que le Pape, tous les
» deux déclarerent publiquement
» qu'ils le livroient à la haine pu-
» blique & donnoient à quicon-
» que pourroit s'emparer de fes
» places & de tout fon domaine,
» le pouvoir de le faire, fauf le
» droit du principal & fouverain
» feigneur, c'eft-à-dire, du
» Roi de France; & par-deffus
» tout cela, le Pape l'excom-
» munia. » Hift. de Fr. par le P.
Daniel, tom. 4. Hift. de Phil.
Aug. p. 158, 159, édit. 1755.
—— » Après l'examen de tout le
» procès du comte de Tou-
» loufe ; le concile de Latran
» affemblé en 1219, prononça
» la fentence par laquelle il
» le priva de fon comté, comme
» hérétique & fauteur des héré-
» tiques : & Toulouse & les au-
» tres villes de cet État furent
» donnés en propre au comte de
» Montfort, avec le titre de
» comte de Touloufe...

» Le comte de Montfort n'eut
» pas plutôt reçu cette nou-
» velle, qu'il vint à la cour
» de France demander au Roi
» l'invefliture du comté de Tou-
» loufe, que le concile lui avoit
» adjugé. Le Roi le traita à Me-
» lun avec beaucoup d'honneur,
» & lui accorda ce qu'il lui
» demandoit ». Ib. p. 252.

(53) p. 91. L'Empereur Frideric ayant été dépofé par Innocent IV au concile de Lyon, affemblé en 1245 ; cet Empereur écrivit une lettre circulaire à tous les Princes de l'Europe, & outre cette lettre, » il en écrivit une
» particuliere au Roi de France,
» où répétant les principales
» chofes qui regardoient l'inté-
» rêt commun que tous les fou-
» verains avoient à ne pas fouf-
» frir que les Papes ofaffent
» ainfi attaquer les têtes cou-
» ronnées, il lui faifoit remar-
» quer que, quoique par l'ufage,
» le couronnement des Empe-
» reurs appartint au Pape, il ne
» lui donnoit nul droit fur leur
» couronne, & fur leur puif-
» fance temporelle ; & qu'en
» vertu de cette cérémonie,
» il ne pouvoit pas plus les en
» dépouiller, qu'un Évêque par-
» ticulier d'un royaume pour-
» roit dépouiller le Roi qu'il
» auroit couronné. » Hift. de France, par le P. Dan. tom. 4. Hift. de Louis IX, p. 373, édit. 1755. L'hiftorien cite la troifieme lettre de l'Emp. Frid. *apud Petrum de vineis.*

(54) p. 93. *Sectatores hærefum, etiam fi patriarchali, archiepifcopali, epifcopali, reguli, reginali, ducali, aut aliâ*

quavis ecclesiastica vel mundana præfulgeant dignitate, excommunicatos nuntiare faciatis... & nihilominùs contra eosdem inquirere faciatis... per excommunicationis pœnam, suspensionis, interdicti, necnon privationis dignitatum, personarum & officiorum, aliorumque beneficiorum ecclesiasticorum ac feudorum, quæ à quibuscumque Ecclesiis, monasteriis ac aliis locis ecclesiasticis obtinent, ac etiam bonorum & dignitatum sæcularium... & per alias pœnas, sententias, censuras ecclesiasticas ac vias & modos quos ad hoc expedire videritis. Bull. Martin V. Inter cunctas data approbante sacro concilio Constan.

(55) p. 93. Sub pœnâ excommunicationis & privationis dignitatis cujuslibet ecclesiasticæ aut mundanæ interdicit, ne, &c. Concil. Basileenf. sess. 9.

(56) p. 93. Imperator, reges, duces, principes, marchiones, comites & quocumque alio nomine domini temporales, qui locum ad monomachium in terris suis, inter christianos concesserint, eo ipso sint excommunicati, ac jurisdictione & dominio civitatis, castri aut loci, in quo vel apud quem duellum permiserint fieri, quod ab Ecclesia obtinent, privati intelligantur, ac si feudalia sunt, directis dominis statim acquirantur. Trid. sess. 25, cap. 19, de ref.

(57) p. 96. " Nous avons des
" loix des souverains sur les ma-
" tieres les plus ecclésiastiques :
" nous avons pareillement des
" loix de l'Église, presque sur-
" toutes les matieres temporelles,
" sur la fabrique des monnoies,
" sur l'exaction des péages & au-
" tres semblables. Cette espece de
" confusion des loix de l'Église,
" & de celles des souverains,
" sur les mêmes sujets temporels
" & spirituels, n'est pas une
" suite des entreprises des supé-
" rieurs, qui ont voulu usurper
" une administration qui ne dé-
" pend point d'une autorité que
" Dieu leur a confiée : c'est au
" contraire une preuve de leur
" application à se donner des
" secours mutuels, pour remplir
" leurs obligations. " Mém. du Clergé, tom 7, col. 398.

(58) p. 97. Aggredere eos (Romanos contumaces) sed verbo, non ferro. Quid tu denuò usurpare gladium tentes, quem semel jussus es reponere in vaginam ? quem tamen qui tuum negat, non satis mihi videtur attendere verbum Domini dicentis sic : Converte gladium tuum in vaginam. Tuus ergo & ipse, tuo forsitan nutu, etsi non tuâ manu evaginandus... Uterque ergo Ecclesiæ, & spiritualis scilicet gladius, & materialis ; sed is quidem pro Ecclesia, ille verò & ab Ecclesia exserendus : ille sacerdotis, is militis manu : sed sanè ad nutum sacerdotis & jussum Imperatoris. S. Bern. de consid. l. 4, c. 3.

(59) p. 97. In uno mediatore Dei & hominum, hæc duo, regnum scilicet ac sacerdotium, divino sunt conflata mysterio ; ita sublimes istæ duæ personæ, tantâ sibimet unitate jungantur, ut quodam mutuæ charitatis glutino, & Rex in Romano Pontifice, & Romanus Pontifex inveniatur in Rege. Petr. Dam. tom. 3, opusc. 4, p. 30, edit. 1642.

(60) p. 98. " Le prétexte de la
" prétention des Papes sur le
" temporel des Rois, est venu

» de l'excommunication. On a
» expliqué à la dernière rigueur,
» la défense d'avoir aucun com-
» merce avec les excommuniés,
» ni de leur rendre aucun hon-
» neur: on les a regardés comme
» infâmes, & comme déchus de
» tous leurs droits... De l'autre
» côté, pour soutenir l'indé-
» pendance du souverain, on a
» prétendu qu'ils ne pouvoient
» être excommuniés, comme
» supposant que l'excommuni-
» cation donneroit atteinte à
» leur dignité.... Entre ces
» deux excès, nous nous som-
» mes tenus à l'ancienne Tradi-
» tion & à l'exemple des pre-
» miers siecles. Nous croyons
» que la puissance des clefs s'é-
» tend sur tous les fideles, &
» que les souverains peuvent
» être excommuniés pour les
» mêmes crimes que les parti-
» culiers, quoique bien plus ra-
» rement, & avec bien plus de
» précautions ; mais l'excom-
» munication ne donne aucune
» atteinte aux biens temporels,
» même des particuliers.» Fleury,
Disc. XII sur l'Hist. Eccl.

(61) p. 99. *Non aliundè colligit Bellarminus Reges à Pontifice deponi posse, quàm quod Pontifex tanquam supremus Ecclesiæ Pastor posset ex necessitate Ecclesiæ lupos arcere aliisque mediis necessariis necessitati Ecclesiæ providere, ut patet*, l. 4, de Rom. Pontif. c. 1 & 5. *Hæc autem ratio nulla est... Hoc interest, inquit Bellarminus quod respublica ecclesiastica sicut & alia quæcumque benè ordinata, perfecta esse debeat, sibique sufficiens ut finem suum acquirat, remorasque contrarias tollat. Finis autem Ecclesiæ est Religionem fovere & disseminare ; nec illum*

acquirere poterit absque potestate Regum deponendorum, dum scilicet Reges iniqui Religionem supprimunt, hæreses, & vitia plantant.

Respondeo. Esto omnem potestatem fini suo necessariam Ecclesiæ commissam fuisse, potestatem etiam plenam & sufficientem, sed potestatem talem qualis ipsa Ecclesia est. Potestas enim essentiæ proportionatur. Ecclesia autem spiritualis est; ac consequenter potestas illius & sufficientia spirituales erunt, Arma nostra, inquit Apostolus, non carnalia sunt : in spiritualibus ergo & spiritualiter potestas exerceri debet.

Ad subordinationem utriusque potestatis Bellarminus digreditur. Facultates, inquit, seu potestates ordinantur sicut & finis ; sed finis temporalis, sicut felicitas naturalis subordinantur felicitati supernaturali quæ finis ultimus est ; ergò & potestas temporalis quæcumque regnorum potestati spirituali subordinatur.

Respondeo. Esto. Quid igitur ? Ideone à potestate spirituali temporalis degradari poterit ? Vel an quia directivè spiritualiter vel in ordine ad finem ultimum potestati spirituali temporalis subjicitur, posset propterea coactivè & in ordine ad finem naturalem, à potestate spirituali cogi & coerceri ?....

Replicat Bellarminus. Laïci, inquit & clerici, Reges & Pontifices, non duas sed unam rempublicam constituunt. Unum enim corpus sumus. Rom. XII. *Membra autem unius corporis connexa sunt, unumque dependet ab alio. At spiritualis potestas non dependet à temporali:*

ergo temporalis dependet à spirituali.

Dico potestatem temporalem à spirituali non magis dependere quàm è converso. Illa etenim in spiritualibus, à spirituali dependet; hæc in temporalibus, à temporali : neutra alteram in suo ordine deponit, neutra extra sphæram excurrit, neutra terminos alterius ingreditur. Omnes quidem Christiani unum corpus sumus, & sub uno capite Deo. Atque sub hoc iterum capite primariò duo alia secundaria admittimus, velut duos humeros in eodem corpore æquales, etsi neutrum alteri subordinatum; hoc est duas respublicas condividentes, ecclesiasticam & civilem: illiusque reipublicæ caput Christum hominem, ejusque in terris vicarium; hujus verò, Deum, ejusque in terris vicarium, Regem.

Quælibet respublica perfecta & sufficiens, jus aggrediendi aggressorem habet, dejiciendi, aliumque superinducendi, si aliter jus suum vindicare vel perseverare nequeat. Igitur Ecclesia seu Pontifex Regem invasorem justè deponit, aliumque superinducit, si jura Ecclesiæ aliter manutere non posset.

Sed argumentum inverto. Quid si Pontifex jura aggrediatur Imperii, nec posset Imperator aliter jus suum vindicare, nisi Pontificem deponat?.. Dico itaque inter Ecclesiam & rempublicam civilem hoc interesse quod civili jura temporalia mediis proportionatis seu temporalibus vindicare liceat : Ecclesiæ, non nisi spiritualibus mediis. Remonstrantia Hibernorum contra Lovanienses apud lib. des Libertés de l'Eglise Gal-licane, tom. 2, édit. 1731, chap. 12. On n'a cité ici que les endroits les plus remarquables de cet écrit.

(62) p. 106. ,, Quand les peu-
,, ples jouissoient de la puissance
,, souveraine, c'étoient eux seu-
,, lement qui avoient dans leurs
,, républiques, l'autorité de faire
,, des loix; mais depuis que Dieu
,, a établi des Rois sur eux, ils
,, ont été privés de ce droit de
,, souveraineté, & l'on n'a plus
,, observé pour les loix, que les
,, commandemens & les édits des
,, Princes, comme le remarque
,, Vulpian en sa loi premiere ff.
,, *de constitutione principum*:
,, ce qui a été judicieusement
,, établi. Car puisque les Rois
,, ont été institués de Dieu,
,, pour rendre la justice à tout
,, le monde, pour maintenir les
,, peuples en paix, & pour con-
,, server l'État en sa splendeur,
,, & qu'ils ne peuvent satisfaire
,, dignement à tous ces devoirs,
,, sans l'établissement de bonnes
,, & saintes ordonnances... n'est-
,, il pas raisonnable qu'il n'y ait
,, qu'eux dans le royaume, qui
,, aient pouvoir de les publier &
,, de les faire observer par tous
,, leurs sujets ? ,, Le Bret, de
la Souver. l. 1, ch. 9.

(63) p. 106. ,, Il y a aussi l'in-
,, terprétation des loix par les-
,, quelles on en détermine le
,, sens. C'est encore un droit du
,, chef de l'État, mais toujours
,, en exceptant les loix fonda-
,, mentales. ,, Principes du Droit
Naturel de Wolf, par Watel,
l. 8, ch. 4, §. 4. — ,, Une
,, dispense est une permission ac-
,, tuelle, dans un cas singulier,
,, par rapport à quelque chose
,, que la loi défend. La loi se
,, tait, pour ainsi dire, par rap-
,, port au cas de la dispense,

„ quoiqu'elle conferve fa force
„ à l'égard de tous les autres.
„ Quiconque a le droit d'abro-
„ ger les loix, peut auffi don-
„ ner difpenfe de ces loix. Ainfi
„ ce droit appartient au chef de
„ l'État : mais il ne peut l'exer-
„ cer à l'égard des loix natu-
„ relles & divines. „ Ib. §. 5.

(64) p. 109. Obfervons ici en paffant que ce n'eft qu'improprement qu'on attribue aux fouverains même le droit de punir ; car ce droit qui, dans fon exacte fignification, confifte à faire fouffrir le coupable, précifément pour venger le tort fait à la juftice, ne peut appartenir qu'à la Divinité. Il ne feroit pas permis aux hommes d'infliger des peines dont il ne réfulteroit aucun avantage pour le coupable ni pour la fociété. Le droit fur la vie & la liberté des citoyens n'a été donné, & ne peut s'exercer que comme un moyen d'intimider les méchans par la crainte, ou de corriger les coupables, & de pourvoir ainfi à la fûreté publique. Voyez Puffendorf, Devoirs de l'homme & du citoyen, l. 2, ch. 13, §. 7.

(65) p. 111. „ Le fouverain
„ a le droit de faire la guerre
„ contre ceux qui fe portent à
„ quelque entreprife, ou à quel-
„ que autre injuftice, foit contre
„ l'État, ou contre lui qui en
„ eft le chef, fi la réparation
„ de cette injuftice demande l'u-
„ fage des armes : & ce même
„ droit confifte auffi au pouvoir
„ de faire des traités de paix. „
Domat, Loix civil. Du Droit public, l. 1, tit. 2, fect. 2, art. 2.

(66) p. 111. „ Comme la vertu
„ militaire eft une des parties
„ les plus requifes & des plus
„ néceffaires aux Rois, pour dé-
„ fendre leurs peuples, pour re-
„ couvrer ce qui a été ufurpé fur
„ leurs États, pour protéger leurs
„ amis, leurs alliés, leurs con-
„ fédérés, & enfin pour vuider
„ les différens qu'ils ont avec
„ leurs voifins, & qui ne fe peu-
„ vent terminer que par le tran-
„ chant de l'épée ; auffi l'on doit
„ tenir pour maxime, qu'il n'y
„ a qu'eux dans leurs royaumes,
„ qui aient la puiffance de dé-
„ clarer la guerre, de conduire
„ les armées, & de faire la paix. „

„ L'on confirme le premier
„ point, par cette loi expreffe
„ des Empereurs Valentinien &
„ Valens, qui eft couchée en
„ ces termes : *Nulli prorsùs,*
„ *nobis infciis atque inconful-*
„ *tis, quorumlibet armorum*
„ *movendorum copia tribuatur.*
„ L. unica. *Ut armorum ufus,*
„ *nefcio Principe, interdictus*
„ *fit.* L. 11, Cod. Cela même eft
„ autorifé par St. Auguftin, lorf-
„ qu'il dit : *Ordo naturalis mor-*
„ *talium paci accommodatus,*
„ *hoc pofcit, ut fufcipiendi*
„ *belli auctoritas atque confi-*
„ *lium, penes Principes fit.*
„ La loi *Cornelia* que Sylla fit
„ publier dès le tems que la fou-
„ veraine puiffance étoit entre
„ les mains du peuple romain,
„ dit la même chofe, &c. ....

„ Le fecond point de cette
„ propofition eft fondé fur le
„ même jugement : car puifque
„ *bellum indicere imperii eft ;*
„ il n'y a point de doute que
„ perfonne, de quelque qualité
„ qu'il foit, ne peut s'attribuer
„ aucune autorité dans les ar-
„ mées, s'il n'en a la commif-
„ fion expreffe du fouverain :
„ *Confuli,* dit Cicéron II Philip.
„ *fi legem curiatam non habet,*
„ *attingere rem militarem non*
„ *licet.* „ Le Bret, de la Souv. l. 2, ch. 3.

(67)

NOTES.

(67) p. 111. " Tandis que les loix (non fondamentales) subsistent, le souverain doit les maintenir, & les observer religieusement. Elles sont le fondement de la tranquillité publique & le plus ferme appui de l'autorité souveraine. Tout est incertain, violent, sujet aux révolutions dans ces états malheureux où regne un pouvoir arbitraire. Il est donc du véritable intérêt du Prince, comme de son devoir, de maintenir ses loix & de les respecter. Il doit s'y soumettre lui-même. Nous trouvons cette vérité établie dans un écrit public pour un Prince des plus absolus que l'Europe ait vu régner, pour Louis XIV. (Traité des droits de la Reine sur divers États de la monarchie d'Espagne.) Qu'on ne dise point que le souverain ne soit pas sujet aux loix de son État, puisque la proposition contraire est une vérité du droit des gens, que la flatterie a quelquefois attaquée, & que les bons Princes ont toujours défendue, comme une Divinité tutélaire de tous les États.

" Mais il est nécessaire d'expliquer cette soumission du Prince aux loix. 1º. Il doit, comme nous venons de le voir, en suivre les dispositions dans tous les actes de son administration. 2º. Il est sujet lui-même dans les affaires particulieres à toutes les loix qui concernent la propriété : je dis dans les affaires particulieres, car dès qu'il agit comme Prince, & au nom de l'État, il n'est sujet qu'aux loix fondamentales & à celles du droit des gens. 3º. Le Prince est soumis à certains réglemens de police générale, regardés comme inviolables dans l'État, à moins qu'il ne soit excepté ou expressément par la loi, ou tacitement par une conséquence nécessaire de sa dignité. Je veux parler ici des loix qui concernent l'état des personnes, & sur-tout celles qui reglent la validité des mariages. Ces loix sont établies pour assurer l'état des familles. Or la famille royale est celle de toutes, dont il importe le plus que l'État soit certain. Mais 4º. observons en général sur cette question, que si le Prince est revêtu de la souveraineté pleine, absolue & illimitée, il est au-dessus des loix qui tiennent de lui seul toute leur force, & il peut s'en dispenser lui-même toutes les fois que la justice & l'équité naturelle le lui permettent. 5º. Quant aux loix qui regardent les mœurs & le bon ordre, le Prince doit sans doute les respecter & les soutenir par son exemple. Mais 6º. il est certainement au-dessus de toute loi civile pénale. La majesté du souverain ne souffre point qu'il soit puni comme un particulier ; & ses fonctions sont trop sublimes pour qu'il puisse être troublé sous prétexte d'une faute qui n'intéresse pas directement le bien de l'État. " Wolf, du Droit des Gens, tom. 1, l. 1, ch. 4, §. 48, 49.

" (68) p. 119. La nécessité des deniers publics pour faire subsister l'État en paix & en guerre, demande les contributions d'où ces deniers proviennent. Ainsi le bien commun rend juste l'imposition & la levée des tributs, que les besoins de l'État rendent nécessaires....
" Il s'ensuit de cette nécessité

Tome I. Part. II.   S

" & de cette justice des contri-
" butions, que tous ceux qu'elles
" regardent, sont obligés de les
" acquitter, comme une dette
" très-légitime... C'est une suite
" de la nécessité des contributions,
" qu'elles soient plus ou moins
" grandes, selon les besoins.
" Toutes les contributions &
" impositions qui peuvent se lever
" dans un État, étant destinées
" pour le bien public, & tous
" ceux sur qui elles doivent se
" prendre, étant obligés d'en
" porter la charge, indépendam-
" ment de leur volonté ; il n'y
" a que le souverain qui a seul
" l'autorité universelle du gou-
" vernement, & le droit de
" pourvoir à l'ordre public & à
" tout ce qui regarde le bien de
" l'État, qui puisse ordonner les
" impositions & les contribu-
" tions de toute nature, & en
" régler l'usage. " Domat, Droit
public, l. 1, tit. 5, sect. 1,
n. 1, 2, 3, 4.

(69) p. 119. " C'est au chef
" de l'État qu'appartient le droit
" d'imposer & d'exiger les char-
" ges, tant ordinaires qu'extraor-
" dinaires. " Principes du droit
naturel de Wolf, par Watel, l.
8, ch. 4, §. 54. — *Hoc juris
summo Imperio competit, ut
partem aliquam de bonis civium
decerpere, tributi nomine, possit.*
Puff. de Jur. Nat. & Gent. l. 8,
c. 5, §. 4.

(70) p. 121. *Si pignus à
proximo tuo acceperis vesti-
mentum, ante solis occasum
reddes ei. Ipsum enim est solum
quo operitur, indumentum car-
nis ejus, nec habet aliud in quo
dormiat.* Exod. XXII, 26, 27.

*Non accipies loco pignoris
inferiorem & superiorem mo-
lam, quia animam suam oppo-
suit tibi.* Deut. XXIV, 6.

(71) p. 121. *Non acerbum
se exactorem nec contumelio-
sum præbeat* (Præses Provinciæ)
*sed moderatum & cum efficacia
benignum, & cum instantia
humanum.* L. 33, ff. de usur.
— *Vestis relinquenda est de-
bitori, & ex mancipiis quæ in
eo usu habebit.* L. 6, ff. de pign.
& hypot. — *Executores à quocumque judice dati ad exigenda
debita, ea quæ civiliter poscun-
tur, servos aratores, aut boves
aratorios, aut instrumentum
aratorium, pignoris causâ, de
possessionibus non abstrahant.*
L. 7, c. Quæ res pign. obl. poss.
vel non.

(72) p. 121. " En procédant
" par saisie & exécution, sera
" laissé aux personnes saisies,
" une vache, trois brebis ou
" deux chevres pour aider à sou-
" tenir leur vie;... & de plus
" sera laissé un lit & l'habit dont
" les saisis seront vêtus & cou-
" verts. " Ordonn. de 1667, tit.
33, art. 14. — V. les art. 15 &
16 de ce même titre. — L'Ordonn. d'Orléans, art. 28 & 122.
— Celle de Blois, art. 57. —
L'Édit du 16 Mars 1595.

(73) p. 121. " Les manieres
" inhumaines & violentes dont
" les tributs sont exigés, & les
" frais qu'on fait à des hommes,
" qui paieroient, s'ils étoient un
" peu attendus, & qui ont be-
" soin d'être ménagés, rendent
" les tributs très-odieux, & ceux
" qui les exigent par ces voies
" cruelles, très-coupables. On
" ôte à des hommes qui ont tra-
" vaillé toute l'année, & qui
" sont chargés quelquefois d'une
" nombreuse famille, le peu que
" leur reste pour vivre. On saisit
" & bétail, & meubles, & lit ,
" & généralement tout ce qui
" peut être enlevé. On remplit

« les prisons de chefs de famille,
» qui ont la triste commission
» de dépouiller leurs freres,
» mais qui ne peuvent les ren-
» dre solvables, en les dépouil-
» lant. On écarte les uns qui
» vont mourir où ils peuvent :
» on met au désespoir les autres,
» en ajoutant à leurs taxes des
» frais qui les surpassent de beau-
» coup. On rend responsable
» ceux à qui il reste quelque
» bien, de la pauvreté des au-
» tres. On fait repentir ceux qui
» ont de l'industrie, du succès
» même de leur travail, parce
» qu'on les rend cautions des
» insolvables. On répand par-
» tout la consternation : on rem-
» plit tout de gémissemens & de
» larmes ; & à proportion de
» ce que la misere devient plus
» générale, la dureté de ceux
» qui la causent, devient plus
» insensible. » Instit. d'un Prince,
part. 2, ch. 19, n. 18, 19.

(74) p. 124. Cet auteur, ainsi
que je l'ai déja observé, met ce
droit au nombre des principaux
qui constituent la puissance souveraine. Des Seign. ch. 3, n. 3.

(75) p. 124. » L'empreinte
» qui se voit sur la monnoie,
» devant être le sceau de son
» titre & de son poids, on sent
» qu'il ne peut être permis in-
» différemment à tout le monde,
» d'en fabriquer : les fraudes y
» deviendroient trop communes:
» elles perdroient bientôt la con-
» fiance publique: ce seroit anéan-
» tir une institution utile.... Ceux
» qui contrefont la monnoie,
» violent donc le droit du sou-
» verain, soit qu'ils la fassent
» au même titre, ou qu'ils l'al-
» terent. » Wolf, Watel, Droit
des Gens, l. 1, ch. 10, §. 106, 107.

(76) p. 124. » Le droit de
» battre monnoie est un de ceux

» qui appartiennent à la Majesté,
» aussi-bien que celui de déter-
» miner la valeur extrinseque de
» la monnoie du pays » Watel,
Princip. du droit natur. de Wolf,
l. 8, ch. 4, §. 62.

(77) p. 125. » Le Prince qui
» causa le plus de préjudice à
» ses sujets, par les changemens
» ou altération extraordinaires
» des monnoies, fut Philippe le
» Bel : voyant qu'on portoit
» fort impatiemment cette nou-
» veauté, il s'obligea par lettres
» patentes, datées du mois de
» mai 1295, à indemniser tous
» ceux qui recevroient la mon-
» noie affoiblie.... Cet affoiblis-
» sement alla à un tel excès,
» qu'en l'an 1301, un denier
» d'argent de l'ancienne mon-
» noie, en valoit trois de la nou-
» velle. Il falloit que l'incom-
» modité que causoit cette foi-
» ble monnoie fut bien grande,
» puisque vers l'an 1303, les
» Prélats du royaume offrirent
» au Roi deux vingtiemes du
» revenu annuel de tous leurs
» bénéfices, à condition qu'à
» l'avenir ni lui, ni ses succes-
» seurs, n'affoibliroient point les
» monnoies sans une nécessité in-
» dispensable, qui devroit être
» certifiée par les conseillers du
» conseil secret, ensuite confir-
» mée par une assemblée des
» grands Seigneurs & des Prélats
» du royaume. » Hist. de Fr. par
le P. Dan. tom. 5. Hist. de
Philippe le Bel, pag. 124, édit.
de 1755.

(78) p. 125. » Bien qu'autre-
» fois plusieurs Seigneurs & Évê-
» ques de France eussent le pri-
» vilege de faire battre monnoie ;
» elle étoit toujours censée se fa-
» briquer par l'autorité du Roi,
» qui a enfin retiré tous ces pri-
» vileges, à cause des abus. »

Wolf, Droit des Gens, l. 1, ch. 10, §. 107.

(79) p. 142. *Digna vox est majestatis legibus alligatum se principem profiteri : adeò de auctoritate juris nostra pendet auctoritas. Et reverà majus imperio est submittere legibus principatum. Et oraculo præsentis edicti, quod nobis licere non patimur, aliis indicamus.* L. 4, digna. C. de constitutionib. Princip.

(80) p. 143. *Princeps dicitur solutus à lege quantum ad vim coactivam legis ; nullus enim propriè cogitur à se ipso ; lex enim non habet vim coactivam, nisi ex Principis potestate : sic igitur Princeps dicitur solutus à lege ; quia nullus in ipsum potest judicium condemnationis ferre, si contra legem agat... sed quantum ad vim directivam legis, Princeps subditur legi propriâ voluntate..... Undè quantùm ad judicium Dei, judicium Principis non est solutus à lege, quantùm ad vim directivam ejus ; sed debet voluntarius, non coactus legem implere. Est etiam Princeps supra legem ; in quantum, si expediens fuerit, potest legem mutare & in ea dispensare pro loco & tempore* (1). Th. 1, 2, q. 96, art. 5, ad. 3.

(81) p. 149. ,, Qu'il soit donc ,, permis au peuple opprimé de ,, recourir au Prince par ses ma- ,, gistrats & par les voies légiti- ,, mes ; mais que ce soit toujours ,, avec respect. Les remontran- ,, ces pleines d'aigreur & de ,, murmure, sont un commence- ,, ment de sédition qui ne doit ,, pas être souffert... Quand je ,, dis que ces remontrances doi- ,, vent être respectueuses, j'en- ,, tends qu'elles le soient effecti- ,, vement & non-seulement en ap- ,, parence. ,, Boss. Pol. l. 6, art. 2, prop. 6.

(82) p. 149. *Quod principi placuit legis habet vigorem, ut potè cum lege regiâ quæ de Imperio ejus lata est, populus ei & in eum omne suum Imperium & potestatem conferat. Quodcumque igitur Imperator per epistolam & subscriptionem statuit, vel cognoscens decrevit, vel de plano interlocutus est, vel edicto præcepit, legem esse constat.* L. Quod Principi 1, ff. de constitutionib.

(83) p. 150. ,, Considérez les ,, différens degrés qu'il y a dans ,, l'ordre des loix humaines : il ,, faut obéir à celui qui a droit de ,, commander, mais non pas si ,, le proconsul ordonne le con- ,, traire, ou si le commandement ,, de l'Empereur est opposé à ce- ,, lui du consul, car vous ne ,, méprisez pas alors la puissance ,, publique, mais vous rendez ,, l'obéissance à celui qui a la ,, principale autorité. ,, Cap. Qui resistit. 11, q. 3.

(84) p. 152. ,, La nature ne ,, donnant aux hommes le droit ,, d'user de force, que quand il ,, lui devient nécessaire pour leur ,, défense & pour la conservation ,, de leurs droits, il est aisé de ,, conclure que depuis l'établisse- ,, ment des sociétés politiques, ,, un droit si dangereux n'appar- ,, tient plus aux particuliers... ,, La puissance souveraine est donc ,, seule en pouvoir de faire la ,, guerre. Le souverain est le vé- ,, ritable auteur de la guerre, ,, laquelle se fait en son nom & ,, par son ordre. Les troupes, ,, officiers, soldats, & en géné- ,, ral tous ceux par le moyen ,, desquels le souverain fait la ,, guerre, ne sont que des instru-

« mens dans sa main. La guerre
» ne pouvant se faire sans soldats,
» il est manifeste que quiconque
» a le droit de la guerre, a natu-
» rellement aussi celui de lever
» des troupes. Ce dernier droit
» appartient donc au souverain. »
Watel, Droit des Gens, tom. 2,
l. 3, ch. 1.

« La premiere de toutes les
» regles de la police militaire, &
» qui est commune aux officiers
» & aux soldats, est le devoir
» de l'obéissance aux ordres qu'ils
» ont à exécuter. Ainsi le général
» d'une armée doit cette obéis-
» sance aux ordres du souverain,
» & les autres officiers la doi-
» vent au général & à ceux qui,
» sous lui, sont au-dessus d'eux ;
» & les soldats la doivent à tous
» ceux qui ont droit de leur com-
» mander. Car sans cette obéis-
» sance, l'usage des forces seroit
» inutile ; puisqu'au lieu d'être
» unies pour la fin unique du
» souverain, elles seroient di-
» visées en diverses vues de ceux
» qui par leur désobéissance les
» tourneroient en d'autres usa-
» ges. Ainsi la désobéissance des
» soldats & des officiers, est juste-
» ment réprimée par les peines
» que les réglemens particuliers
» peuvent avoir établies, & par
» la peine même de la vie, si la
» conséquence le demande ainsi.

» La conséquence de la déso-
» béissance dans la police mili-
» taire, est telle que le succès
» même, quelque heureux qu'il
» soit, ne peut justifier la déso-
» béissance ni en excuser. Mais
» quoique celui qui désobéit,
» ait pris en effet un meilleur
» parti, & qu'il ait évité ou
» prévenu des inconvéniens qui
» devoient suivre de l'obéissance,
» ou causé des avantages qu'on
» ne pouvoit espérer que de ce

» parti : sa désobéissance ne laisse
» pas de mériter la punition qui
» peut y être due, & même de
» la vie, selon la qualité du fait
» & les circonstances. Car tout
» le bien que le succès d'une déso-
» béissance pourroit causer, ne
» sauroit balancer les maux infi-
» nis qui suivroient de l'impu-
» nité de ce renversement de
» l'ordre. Et la liberté que croi-
» roient avoir de désobéir tous
» ceux qui pourroient espérer un
» plus grand bien de leurs vues
» & de leurs desseins, mettroit
» tout en confusion & dans un
» désordre qui ruineroit toute la
» police militaire, & qui dé-
» truiroit l'union en laquelle con-
» siste l'usage des forces. *Non
» facietis ibi quæ nos hîc fa-
» cimus hodie, singuli quod
» sibi rectum videtur.* » Deut.
XII, 8. *In bello qui rem à duce
prohibitam fecit, aut mandata
non servavit, capite punitur
etiam si res benè gesserit.* L. 3,
§. 15, ff. de re milit. Domat,
Loix civ. Droit public, l. 1. tit.
4, sect. 2, art. 5, 6.

(85) p. 152. » Selon l'Apôtre
» nous devons être soumis bien
» différemment au Roi & aux
» magistrats. Nous devons l'être
» au Roi, comme à la puissance
» suprême & sans réserve, si ce
» n'est pour les choses que Dieu
» commande directement ; & aux
» magistrats comme à ceux qui
» sont établis par le Roi, c'est-
» à-dire, qui tiennent leur auto-
» rité du Roi même. » *Grot. de
Jure bell. & pac. l. 1, c. 4,
art. 6.*

(86) p. 158. » La vertu dans
» une république est une chose
» très-simple, c'est l'amour de la
» république. » Esprit des Loix,
tom. 1, l. 5, ch. 2. & ailleurs,
l. 2, ch. 5. « Je parle ici de la vertu

„ politique, qui est la vertu mo-
„ rale dans le sens qu'elle se di-
„ rige au bien moral, fort peu
„ de vertu morale particuliere,
„ & point du tout de cette vertu
„ qui a rapport aux vertus révé-
„ lées. „ Il n'est pas facile de
comprendre la distinction que
l'auteur fait ici entre les vertus
politiques, dirigées au bien général, des vertus morales particulieres & des vertus révélées,
car les vertus révélées, c'est-à-
dire enseignées dans l'Évangile,
renferment toutes les vertus morales & presque toutes les vertus
politiques.

(87) p. 176. *Optimus civitatis
status, sub Rege justo*. Senec.,
l. 2, de Benef. — *Unius domi-
natio bonis instructa legibus,
sex illarum omnium, optima
est; gubernationem verò eam
in quâ multi imperant, mediam
censere debemus. Cæterùm multorum administrationem omnibus in rebus debilem atque in-
firmam.* Plato in politic. ultra
med. — *Si optio eligendi con-
cessa fuerit, non aliud eliget,
quàm unius potestatem.* Plutarch.
de monarch. — Isocrate, dans
son discours, intitulé, *Nicoclés*,
enseigne que le gouvernement
monarchique est le plus parfait
de tous. — Hérodote rapporte
qu'après le massacre des Mages
qui avoient usurpé l'empire des
Perses, les grands du royaume,
ayant délibéré sur la forme de
gouvernement qu'il convenoit
d'établir, donnerent la préférence
au gouvernement monarchique,
comme au plus sage de tous les
gouvernemens. Hérod. l. 3. —
V. Grot. *de Jure bell. & pacis.*

(88) p. 176. *Ut multitudo
Deorum nullitas est Deorum;
ita necesse est multitudinem
Principum id efficere, ut nullus
esse Princeps videatur: ibi
prorsùs disturbatio nascitur.*
Athanas. in orat. adv. idol. —
*Multos imperitare malum est.
Rex unicus esto: non ad civitates & homines magis pertinet,
quàm ad mundum & Deum.*
Philo. lib. de confusione lingua-
rum.

(89) p. 176. *Harum (forma-
rum regiminis) optima regnum,
pessima respublica est.* Arist.
Ethic. l. 8., cap. 10.

(90) p. 185. „ Cela indique
„ un fait revêtu d'un droit, dit
„ Grotius en ce sens, qu'il pro-
„ hibe aux Israëlites toute ré-
„ sistance. Aussi l'Écriture ajoute
„ que le peuple opprimé par ses
„ injustices, implorera le secours
„ de Dieu, parce qu'il n'aura
„ point de secours humain.
„ Cela s'appelle donc droit de
„ la même façon qu'on dit du
„ préteur qu'il fait droit, bien
„ qu'il rende un arrêt injuste. „
Grot. de *Jur. bell. & pac. l. 1,
cap. 4, n. 3.*

(91) p. 186. *Tibi soli peccavi.
Rex utique erat, nullisque ipse
legibus tenebatur, quia liberi
sunt Reges à vinculis delicto-
rum. Neque enim ullis ad poe-
nam vocantur legibus, tuti
imperii potestate.* Ambr. in ps.
50., & in apol. de Davide, c. 4.
— *Tibi soli peccavi, quia,
inquit, non est super me alius,
qui posset punire; ego enim sum
Rex, & non est aliquis præter
te super me.* Alex. Alens. in ps. 50.

(92) p. 186. *Princeps dicitur
esse solutus à lege, quia nullus
in ipsum potest judicium condemnationis ferre, si contra
legem agat. Undè super illud
psalmi 50. Tibi soli peccavi,
dicit glossa quod Rex non habet
hominem qui facta sua judicet;
sed quantum ad vim directivam*

legis, *Princeps est subditus legi*. Th. 1, 2, q. 96, art. 5, ad. 3.

(93) p. 188. *Divinæ Legis hic tenor est : Honora fili mi Deum & Regem, nec unquam eorum inobediens sis*. Theoph. Antioch. ad autotyc. l. 1, post medium. — *Julianus exstitit infidelis Imperator : Nonnè extitit apostata, iniquus, idololatra ? Milites Christiani servierunt Imperatori infideli : ubi veniebatur ad causam Christi, non agnoscebant nisi illum qui in cœlo erat... Quandò autem dicebat : Producite aciem, ite contra istam gentem, statim obtemperabant. Distinguebant Dominum æternum à Domino temporali.* Aug. in pf. 124. — *Præfectos eos qui à Regibus creantur quamvis improbi sint; metuere tamen debemus, nec propter improbitatem eos aspernari, sed propter ejus à quo creati sunt, dignitatem, revereri.* Joan. Damasc. parall. l. 1, c. 21.

(94) p. 188. *Rex omnium superior est. Ideò à solo Deo est judicandus, cùm non habet hominem qui facta ejus dijudicet, nec est ab homine puniendus. Si quis autem de populo peccaverit, Deo peccavit & Regi.* Alexand. Alens. part. 1, ubi quærit an inferior possit judicare superiorem.

(95) p. 188. *Nullatenùs condemnari potest* (Rex) *quem Deus suo judicio reservavit.* Innoc. 1, apud Euseb. Vercell. de unit. Ecclef.

(96) p. 189. *Testamus coram Deo, & in omni ordine angelorum, atque coram Prophetarum atque Apostolorum, omniumque martyrum choros, coram omni Ecclesiâ catholicâ, & Christianorum cœtu, ut nemo intendat in interitum Regis, nemo vitam Principis attrectet, nemo regni eum gubernaculis privet, nemo tyrannicâ præsumptione apicem regni sui usurpet, nemo quolibet machinamento, in ejus adversitate, sibi conjuratorum manum associet. Quod si in quidpiam horum quisquam nostrorum temerario ausu præsumpserit, anathemate divino perculsus, absque ullo remedii loco habetur condemnatus æterno judicio.* Concil. 6, Tolet. 52, episc. ann. 638, c. 18. — *Si in derogationem, vel contumeliam Principis reperiatur aliquis nequiter loqui, aut in necem Regis vel directionem intendere, vel consensum præbere, nos quidem hujusmodi excommunicatione dignum censemus.* Concil. 7, Tol. 39, episc. ann. 646, c. 1.

(97) p. 192. *Cùm nos fons omnimodæ jurisdictionis temporalis, esse dignoscamur.... nostraque jurisdictio temporalis, in nullo jurisdictioni spirituali subsit, cùm in terris superiorem non agnoscamus : quare non immeritò Dei vicarius, quoad jurisdictionem temporalem, appellari possumus & debemus, juraque nostra regia nobis ad causam nostræ superioritatis competentia præscribi, seu minui, vel aliter acquiri, etiam per quodcumque temporis curriculum, aboleri, vel à nobis abdicari non possint.* Arrêt du 14 Août 1385, sous Charles VI. V. les Lib. Gall. tom. 3, p. 122, édit. 1731.

(98) p. 192. *Reges sanguine & successione absolutas regna sua & imperia à Deo solo & immediatè tanquam à causâ principali accepisse, adeoque*

à *Deo solo deponi posse.* Prop. 3, Hibern. contra Lovan. — *Reges absolutos omnibus hominibus præesse, ipsos vero Deo soli in temporalibus subesse, adeoque à Deo solo judicari, temporaliter puniri & deponi posse, subditosve ab illorum obedientiâ solvi.* Prop. 4. V. les Lib. Gall. tom. 2, édit. 1731.

(99) p. 193. " *Me ad imperandum deligere, o milites ! penes vos erat ; sed cùm jam à vobis delectus sim, consortem imperii, quem postulatis, non in vestra sed in mea solius potestate deligere situm est. Quin etiam vos, qui meo jam imperio subjecti estis, conquiescere : me, autem, utpote imperatorem, quid agendum sit, considerare convenit.*" Sozom. Hist. Eccl. l. 6, cap. 6.

(100) p. 195. " Tout homme aime la liberté, cela est vrai ; mais c'est la sienne propre qu'il aime, ce n'est pas celle du public. On est mécontent, mais on n'est pas zélateur de la liberté publique ; cet amour de la liberté se borne presque toujours à nous-mêmes, & devient en nous la cause de notre tyrannie. Nous ne voulons pas être esclaves ; mais nous aimons à faire des esclaves. Les chefs des guerres civiles songent moins à briser un joug injuste qu'à l'imposer eux-mêmes. *Ut imperium evertant, libertatem præferunt.*(Tacit. ann.16.)L'homme aime si peu la liberté publique, que pour s'élever au-dessus de ses égaux, il se fera esclave d'un tyran, de la puissance duquel il doit être un jour accablé.

" Un auteur sensé (Juste Lipse) qui avoit étudié la nature, & qui n'avoit pas pris dans cette étude une opinion favorable des hommes, écrit ; au milieu des troubles des Pays-Bas, que si quelque Dieu répondoit à un homme, qu'aucun de ses biens ne seroit endommagé dans une guerre civile, & qu'il l'élevât sur une montagne pour lui faire voir la désolation de sa patrie, il en est plusieurs qui prendroient plaisir à la voir."Grot. *de Jure bell. & pac.*

(101) p. 210. Grot. *de Jure bell. & pac.* l. 1, c. 4, n. 2. Cet auteur ajoute dans un autre endroit : " Il y en a qui s'imaginent qu'il y a une dépendance réciproque entre le Roi & ses sujets ; que les peuples ne doivent obéissance qu'autant que le Roi regne en bon Prince, mais que le Roi devient lui-même dépendant des peuples, dès qu'il abuse de son autorité. S'ils se bornoient à dire que le Roi ne doit jamais nous obliger à des choses évidemment injustes, ils auroient raison ; mais cela ne donne aux sujets aucun droit de contrainte ni de supériorité sur lui. Si le dessein d'un peuple eut été de partager avec lui la souveraine autorité, il auroit tellement distingué les pouvoirs de l'un & de l'autre par la différence des lieux, des personnes ou des affaires, que chaque puissance eut pu voir facilement les bornes de sa jurisdiction. Car la bonté ou la malice d'une action, particuliérement dans les causes civiles qui sont souvent de difficile discussion, ne sont pas des moyens propres pour fixer la compétence.

» Il en arriveroit indubitablement un grand désordre ; & sous prétexte que l'action seroit bonne ou mauvaise, le peuple & le Roi prétendroient chacun de leur côté, en connoître en vertu de leur pouvoir, ce qui causeroit une confusion, qu'aucun peuple, que je sache, n'a jamais eu dessein d'introduire. » Grot. *de Jure bell. & pac. l. 1, cap. 3, n. 9.*

(102) p. 211. Rousseau répond à cela que le citoyen en donnant au souverain le droit sur sa vie, ne fait que se soumettre à une condition, qui pour conserver la vie même, l'expose au danger de la perdre, tel qu'un homme qui se jetteroit par la fenêtre pour échapper à l'incendie. Il ne voit pas que le risque peut bien excuser celui qui expose sa vie pour la sauver, mais qu'il ne peut l'autoriser à donner un droit qu'il n'a pas ; & que celui qui l'accepte, ne peut par conséquent l'exercer.

(103) p. 220. » Nous avons toujours été intimement convaincus, & nous nous ferons toujours gloire de le professer hautement, que le royaume de France est un État purement monarchique. Que l'autorité suprême réside dans la seule personne du souverain. Que votre Majesté tient, dans le royaume, la place de Dieu même, dont elle est l'image vivante. Que la soumission qui lui est due, est un devoir de Religion, auquel on doit satisfaire, non par la terreur des peines, mais par un mouvement de conscience. Qu'il n'y a aucune puissance sur la terre, qui ait le pouvoir de dégager les peuples de cette fidélité inviolable, qu'ils doivent à leur souverain. Que l'ex- communication même, si redoutable, quand elle est prononcée pour des causes légitimes, ne peut jamais rompre le nœud sacré qui lie les sujets à leur Roi. Que pour quelque cause que ce puisse être, on ne peut porter la plus légère atteinte à son autorité. Qu'il est le seul souverain législateur dans ses États. Que les Parlemens & autres cours du royaume, ne tiennent que de votre Majesté seule, l'autorité qu'ils exercent. Que le respect & la soumission qu'on rend à leurs arrêts, remontent à votre Majesté comme à leur source, & que par cette raison, la justice se rend au nom de votre Majesté. Que c'est votre Majesté qui parle dans les arrêts, & qu'ils ne sont exécutoires qu'autant qu'ils sont munis du sceau de votre Majesté. » Décl. des 40 Avocats en 1731.

(104) p. 222. Louis X, dit Hutin, laissa en mourant sa femme enceinte d'un enfant qui lui succéda sous le nom de Jean. Mais cet enfant étant mort peu de tems après, Philippe V, dit le Long, frere de Louis-Hutin & oncle de Jean, succéda à ce dernier, parce qu'il ne restoit plus d'enfant mâle de Louis. La couronne lui fut disputée par Jeanne que Louis avoit eue de la Reine Marguerite de Bourgogne sa premiere femme. » Alors le Roi, dit le P. Daniel, ne voulant rien négliger dans une affaire de cette importance, convoqua une assemblée pour le jour de la Purification, où un grand nombre de noblesse, presque tous les Prélats, & les plus considérables bourgeois de Paris se trouverent. L'Université y fut aussi appellée. L'assemblée se

Tome I. Part. II. T

» tint en présence du Cardinal
» Pierre d'Arablai, qui avoit
» été Chancelier de France. On
» examina les loix & la cou-
» tume de l'État, pour la fuc-
» ceffion à la couronne. La chofe
» étoit trop certaine pour fouffrir
» de la difficulté ; mais il fut
» arrêté par un nouveau décret,
» avec le confentement unanime
» de tous les affiftans, que les
» femmes étoient incapables de
» fuccéder à la couronne de
» France. Le couronnement du
» Roi fut unanimement confirmé,
» & tous s'obligerent par fer-
» ment à lui obéir. » Hift. de Fr.
par Daniel, tom. 5. Hift. de
Philippe V, p. 235, édit. 1755.
Cet hiftorien cite la continuation
de Nangis, par meffieurs de Ste.
Marthe.

(105) p. 223. Charles IV, dit le
Bel, qui avoit fuccédé à Philippe V, étant mort fans enfans,
Édouard, Roi d'Angleterre, fils
d'Ifabelle de France, fœur du feu
Roi, difputa la couronne à Philippe VI, dit de Valois, qui
n'étoit que le coufin germain de
Charles. On convenoit de part &
d'autre que les femmes ne devoient point fuccéder ; » mais
» les Jurifconfultes anglois fou-
» tenoient que la perfonne la plus
» proche où ce défaut de fexe ne
» fe trouvoit point, étoit par
» la proximité du fang, en droit
» de fuccéder, & c'étoit le titre
» fur quoi Édouard fondoit fa pré-
» tention. Ceux qui foutenoient
» le droit de Philippe, difoient au
» contraire que le Roi d'Angle-
» terre ne pouvoit avoir droit à
» la couronne de France que par
» fa mere, & cette Princeffe n'y
» en ayant aucun, & ne pouvant
» en avoir, il ne pouvoit non
» plus y en avoir lui-même. De
» plus par la coutume imméuo-
» riale de la nation, les enfans des
» filles de France n'avoient ja-
» mais été regardés comme héri-
» tiers préfomptifs de la Cou-
» ronne ; & cette coutume faifoit
» clairement connoître le fens de
» la loi : d'où l'on concluoit in-
» vinciblement en faveur de Phi-
» lippe, qu'étant le plus proche
» parent du dernier Roi, entre
» tous ceux à qui la naiffance
» donnoit droit de fuccéder à la
» couronne, il n'y avoit per-
» fonne qui la lui put difputer.
» Tout ceci ayant été expofé &
» murement examiné dans une
» affemblée des feigneurs du
» Royaume, la couronne fut
» adjugée, tout d'une voix, à
» Philippe. » Hift. de France,
par le P. Daniel, qui cite encore
les continuateurs de Nangis, tom.
5. Hift. de Philippe VI, p. 282,
283, édit. 1755.

(106) p. 224. Lorfque Hugues
Capet monta fur le trône, les
principaux vaffaux de la couronne
étoient le duc de Gafcogne, le
duc d'Aquitaine, le comte de
Touloufe, au-delà de la Loire ; &
en deça le duc de France, le duc
de Bourgogne, le duc de Normandie & le comte de Flandre ;
mais ces ducs prétendoient n'être
pas obligés, comme les autres vaffaux, de fournir des troupes aux
Rois de France. V. le P. Daniel,
Hift. de France, in-4°. édit. de
1755, tom. 3. Hift. d'Hugues
Capet, p. 268, &c.

(107) p. 224. Ce n'eft que depuis le regne de Philippe Auguste,
que meffieurs de Ste. Marthe dans
leur hiftoire généalogique de la
maifon de France, commencent
à marquer les réunions faites par
nos Rois de plufieurs domaines
qui avoient été démembrés de la
couronne. Le Chartrier de France
ayant été enlevé par Richard, Roi

d'Angleterre, les historiens ont manqué par-là de documens capables de les instruire sur les réunions qui avoient été faites sous les regnes précédens.

Philippe Auguste réunit donc à la couronne, la Normandie, l'Anjou & le Maine qu'il confisqua sur Jean Sans Terre, Roi d'Angleterre. Il acheta la comté de Bourges. Le Vermandois lui fut cédé par Philippe d'Alsace.

En 1255 la Touraine fut cédée à St. Louis, par Henri III, Roi d'Angleterre. Raymond, comte de Toulouse, lui céda ce comté avec une partie du Languedoc. Le Roi réunit encore à son domaine, les comtés de Poitou, de Perche, de Clermont, le vicomté d'Avranches & la châtellenie de Péronne. Philippe III acquit le port d'Harfleur.

L'Évêque & le chapitre de Lyon céderent en 1315 cette ville avec sa comté à Philippe IV, dit le Bel. Humbert II lui fit donnation du Dauphiné. Philippe acquit encore les comtés de Bourgogne, d'Angoulême, de la Marche & d'Alsace. Jeanne, fille unique, héritiere de Henri I, comte de Champagne, de Brie & de Navarre, fit passer ces provinces à la France, par son mariage avec ce Prince.

Jean II augmenta ses États du duché de Bourgogne, qu'il donna en appanage à Philippe son quatrieme fils.

Le Poitou, le Limousin, la Saintonges, la Guienne & le pays d'Aunis, qui avoient été abandonnés aux Anglois par le traité de Brétigni en 1360, furent repris par Charles V, qui se mit aussi en possession des comtés d'Auxerre & de Pézenas.

Charles VII expulsa les Anglois de la Normandie, & acheta la comté de Comminges.

La Marche fut confisquée sur Jacques, duc de Nemours, par Louis XI, qui ajouta encore à ses domaines, la Bourgogne, l'Anjou, le Maine, le Barrois, plusieurs villes de Picardie, presque tout l'Artois, le Roussillon, la Cerdagne, & le comté de Boulogne.

En 1481, Charles d'Anjou légua à Charles VIII, la comté de Provence.

Anne de Bretagne porta cette province à la France par son mariage avec Charles VIII, & ensuite avec Louis XII. François I ayant épousé Claude de Bretagne, fille héritiere d'Anne & de Louis XII, réunit pour toujours cette province à la couronne en 1532.

Charles de Bourbon, comte de Montpensier, ayant été proscrit, le Bourbonnois fut déclaré acquis par confiscation à la couronne en 1531, sous François I.

Le comté de Blois passa à la France sous Henri II.

Henri IV y réunit une partie de la Navarre, le Béarn & le comté de Foix.

Louis XIII acquit l'Agenois par la mort de Charles Emmanuel, décédé sans enfant en 1653.

Par le traité de paix des Pyrennées en 1659, le Roussillon, l'Artois & l'Alsace, conquis par Louis XIII, resterent à la France.

Le traité de Nimegue en 1678, assura à Louis XIV la Franche-Comté & les dix villes impériales de l'Alsace, dont il s'étoit emparé.

Le Cambresis, le Hainaut, les Pays-Bas François entre la Sambre & la Meuse, qu'il avoit conquis sur les Espagnols en 1677, lui demeurerent aussi.

Les villes de Picardie sont passées en différens tems à la France par droit de conquête.

Après la mort de Stanislas

Leczinski, Roi de Pologne, arrivée en 1766, les duchés de Bar & de Lorraine ont été acquis à la couronne, en vertu du traité fait à Vienne en 1737.

Voilà comment le royaume de France a réparé ses anciennes pertes.

(108) p. 225. *Considerantes insuper quod duodecim Parium qui in regno nostro antiquitùs esse solebant, adeò diminutus est numerus quod antiquus regni nostri status ex diminutione hujusmodi multipliciter deformatus videatur, &c.... volentes itaque regni nostri solium veterum dignitatum ornatibus reformare, &c.*

(109) p. 225. *Rex Angliæ est Par Regni Franciæ pro Ducatu Aquitaniæ quem tenet in feodoligio à prædicto Domino nostro Rege: qua de causa ad omnem fidelitatem & conservationem salutis & honoris Domini Regis Franciæ dictus Rex Angliæ tenetur, tam de ratione quàm de jure.* Acte de Philippe de Valois en 1337.

(110) p. 239. *Christus memor fragilitatis humanæ, quod suorum saluti congrueret, dispensatione magnificâ temperans, sic actionibus propriis, dignitatibusque distinctis, officia potestatis utriusque discrevit, suos volens medicinali humilitate salvari, non humanâ superbiâ rursus intercipi; ut & Christiani Imperatores pro vitâ æternâ, Pontificibus indigerent, & Pontifices pro temporalium cursu rerum, imperialibus dispositionibus uterentur, quatenùs spiritualis actio à carnalibus distaret incursibus, & ideò militans Deo, minimè se negotiis sæcularibus implicaret, ac vicissim non ille rebus divinis præsidere videretur qui esset negotiis sæcularibus implicatus; ut & modestia utriusque ordinis curaretur, ne extolleretur utroque suffultus, & competens qualitatibus actionum specialiter professio aptaretur.* Gelas. tract. *de ana. vinculo*, tom. 4, Labbe, concil. p. 1232.

(111) p. 239. „ Il est bien vrai
„ que Dieu a mis presque par-tout
„ ces deux Puissances (la spiri-
„ tuelle & la temporelle) en di-
„ verses mains, & les a faites tou-
„ tes deux souveraines en leur es-
„ pece, afin que l'une servît de
„ conterôlle ou de contre-poids
„ à l'autre, de peur que leur
„ souveraineté infinie ne tournât
„ en déréglement ou tyrannie.
„ Aussi voit-on que quand la sou-
„ veraineté temporelle se veut
„ émanciper contre les loix de
„ Dieu, la spirituelle s'y oppose
„ incontinent; & de même la
„ temporelle à la spirituelle; ce
„ qui est très-juste & très-agréable
„ à Dieu, quand elle le fait par
„ voies légitimes. „ Loys. des Seigneuries, chap. 15, n. 4.

(112) p. 252. Je ne ferai que copier ici ce qu'ont écrit deux historiens modernes fort estimés, au sujet de Denis I, tyran de Syracuse & de Cromwel.

„ Les précautions étonnantes
„ que Denis jugeoit nécessaires
„ pour mettre sa vie en sûreté,
„ nous marquent à quelles inquié-
„ tudes & à quelles frayeurs il
„ étoit livré. Il étoit obligé de
„ porter sous sa robe une cuirasse
„ d'airain. Il ne haranguoit son
„ peuple que du haut d'une tour,
„ & croyoit se rendre invulné-
„ rable en se rendant inaccessible.
„ N'osant se fier à aucun de ses
„ amis ni de ses proches, il se
„ faisoit garder par des étrangers.

„ & des esclaves, & sortoit le
„ plus rarement qu'il pouvoit,
„ la crainte l'obligeant de se con-
„ damner lui-même à une espece
„ de prison... Une parole écha-
„ pée à son barbier qui se vanta,
„ en plaisantant, de porter tou-
„ tes les semaines, le rasoir à la
„ gorge du tyran, lui coûta la
„ vie. Depuis ce tems-là, pour
„ ne plus abandonner sa tête & sa
„ vie à la main d'un barbier, il
„ chargea ses filles de ce vil mi-
„ nistere, & quand elles furent
„ plus âgées, il leur ôta des mains
„ les ciseaux & le rasoir, & leur
„ apprit à lui brûler la barbe &
„ les cheveux, avec des coquil-
„ les de noix : & enfin il fut réduit
„ à se rendre lui-même ce ser-
„ vice, n'osant plus, apparem-
„ ment, se fier à ses propres filles.
„ Il n'alloit jamais de nuit dans
„ la chambre de ses femmes, sans
„ avoir fait fouiller par-tout au-
„ paravant avec grand soin. Le lit
„ étoit entouré d'un fossé très-
„ large & très-profond, avec un
„ petit pont levis, qui en ouvroit
„ le passage. Après avoir bien
„ fermé & bien verouillé les por-
„ tes de sa chambre, il levoit ce
„ pont levis, afin de pouvoir dor-
„ mir en sûreté. Ni son frere, ni
„ son fils même n'entroient dans
„ sa chambre, sans avoir changé
„ d'habits, & sans avoir été visi-
„ tés par les gardes. Est-ce régner,
„ ajoute l'historien, est-ce vivre
„ que de passer ainsi les jours
„ dans des frayeurs continuelles ?
„ Au milieu de toute sa grandeur,
„ dans le sein des richesses & des
„ délices, pendant un regne de
„ près de quarante ans, malgré
„ ses largesses & ses profusions,
„ il n'avoit pu se faire un seul
„ ami. Il ne vivoit qu'au milieu
„ d'esclaves tremblans & de lâches
„ flatteurs : & il n'avoit jamais
„ goûté la douceur d'aimer & d'ê-
„ tre aimé, ni les charmes d'une
„ société sincere & d'une con-
„ fiance réciproque. „ On sait la
maniere ingénieuse avec laquelle
Denis peignit sa situation à un
courtisan qui vantoit la gloire &
le bonheur du Prince. Le tyran le
fit servir en Roi, & fit suspendre
en même-tems par un fil, un
glaive nud sur sa tête. V. Rollin,
Hist. Ancienne, in-12, tom. 5.
Hist. de Denis le Tyran, ch. 1, p.
244, &c.

Le portrait de Cromwel, semble
avoir été copié d'après le caractere de Denis. „ Tout calme, toute
„ sérénité d'ame, dit M. Hume,
„ avoient abandonné pour jamais
„ le Protecteur. Il trouva que la
„ grandeur à laquelle il étoit par-
„ venu, avec tant d'injustice &
„ de courage, ne donnoit pas
„ cette tranquillité qui ne peut
„ être le fruit que de la vertu &
„ de la modération. Accablé du
„ poids des affaires publiques, re-
„ doutant sans cesse quelque fatal
„ accident, dans un gouverne-
„ ment gangrené, ne voyant au-
„ tour de lui que des amis faux
„ & d'irréconciliables ennemis ;
„ n'ayant la confiance d'aucun
„ parti, ne pouvant fonder son
„ titre sur aucun principe civil
„ ou religieux, il ouvrit les yeux
„ sur sa situation ; & son pouvoir
„ lui parut dépendre d'un si petit
„ poids de factions & d'intérêts,
„ que le plus léger incident, sans
„ aucune préparation, étoit ca-
„ pable de le renverser. Menacé
„ aussi à chaque instant des poi-
„ gnards d'une foule d'assassins,
„ transportés par le fanatisme ou
„ l'intérêt, la mort qu'il avoit
„ bravée tant de fois au milieu
„ des armes, étoit continuellement
„ présente à son imagination ef-
„ frayée, & l'obsédoit dans ses

„ plus laborieuses, occupations, comme dans ses momens de repos. Chaque action de sa vie sembloit trahir ses terreurs. La vue d'un étranger lui étoit à charge. Il observoit d'un œil inquiet & perçant, tous les visages qui ne lui étoient pas familiers. Jamais il ne se remuoit d'un pas, sans être escorté d'une bonne garde. Il portoit une cuirasse sous ses habits; & cherchant une autre sûreté dans les armes offensives, il n'étoit jamais sans une épée, un poignard & des pistolets. On ne le voyoit revenir d'aucun lieu par le chemin droit, ou par celui qu'il avoit pris en sortant. Dans tous ses voyages, il marchoit avec la plus grande précipitation. Rarement il dormoit plus de trois nuits dans la même chambre, & jamais il ne faisoit connoître d'avance celle qu'il avoit choisie. Il se défioit de celles qui étoient sans dégagement & sans porte de derriere: & son premier soin étoit d'y placer des sentinelles. La société l'épouvantoit, lorsqu'il faisoit réflexion à la multitude de ses ennemis inconnus, cachés, implacables. La solitude l'épouvantoit, en lui ôtant cette protection qu'il croyoit nécessaire à sa sûreté. La contagion d'une ame inquiette affecta bientôt le corps; & sa santé parut sensiblement décliner. Il fut saisi d'une fievre lente qui le conduisit au tombeau. „ M. Hume, Hist. de la Maison de Stuart, tom. 4, an. 1658, p. 231, &c.

Fin des Notes du premier Volume.

TABLE

Des Titres contenus dans ce Volume.

Plan général de l'Ouvrage.   Pag. j
Chapitre Préliminaire.   viij
Art. I. *Tableau des erreurs réfutées dans cet ouvrage.* ix
Art. II. *Analyse du corps de doctrine, qui fait le sujet de cet ouvrage.*   xxiv
Art. III. *De la nécessité de réfuter les erreurs qui attaquent l'un & l'autre gouvernement, & de développer à cet égard les principes de la saine doctrine.* lxxxvj

PREMIERE PARTIE.

De la souveraineté en général.   Pag. 1
Chap. I. *De l'autorité du souverain.*   4
Max. I. *La Puissance souveraine est nécessaire à la société.*   8
Max. II. *La liberté d'une nation ne consiste point dans la faculté de faire tout ce qu'on veut, mais dans une subordination qui ôte aux citoyens le pouvoir de nuire, & qui les mette dans la nécessité de concourir au bien commun.*   10
Max. III. *La Puissance souveraine a été établie par Dieu même.*   12
Max. IV. *Le souverain a été institué pour le bien de la société, & non pas la société pour l'avantage du souverain.*   14
Max. V. *La souveraineté oblige le chef politique à la justice, & le peuple à l'obéissance.*   16
Max. VI. *Il n'y a ni souveraineté ni gouvernement sans Religion.*   19

TABLE.

Max. VII. *La puissance du souverain & l'obligation des sujets à son égard, sont indépendantes de ses qualités personnelles.* 22

Max. VIII. *La puissance du souverain renferme tous les pouvoirs nécessaires au gouvernement d'une société parfaite.* 24

Max. IX. *C'est au souverain seul qu'appartient le jugement légal en dernier ressort.* 25

Max. X. *Personne sur la terre ne peut réformer le souverain que le souverain lui-même.* 27

Max. XI. *Le pouvoir absolu qui constitue le souverain légitime, est différent du pouvoir absolu qu'exerce le despote.* 30

Max. XII. *Il ne peut y avoir qu'un souverain dans chaque gouvernement parfait.* 32

Max. XIII. *Le souverain a une égale jurisdiction sur tous les membres de la société, avec le droit de leur commander & de les punir.* 35

CHAP. II. *Des loix.* 36

Max. I. *L'autorité, la justice & la publication sont nécessaires de droit naturel à la validité ou au complément de la loi.* 39

Max. II. *La clarté de la loi n'est pas essencielle à sa validité, non plus que l'acceptation de la part des sujets.* 41

Max. III. *Il y a une subordination entre les différentes espèces de loix, à raison de leur nature.* 43

Max. IV. *Toutes les loix ont une origine, une regle & une fin qui leur sont communes.* 45

Max. V. *Il est de la sagesse du souverain de consulter sur les loix qu'il se propose de faire; mais il n'est pas obligé de se conformer à l'avis de son conseil.* 46

Max. VI. *Le pouvoir législatif du souverain renferme non-seulement le droit de faire des loix, mais encore celui de les publier, de les interpréter, de les abolir, de les modifier, d'en dispenser, ou de remettre les peines portées par ces loix.* 48

CHAP. III. *Des regles qui servent à diriger & à éclairer l'obéissance des sujets envers leur souverain.* 52

TABLE.

Max. I. *L'abus que le souverain peut faire de son autorité, ne donne pas droit aux sujets d'examiner la justice de ses commandemens, pour régler le devoir de l'obéissance sur le jugement qu'ils en portent.* 54

Max. II. *Le commandement du souverain doit être toujours présumé juste dans la pratique, à moins qu'il ne paroisse évidemment contraire à la justice.* 57

Max. III. *Si les ordres du souverain étoient manifestement contraires à la loi divine ou naturelle, ou constitutive, il ne seroit pas permis de leur obéir, si on ne pouvoit le faire sans coopérer à l'injustice du souverain.* 58

Max. IV. *L'injustice évidente, qui autorise la désobéissance des sujets, est très-rare.* 60

Max. V. *Lors même que l'injustice évidente du commandement autorise la désobéissance, elle ne justifie jamais la révolte.* 62

Max. VI. *Les principes qui fondent l'autorité du souverain, établissent les devoirs de l'obéissance des peuples envers ses officiers, & de ceux-ci envers le Prince.* 65

Max. VII, servant de conclusion à la premiere Partie. *L'autorité du souverain est le salut du peuple.* 67

SECONDE PARTIE.

De la puissance temporelle. 73

Chap. I. *De l'indépendance de la puissance temporelle, par rapport à la puissance spirituelle ; des titres qui établissent ses droits ; de l'étendue de son pouvoir & de ses obligations.* 78

§. I. *La puissance temporelle ne dépend ni directement, ni indirectement de la puissance spirituelle.* 79

§. II. *Les suffrages du peuple, le droit d'hérédité ou de conquête, & la prescription, sont autant de titres légitimes que peuvent constituer le droit du souverain.* 100

§. III. *Le souverain a le pouvoir de faire des loix. Quelles sont ses obligations à cet égard.* 105

§. IV. *Le souverain a le pouvoir d'infliger des peines,*

TABLE.

& de distribuer des récompenses. Quelles sont ses obligations à cet égard. 107

§. V. Le souverain a le pouvoir de faire la guerre ou la paix. Quelles sont ses obligations à cet égard. 110

§. VI. Le souverain a le pouvoir de mettre des impôts, & de disposer des deniers publics. Quelles sont ses obligations à cet égard. 117

§. VII. Le souverain a le pouvoir de faire battre monnoie. Quelles sont ses obligations à cet égard. 124

§. VIII. Le souverain a le pouvoir d'instituer des officiers pour les fonctions de l'administration publique. Quelles sont ses obligations à cet égard. 127

§. IX. Les pouvoirs du souverain sont inséparables de la souveraineté même : & le souverain est obligé de les maintenir. 131

CHAP. II. Des principes qui doivent régler l'usage de la souveraine Puissance. 134

§. I. Le souverain est tenu aux pactes qu'il a fait originairement avec ses peuples, & avec les Princes qui lui ont transféré le droit de souveraineté sur leurs provinces. 135

§. II. Le souverain doit respecter les propriétés, & il ne peut en dépouiller ses sujets que pour crime. 138

§. III. Le souverain doit gouverner par des loix positives, & observer par conséquent ses propres loix. 141

§. IV. Il doit y avoir, entre le souverain & le peuple, des officiers qui forment une puissance intermédiaire, chargée d'exécuter les ordres du souverain, & de lui représenter les droits & les besoins du peuple, mais en restant toujours dans la soumission & la dépendance qui conviennent à des sujets. 147

CHAP. III. De la comparaison des différens genres de gouvernement, relativement aux avantages & aux inconvéniens qui résultent de leur constitution. 153

§. I. Le gouvernement républicain a moins d'avantages que le gouvernement monarchique. 155

§. II. Le gouvernement républicain est sujet à de plus grands abus que le gouvernement monarchique. 161

§. III. Le gouvernement républicain ne conserve à la

TABLE

multitude qu'une ombre de liberté. 167

§. IV. *Le gouvernement monarchique est plus avantageux au peuple, que le gouvernement aristocratique.* 169

§. V. *Les gouvernemens mixtes font les moins parfaits de tous les gouvernemens.* 173

§. VI. *Le plus parfait de tous les genres du gouvernement, est le gouvernement monarchique successif.* 175

§. VII. *Sous quelque genre de gouvernement qu'on soit né, on ne doit jamais entreprendre de le changer, sous prétexte de mieux, si ce n'est d'un consentement unanime de la part des parties intéressées.* 179

CHAP. IV. *De l'indépendance du Monarque.* 183

§. I. *Le peuple ne pourroit, sans violer toutes les loix, établir un tribunal au-dessus du Monarque.* 185

§. II. *Le système qui attribue au peuple le droit de juger le Monarque, pour réformer l'abus de son administration, est destructif de l'ordre & du bien public.* 194

§. III. *Le contrat primitif entre le souverain & le peuple, bien entendu, n'est pas contraire à l'indépendance du Monarque.* 203

CHAP. V. *De la monarchie françoise en particulier.* 216

§. I. *La France est un État purement monarchique, & régi par la loi salique, quant à la succession à la couronne.* 218

§. II. *Les Rois de France sont indépendans des trois ordres de leurs États.* 224

§. III. *Les États-Généraux ne peuvent s'assembler en France, que par l'autorité du Roi.* 232

MAXIME servant de conclusion à la 2me. Partie. *Jamais le Monarque ne regne avec plus de gloire, que lorsqu'il regne sous l'empire des loix.* 239

Fin de la Table du premier Volume.

APPROBATION.

J'Ai lu avec la plus grande satisfaction l'excellent ouvrage qui a pour titre : *De l'Autorité des deux Puissances*. L'Auteur se mettant au-dessus des préventions, cherche & découvre les vrais principes dans les premieres notions de la Religion & de la loi naturelle, d'où il déduit clairement la distinction des deux Puissances, & marque exactement les bornes qui les séparent. Il réfute supérieurement les erreurs qui attaquent directement le Trône & l'Autel, qui fomentent la discorde entre l'Église & le Prince, entre le Souverain & le sujet, & qui tendent à dépouiller les deux Puissances l'une par l'autre. L'ordre & la modération caractérisent le style du savant Auteur. A Liege ce 25 Janvier 1781.

G. la Ruelle, Chanoine & Chantre de St. Barthelemi, Professeur au Séminaire de S. A. C., Examinateur Synodal & Censeur des Livres.

PERMISSION.

Nous en permettons l'impression. Liege le 27 Janvier 1781.

Le Comte de Rouveraye, Vicaire-Général.

LETTRE au Censeur, (à insérer avant l'Approbation.)

APprenant que vous êtes occupé à examiner un nouvel ouvrage intitulé : *De l'Autorité des deux Puissances*, dont vous faites beaucoup d'estime, & dont vous recommandez la lecture ; j'ai cru pouvoir vous prier de faire attention à la page 298 du tome second, & à la note sur icelle (280) page 549. Sans vouloir justifier le Synode d'Utrecht, lequel dans son dixieme décret ne paroît pas s'éloigner de la proposition condamnée : *Tametsi detur ignorantia invincibilis in jure naturæ, operantem ex ipsa non excusat a peccato formali*, & par conséquent des propositions condamnées dans Jansénius ; il semble néanmoins que le savant Auteur n'a pas assez réfléchi lorsque précisément hors de ces propositions : *Que l'ignorance de la loi naturelle n'exempte pas de péché : Que la conscience fausse & erronée, quelque ferme qu'elle soit, n'est jamais exempte de péché toutes les fois qu'elle agit contre la loi naturelle, &c.*, il infere qu'il y auroit donc des commandemens de Dieu qui deviendroient alors impossibles, qui est justement la premiere proposition de Jansénius ; & delà les quatre autres propositions qui en dérivent. Si l'Auteur avoit lu tout entier les actes du Synode d'Utrecht, il y auroit vu page 29 de l'édition in-4to. entre les articles présentés l'an 1677 à Innocent XI, par les Docteurs députés de l'Université de Louvain, dont aucun n'a été censuré par le S. Siege, pendant que 65 propositions des adversaires dénoncées au souverain Pontife par les mêmes députés furent proscrites par le même Pontife ; il y auroit vu, dis-je, article 2. *Uti nulla concupiscentia est insuperabilis, ita nulla ejusmodi* (naturalis) *ignorantia est invincibilis*. Art. 4. *Operæ igitur nostra naturali legi contraria, quæ ex tali ignorantia procedunt, a peccato plenè excusari nequeunt*. Ces articles adoptés par le Synode d'Utrecht semblent sapper le raisonnement du souvent dit Auteur, qui débute en ces termes : *Supposons en effet d'après cette maxime, que l'homme se trompe invinciblement sur la loi naturelle... il péchera aussi nécessairement*. De ceci il suit que l'opinion qui tient toute ignorance vincible, & coupable si par elle on agit contre la loi naturelle, n'est pas condamnée, ne favorise pas les cinq fameuses propositions. Cette opinion est en these dans plusieurs dioceses, à Rome, &c., J'ai l'honneur d'être...

www.ingramcontent.com/pod-product-compliance
Lightning Source LLC
Chambersburg PA
CBHW060605170426
43201CB00009B/899